Python
for Excel

엑셀이 편해지는 파이썬

O'REILLY® **HB** 한빛미디어
Hanbit Media, Inc.

지은이 · 옮긴이 소개

지은이 펠릭스 춤슈타인 Felix Zumstein

윈도우와 macOS에서 파이썬을 통해 엑셀을 자동화하는 유명한 오픈 소스 패키지인 엑셀윙스의 개발자이자 관리자입니다. 런던과 뉴욕에서 엑셀윙스 회합을 열어 엑셀의 창의적인 사용법을 소개하곤 합니다.

엑셀 파일용 버전 관리 시스템인 엑셀트레일의 CEO로 중요한 비즈니스 업무에 엑셀을 사용하는 수백 명의 사용자들과 대화를 나누며 다양한 분야에서 엑셀의 사용 사례와 문제에 관해 풍부한 영감을 얻었습니다.

옮긴이 한선용 kipenzam@gmail.com

웹 표준과 자바스크립트에 관심이 많은 번역가. 2008년부터 웹 관련 일을 했으며, 'WCAG 2.0을 위한 일반적 테크닉' 등의 문서를 번역해 웹에 올렸습니다. 번역한 책으로는 『한 권으로 끝내는 Node & Express(2판)』(2021), 『나의 첫 파이썬(2판)』(2020), 『파이썬으로 웹 크롤러 만들기(2판)』(2019), 『자바스크립트를 말하다』(2014), 『데이터 시각화를 위한 데이터 인사이트』(2014), 『모던 웹을 요리하는 초간편 HTML5 Cookbook』(2012), 『Head First jQuery』(2012), 『jQuery Mobile』(2012), 『자바스크립트 성능 최적화』(이상 한빛미디어, 2011), 『CSS 완벽 가이드』(2021), 『CSS 핵심 실용 가이드』(이상 웹액츄얼리코리아, 2021), 『자바스크립트 프로그래밍』(2013), 『처음 배우는 jQuery』(2012), 『에릭 마이어의 CSS 노하우』(이상 인사이트, 2011) 등이 있습니다.

Python
for Excel

엑셀이 편해지는 파이썬

엑셀이 편해지는 파이썬

엑셀 사용자를 위한 자동화 구축과 데이터 분석

초판 1쇄 발행 2022년 4월 20일

지은이 펠릭스 춤슈타인 / **옮긴이** 한선용 / **펴낸이** 김태헌
펴낸곳 한빛미디어(주) / **주소** 서울시 서대문구 연희로2길 62 한빛미디어(주) IT출판부
전화 02-325-5544 / **팩스** 02-336-7124
등록 1999년 6월 24일 제25100-2017-000058호 / **ISBN** 979-11-6224-554-5 93000

총괄 전정아 / **책임편집** 서현 / **기획 · 편집** 안정민
디자인 표지 박정우 내지 박정화 / **전산편집** 도담북스
영업 김형진, 김진불, 조유미, 김선아 / **마케팅** 박상용, 송경석, 한종진, 이행은, 고광일, 성화정 / **제작** 박성우, 김정우

이 책에 대한 의견이나 오탈자 및 잘못된 내용에 대한 수정 정보는 한빛미디어(주)의 홈페이지나 아래 이메일로
알려주십시오. 잘못된 책은 구입하신 서점에서 교환해드립니다. 책값은 뒤표지에 표시되어 있습니다.

한빛미디어 홈페이지 www.hanbit.co.kr / **이메일** ask@hanbit.co.kr

지금 하지 않으면 할 수 없는 일이 있습니다.
책으로 펴내고 싶은 아이디어나 원고를 메일(**writer@hanbit.co.kr**)로 보내주세요.
한빛미디어(주)는 여러분의 소중한 경험과 지식을 기다리고 있습니다.

옮긴이의 말

엑셀은 오랫동안 많은 이들에게 사랑받은 대표적인 오피스 프로그램입니다. 쉽고 직관적인 인터페이스를 갖췄을 뿐만 아니라 수식을 계산하는 자체 함수, 더 나아가 VBA를 통해 꽤 강력한 유사 프로그래밍까지 지원하므로 크지 않은 규모의 비즈니스에서는 엑셀 하나만으로 모든 일을 처리할 수 있을 정도입니다.

하지만 시대가 바뀌고, 거의 모든 데이터가 인터넷에 존재하는 환경이 되면서 엑셀이 전만큼 강력한 힘을 발휘하기는 어렵게 됐습니다. 모든 데이터를 엑셀만으로 교환한다면 별 문제가 없겠지만, 모바일이 득세하면서 외국의 경우 각종 서비스에서 데이터를 엑셀로 제공하는 경우는 찾아보기 힘들고 대부분 JSON이나 XML 같은 호환성이 좋은 형식으로 데이터를 제공합니다. 이런 데이터는 제공자의 편의에 따라 다양한 형식으로 배포되므로, 마이크로소프트에서 모든 데이터를 임포트할 수 있는 일괄적인 수단을 제공한다는 건 불가능할 겁니다. 결국 인터넷에서 가져온 데이터를 엑셀에서 사용하려면 어떤 형태든 프로그래밍이 필요해집니다.

인터넷에서 데이터를 가져올 필요가 없다고 하더라도, 엑셀의 '사용자 친화적인' 인터페이스와 작업 방식은 대부분의 작업을 '손으로' 하게끔 구성되어 있습니다. 이런 방식은 처음 배울 때는 알기 쉽고 좋지만, 작업이 반복될 경우 실수하기 쉽고 생산성이 그리 높지 않다는 단점이 있습니다.

저자는 배우기 쉬우면서도 강력한 프로그래밍 언어인 파이썬을 통해 엑셀의 기능을 확장해 인터넷에서 내려받은 자료를 수작업 없이 엑셀에서 활용하는 법, 엑셀 플러그인을 통해 엑셀 자체를 자동화하는 방법을 이 책을 통해 제시합니다. 시대가 바뀌면서 엑셀의 부족한 점으로 지적되는 부분을 훌륭하게 메웠다고 볼 수 있습니다.

엑셀을 통해 해야 하는 일이 아주 다양한 만큼 이 책 한 권만 읽어서 모든 일을 자동화하기야 어렵겠지만, 이 책을 통해 방향을 잡고 파이썬을 어느 정도 더 배우면 투자한 시간 이상을 돌려드릴 것이라고 확신합니다.

좋은 책의 번역을 맡겨 주신 한빛미디어와 역자의 실수를 바로잡아주신 안정민 편집자님, 책을 선택해 주신 독자 여러분께 이 자리를 빌려 감사의 인사를 드립니다.

서문

마이크로소프트는 유저보이스에서 엑셀의 피드백 포럼을 운영하고 있는데, 이 포럼에는 누구든 아이디어를 게시할 수 있고 아이디어가 마음에 든 사람은 그 아이디어를 추천하는 시스템으로 운영됩니다. 피드백 포럼에서 가장 많이 추천받은 기능 요청은 '엑셀의 스크립트 언어로 파이썬을 지원해 달라'이며, 이 요청은 두 번째로 많은 추천을 받은 요청에 비해 약 2배의 추천을 받았습니다. 파이썬을 만든 귀도 반 로섬은 실제로 2020년 11월 13일에 마이크로소프트에 재입사하였습니다. 반 로섬이 마이크로소프트에 합류했으니 엑셀과 파이썬의 통합이 이루어질까요? 필자도 모릅니다. 하지만 필자는 엑셀과 파이썬의 조합이 왜 대단한지는 알고 있으며, 오늘 당장 시작하는 방법도 알고 있습니다. 이 책의 목적이 바로 그겁니다.

이 책을 쓰게 된 주된 동기는 우리가 데이터의 세계에 살고 있다는 사실입니다. 요즘에는 거의 모든 것에 대해 방대한 데이터가 존재하며 누구든 그 데이터에 접근할 수 있습니다. 이런 데이터들은 너무 방대해서 스프레드시트에 담을 수는 없습니다. 몇 년 전만 해도 이런 것을 소위 빅데이터라고 불렀지만, 이제는 수백만 건의 데이터 정도는 딱히 이야깃거리도 되지 않습니다. 엑셀 또한 이러한 추세에 부응해 스프레드시트에 담을 수 없는 데이터를 불러와 조작하는 파워 쿼리, 대규모 데이터를 분석하고 결과를 보여주는 플러그인 파워 피벗을 선보였습니다. 파워 쿼리는 파워 쿼리 M 수식 언어(M)를 기초로 만들어졌고, 파워 피벗은 데이터 분석 표현식 data analysis expressions(DAX)을 사용해 수식을 정의합니다. 엑셀 파일에서 몇 가지 작업을 자동화하는 정도라면 엑셀에 내장된 스크립트 언어인 VBA를 써도 됩니다. 즉, 간단한 작업이라면 VBA와 M, DAX로 끝낼 수 있습니다. 하지만 문제가 있죠. 이들 언어는 결국 마이크로소프트 제품, 특히 엑셀과 파워 BI(파워 BI는 1장에서 간단히 소개합니다)에서만 활용할 수 있다는 겁니다.

반면 파이썬은 범용 프로그래밍 언어이며 분석가들과 데이터 과학자들이 가장 많이 사용하는 언어입니다. 파이썬을 엑셀에서 사용할 수 있게 된다면 엑셀 자동화, 데이터셋 접근과 생성, 데이터 분석과 시각화 등 다양한 용도에 쓸 수 있는 프로그래밍 언어를 익히는 겁니다. 무엇보다 중요한 건 일단 파이썬을 배우면 엑셀 이외의 용도로도 쓸 수 있다는 겁니다. 컴퓨터 성능이 부족하다면 정량적 모델이나 시뮬레이션, 머신러닝 애플리케이션을 클라우드로 쉽게 옮겨서 무한한 컴퓨팅 자원을 이용할 수 있습니다.

책을 쓴 이유

4부에서 소개할 엑셀 자동화 패키지인 엑셀윙스xlwings를 만들긴 했지만, 필자는 깃허브GitHub의 이슈 트래커, 스택 오버플로에 올라온 질문, 콘퍼런스 등을 통해 엑셀에 파이썬을 활용하는 사람들을 자주 만났습니다.

파이썬을 배우려면 어떤 자료를 봐야 하냐는 질문을 자주 받습니다. 물론 파이썬에 관한 자료는 대단히 방대하지만, 그런 자료는 대개 너무 범용적이어서 데이터 분석에 관한 내용이 없거나, 아니면 너무 전문적이어서 과학자들이나 읽을 법한 내용인 경우가 많습니다. 하지만 엑셀 사용자들은 그 중간 어딘가에 위치합니다. 이들은 분명 데이터를 다루는 일을 하지만 너무 전문적인 내용은 벅찹니다. 또한 이들은 대개 매우 특정한 분야에 관한 조언을 필요로 하는데, 기존의 자료 중에는 이들이 원하는 것이 없을 때가 많습니다.

필자가 받은 질문 중에는 이런 것들이 있습니다.

- 이 작업에는 어떤 패키지를 써야 하나요?
- 파워 쿼리 데이터베이스를 파이썬으로 옮기려면 어떻게 해야 하나요?
- 엑셀의 자동 채우기나 피벗 테이블은 파이썬의 어떤 기능으로 대체해야 하나요?

이 책의 목적은 파이썬을 전혀 모르던 사람이라도 이 책을 읽고 나면 엑셀 중심적인 작업을 자동화하고, 파이썬의 데이터 분석과 과학 계산 도구를 엑셀에서 사용할 수 있게 합니다.

책의 구성

최신 프로그래밍 언어의 힘을 빌려 엑셀의 한계를 뛰어넘고 싶은 엑셀 고급 사용자라면, 이 책이 바로 여러분을 위한 책입니다. 엑셀 고급 사용자라는 말은 매달 몇 시간씩 방대한 데이터를 내려받고, 정돈하고, 업무용 스프레드시트에 복사하는 사람을 가리킵니다. 엑셀의 한계를 뛰어넘는 방법은 여러 가지가 있겠지만 이 책은 파이썬을 통한 방법에 초점을 맞춥니다.

책을 이해하기 위해서는 프로그래밍에 대해 아주 기본적인 내용은 알고 있어야 합니다. 최소한 함수를 만들고 for 루프를 사용해보고, 정수와 문자열이 무슨 뜻인지 정도는 알고 있어야 합니다(어떤 언어를 사용했는지는 중요하지 않습니다). 복잡한 셀 수식을 만드는 데 익숙하거나 VBA 매크로를 기록하고 수정해 본 경험이 있다면 이 책을 완전히 마스터할 수도 있습니다. 하지만 파이썬에 대해서는 전혀 몰라도 상관없습니다. 책에서 사용하는 도구에는 항상 파이썬과 관련된 설명이 포함되어 있습니다.

노련한 VBA 개발자라면 파이썬과 VBA를 비교하면서 일반적인 문제를 해결하고 작업에 바로 뛰어들 수 있습니다.

파이썬에 익숙한 개발자라면 파이썬으로 엑셀 애플리케이션과 엑셀 파일을 다루는 다양한 방법에 대해 배우고, 비즈니스 사용자들의 요구에 부응하는 패키지를 선별할 수 있을 겁니다.

이 책은 크게 네 부분으로 나눕니다.

- **1부 파이썬 소개**
  1부에서는 우선 파이썬이 엑셀에 훌륭한 파트너인 이유를 알아본 다음, 책에서 계속 사용할 아나콘다, 비주얼 스튜디오 코드, 주피터 노트북에 대해 알아봅니다. 책의 나머지 부분을 읽는 데 필요한 기본적인 파이썬 지식도 얻을 수 있습니다.

- **2부 넘파이 · 판다스 소개**
  2부에서는 판다스의 기초가 되는 패키지인 넘파이와, 엑셀 워크북 대신 주피터 노트북과 판다스 사용법을 배웁니다. 판다스는 파이썬의 데이터 분석 라이브러리로, 코드 유지 보수가 엑셀 워크북보다 쉽고 효율적이며 스프레스시트에 담을 수 없는 거대한 데이터도 다룰 수 있습니다.

- **3부 엑셀 없이 엑셀 파일 읽고 쓰기**

  3부는 판다스, OpenPyXL, XlsxWriter, pyxlsb, xlrd, xlwt 같은 파이썬 패키지를 사용해 엑셀 파일을 조작하는 내용입니다. 이 패키지들은 디스크에서 엑셀 워크북을 바로 읽고 쓸 수 있으므로 엑셀 애플리케이션 대신 사용할 수 있습니다. 엑셀을 설치할 필요가 없으므로 파이썬을 지원하기만 한다면 윈도우, macOS, 리눅스를 포함해 어떤 운영 체제에서든 사용할 수 있습니다. 리더 패키지의 대표적인 사용례는 매일 아침 협력사에서 보내는 엑셀 파일에서 데이터를 읽어 데이터베이스에 저장합니다. 라이터 패키지의 대표적인 사용례는 거의 모든 프로그램에 존재하는 '엑셀로 내보내기' 버튼이 하는 일입니다.

- **4부 엑셀윙스를 통한 엑셀 애플리케이션 프로그래밍**

  4부에서는 디스크에 저장된 엑셀 파일을 읽고 쓰는 것이 아니라, 파이썬과 엑셀윙스 패키지를 사용해 엑셀 애플리케이션 자체를 자동화하는 방법을 설명합니다. 따라서 4부를 읽기 위해서는 엑셀이 설치되어 있어야 합니다. 엑셀 워크북을 열고 조작하는 광경을 직접 보게 될 겁니다. 또한 대화형 엑셀 도구도 만들어 봅시다. 버튼을 누르면, 예전에 VBA 매크로를 사용했던 계산 집중적인 작업을 파이썬이 대신합니다. 또한 VBA 대신 파이썬을 사용해 사용자 정의 함수(UDF)[1]를 만드는 방법도 알아봅니다.

엑셀 파일을 읽고 쓰기(3부)와 엑셀 애플리케이션 프로그래밍(4부)의 차이를 잘 이해해야 합니다. 다음 그림을 확인합시다.

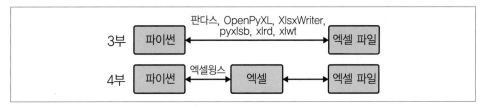

엑셀 파일 읽고 쓰기(3부) vs. 엑셀 애플리케이션 프로그래밍(4부)

---

1 마이크로소프트는 최근 사용자 정의 함수 대신 커스텀 함수라는 용어를 사용합니다. 이 책에서는 계속해서 UDF라는 용어를 사용합니다.

3부는 엑셀이 설치되어 있지 않아도 상관없으므로 윈도우, macOS, 리눅스를 포함해 파이썬을 지원하는 운영 체제라면 어디서든 실행할 수 있습니다. 하지만 4부는 마이크로소프트 엑셀을 지원하는 운영 체제, 즉 윈도우와 macOS에서만 가능합니다.

파이썬과 엑셀 버전

이 책은 책을 쓰는 시점에서 아나콘다의 최신 버전에 포함된 파이썬 3.8을 기준으로 합니다. 3.8 이후의 버전을 사용하고 싶다면 책의 홈페이지를 참조하십시오. 3.8 이후의 버전은 지원하지 않습니다. 파이썬 3.9에서 바뀐 내용은 본문에서 언급합니다.

4부를 읽으려면 엑셀의 비교적 최근 버전이 설치되어 있어야 합니다. 윈도우라면 엑셀 2007, macOS라면 엑셀 2016은 최소한 설치되어 있어야 합니다. 마이크로소프트 365를 구독할 때 설치되는 엑셀 역시 완벽하게 동작합니다. 사실 마이크로소프트 365 버전을 추천하는데, 필자가 책을 쓰면서 이 버전을 사용했기 때문입니다. 다른 버전을 사용한다면 이름이라든가, 메뉴의 위치 등 소소한 차이가 있습니다.

코드 예제 사용

책과 관련된 추가 정보를 웹 사이트(*https://xlwings.org/book*)에서 제공합니다. 문제가 생겼거나 더 많은 정보가 필요할 때 들러 확인합시다.

코드 예제, 연습문제 등의 추가 자료를 웹 사이트(*https://github.com/fzumstein/python-for-excel*)에서 내려받을 수 있습니다. 저장소를 내려받으려면 녹색 Code 버튼을 누르고, Download ZIP을 선택합시다. 내려받기가 끝나면 윈도우에서는 파일을 오른쪽 클릭한 후 압축 풀기를 선택해 폴더에 압축을 풉니다. macOS에서는 파일을 더블클릭하기만 하면 압축이 풀립니다. 깃을 사용하는데 익숙하다면 깃을 통해 저장소를 클론할 수도 있습니다. 이 폴더는 원하는 곳 어디에 두어도 상관 없지만, 책에서는 종종 다음과 같은 형태로 언급할 겁니다.

```
C:\Users\username\python-for-excel
```

윈도우에서 파일의 압축을 그냥 풀기만 하면 다음과 비슷한 폴더 구조가 생길 겁니다(폴더 이름이 중복됐습니다).

```
C:\...\Downloads\python-for-excel-1st-edition\python-for-excel-1st-edition
```

이 폴더의 콘텐츠를 C:\Users\<username>\python-for-excel에 복사하면 책을 따라하기가 좀 더 쉬울 겁니다. macOS에서도 마찬가지로, /Users/<username>/python-for-excel 같은 폴더에 파일을 복사합니다.

CONTENTS

지은이 · 옮긴이 소개·· **4**

옮긴이의 말··· **5**

서문·· **6**

PART **1** 파이썬 소개

CHAPTER **1** 왜 엑셀에 파이썬을 써야 할까?

1.1 엑셀은 프로그래밍 언어다·· **24**

1.1.1 뉴스에 등장한 엑셀··· **25**

1.1.2 프로그래밍 모범 사례·· **26**

1.1.3 최신 엑셀·· **32**

1.2 엑셀이 편해지는 파이썬·· **34**

1.2.1 가독성과 유지 보수성·· **34**

1.2.2 표준 라이브러리와 패키지 매니저··· **36**

1.2.3 과학 계산·· **37**

1.2.4 최신 언어 기능··· **38**

1.2.5 플랫폼 호환성·· **39**

1.3 요약··· **40**

CHAPTER **2** 개발 환경

2.1 아나콘다 파이썬 배포본·· **44**

2.1.1 설치·· **44**

2.1.2 아나콘다 프롬프트··· **45**

2.1.3 파이썬 REPL: 대화형 파이썬 세션··· **49**

2.1.4 패키지 매니저: 콘다와 pip ·· **50**

2.1.5 콘다 환경 ··· **52**

2.2 주피터 노트북 ·· **53**

2.2.1 주피터 노트북 실행 ··· **54**

2.2.2 노트북 셀 ··· **55**

2.2.3 편집 모드와 명령어 모드 ··· **57**

2.2.4 실행 순서가 중요합니다 ·· **58**

2.2.5 주피터 노트북 종료 ·· **59**

2.3 비주얼 스튜디오 코드 ·· **60**

2.3.1 설치와 설정 ··· **63**

2.3.2 파이썬 스크립트 실행 ·· **65**

2.4 요약 ··· **69**

CHAPTER **3** **파이썬 시작하기**

3.1 데이터 타입 ·· **72**

3.1.1 객체 ··· **72**

3.1.2 숫자 타입 ··· **74**

3.1.3 불리언 ·· **77**

3.1.4 문자열 ·· **78**

3.2 인덱스와 슬라이스 ·· **80**

3.2.1 인덱스 ·· **80**

3.2.2 슬라이스 ·· **82**

3.3 데이터 구조 ·· **83**

3.3.1 리스트 ·· **83**

3.3.2 딕셔너리 ·· **86**

3.3.3 튜플 ··· **88**

3.3.4 세트 ··· **89**

CONTENTS

3.4 제어문 ·· **90**

3.4.1 코드 블록과 pass 문 ··· **90**

3.4.2 if 문과 조건 표현식 ··· **91**

3.4.3 for와 while 루프 ··· **93**

3.4.4 리스트, 딕셔너리, 세트 내포 ··· **97**

3.5 코드 정리 ··· **98**

3.5.1 함수 ·· **99**

3.5.2 모듈과 임포트 문 ·· **101**

3.5.3 datetime 클래스 ·· **104**

3.6 PEP 8: 파이썬 코드 스타일 가이드 ··· **105**

3.6.1 PEP 8과 비주얼 스튜디오 코드 ·· **108**

3.6.2 타입 힌트 ··· **109**

3.7 요약 ··· **110**

PART 2 넘파이·판다스 소개

CHAPTER 4 넘파이 기초

4.1 넘파이 시작하기 ·· **113**

4.1.1 넘파이 배열 ··· **114**

4.1.2 벡터화와 브로드캐스팅 ·· **116**

4.1.3 범용 함수 ··· **117**

4.2 배열 생성과 조작 ··· **119**

4.2.1 배열 요소 접근과 설정 ··· **119**

4.2.2 유용한 배열 생성자 ·· **120**

4.2.3 뷰와 사본 ··· **121**

4.3 요약 ··· **122**

CHAPTER 5 판다스와 데이터 분석

5.1 데이터프레임과 시리즈 ·· **124**

5.1.1 인덱스 ·· **126**

5.1.2 열 ·· **129**

5.2 데이터 조작 ·· **131**

5.2.1 데이터 선택 ·· **132**

5.2.2 데이터 설정 ·· **139**

5.2.3 누락된 데이터 ·· **143**

5.2.4 중복 데이터 ·· **145**

5.2.5 산술 연산 ·· **146**

5.2.6 텍스트 열 조작 ·· **149**

5.2.7 함수 적용 ·· **150**

5.2.8 뷰와 사본 ·· **152**

5.3 데이터프레임 조합 ·· **153**

5.3.1 연결 ·· **153**

5.3.2 조인과 병합 ·· **155**

5.4 기술 통계와 데이터 수집 ·· **158**

5.4.1 기술 통계 ·· **158**

5.4.2 그룹화 ·· **159**

5.4.3 피벗과 해제 ·· **160**

5.5 플로팅 ·· **162**

5.5.1 맷플롯립 ·· **163**

5.5.2 플로틀리 ·· **165**

5.6 데이터프레임 임포트와 익스포트 ·· **168**

5.6.1 CSV 파일로 익스포트 ·· **169**

5.6.2 CSV 파일 임포트 ·· **169**

5.7 요약 ·· **172**

CONTENTS

CHAPTER 6 판다스와 시계열 분석

6.1 DatetimeIndex ··· **176**

    6.1.1 DatetimeIndex 생성 ··· **176**

    6.1.2 DatetimeIndex 필터 ··· **179**

    6.1.3 시간대 ·· **181**

6.2 널리 쓰이는 시계열 조작 ··· **182**

    6.2.1 행 이동과 퍼센트 값 변화 ·· **182**

    6.2.2 리베이스와 상관관계 ··· **185**

    6.2.3 리샘플링 ··· **189**

    6.2.4 롤링 윈도우 ·· **191**

6.3 거대한 데이터가 필요할 때 ··· **192**

6.4 요약 ··· **193**

PART 3 엑셀 없이 엑셀 파일 읽고 쓰기

CHAPTER 7 판다스를 사용한 엑셀 파일 조작

7.1 케이스 스터디: 엑셀 보고서 ·· **197**

7.2 판다스로 엑셀 파일 읽고 쓰기 ··· **201**

    7.2.1 read_excel 함수와 ExcelFile 클래스 ································ **202**

    7.2.2 to_excel 메서드와 ExcelWriter 클래스 ···························· **208**

7.3 판다스의 한계 ··· **210**

7.4 요약 ··· **210**

CHAPTER 8 리더와 라이터 패키지를 이용한 엑셀 파일 조작

8.1 리더와 라이터 패키지··· **211**

　8.1.1 언제 어떤 패키지를 사용할지 선택하기······························· **212**

　8.1.2 excel.py 모듈··· **213**

　8.1.3 OpenPyXL··· **215**

　8.1.4 XlsxWriter·· **220**

　8.1.5 pyxlsb·· **223**

　8.1.6 xlrd, xlwt, 엑셀유틸··· **225**

8.2 고급 주제·· **228**

　8.2.1 큰 엑셀 파일 다루기·· **228**

　8.2.2 데이터프레임 서식 개선·· **234**

　8.2.3 다시 살펴보는 케이스 스터디: 엑셀 보고서······················· **240**

8.3 요약·· **241**

PART 4 엑셀윙스를 통한 엑셀 애플리케이션 프로그래밍

CHAPTER 9 엑셀 자동화

9.1 엑셀윙스 시작하기·· **246**

　9.1.1 엑셀을 데이터 뷰어로 사용하기·· **246**

　9.1.2 엑셀 객체 모델··· **248**

　9.1.3 VBA 코드 실행··· **256**

9.2 변환기, 옵션, 컬렉션··· **258**

　9.2.1 데이터프레임 사용·· **258**

　9.2.2 변환기와 옵션·· **260**

CONTENTS

9.2.3 차트, 그림, 정의된 이름 ·············· 262

9.2.4 또 다시 살펴보는 케이스 스터디: 엑셀 보고서 ·············· 267

9.3 엑셀윙스 고급 주제 ·············· 269

9.3.1 엑셀윙스 기초 ·············· 270

9.3.2 성능 향상 ·············· 271

9.3.3 필요한 기능이 없을 때 대처하는 방법 ·············· 273

9.4 요약 ·············· 274

CHAPTER 10 파이썬으로 강화된 엑셀 도구

10.1 엑셀을 프런트엔드로 사용하기 ·············· 277

10.1.1 엑셀 애드인 ·············· 278

10.1.2 quickstart 명령어 ·············· 280

10.1.3 Run main ·············· 281

10.1.4 RunPython 함수 ·············· 282

10.2 배포 ·············· 287

10.2.1 파이썬 ·············· 287

10.2.2 독립 워크북: 엑셀윙스 애드인 제거 ·············· 288

10.2.3 설정 계층 구조 ·············· 289

10.2.4 세팅 ·············· 290

10.3 요약 ·············· 292

CHAPTER 11 파이썬 패키지 추적기

11.1 우리가 만들 프로그램 ·············· 294

11.2 핵심 기능 ·············· 296

11.2.1 웹 API ·············· 296

11.2.2 데이터베이스 ··· 301

11.2.3 예외 ··· 311

11.3 애플리케이션 구조 ··· 314

11.3.1 프런트엔드 ··· 315

11.3.2 백엔드 ··· 320

11.3.3 디버깅 ··· 324

11.4 요약 ·· 326

CHAPTER 12 사용자 정의 함수

12.1 UDF 시작하기 ··· 328

12.1.1 UDF 빠른 시작 ··· 329

12.2 케이스 스터디: 구글 트렌드 ··· 334

12.2.1 구글 트렌드 소개 ·· 335

12.2.2 데이터프레임과 동적 배열 ··· 336

12.2.3 구글 트렌드에서 데이터 가져오기 ··· 341

12.2.4 UDF와 그래프 ··· 347

12.2.5 UDF 디버깅 ··· 348

12.3 고급 UDF 주제 ··· 351

12.3.1 기본적인 성능 최적화 ··· 351

12.3.2 캐싱 ··· 354

12.3.3 sub 데코레이터 ·· 356

12.4 요약 ·· 358

CONTENTS

APPENDIX

APPENDIX A 콘다 환경

A.1 새로운 콘다 환경 생성하기 ································· 363

A.2 자동 활성화 끄기 ································· 365

APPENDIX B 고급 비주얼 스튜디오 코드 기능

B.1 디버거 ································· 367

B.2 비주얼 스튜디오 코드와 주피터 노트북 ································· 369

APPENDIX C 고급 파이썬 주제

C.1 클래스와 객체 ································· 373

C.2 시간대를 인지하는 datetime 객체 ································· 375

C.3 파이썬의 가변과 불변 객체 ································· 377

찾아보기 ································· 383

Part **I**

파이썬 소개

1부에서는 우선 파이썬이 엑셀에 훌륭한 파트너인 이유를 알아본 다음, 책에서 계속 사용할 아나콘다, 비주얼 스튜디오 코드, 주피터 노트북에 대해 알아봅니다. 책의 나머지 부분을 읽는 데 필요한 기본적인 파이썬 지식도 얻을 수 있습니다.

Part I

파이썬 소개

1장   왜 엑셀에 파이썬을 써야 할까?

2장   개발 환경

3장   파이썬 시작하기

왜 엑셀에 파이썬을 써야 할까?

엑셀 사용자들은 한계에 부딪힐 때마다 자문하곤 합니다. 엑셀 워크북에 데이터와 공식이 너무 많아서 느려지거나, 심할 경우는 충돌하기도 합니다. 일이 점점 나빠지기 전에 미리 조치를 취하는 게 합리적입니다. 오류가 생겼을 때 경제적인 타격을 입거나 평가가 나빠질 중요한 워크북에서 작업하고 있거나, 엑셀 워크북을 직접 업데이트하는 데 매일 몇 시간을 투자하고 있다면 프로그래밍 언어를 통해 자동화하는 방법을 배워야 합니다. 자동화는 사람이 하는 실수를 줄이고, 엑셀 스프레드시트에 데이터를 붙여넣는 것보다 더 생산적인 일에 시간을 보낼 수 있게 도와줍니다.

이 장에서는 파이썬이 왜 엑셀과 잘 어울리는지, 엑셀에 내장된 자동화 언어인 VBA보다 뛰어난 점은 어떤 것인지 소개합니다. 먼저 엑셀을 프로그래밍 언어의 관점에서 소개하고 그 특수성에 대해 설명한 다음, 파이썬이 VBA보다 어떤 점에서 더 훌륭한지 짚어 보겠습니다. 시작하기에 앞서, 먼저 엑셀과 파이썬에 대해 간단히 알아봅시다.

엑셀과 파이썬은 모두 상당히 오래된 프로그램입니다. 엑셀은 마이크로소프트에서 1985년에 처음 발표했으며, 놀랍게도, 당시에는 애플 매킨토시 전용이었습니다. 윈도우에서는 1987년에 발표된 엑셀 2.0부터 사용할 수 있었습니다. 마이크로소프트가 스프레드시트 시장의 첫 번째 주자는 아니었습니다. 최초의 스프레드시트는 비지코프^{VisiCorp}에서 1979년에 발표한 비지칼크^{VisiCalc}였고, 로터스 소프트웨어에서 1983년에 발표한 로터스 123$^{Lotus\ 1-2-3}$이 그 다음이었습니다. 심지어 엑셀은 마이크로소프트의 첫 번째 스프레드시트도 아니었습니다. 마이크로소프트가 발표한 첫 번째 스프레드시트는 MS-DOS와 몇 가지 운영 체제에서 사용할 수 있지만 윈도우용은 아닌 멀티플랜Multiplan이었습니다.

파이썬은 엑셀 출시 후 6년이 지난 1991년에 발표됐습니다. 엑셀은 초창기부터 꽤 인기를 끌었지만, 파이썬이 웹 개발이나 시스템 관리 같은 특정 영역에 도입되기까지는 시간이 좀 필요했습니다. 파이썬이 과학 분야에서 주목할만한 대안으로 눈길을 끌기 시작한 건 배열 기반 연산과 선형 대수학 패키지인 **넘파이**NumPy가 처음 발표된 2005년부터였습니다. 넘파이는 이전에 개발된 패키지 둘을 하나로 모았고, 이에 따라 과학 계산에 필요한 개발 과정을 프로젝트 하나로 집중할 수 있게 됐습니다. 이제 넘파이는 판다스pandas를 포함해 수많은 과학 관련 패키지의 밑바탕이 됐습니다. 판다스는 2008년에 개발됐으며, 2010년 이후 데이터 과학과 재무 분야에 파이썬이 폭넓게 받아들여진 원동력입니다. 판다스 덕택에 파이썬은 R과 더불어 데이터 분석, 통계, 머신러닝machine learning 같은 데이터 과학 분야의 작업에 가장 널리 쓰이는 언어가 됐습니다.

물론 파이썬과 엑셀의 공통점이 오래 됐다는 것만은 아닙니다. 엑셀과 파이썬은 모두 프로그래밍 언어입니다. 파이썬이 프로그래밍 언어라는 말에 의문을 가질 독자는 없겠지만, 아마 엑셀에 대해서는 고개를 갸우뚱할 겁니다. 이제 필자가 엑셀을 프로그래밍 언어라고 부르는 이유를 설명하겠습니다.

1.1 엑셀은 프로그래밍 언어다

엑셀이 프로그래밍 언어라는 걸 이해하면 스프레드시트 관련 이슈가 뉴스에 정기적으로 등장하는 이유도 이해하기 쉬워질 겁니다. 그 다음에는 소프트웨어 개발 커뮤니티에서 만들어진 몇 가지 모범 사례를 살펴볼텐데, 이를 잘 지키면 흔한 엑셀 오류error를 많이 피할 수 있습니다. 마지막으로 엑셀의 최신 기능인 파워 피벗과 파워 쿼리에 대해 알아볼텐데, 이들이 제공하는 기능을 판다스로 대체하는 방법도 나중에 설명합니다.

엑셀을 어느 정도 사용했다면 셀의 합계를 구하는 =SUM(A1:A4) 같은 함수도 써봤을 겁니다. 이 함수가 동작하는 방식을 잠시 생각해 보면, 셀의 값은 보통 하나 이상의 다른 셀에 영향을 받으며 이 값을 다시 함수에 입력해 하나 이상의 다른 셀에 영향을 줄 수 있음을 알게 됩니다. 이렇게 함수를 중첩해서 호출하는 방식은 다른 프로그래밍 언어에서도 사용합니다. 엑셀에서는 코드를 텍스트 파일이 아니라 셀에 기록한다는 점이 다를 뿐입니다. 이것만 가지고 엑셀을 프로그래밍 언어라고 부를 수는 없다고 생각하는 독자도 있겠죠. 마이크로소프트는 2020년 말에 엑셀에 람다 함수lambda function를 도입했다고 발표했습니다. 즉, VBA 같은 다른 언어에 의존하는 일 없이 엑셀의 내장 언어만 가지고도 재사용 가능한 함수를 만들 수 있다는 뜻입니다. 엑셀의 책임자인 브라이언 존스Brian Jones는 이를 두고 엑셀이 마침내 '진짜' 프로그래밍 언어가 됐다고 평했습니다.[1] 또한 이제는 '엑셀 사용자'를 '엑셀 프로그래머'라고 부를 수 있다는 뜻이죠.

하지만 엑셀 프로그래머는 좀 특이한 경우입니다. 이들은 대부분 컴퓨터 과학을 정식으로 공부하지 않은 비즈니스 사용자이거나 관리자 직종입니다. 말하자면 상거래에 종사하거나, 회계사이거나, 엔지니어 같은 사람들이라는 뜻입니다. 엑셀 프로그래머는 비즈니스 문제를 해결하기 위해 스프레드시트를 사용하며, 소프트웨어 개발에서 말하는 모범 사례를 준수하는 일은 거의 없습니다. 결과적으로 이들의 스프레드시트는 같은 시트 안에 입력과 계산, 출력이 혼재되어 있는 경우가 많고, 올바르게 작동하기 위한 전제조건이 명확하지 않으며, 별다른 안전 조치 없이 중요한 부분을 수정할 때도 많습니다. 달리 말해, 스프레드시트에는 튼튼한 애플리케이션 아키텍처가 갖춰져 있지 않고 대개는 문서도 없으며 테스트도 이루어지지 않습니다. 이 때문에 심각한 문제가 발생할 수도 있습니다. 중요한 거래를 앞두고 워크북의 재계산을 잊는다면 잘못된 가격으로 물건을 사거나 팔아서 손해를 볼 수 있습니다. 심지어 개인적인 거래가 아니라면, 그 실수는 뉴스에 보도될지도 모르죠.

1.1.1 뉴스에 등장한 엑셀

엑셀은 종종 뉴스에 등장하곤 합니다. 필자가 이 책을 쓰는 동안에도 두 번이나 헤드라인에 등장했습니다. 첫 번째 뉴스는 휴고HUGO 유전자 명명 위원회였는데, 이들은 엑셀이 사람의 유전자 이름을 날짜로 착각하는 일을 막기 위해 유전자 이름을 바꿨습니다. 예를 들어 MARCH1이라는 유전자가 1-Mar로 바뀌는 사고를 방지하기 위해 MARCHF1으로 바꾼 겁니다.[2] 두 번째 뉴스는, 엑셀 때문에 영국에서 16,000 건의 코로나19 검사 결과가 지연된 사고였습니다. 이 사고는 대략 65,000 행 이상은 저장하지 못하는 구형 엑셀 파일(.xls)에 테스트 결과를 작성했기

---

[1] 람다 함수에 대해서는 엑셀 블로그(*https://oreil.ly/4-0y2*)에서 읽어볼 수 있습니다.

[2] 제임스 빈센트(James Vincent), "마이크로소프트 엑셀이 유전자 이름을 잘못 읽지 못하도록 유전자 이름을 바꾼 과학자들". 더 버지, 2020년 8월 6일. *https://oreil.ly/0qo-n*

때문에 벌어진 문제입니다. 엑셀은 이를 초과하는 데이터는 그냥 버립니다.[3] 이 웃지 못할 뉴스는, 어쩌면 엑셀이 시장에서 중요하고도 지배적인 지위를 가졌다는 방증일 수도 있겠습니다. 하지만 '엑셀 사고' 중에는 런던고래London Whale가 초래한 심각한 사고도 있었습니다.

런던고래는 엄청난 실수를 저질러 JP 모건에 6억 달러의 손실을 입힌 트레이더의 별명입니다. 이 재앙의 핵심은 엑셀을 기반으로 한 위험 예측 모델이었는데, 이 모델은 포트폴리오 중 하나에서 손실 위험을 지나치게 낮게 평가했습니다. 2013년에 발행된 '2012년 손실 관련 JP 모건 관리 태스크 포스 보고서[4]'에는 "이 모델은 엑셀 스프레드시트에서 다른 스프레드시트로, 데이터를 손으로 복사해 붙여놓도록 구성한 여러 개의 스프레드시트를 통해 운영했다"는 구절이 있습니다. 이런 중요한 작업을 손으로 했다는 것도 문제지만, 이 모델에는 논리적 결함도 하나 있었습니다. 평균값으로 나눠야 할 계산을 합으로 나눴다는 실수입니다.[5]

이런 끔찍한 사고에 연루되기는 싫을 테니, 엑셀 작업을 훨씬 안전하게 만들어 줄 좋은 버릇에 대해 알아봅시다.

1.1.2 프로그래밍 모범 사례

이 절은 가장 중요한 프로그래밍 모범 사례인 관심의 분리, DRY 원칙, 테스트, 버전 관리에 관한 내용입니다. 곧 알게 되겠지만, 이를 습관화하면 파이썬을 엑셀과 함께 사용할 때도 더 쉽게 적응할 수 있습니다.

관심의 분리

'관심의 분리'는 모듈성modularity이라고도 부르며, 프로그래밍에서 가장 중요한 설계 원칙 중 하나입니다. 이 말은 연관된 기능을 독립시켜서 프로그램의 나머지 부분에 영향을 끼치는 일 없이 쉽게 교체할 수 있게 만들라는 뜻입니다. 애플리케이션은 크게 보면 다음 세 가지 계층으로 나눌 수 있습니다.[6]

3　레오 켈리언(Leo Kelion), "마이크로소프트 엑셀이 코로나19 검진 결과를 잃어버리다". BBC 뉴스, 2020년 10월 5일. *https://oreil.ly/vvB6o*.

4　위키백과에 이에 관한 문서가 있습니다(*https://oreil.ly/0uUj9*).

5　옮긴이_ 이런 이야기를 더 읽어보고 싶다면 유럽 스프레드시트 위험 관심 그룹(European Spreadsheet Risks Interest Group)에서 운영하는 호러 스토리(*https://oreil.ly/WLO-I*)에 방문해 보세요.

6　이 용어는 마이크로소프트의 애플리케이션 아키텍처 가이드 2판에서 가져왔습니다(*https://oreil.ly/8V-GS*).

- 표현 계층

- 비즈니스 계층

- 데이터 계층

[그림 1-1]은 이 계층을 묘사하는 단순한 환율 계산기입니다. 책의 저장소의 xl 폴더에 있는 currency_converter.xlsx 파일을 참하십시오.

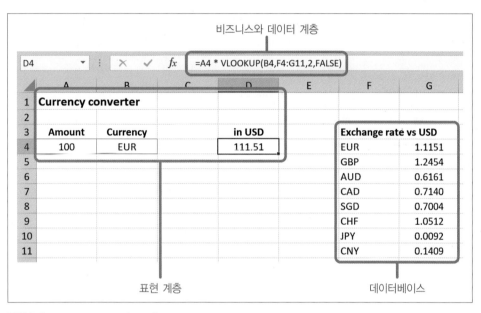

그림 1-1 currency_converter.xlsx

이 애플리케이션은 A4 셀과 B4 셀에 금액과 화폐 단위를 입력하면 엑셀이 이를 미국 달러로 변환해 D4 셀에 표시하는 방식으로 동작합니다. 매일 사용하는 스프레드시트 대부분이 이런 식으로 설계되어 있습니다. 이제 이 애플리케이션을 계층으로 나눠 봅시다.

- **표현 계층**

  표현 계층은 사용자가 보고 상호작용하는 것, 즉 사용자 인터페이스입니다. A4, B4, D4 셀의 값과 그 레이블이 환율 계산기의 표현 계층입니다.

- **비즈니스 계층**

  비즈니스 계층은 애플리케이션에서 사용하는 로직을 담당합니다. D4 셀에는 입력된 금액을 달러로 변환하는 방법이 들어 있습니다. =A4 * VLOOKUP(B4, F4:G11, 2, FALSE) 공식은 '입력된 금액에 찾아낸 환율을 곱해라'는 뜻입니다.

- **데이터 계층**

  이름을 보면 알 수 있듯 이 계층은 데이터 접근을 담당합니다. 환율 계산기에서는 D4 셀의 VLOOKUP 부분이 이 일을 합니다.

데이터 계층은 F3 셀에서 시작하는 환율 테이블 데이터에 접근합니다. 이 테이블은 환율 계산기의 데이터베이스 구실을 합니다. 주의 깊게 살펴봤다면 D4 셀이 세 계층에서 모두 등장한다는 걸 눈치챘을 겁니다. 환율 계산기는 셀 하나에 표현, 비즈니스, 데이터 계층이 모두 들어 있습니다.

이렇게 단순한 환율 계산기에서야 문제가 되지 않지만, 복잡한 스프레드시트 애플리케이션도 모두 작은 엑셀 파일에서 시작한다는 걸 잊어선 안됩니다. 이 상황을 어떻게 개선할 수 있을까요? 프로 엑셀 개발자들을 위한 자료에는 각 계층(엑셀 식으로는 **입력, 계산, 출력**)마다 별도의 시트를 사용하라고 조언합니다. 이렇게 분할할 때는 각 계층을 더 쉽게 구별할 수 있도록 입력 셀에는 모두 파란색 배경을 쓰는 식으로 색깔 코드를 쓸 때도 많습니다. 11장에서는 이 세 가지 계층으로 애플리케이션을 만들 겁니다. 표현 계층은 엑셀이 담당하고, 비즈니스와 데이터 계층은 파이썬으로 옮깁니다. 이렇게 할 일을 나누면 코드 구조를 만들기도 훨씬 쉽습니다.

관심의 분리에 대해 배웠으니 이제 DRY 원칙으로 넘어갑시다.

DRY 원칙

DRY 원칙은 헌트Hunt와 토머스Thomas가 쓴 『실용주의 프로그래머』(인사이트, 2022)에 등장하는 'Don't Repeat Yourself'에서 유래했습니다. 코드에 중복이 없으면 그만큼 양도 줄고, 오류도 줄어들며, 관리하기도 쉬워집니다. 엑셀에는 셀의 공식을 다른 워크북에서 재사용할 방법이 없으므로, 비즈니스 로직이 셀에 담겨 있다면 DRY 원칙을 적용하기는 불가능한거나 마찬가지입니다. 불행한 일이지만, 이 때문에 새로운 엑셀 프로젝트를 시작할 때 이전에 진행했던 프로젝트나 템플릿에서 워크북을 복사하는 일이 많습니다.

VBA에서 재사용 가능한 코드의 가장 흔한 형태는 함수입니다. 함수를 사용하면 여러 가지 매크로에서 같은 코드 블록에 접근할 수 있습니다. 자주 사용하는 함수가 여러 개 있다면 워크북들이 이 함수를 공유할 수 있게 만들면 좋을 겁니다. 워크북들이 VBA 코드를 공유하는 표준 절차는 애드인이지만, VBA 애드인에는 코드를 분산하고 업데이트하는 확고한 방식이 없습니다. 마이크로소프트에서 이 문제를 해결하기 위해 엑셀 애드인 스토어를 도입하긴 했지만, 이 스토어는 자바스크립트 기반 애드인을 대상으로만 작동하므로 VBA 프로그래머는 사용할 수 없습니다.

결국, VBA에서는 여전히 복사/붙여넣기를 자주 사용할 수밖에 없습니다. 예를 들어 엑셀에서 3차 스플라인cubic spline 함수가 필요하다고 합시다. 3차 스플라인 함수는 좌표계 안에 주어진 몇 개의 지점을 기반으로 곡선을 그리는 방법인데, 채권 트레이더가 알고 있는 만기/이익률 조합을 바탕으로 만기 채권의 이익률 곡선을 추론할 때 자주 사용합니다. 인터넷에서 'Cubic Spline Excel'을 검색해 보면 필요한 VBA 코드를 어렵지 않게 찾을 수 있습니다. 문제는, 이런 코드는 대부분 개인이 만들었으며 작성자는 아마 좋은 의도를 가지고 공개했으나 대개는 공식 문서도 없고 충분히 테스트되지도 않았다는 겁니다. 대부분의 경우에는 잘 동작하겠지만, 몇몇 에지 케이스(극단적인 경우)에도 그럴까요? 수백만 개의 포트폴리오를 거래하는 트레이더라면 당연히 신뢰할 수 있는 코드가 필요합니다. 최소한 회사의 내부 감사에서는, 코드를 인터넷에서 가져왔다고 하면 신뢰할 수 있는 코드인지 물어볼 겁니다.

이 장 마지막 절에서도 보겠지만, 파이썬에서는 패키지 매니저를 사용해 코드를 쉽게 배포할 수 있습니다. 하지만 우선은 테스트에 대한 얘기부터 합시다. 테스트 역시 신뢰할 수 있는 소프트웨어 개발의 주춧돌 중 하나입니다.

테스트

엑셀 개발자에게 워크북 테스트를 부탁하면, 그들은 아마 몇 가지 테스트를 손으로 진행할 겁니다. 버튼을 클릭하여 매크로가 의도대로 동작하는지 확인하거나, 입력값 몇 개를 바꾸고 출력값이 그에 따라 정확하게 바뀌는지 확인할 겁니다. 하지만 이는 완전히 신뢰할 수 없는 테스트입니다. 엑셀에서는 찾기 힘든 오류가 자주 발생합니다. 예를 들어 공식이 들어 있는 셀에 실수로 값을 입력한다거나, 숨긴 열에 있는 공식 수정을 잊어버린다거나 할 수 있습니다.

전문 소프트웨어 개발자에게 코드 테스트를 부탁하면 그들은 단위 테스트를 작성할 겁니다. 단위 테스트란, 이름에서 짐작할 수 있듯 프로그램의 개별 구성 요소를 테스트하는 방법입니다. 예를 들어 프로그램에 들어있는 함수 하나가 정상적으로 동작하는지 확인합니다. 프로그래밍 언어는 대부분 자동으로 단위 테스트를 실행하는 방법을 제공합니다. 테스트를 자동화하면 코드의 신뢰도가 급격히 올라가며, 프로그램의 어떤 부분을 수정하더라도 다른 부분이 망가지는 일은 거의 없다고 확신해도 무방합니다.

[그림 1-1]의 환율 계산기를 다시 예로 들면, 100 유로의 금액과 1.05의 EUR/USD 환율이라는 입력이 있으면 D4 셀의 공식이 정확히 105 달러를 반환하는지 체크하는 테스트를 만들 수 있습니다. 왜 이런 테스트가 필요할까요? 실수로 변환 공식이 들어 있는 D4 셀의 내용을 삭제해서 다시 작성해야 하는데, 입력 금액에 환율을 곱하는 게 아니라 환율로 나누는 실수를 할 수도 있으니까요. 좀 억지처럼 들릴 수 있지만 화폐의 종류가 여러 가지다 보니 혼란스러울 때가 많습니다. 공식을 잘못 입력한 상태에서 테스트를 해 보면, 100 유로를 1.05로 나눈 결과는 테스트에서 기대하는 105 달러가 아닙니다. 이런 식으로, 스프레드시트를 실제 사용자에게 건네주기 전에 문제를 발견하고 수정할 수 있습니다.

전통적인 프로그래밍 언어는 거의 대부분 단위 테스트를 쉽게 작성할 수 있는 테스트 프레임워크를 제공하지만 엑셀에는 그렇게 없습니다. 다행히 단위 테스트는 단순한 개념이며, 파이썬을 엑셀에 연결하면 파이썬의 강력한 단위 테스트 프레임워크를 사용할 수 있습니다. 단위 테스트에 대해 자세히 설명하는 건 이 책의 범위를 벗어납니다. 실용적인 예제를 포함한 필자의 블로그 포스트(*https://oreil.ly/crwTm*)가 있으니 한 번 읽어보십시오.

단위 테스트는 버전 관리 시스템에 코드를 커밋할 때 자동으로 실행되도록 설정하는 경우가 많습니다. 다음 절에서는 버전 관리 시스템이 무엇인지와 엑셀 파일에 적용하기 어려운 이유에 대해 설명합니다.

버전 관리

프로 프로그래머의 또 다른 특징은 **버전 관리** 시스템을 사용한다는 겁니다. 버전 관리 시스템은 소스 코드가 시간에 따라 어떻게 변하는지 추적하므로 누가, 언제, 왜, 뭘 바꿨는지 볼 수 있고 언제든지 원하는 시간의 버전으로 돌아갈 수 있습니다. 최근 가장 널리 쓰이는 버전 관리 시스템은 깃(*https://git-scm.com*)입니다. 깃은 원래 리눅스 소스 코드를 관리하기 위해 만들어졌지만 이제는 프로그래밍 세계를 지배하고 있습니다. 심지어 마이크로소프트조차 2017년부터 깃을 통해 윈도우 소스 코드를 관리하고 있습니다. 반면, 엑셀의 세계에서 가장 널리 쓰이는 버전 관리 시스템은 폴더 안에 다음과 같이 파일을 저장합니다.

```
currency_converter_v1.xlsx
currency_converter_v2_2020_04_21.xlsx
```

```
currency_converter_final_edits_Bob.xlsx
currency_converter_final_final.xlsx
```

엑셀 개발자가 이런 난잡한 파일 이름 말고 명확하고 알기 쉬운 명명법을 고안해 잘 지킨다면, 그 자체에는 큰 문제가 없습니다. 하지만 버전 히스토리를 로컬 파일의 형태로 남기게 되면 더 쉬운 협업, 동료의 평가, 승인 절차, 감사 로그 같은 버전 관리의 주요 장점을 활용할 수 없습니다. 더 안전하고 안정적인 워크북 작업을 원한다면 이런 장점을 놓쳐선 안됩니다. 프로 프로그래머들은 대부분 깃을 깃허브, 깃랩GitLab, 비트버킷Bitbucket, 애저 데브옵스Azure DevOps 같은 웹기반 플랫폼과 연결해 사용합니다. 이런 플랫폼에서는 풀 리퀘스트라는 기능을 제공합니다. 개발자들은 이를 통해 자신이 만든 개선점을 수용해 줄 걸 공식적으로 요청할 수 있습니다. 풀 리퀘스트를 보낼 때는 다음과 같은 정보를 보냅니다.

- 제작자

- 변경 일시

- 코드를 바꾼 목적을 설명하는 커밋 메시지

- diff 뷰 형태로 나타낸 변경점. 예를 들어 추가된 코드는 녹색으로 강조하고 삭제한 코드는 빨간색으로 표시합니다.

이를 통해 동료나 팀 상급자가 변경점을 검토하고 이상한 부분을 찾을 수 있습니다. 다른 사람이 잠깐 훑어본 것 만으로도 이상한 점을 발견하거나, 프로그래머에게 가치 있는 피드백을 줄 수 있을 때가 많습니다. 이렇게 숱한 장점이 있는데도 불구하고, 엑셀 개발자들이 깃 같은 시스템을 쓰지 않고 로컬 파일 시스템을 선호하는 이유는 뭘까요?

- 엑셀 사용자 대부분은 단순히 깃에 대해 모르거나, 비교적 가파른 깃의 학습 곡선에 일찍 포기합니다.

- 깃은 같은 파일의 로컬 사본에 여러 사용자가 동시에 접근하는 걸 허용합니다. 사용자들이 모두 커밋을 마치면 깃은 보통 누군가가 수동으로 명령하지 않아도 변경점을 전부 적용합니다. 이런 방식은 엑셀에는 적용되지 않습니다. 깃은 여러 개의 엑셀 파일을 하나로 합치는 방법을 모릅니다.

- 설령 앞의 두 가지 문제를 해결했다 하더라도 깃은 여전히 엑셀 파일에서 텍스트 파일만큼의 장점을 제공하지 못합니다. 깃은 엑셀 파일의 변경점을 찾지 못하므로 동료 평가 프로세스가 불가능합니다.

이런 문제 때문에 필자의 회사에서는 엑셀 파일을 다룰 수 있는 깃 기반 버전 관리 시스템인 엑셀트레일(*https://xltrail.com*)을 만들었습니다. 엑셀트레일은 깃의 복잡한 부분을 모두 숨기므로 비즈니스 사용자들이 부담 없이 외부 깃 시스템에 접속할 수 있습니다. 엑셀트레일은 셀 공식, 이름 붙은 범위, 파워 쿼리, VBA 코드 등 워크북의 여러 구성 요소를 추적하므로 동료 평가를 포함해 버전 관리 시스템의 장점을 누릴 수 있습니다.

엑셀에 버전 관리를 더 쉽게 적용하는 또 다른 방법은 비즈니스 로직을 엑셀에서 파이썬으로 이동합니다. 이 방법은 10장에서 설명합니다. 파이썬 파일은 깃에서 추적하기 쉬우므로 스프레드시트에서 가장 중요한 부분을 쉽게 관리할 수 있습니다.

이 절의 이름을 프로그래밍 모범 사례라고 짓긴 했지만, 파이썬 같은 전통적 프로그래밍 언어에 비해 엑셀이 부족한 부분만 지적한 듯합니다. 파이썬으로 넘어가기 전에, 마이크로소프트에서 엑셀을 최신화하려 시도한 결과인 파워 쿼리와 파워 피벗에 대해 간단히 소개하겠습니다.

1.1.3 최신 엑셀

엑셀의 근대화라 말할 수 있는 시기는 리본 메뉴를 도입하고 새로운 파일 형식 xlsx를 사용하기 시작한 엑셀 2007부터입니다. 반면 엑셀 커뮤니티에서 '최신 엑셀'이라고 하면 파워 쿼리와 파워 피벗을 비롯해 엑셀 2010에서 도입한 기능을 말합니다. 파워 쿼리와 파워 피벗은 스프레드시트에 넣을 수 없을 만큼 거대한 외부 데이터 소스에 연결하고 분석할 수 있는 도구입니다. 이들의 기능은 5장에서 설명할 판다스와 겹치므로, 이 절에서 간단히 소개하는 것으로 마치고자 합니다. 두 번째 부분에서 소개하는 파워 BI는 파워 쿼리와 파워 피벗의 기능을 합치고 여기에 시각화 기능을 추가한 독립적인 비즈니스 인텔리전스 애플리케이션이며, 파이썬 지원을 내장한 채 출시됐습니다.

파워 쿼리와 파워 피벗

마이크로소프트는 엑셀 2010에 **파워 쿼리**라는 애드인을 도입했습니다. 파워 쿼리는 엑셀 워크북, CSV 파일, SQL 데이터베이스를 비롯한 다양한 데이터 소스에 연결할 수 있습니다. 파워 쿼리는 또한 세일즈포스Salesforce 같은 플랫폼에도 연결할 수 있고, 심지어 출시 시점에서 지원하지 않는 시스템에도 연결하도록 확장할 수 있게 만들어졌습니다. 파워 쿼리의 핵심 기능은 스프레드시트에 들어갈 수 없는 거대한 데이터 집합을 다루는 겁니다. 데이터 로딩이 끝나면 약간의 추가 작업을 통해 데이터를 정리하고, 엑셀에서 사용할 수 있는 형태로 가공할 수 있습니다. 예를 들어 열 하나를 둘로 나누고, 테이블 두 개를 합치고, 데이터를 필터링하거나 그룹으로 묶는 등의 작업입니다. 엑셀 2016부터 파워 쿼리는 애드인으로 제공되지 않고 리본 메뉴의 데이터 가져오기 버튼에서 직접 사용할 수 있게 바뀌었습니다. 현재 macOS에서는 파워 쿼리의 기능 일부분만 사용할 수 있지만, 활발히 개발 중이므로 미래 버전에서는 완전히 지원될 거라고 예상합니다.

파워 피벗은 파워 쿼리와 쌍을 이루는 기능입니다. 개념적으로 말한다면 파워 쿼리를 통해 데이터를 가져오고 정리한 다음에 이루어지는 두 번째 단계라고 할 수 있습니다. 파워 피벗은 엑셀에서 직접 데이터를 분석하고 보기 좋게 표현하는 기능을 제공합니다. 기존의 피벗 테이블을 파워 쿼리처럼 거대한 데이터 집합에도 사용할 수 있게 확장했다고 봐도 됩니다. 파워 피벗을 통해 관계와 계층 구조를 가진 정규 데이터 모델을 만들 수 있고, DAX 포뮬러^{formula} 언어를 통해 계산된 열을 추가할 수 있습니다. 파워 피벗 역시 엑셀 2010에서 도입했지만 아직 애드인으로 남아 있으므로 macOS에서는 사용할 수 없습니다.

파워 쿼리와 파워 피벗이 마음에 들고, 이 위에 대시보드를 추가하고 싶다면 파워 BI에 대해 알아보고 싶을 겁니다. 이유를 살펴보죠.

파워 BI

파워 BI는 2015년에 출시된 독립 애플리케이션입니다. 파워 BI는 태블로^{Tableau}나 클릭^{Qlik} 같은 비즈니스 인텔리전스 도구를 원하는 사용자들에 대한 마이크로소프트의 응답입니다. 파워 BI 데스크탑은 무료이므로 파워 BI 홈페이지(*https://oreil.ly/I1kGj*)에 방문해서 내려받을 수 있습니다. 단, 파워 BI 데스크탑은 윈도우 전용입니다. 파워 BI는 거대한 데이터 집합을 대화형 대시보드 위에 시각화해서 이해하기 쉽게 만듭니다. 파워 BI는 내부적으로 파워 쿼리와 파워 피벗의 기능을 엑셀처럼 사용합니다. 유료 플랜에는 온라인에서 대시보드를 공유하고 협업하는 기능이 있지만 데스크탑 플랜에는 이 기능이 빠져 있습니다. 이 책에서 파워 BI에 주목하는 주된 이유는 파워 BI가 2018년부터 파이썬 스크립트를 지원하기 때문입니다. 파이썬의 그래프 라이브러리를 파워 BI의 쿼리 부분이나 시각화 부분에 사용할 수 있습니다. 필자의 개인적인 느낌으로는 파워 BI 안에서 파이썬을 사용하는 게 썩 매끄럽지는 않았지만, 중요한 점은 마이크로소프트가 데이터 분석이라는 부분에서 파이썬의 중요성을 인식했다는 겁니다. 이에 따라 언젠가 엑셀 자체에서 공식적으로 파이썬을 지원하게 될 수도 있으니까요.

그러면 파워 BI에 파이썬이 들어간게 뭐가 그렇게 대단한 걸까요? 다음 절에서 몇 가지 이유를 알아보겠습니다.

1.2 엑셀이 편해지는 파이썬

엑셀의 존재 이유는 데이터를 저장하고, 분석하고, 시각화합니다. 파이썬은 과학 계산의 영역에서 특히 강력하므로 두 프로그램은 원래 잘 맞는 조합이라 할 수 있습니다. 파이썬은 몇 주에한 번 정도, 아주 간단한 코드를 작성하는 초보 프로그래머도 쉽게 쓸 수 있는 아주 드문 언어입니다. 반면 프로 프로그래머들도 파이썬을 환영하는데, 이는 파이썬이 범용 프로그래밍 언어이기 때문에 뭐든 다 할 수 있기 때문입니다.

결과적으로 파이썬은 간단한 데이터 분석이나 소규모 작업 자동화 같은 분야는 물론이고, 인스타그램의 백엔드 같은 거대한 실무 코드에서도 사용됩니다.[7] 여러분이 만든 엑셀에 파이썬을 조합한 도구가 큰 인기를 끌게 되면 웹 개발자를 프로젝트에 참여시켜서 완벽한 웹 애플리케이션으로 변신시킬 수도 있다는 뜻입니다. 초기부터 비즈니스 로직 부분을 파이썬으로 작업하면, 엑셀 프로토타입을 고쳐 쓰는 일 없이 있는 그대로 실무 웹 환경에 가져갈 수 있습니다.

이 절에서는 파이썬의 핵심 개념을 소개하고 엑셀, VBA와 비교합니다. 주된 내용은 코드의 가독성, 파이썬의 표준 라이브러리와 패키지 매니저, 과학 계산 환경^{stack}, 최신 언어 기능, 호환성입니다. 먼저 가독성부터 살펴봅시다.

1.2.1 가독성과 유지 보수성

코드를 읽기 쉽게 구성하면 따라가면서 이해하기 쉽습니다. 코드를 직접 작성한 당사자라면 가독성이 좀 떨어지더라도 이해할 수 있겠지만 다른 사람은 그렇지 않습니다. 따라서, 읽기 쉬운코드가 오류를 찾기도 쉽고 관리하면서 발전시키기도 쉽습니다. 이 때문에 '파이썬의 선The Zen of Python'(*https://www.python.org/dev/peps/pep-0020/*)에는 '가독성이 중요하다'는 구절이 있습니다. '파이썬의 선'은 파이썬의 핵심적인 설계 원칙을 간결하게 요약한 가이드이며, 다음 장에서 좀 더 알아봅니다. 먼저 VBA로 작성한 다음 예제를 보십시오.

```
If i < 5 Then
    Debug.Print "i is smaller than 5"
ElseIf i <= 10 Then
```

----

7 인스타그램이 파이썬을 어떻게 사용하는지 더 알고 싶다면 인스타그램의 엔지니어 블로그(*https://oreil.ly/SSnQG*)에 방문해 보십시오.

```
    Debug.Print "i is between 5 and 10"
Else
    Debug.Print "i is bigger than 10"
End If
```

앞의 예제는 다음과 같이 고쳐 쓸 수 있습니다. 두 코드는 완전히 동등합니다.

```
If i < 5 Then
    Debug.Print "i is smaller than 5"
    ElseIf i <= 10 Then
    Debug.Print "i is between 5 and 10"
    Else
    Debug.Print "i is bigger than 10"
End If
```

첫 번째 버전에서는 들여쓰기와 코드 로직이 일치합니다. 따라서 코드를 읽고 이해하기 쉽고, 오류도 더 쉽게 찾을 수 있습니다. 반면 두 번째 버전은 처음 본 개발자가 ElseIf, Else 조건을 못 보고 지나칠 가능성이 있으며, 이 코드가 더 큰 프로그램의 일부라면 그 가능성은 더욱 커집니다.

파이썬은 두 번째 예제 같은 코드를 용납하지 않습니다. 파이썬은 가독성 문제를 방지하기 위해 코드 로직과 들여쓰기를 일치시키길 강요합니다. 파이썬은 if 문이나 for 루프 같은 코드 블록을 들여쓰기를 통해 정의하기 때문에 이런 규칙을 강제할 수 있습니다. 다른 언어는 대부분 들여쓰기 대신 중괄호를 사용해 코드 블록을 정의하고, VBA는 앞의 예제처럼 End If 같은 키워드를 사용합니다. 들여쓰기로 코드 블록을 정의하는 이유는 처음 작성할 때 드는 시간보다 그 코드를 관리하는데 드는 시간이 훨씬 길기 때문입니다. 코드를 읽기 쉽게 작성해 두면 다른 프로그래머, 또는 몇 달 뒤에 들여다보는 작성자 자신이 코드의 흐름을 더 쉽게 이해할 수 있습니다.

파이썬의 들여쓰기 규칙은 3장에서 더 알아보기로 하고, 지금은 파이썬을 설치하자마자 사용할 수 있는 기능인 표준 라이브러리에 대해 알아봅시다.

1.2.2 표준 라이브러리와 패키지 매니저

파이썬은 광범위한 기능을 내장하고 있습니다. 파이썬 커뮤니티는 이를 일컬어 '배터리 포함'이라 부르곤 합니다. ZIP 파일의 압축을 풀어야 하든, CSV 파일에서 값을 읽어야 하든, 인터넷에서 데이터를 가져와야 하든, 파이썬의 표준 라이브러리로 전부 할 수 있으며 대개는 단 몇 줄의 코드로 충분합니다. VBA에서 같은 기능을 사용하려면 길고 긴 코드를 작성하거나 애드인을 설치해야 하는 것과는 상당히 비교됩니다. 또한, 인터넷에서 찾은 해결책 대부분을 윈도우나 macOS를 가리지 않고 모두 적용할 수 있습니다.

파이썬의 표준 라이브러리도 방대한 기능을 제공하긴 하지만, 표준 라이브러리만으로 작성하기는 어렵거나 시간이 걸리는 프로그램은 여전히 존재합니다. 이를 위해 PyPI(*https://pypi.org*)가 존재합니다. PyPI는 **파이썬 패키지 인덱스**의 약자이며, 여러분 자신을 포함해 누구든지 오픈 소스 파이썬 패키지를 업로드해 파이썬에 기능을 추가할 수 있는 방대한 저장소입니다.

> **NOTE_ PyPI와 PyPy**
> PyPI는 '파이 피 아이'라고 발음하며, 파이썬을 좀 더 빠르게 실행되도록 만든 대체 프로그램인 PyPy('파이 파이')와는 다릅니다.

예를 들어, 인터넷에서 데이터를 더 쉽게 가져올 수 있도록 리퀘스트Request 패키지를 설치해 강력하면서도 쉬운 명령어를 사용할 수 있습니다. 패키지를 설치할 때는 명령 프롬프트나 터미널에서 파이썬의 패키지 매니저인 pip를 사용합니다. pip는 **pip installs packages**의 재귀약어입니다. 지금 당장은 약간 추상적으로 들리겠지만 걱정할 필요는 없습니다. 이해해야 할 때가 되면 그때 다시 설명할테니까요. 지금은 패키지 매니저의 자세한 사용법이 아니라 패키지 매니저의 필요성에 대해 이해하고 넘어가면 됩니다.

패키지 매니저가 필요한 주된 이유 중 하나는 강력한 패키지들은 대개 파이썬의 표준 라이브러리만 사용해서 개발하는 것이 아니라 PyPI에서 서비스하는 다른 오픈 소스 패키지 역시 사용해서 개발하기 때문입니다. 이런 의존 관계가 또 다른 패키지를 요구하는 의존 관계로 점점 이어질 수 있습니다. pip는 패키지를 설치할 때 의존하는 패키지들을 모두 재귀적으로 찾아 함께 설치합니다. pip는 패키지를 업데이트할 때 의존하는 패키지 역시 쉽게 업데이트할 수 있습니다. 따라서 PyPI에 이미 존재하는 프로그램을 처음부터 다시 만들거나 복사해 붙여넣는 행위가 필요하지 않으므로 DRY 원칙을 더 쉽게 지킬 수 있습니다. pip와 PyPI를 사용하면 의존하는 패키지를 쉽게 배포하고 설치할 수 있는데, 엑셀과 애드인에서는 불가능한 부분입니다.

오픈 소스 소프트웨어

이 절에서 오픈 소스라는 단어를 몇 번 사용했으니 간단히 설명하는 게 좋겠습니다. 소프트웨어를 오픈 소스로 배포한다는 건 소스 코드를 아무런 제약 없이 공개하는 것이므로 누구든 새로운 기능을 추가하거나, 버그를 고치거나, 문서를 만들 수 있습니다. 파이썬 자체를 포함해 거의 모든 서드 파티 파이썬 패키지가 오픈 소스이며 개발자들이 여유 시간을 투자해 관리에 기여합니다. 하지만 오픈 소스가 항상 이상적인 형태인 건 아닙니다. 회사에서 특정 패키지에 의존하고 있다면 프로 프로그래머가 그 패키지를 계속 개발하고 유지 보수하길 바랄 테니까요. 다행히, 파이썬을 과학에 사용하는 커뮤니티에서는 일부 패키지가 대단히 중요하므로 소수의 자원봉사자가 저녁과 주말에 투자하는 시간에만 기댈 수 없음을 인식했습니다.

이에 따라 2012년에 비영리 기구인 넘포커스^{NumFOCUS}가 실립됐습니다. 이 기구의 목적은 과학 계산의 영역에 포함되는 파이썬 패키지와 프로젝트를 후원합니다. 넘포커스에서 후원하는 대표적인 파이썬 패키지는 판다스, 넘파이, 사이파이^{SciPy}, 맷플롯립^{Matplotlib}, 프로젝트 주피터^{Jupyter} 등이며 최근에는 R, 줄리아, 자바스크립트 등의 언어로 만들어진 패키지 역시 후원합니다. 넘포커스를 후원하는 대기업들이 있지만 누구든 자유롭게 후원에 참여할 수 있으며 후원 금액은 세금 공제 대상입니다.

---

pip는 거의 모든 분야의 패키지를 설치할 수 있지만 대부분의 엑셀 사용자는 그 중에서도 과학 계산 관련 패키지에 관심이 있을 겁니다. 다음 절에서는 파이썬을 사용한 과학 계산에 대해 조금 더 알아봅시다.

1.2.3 과학 계산

범용 프로그래밍 언어로 만들어졌다는 점이 파이썬의 성공을 이끈 중요한 이유 중 하나였습니다. 과학 계산 기능은 나중에 서드 파티 패키지 형태로 추가됐습니다. 데이터 과학자가 실험/연구와 웹 개발에 같은 언어를 사용할 수 있다는 건 연구 중심의 프로젝트를 실무 애플리케이션으로 쉽게 발전시킬 수 있다는 유니크한 장점입니다. 언어 하나만 써서 과학 애플리케이션을 만들 수 있다면 구현 시간, 비용, 기타 마찰을 줄일 수 있습니다. 넘파이, 사이파이, 판다스 같은 과학 패키지는 수학 문제를 아주 간결하게 공식으로 바꿀 수 있습니다. 최신 포트폴리오 이론에 따라 포트폴리오 분산을 계산할 때 사용하는 유명한 공식을 예로 들어 보겠습니다.

$$\sigma^2 = w^T C w$$

여기서 σ^2는 포트폴리오 분산, w는 개별 자산의 중요도weight vector, C는 포트폴리오의 공분산covariance 행렬을 각각 나타냅니다. w, C가 엑셀 범위라면 VBA에서 포트폴리오 분산은 다음과 같이 계산할 수 있습니다.

```
variance = Application.MMult(Application.MMult(Application.Transpose(w), C), w)
```

앞의 공식을 w, C를 판다스 데이터프레임이나 넘파이 배열이라고 가정하고 파이썬에서 거의 수학에 가까운 표기법으로 나타낸 다음 수식과 비교해 보십시오(판다스 데이터프레임이나 넘파이 배열은 2부에서 설명합니다).

```
variance = w.T @ C @ w
```

단순히 코드의 간결함이나 가독성만으로 비교할 수는 없습니다. 넘파이와 판다스는 내부적으로 컴파일된 포트란과 C를 사용하므로 큰 행렬을 사용할 때 VBA보다 빠릅니다.

과학 계산 분야의 지원이 미비하다는 점만 봐도 VBA가 열세임은 명백합니다. 하지만 그런 점을 논외로 하고 핵심적인 언어 기능만 비교해 봐도 VBA가 뒤쳐지는데, 다음 절에서 이에 관해 설명하겠습니다.

1.2.4 최신 언어 기능

엑셀 97 이후로 VBA는 언어의 기능이라는 관점에서는 큰 변화가 없었습니다. 그렇다고 VBA 지원이 종료됐다는 뜻은 아닙니다. 마이크로소프트는 엑셀을 판올림할 때마다 추가된 기능을 자동화하는 기능을 VBA에 추가하고 있습니다. 예를 들어 엑셀 2016에서는 파워 쿼리 자동화를 지원하는 기능을 추가했습니다. 물론 20년 넘게 진화를 멈추다 보니 그 기간 동안 주요 프로그래밍 언어들이 도입한 최신 개념은 갖추지 못했습니다. 예를 들어 VBA의 오류 처리는 정말 오래된 언어임이 잘 드러납니다. VBA에서 오류를 우아하게 처리하려면 다음과 비슷한 작업을 해야 합니다.

```
Sub PrintReciprocal(number As Variant)
    ' number가 0이거나 문자열이면 오류입니다
    On Error GoTo ErrorHandler
        result = 1 / number
    On Error GoTo 0
    Debug.Print "There was no error!"
Finally:
    ' 오류가 있든 없든 실행됩니다
    If result = "" Then
        result = "N/A"
    End If
    Debug.Print "The reciprocal is: " & result
    Exit Sub
ErrorHandler:
    ' 오류가 있을 때만 실행됩니다
    Debug.Print "There was an error: " & Err.Description
    Resume Finally
End Sub
```

VBA에서 오류를 처리할 때는 이 예제처럼 Finally, ErrorHandler 같은 **레이블**을 사용합니다. 이 레이블로 이동해야 할 때는 GoTo 또는 Resume 문을 사용합니다. 레이블은 흐름을 따라가기 어렵게 만들고, 따라서 관리하기 힘든 **스파게티 코드**의 주된 원인으로 지목된 건 벌써 꽤 오래된 일입니다. 이 때문에 활발히 개발되는 언어들은 모두 try/catch 메커니즘을 도입했습니다. 파이썬에서는 이를 try/except라고 부르며, 11장에서 설명합니다. 능숙한 VBA 개발자라면, 파이썬이 VBA에는 없는 객체 지향 프로그래밍 기능인 클래스 상속을 지원한다는 점역시 환영할 겁니다.

최신 언어 기능을 제외하더라도, 프로그래밍 언어라면 갖춰야 할 요건 중에는 플랫폼 호환성도 포함됩니다. 플랫폼 호환성이 왜 중요한지 살펴봅시다.

1.2.5 플랫폼 호환성

개발할 때는 윈도우나 macOS가 설치된 로컬 컴퓨터를 사용하더라도, 언젠가는 프로그램을 서버나 클라우드에서 실행하게 될 겁니다. 서버는 여러분의 코드를 스케줄에 따라 실행할 수 있고 여러분이 원하는 누구라도 접속하게 할 수 있으며, 강력한 성능을 제공합니다. 사실 바로 다음 장에서 주피터 노트북 서비스를 통해 서버에서 파이썬 코드를 실행하는 방법을 소개할 겁니다. 서버 중 대다수는 안정적이고 보안이 뛰어나며 비용 효율적인 운영 체제인 리눅스를 사용합니다. 파이썬 프로그램은 아무런 수정 없이 주요 운영 체제에서 모두 동작하므로, 로컬 컴퓨터에서 실무 환경으로 이동할 때도 별다른 준비는 필요 없습니다.

반대로, 비록 엑셀 VBA 자체는 윈도우와 macOS 모두에서 동작하긴 하지만, 그 기능 상당수가 윈도우에서만 동작합니다. 공식 VBA 문서나 포럼에서 다음과 같은 코드를 자주 목격할 수 있습니다.

```
Set fso = CreateObject("Scripting.FileSystemObject")
```

CreateObject를 호출하거나 VBA 에디터의 도구 〉 참조 메뉴에서 참조를 추가한다면 그 코드는 거의 확실히 윈도우에서만 동작합니다. 여러분의 엑셀 파일이 윈도우와 macOS에서 모두 동작하게 하고 싶다면 **ActiveX 컨트롤**도 피해야 합니다. ActiveX 컨트롤은 버튼이나 드롭다운처럼 시트에 추가할 수 있는 요소지만 오직 윈도우에서만 동작합니다. 워크북을 macOS에서도 실행하고 싶다면 ActiveX 컨트롤 사용은 피해야 합니다.

1.3 요약

이 장에서는 파이썬과 엑셀을 소개했습니다. 이들은 이미 수십년 동안 아주 널리 사용된 프로그램입니다. 우리가 최근 사용하는 다른 기술들과 비교해 보면 정말 오래된 프로그램입니다. 런던고래 사건은 중요한 워크북에서 엑셀을 제대로 사용하지 못했을 경우 얼마나 큰 손실이 생길 수 있는지 보여주는 좋은 예입니다. 필자가 이 사건을 예로 든 건 관심의 분리, DRY 원칙, 자동화된 테스트와 버전 관리의 사용 같은 최소한의 프로그래밍 모범 사례를 지켜야겠다는 경각심을 일깨우기 위해서였습니다. 그 다음은 스프레드시트에 다 들어가지 않을 만큼 거대한 데이터를 다뤄야 할 경우에 대한 해법으로 마이크로소프트가 제안한 파워 쿼리와 파워 피벗에 대해 소개했습니다. 하지만 필자는 이들이 알맞은 해결책이라고 생각하지는 않는데, 이들을 사용하면 마이크로소프트의 생태계에 묶이고 최신 클라우드 기반 기술의 유연함과 강력함을 체험하기 어려워지기 때문입니다.

파이썬에는 표준 라이브러리, 패키지 매니저, 과학 계산을 위한 라이브러리, 플랫폼 호환성 등 엑셀이 갖지 못한 매력적인 기능이 포함되어 있습니다. 엑셀과 파이썬을 조합하면 양자의 장점만을 취할 수 있고, 자동화를 통해 시간을 절약하고, 프로그래밍 모범 사례를 더 쉽게 따름으로서 오류를 커밋하는 일을 줄이며, 필요할 경우에는 엑셀의 한계를 벗어나 애플리케이션을 더 확장할 수 있습니다.

파이썬이 엑셀의 강력한 구원 투수가 될 수 있다는 점은 충분히 알았을 테니, 이제 파이썬 코드를 작성할 개발 환경을 만들어 봅시다.

## CHAPTER 2

개발 환경

당장 파이썬의 기본을 배우고 싶어 몸이 달은 독자도 있겠지만, 우선 컴퓨터 설정을 마쳐야 합니다. VBA 코드나 파워 쿼리를 작성하기 위해서는 엑셀을 실행하고 VBA나 파워 쿼리 에디터를 열기만 하면 됩니다. 하지만 파이썬에서는 작업이 조금 더 필요합니다.

이 장에서는 먼저 아나콘다^{Anaconda}를 설치합니다. 아나콘다를 설치하면 이 책을 진행하면서 쭉 사용할 도구인 아나콘다 프롬프트와 주피터 노트북을 사용할 수 있게 됩니다. **아나콘다 프롬프트**는 명령 프롬프트(윈도우), 터미널(macOS)의 좀 특별한 버전입니다. 이 프롬프트에서 파이썬 스크립트, 기타 책에서 사용할 명령행 도구를 실행할 수 있습니다. **주피터 노트북**은 대화형 환경에서 데이터, 코드, 차트를 다룰 수 있으며 엑셀 워크북의 강력한 경쟁자입니다. 주피터 노트북을 좀 살펴본 다음에는 강력한 텍스트 에디터인 **비주얼 스튜디오 코드**^{Visual Studio Code}(VS Code)를 설치합니다. 비주얼 스튜디오 코드는 아주 쉽게 파이썬 스크립트를 작성하고, 실행하고, 디버그할 수 있으며 터미널도 통합되어 있습니다. [그림 2-1]에 아나콘다와 비주얼 스튜디오 코드를 간단히 정리했습니다.

이 책은 엑셀에 관한 책이므로 이 장에서는 윈도우와 macOS에 대해 주로 설명하지만, 3부까지의 모든 내용은 리눅스에서도 똑같이 실행됩니다. 그럼 우선 아나콘다를 설치해보죠!

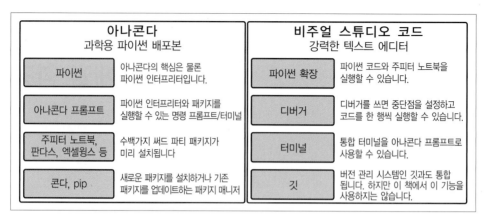

그림 2-1 개발 환경

2.1 아나콘다 파이썬 배포본

아나콘다는 데이터 과학 분야에서 가장 널리 쓰이는 파이썬 배포본이며 수백 가지 서드 파티 패키지가 함께 설치됩니다. 이 패키지에는 주피터 노트북을 비롯해 판다스, OpenPyXL, 엑셀 윙스 등 이 책에서 주력으로 사용할 패키지들이 대부분 포함되어 있습니다. 아나콘다는 개인적인 용도로는 무료 사용할 수 있으며 포함된 패키지들 사이의 호환을 보장합니다. 아나콘다는 폴더 하나에 설치되고 제거하기도 쉽습니다. 아나콘다를 설치한 다음에는 아나콘다 프롬프트에서 기본 명령어 몇 가지를 실행해 본 다음 대화형 파이썬 세션을 실행할 겁니다. 그 다음에는 패키지 매니저인 콘다와 pip를 소개하고, 콘다 환경에 대해 설명하면서 이 절을 마칩니다. 이제 아나콘다를 내려 받아 설치해 봅시다.

2.1.1 설치

아나콘다 홈페이지(*https://oreil.ly/QV7Na*)에서 개인용 아나콘다 설치 파일의 최신 버전을 내려 받으십시오. 파이썬 3.x용 64비트 GUI 버전을 내려 받으면 됩니다.[1] 내려받기가 끝나

---

[1] 32비트 버전은 윈도우용만 존재하며 이제는 거의 필요가 없습니다. 윈도우 버전을 확인하려면 탐색기에서 C: 드라이브를 여십시오. Program Files와 Program Files(x86) 폴더가 둘 다 있다면 64비트 버전 윈도우를 사용합니다. Program Files 폴더만 있다면 32 비트 버전 윈도우를 사용합니다.

면 설치 파일을 더블 클릭해서 설치를 시작하고, 옵션은 모두 기본값으로 두면 됩니다. 설치 과정에 궁금한 것이 있으면 공식 문서(*https://oreil.ly/r01wn*)를 참고하십시오.

> **NOTE_ 기타 파이썬 배포판**
>
> 책의 설명은 개인용 아나콘다를 설치했다고 가정하지만, 내용 자체는 다른 파이썬 배포판을 설치했더라도 똑같이 동작할 겁니다. 하지만 이 경우에는 저장소의 `requirements.txt`에 있는 설명에 따라 의존하는 패키지를 직접 설치해야 합니다.

아나콘다를 설치했으면 이제 아나콘다 프롬프트를 시작할 수 있습니다. 아나콘다 프롬프트가 어떤 것이고, 어떻게 동작하는지 직접 살펴봅시다.

2.1.2 아나콘다 프롬프트

아나콘다 프롬프트는 사실 윈도우의 명령 프롬프트, macOS의 터미널과 마찬가지이며, 정확한 파이썬 인터프리터와 서드 파티 패키지를 실행할 수 있도록 미리 설정됐다는 점이 다를 뿐입니다. 아나콘다 프롬프트는 파이썬 코드를 실행하는 가장 기본적인 도구이며 파이썬 스크립트와 다양한 패키지들이 제공하는 명령행 도구를 실행할 때 거의 항상 사용할 겁니다.

> **NOTE_ 아나콘다를 설치하지 않는다면?**
>
> 아나콘다를 사용하지 않기로 결정했다면, 책에서 아나콘다 프롬프트를 사용한다고 할 때마다 명령 프롬프트(윈도우)나 터미널(macOS)를 사용해야 합니다.

윈도우의 명령 프롬프트나 macOS의 터미널을 한 번도 사용해보지 않았더라도 걱정할 필요는 없습니다. 몇 개 안되는 명령어만 익히면 되고, 그것만 사용해도 충분합니다. 일단 기본 명령어에 익숙해지면 그래픽 사용자 메뉴를 이리저리 클릭하는 것보다 아나콘다 프롬프트가 더 빠르고 편리하다고 느껴질 때가 많습니다. 이제 시작합시다.

| 윈도우 |

시작 버튼을 누르고 **Anaconda Prompt**를 입력하십시오. 선택할 수 있는 항목 중에서 Anaconda Prompt를 선택합니다. Anaconda Powershell Prompt가 아닙니다. 선택할 때는 화살표 키로 선택하고 엔터 키를 누르거나 마우스로 클릭하면 됩니다. 시작 메뉴에서 찾아

들어가는걸 선호한다면 Anaconda3 메뉴에서 찾을 수 있습니다. 책을 진행하는 동안 계속 사용하게 될 테니 아나콘다 프롬프트를 작업 표시줄에 고정하기를 추천합니다. 아나콘다 프롬프트의 명령행은 (base)로 시작합니다.

```
(base) C:\Users\felix>
```

| macOS |

macOS에는 아나콘다 프롬프트라는 애플리케이션이 등록되지는 않습니다. 아나콘다를 설치하면 자동으로 터미널에 콘다 환경이 적용됩니다. (콘다 환경에 대해서는 곧 설명합니다.) Command+Space를 누르거나 런치패드를 실행한 다음 Terminal을 입력하고 엔터를 누르십시오. 터미널이 나타나면 다음과 같이 (base)가 보일 겁니다.

```
(base) felix@MacBook-Pro ~ %
```

macOS 구버전에서는 이렇게 보일 수도 있습니다.

```
(base) MacBook-Pro:~ felix$
```

윈도우의 명령 프롬프트와 달리 macOS의 터미널에는 현재 디렉터리까지의 전체 경로가 나타나지 않습니다. 물결표(~)는 보통 /Users/<username>인 홈 디렉터리를 나타냅니다. 현재 디렉터리의 경로 전체를 보고 싶으면 pwd를 입력하고 엔터를 누르십시오. pwd는 print working directory의 약자입니다. 아나콘다를 설치했는데 터미널이 (base)로 시작하지 않는다면 보통은 아나콘다를 설치할 때 터미널이 실행 중이었기 때문입니다. 이 경우 터미널을 재시작하면 해결됩니다. 터미널 윈도우의 좌측 상단에 있는 빨간색 동그라미를 클릭하면 터미널을 숨길 뿐 종료하지는 않습니다. 터미널을 완전히 종료하려면 독에서 터미널을 오른쪽 클릭하고 종료를 선택하거나, 터미널이 활성화된 상태에서 Command+Q를 누릅니다. 터미널을 다시 시작하면 맨 앞에 (base)가 보일 겁니다. 책을 진행하는 동안 터미널을 계속 사용할 테니 독에 유지하길 권합니다.

아나콘다 프롬프트에서 [표 2-1]의 명령어들을 실행해 보십시오. 각 명령어는 표 다음에서 더 자세히 설명합니다.

표 2-1 아나콘다 프롬프트의 명령어

명령어	윈도우	macOS
현재 디렉터리의 파일 보기	dir	ls -la
디렉터리 변경 (상대적)	cd path\to\dir	cd path/to/dir
디렉터리 변경 (절대적)	cd C:\path\to\dir	cd /path/to/dir
D 드라이브로 이동	D:	(해당하는 명령어가 없습니다)
부모 디렉터리로 이동	cd..	cd..
이전 명령어로 스크롤	↑ (위 화살표)	↑ (위 화살표)

| 현재 디렉터리의 파일 보기 |

윈도우에서는 **디렉터리**를 뜻하는 dir을 입력하고 엔터를 누릅니다. 이 명령어는 현재 디렉터리의 콘텐츠를 출력합니다.

macOS에서는 ls -la를 입력하고 엔터를 누릅니다. ls는 list의 약자이고, -la는 긴(long) 리스트로 숨은 파일을 포함해 모든(all) 파일을 출력하라는 뜻입니다.

| 디렉터리 변경 |

cd Down을 입력하고 탭 키를 누르십시오. cd는 change directory의 약자입니다. 현재 홈 폴더에 있다면 아나콘다 프롬프트는 입력한 명령어를 cd Downloads로 자동 완성할 겁니다. 다른 폴더에 있거나 폴더에 Download라는 자식 폴더가 없다면, dir이나 ls -la로 확인한 디렉터리 이름 중에서 아무거나 골라 앞의 몇 글자를 입력하고 탭 키를 눌러서 자동 완성을 확인해 보십시오. 이 상태에서 엔터 키를 누르면 자동 완성된 디렉터리로 이동합니다. 윈도우를 사용 중이고 원하는 디렉터리가 다른 드라이브에 있다면 다음과 같이 먼저 드라이브 이름을 입력해야 할 수도 있습니다.

```
C:\Users\felix> D:
D:\> cd data
D:\data>
```

cd Downloads처럼 현재 디렉터리를 기준으로 이동한다면 **상대 경로**를 사용합니다. 현재 디렉터리를 기준으로 하지 않고 **절대 경로**를 사용할 수도 있습니다. 예를 들어 윈도우라면 cd

C:\Users, macOS라면 cd /Users(맨 앞의 슬래시가 중요합니다)가 절대 경로를 통한 이동입니다.

| 부모 디렉터리로 이동 |

부모 디렉터리, 즉 디렉터리 계층 구조에서 한 단계 위로 이동할 때는 cd ..를 입력하고 엔터를 누릅니다. cd와 점 사이에 공백이 꼭 들어가야 합니다. ..과 디렉터리 이름을 조합할 수도 있습니다. 예를 들어 부모 디렉터리로 이동한 다음 그 아래에 있는 Desktop으로 이동한다면 cd ..\Desktop을 사용합니다. macOS에서는 역슬래시 대신 슬래시를 쓰면 됩니다.

| 이전 명령어로 스크롤 |

이전 명령어로 스크롤할 때는 위 화살표 키를 누릅니다. 같은 명령어를 여러 번 실행할 때는 이를 통해 시간을 많이 아낄 수 있습니다. 너무 위로 스크롤했다면 아래 화살표 키를 눌러 뒤로 스크롤할 수 있습니다.

파일 확장자

불행히도 윈도우 탐색기, macOS 파인더는 기본적으로 파일 확장자를 숨깁니다. 아나콘다 프롬프트에서 파이썬 스크립트를 실행할 때는 파일 확장자까지 모두 입력해야 하므로 확장자가 숨겨지면 불편합니다. 엑셀에서도 기본 형식인 xlsx 파일과 매크로 포함 형식인 xlsm 파일, 기타 엑셀 파일 형식을 구별할 수 있으면 편리합니다. 파일 확장자는 다음과 같이 표시할 수 있습니다.

- **윈도우**
  탐색기를 열고 '보기' 탭을 클릭한 다음 '파일 확장명'을 체크합니다.
- **macOS**
  파인더를 열고 Command + ,(콤마)를 눌러 환경 설정에 들어갑니다. '고급' 탭에서 '모든 파일 확장자 보기'를 체크합니다.

벌써 끝났다니 놀랍군요! 이제 여러분은 아나콘다 프롬프트를 열고 원하는 디렉터리에서 명령어를 실행할 수 있게 됐습니다. 다음 절에서 대화형 파이썬 세션을 시작할 때 이 명령어들을 바로 사용합니다.

2.1.3 파이썬 REPL: 대화형 파이썬 세션

아나콘다 프롬프트에서 python 명령어를 사용해 대화형 파이썬 세션을 시작합니다.

```
(base) C:\Users\felix>python
Python 3.8.5 (default, Sep 3 2020, 21:29:08) [...] :: Anaconda, Inc. on win32
Type "help", "copyright", "credits" or "license" for more information.
>>>
```

macOS의 터미널에 출력되는 텍스트는 조금 다를 수 있지만 중요한 차이는 없습니다. 이 책은 파이썬 3.8을 기준으로 썼습니다. 더 새로운 버전의 파이썬을 사용하고 싶다면 책의 홈페이지(*https://xlwings.org/book*)를 참고하시기 바랍니다.

> **NOTE_ 아나콘다 프롬프트 표기법**
> 앞으로 (base)>로 시작하는 행은 아나콘다 프롬프트에서 뭔가 입력한다는 뜻입니다. 예를 들어 대화형 파이썬 인터프리터를 실행하는 명령은 다음과 같이 표기합니다.
>
> ```
> (base)> python
> ```
>
> 윈도우에서 실제로 보이는 모습은 다음과 비슷합니다.
>
> ```
> (base) C:\Users\felix> python
> ```
>
> macOS에서는 다음과 비슷합니다. 다시 말하지만, macOS에서는 터미널이 아나콘다 프롬프트입니다.
>
> ```
> (base) felix@MacBook-Pro ~ % python
> ```

간단히 연습을 좀 해봅시다. 대화형 세션에서 >>>는 파이썬이 여러분의 입력을 기다린다는 뜻이며 >>>를 직접 입력하라는 뜻은 아닙니다. >>>로 시작하는 행을 입력하고 엔터 키를 누르십시오.

```
>>> 3 + 4
7
>>> "python " * 3
'python python python '
```

대화형 파이썬 세션을 파이썬 REPL이라 부르기도 합니다. REPL은 **read-eval-print loop**의 약자입니다. 파이썬은 여러분의 입력을 읽고, 평가하고, 결과를 출력한 다음 다시 입력을 기다 립니다. 앞 장에서 '파이썬의 선'을 언급한게 기억나나요? 언제든 파이썬의 선 전체 버전을 읽 고 파이썬의 원칙에 대해 생각해볼 수 있습니다. 다음을 입력하고 엔터를 누르십시오.

```
>>> import this
```

파이썬 세션을 빠져나올 때는 quit()을 입력하고 엔터를 누릅니다. 윈도우에서는 Ctrl+Z 다 음에 엔터 키를 눌러도 됩니다. macOS에서는 Ctrl+D만 누르면 되고, 엔터 키는 누르지 않 아도 됩니다.

파이썬 REPL에서 빠져나왔으면 아나콘다와 함께 설치되는 패키지 매니저인 콘다, pip를 연습 해 봅시다.

2.1.4 패키지 매니저: 콘다와 pip

앞 장에서 파이썬의 패키지 매니저인 pip에 대해 간단히 언급했습니다. pip는 파이썬 패키지 와 함께 그 패키지가 의존하는 패키지 전체를 내려 받고, 설치하고, 업데이트하고, 제거할 수 있습니다. 아나콘다는 pip와 함께 사용할 수도 있지만 콘다라는 이름의 패키지 매니저 역시 내 장하고 있습니다. 콘다가 pip보다 나은 점은 단지 파이썬 패키지뿐만 아니라 다른 것들, 심지 어 다른 버전의 파이썬 인터프리터까지 설치할 수 있다는 점입니다. 이미 설명했지만, 패키지 는 파이썬의 표준 라이브러리에서 제공하지 않는 기능을 추가합니다. 5장에서 자세히 설명할 판다스 역시 패키지 중 하나입니다. 판다스는 아나콘다와 함께 되므로 직접 설치할 필요는 없 습니다.

> **WARNING_ 콘다와 pip**
> 아나콘다를 사용할 때는 가능한 모든 패키지를 콘다로 설치하고 콘다가 찾지 못하는 패키지만 pip로 설치해
> 야 합니다. 그렇게 하지 않는다면 pip가 이미 설치한 파일을 콘다가 덮어쓸 위험이 있습니다.

[표 2-2]는 가장 자주 사용하게 될 패키지 매니저 명령어들입니다. 이 명령어들은 아나콘다 프 롬프트에서 사용해야 하며, 서드 파티 패키지를 설치, 업데이트, 제거할 때 사용합니다.

표 2-2 콘다와 pip 명령어

동작	콘다	pip
설치된 패키지 나열	conda list	pip freeze
패키지 최신 버전 설치	conda install package	pip install package
특정 버전 설치	conda install package=1.0.0	pip install package==1.0.0
패키지 업데이트	conda update package	pip install --upgrade package
패키지 제거	conda remove package	pip uninstall package

예를 들어 다음 명령어는 아나콘다에서 사용할 수 있는 패키지를 모두 나열합니다.

```
(base)> conda list
```

아나콘다에서 기본적으로 설치하지 않는 패키지가 필요할 때마다 이를 명시적으로 언급하고 설치하는 방법을 설명할 겁니다. 그렇긴 하지만 나중에 다시 확인할 필요가 없도록 빠진 패키지를 설치하는 방법을 간단히 알아두는 것도 좋을 겁니다. 먼저 콘다에서 설치할 수 있는 패키지인 엑셀유틸xlutils과 플로틀리plotly를 설치해 봅시다.

```
(base)> conda install plotly xlutils
```

이 명령어를 실행하면 콘다는 자신이 할 일을 표시하고, 계속할 생각이라면 y를 누르고 엔터 키를 누르길 요구합니다. 다음에는 콘다로 설치할 수 없는 패키지인 pyxlsb와 파이트렌드pytrends를 pip로 설치해 봅시다.[2]

```
(base)> pip install pyxlsb pytrends
```

콘다와 달리, pip는 엔터를 누르는 즉시 패키지를 설치하며 확인을 요구하지 않습니다.

----

2 옮긴이_ pip i pyxlsb pytrends라고 명령해도 됩니다.

이제 아나콘다 프롬프트를 사용해서 파이썬 인터프리터를 실행하는 법과 패키지를 설치하는 법을 배웠습니다. 다음 절에서는 아나콘다 프롬프트의 맨 앞에 있는 (base)가 무슨 뜻인지 설명하겠습니다.

2.1.5 콘다 환경

아나콘다 프롬프트가 명령행 맨 앞에 (base)를 표시하는 이유가 궁금한 독자도 있을 겁니다. 그 표시는 사용 중인 **콘다 환경**의 이름입니다. 콘다 환경은 특정 버전의 파이썬과 특정 버전으로 설치된 패키지로 구성된 별도의 '파이썬 세상'입니다. 이렇게 필요한 이유가 뭘까요? 여러 가지 프로젝트를 동시에 진행하다 보면 프로젝트마다 필요한 버전이 다를 수 있습니다. 예를 들어 어떤 프로젝트는 파이썬 3.8에 판다스 0.25.0를 사용하고, 다른 프로젝트는 파이썬 3.9에 판다스 1.0.0을 사용하는 경우입니다. 판다스 0.25.0을 기준으로 작성한 코드를 판다스 1.0.0에서 실행하려면 여러 가지를 바꿔야 하기 때문에, 코드는 그대로 둔 채 파이썬과 판다스만 업데이트하면 안되는 경우가 있습니다. 프로젝트에 따라 콘다 환경을 따로 사용하면 모든 프로젝트가 정확한 패키지 버전을 유지할 수 있습니다. 콘다 환경은 아나콘다에만 적용되지만, 그 개념은 파이썬 전체에 적용되며 이를 **가상 환경**이라고 합니다. 콘다 환경은 패키지뿐만 아니라 파이썬 자체의 버전도 쉽게 관리할 수 있으므로 가상 환경보다 강력합니다.

이 책을 진행하는 동안에는 항상 기본값인 베이스 환경만 사용하므로 콘다 환경을 바꿀 일은 생기지 않을 겁니다. 하지만 실제 프로젝트를 시작할 때는 프로젝트 사이에서 의존하는 패키지의 충돌이 발생하지 않도록 프로젝트마다 콘다 환경이나 가상 환경을 하나씩 사용하는게 좋은 습관입니다. 여러 개의 콘다 환경을 사용하기 위해 알아야 할 내용은 모두 부록 A에 있습니다. 부록 A에는 필자가 이 책을 쓰면서 사용한 패키지의 버전 그대로 콘다 환경을 만드는 방법도 있습니다. 이를 따르면 책의 예제를 앞으로도 있는 그대로 사용할 수 있습니다. 책의 홈페이지

(*https://xlwings.org/book*)에 파이썬과 기타 패키지의 새 버전에 따른 변화를 정리할 테니 그걸 읽어보는 것도 한 가지 방법입니다.

콘다 환경에 대한 궁금증을 해결했으니 역시 이 책에서 계속 사용할 주피터 노트북에 대해 알아볼 차례입니다.

2.2 주피터 노트북

앞 절에서는 아나콘다 프롬프트에서 대화형 파이썬 세션을 시작하는 방법을 설명했습니다. 대화형 파이썬 세션은 기본적인 환경에서 간단한 코드를 테스트하기에는 적합합니다. 하지만 더 큰 작업을 진행하려면 더 사용하기 쉬운 환경이 필요합니다. 예를 들어 아나콘다 프롬프트에서 실행한 파이썬 REPL에서 그래프를 그리는 건 아주 어려운 일입니다. 다행히 아나콘다에는 단순히 파이썬 인터프리터만 들어있지는 않습니다. 아나콘다에는 데이터 과학 분야에서 파이썬 코드를 실행할 때 가장 널리 쓰이는 **주피터 노트북** 역시 포함되어 있습니다. 주피터 노트북은 파이썬 코드와 서식 있는 텍스트, 그림, 그래프 등을 브라우저에서 동작하는 대화형 노트북에서 실행할 수 있습니다. 주피터 노트북은 초보자도 사용하기 쉽게 만들어져 있으므로 파이썬을 처음 접하는 사람들에게 특히 적합합니다. 뿐만 아니라 상황 재현이 쉬우므로 교육, 초안 잡기, 연구 등의 영역에서도 굉장히 널리 쓰입니다.

주피터 노트북은 넓게 말해 워크북으로 하는 일, 즉 데이터를 준비하고 분석하고 시각화하는 일을 수행할 수 있으므로 엑셀의 강력한 경쟁자이기도 합니다. 차이가 있다면 엑셀은 마우스로 여기저기를 클릭해서 작업을 진행하지만 주피터 노트북은 모두 파이썬 코드로 이뤄진다는 점이 다릅니다. 주피터 노트북이 엑셀에 비해 가지는 또 다른 장점은 데이터와 비즈니스 로직이 섞이지 않는다는 겁니다. 주피터 노트북은 코드와 그래프를 담당할 뿐, 데이터는 주로 외부의 CSV 파일이나 데이터베이스에서 가져옵니다. 엑셀은 공식이 셀의 값에 가려져 금방 눈에 띄지 않지만, 주피터 노트북은 파이썬 코드가 모두 보이므로 상황을 일목요연하게 알 수 있다는 장점도 있습니다. 또한 주피터 노트북은 로컬에서도, 원격 서버에서도 실행할 수 있습니다. 서버는 보통 로컬 컴퓨터보다 훨씬 빠르고 사람이 직접 조작하지 않아도 코드를 실행할 수 있는데, 이 역시 엑셀에서는 기대하기 어려운 장점입니다.

이 절에서는 주피터 노트북을 실행하고 사용하는 아주 기본적인 방법을 설명합니다. 먼저 노트북 셀에 대해 알아보고, 편집 모드와 명령어 모드의 차이에 대해 알아봅니다. 다음에는 셀의 실행 순서가 중요한 이유에 대해 설명하고, 노트북을 정상적으로 종료하는 법을 설명하면서 이 절을 마칩니다. 그럼 첫 번째 노트북을 시작해 봅시다!

2.2.1 주피터 노트북 실행

아나콘다 프롬프트에서 책의 저장소 디렉터리로 이동한 다음, 다음과 같이 주피터 노트북 서버를 실행하십시오.

```
(base)> cd C:\Users\username\python-for-excel
(base)> jupyter notebook
```

이 명령을 실행하면 자동으로 브라우저를 열고 현재 디렉터리의 파일이 표시된 주피터 대시보드를 표시합니다. 주피터 대시보드의 오른쪽 상단에 있는 New를 클릭한 다음 드롭다운 리스트에서 Python 3를 선택하십시오(그림 2-2).

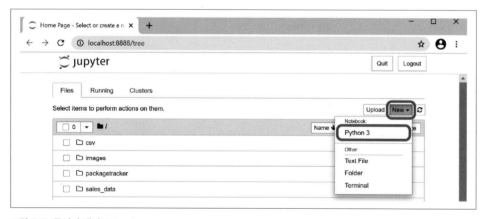

그림 2-2 주피터 대시보드

선택하면 새로운 브라우저 탭이 열리고 [그림 2-3]과 같이 빈 주피터 노트북이 나타납니다.

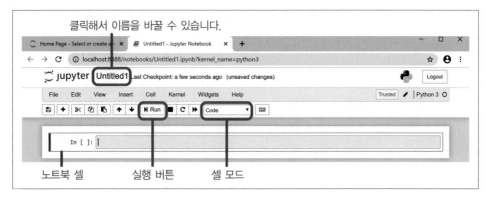

그림 2-3 빈 주피터 노트북

워크북을 새로 만든 다음에는 항상 주피터 로고 다음에 있는 Untitled1을 클릭해서 `first_notebook` 같은 좀 더 의미 있는 이름으로 바꾸는 습관을 들이는게 좋습니다. [그림 2-3]의 아래 부분이 노트북 셀입니다. 다음 절로 넘어가서 노트북 셀에 대해 더 알아봅시다.

2.2.2 노트북 셀

화면을 보면 커서가 깜박이는 빈 셀이 보입니다. 커서가 깜박이지 않는다면 셀, 즉 `In [ ]`의 바로 오른편을 마우스로 클릭하십시오. 이제 앞 절의 연습문제를 반복해 봅시다. 3+4를 입력한 다음 메뉴의 실행 버튼을 클릭하거나, 더 쉬운 방법인 Shift+Enter를 누르십시오. 이렇게 하면 셀의 코드를 실행해서 결과를 셀 아래 출력하고 다음 셀로 넘어갑니다. 지금은 셀이 하나만 있으므로 빈 셀이 삽입됩니다. 좀 더 자세히 알아보자면, 셀이 계산 중일 때는 `In [*]`이 표시되며 계산을 완료하면 별표(*)가 숫자, 즉 `In [1]`로 바뀝니다. 셀 아래에는 같은 숫자 레이블(`Out [1]`)과 함께 결과가 출력됩니다. 셀을 실행할 때마다 이 카운터가 1씩 커지므로 셀을 실행한 순서를 쉽게 알 수 있습니다. 앞으로는 코드 예제를 다음과 같은 형식으로 표시할 겁니다.

```
In [1]: 3 + 4
Out[1]: 7
```

이 예제는 노트북 셀에 3+4를 입력하라는 뜻입니다. Shift+Enter를 눌러서 셀을 실행하면 Out[1]에 그 결과가 출력됩니다. 이를 **문법 강조**라 부릅니다.

> **NOTE_ 셀 출력**
> 셀의 마지막 행이 어떤 값을 반환한다면 주피터 노트북은 이를 자동으로 Out [ ] 다음에 출력합니다. 반면 print 함수를 사용하거나 예외가 일어났을 경우에는 Out [ ] 레이블 없이 셀 아래에 바로 출력됩니다. 책의 예제는 이런 동작 방식을 반영해서 편집했습니다.

셀에는 여러 가지 타입이 들어갈 수 있는데, 그 중 관심을 가질 만한 건 다음 두 가지입니다.

| 코드 |

기본 타입입니다. 파이썬 코드를 실행할 때는 항상 이 타입을 사용합니다.

| 마크다운 |

마크다운은 일반 텍스트 문자를 사용해 형식을 지정하는 문법이며 노트북에 설명서 같은 걸 보기 좋게 작성하기에 딱 알맞습니다.

셀 타입을 마크다운으로 바꿀 때는 셀을 선택한 다음 셀 모드 드롭다운에서 마크다운을 선택합니다(그림 2-3). 셀 모드를 바꾸는 단축키는 [표 2-3]에 있습니다. 빈 셀을 마크다운 셀로 바꾸고 다음 텍스트를 입력해 보십시오. 이 텍스트에는 마크다운 문법이 일부 포함되어 있습니다.

```
# This is a first-level heading
## This is a second-level heading
You can make your text *italic* or **bold** or `monospaced`.
* This is a bullet point
* This is another bullet point
```

Shift+Enter를 누르면 입력한 텍스트가 서식 있는 HTML로 바뀝니다. 이제 노트북은 [그림 2-4]처럼 보일 겁니다. 마크다운 셀에는 이미지나 비디오, 공식도 사용할 수 있습니다. 자세한 내용은 주피터 노트북 문서(*https://oreil.ly/elGTF*)를 보십시오.

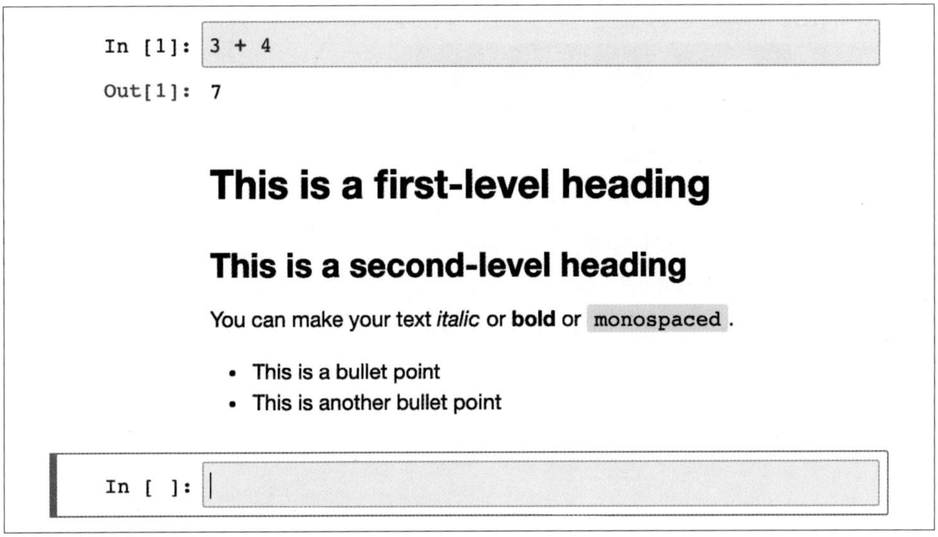

```
In [1]: 3 + 4

Out[1]: 7
```

This is a first-level heading

This is a second-level heading

You can make your text *italic* or **bold** or `monospaced`.

- This is a bullet point
- This is another bullet point

```
In [ ]:
```

그림 2-4 코드 셀과 마크다운 셀을 실행한 노트북의 모습

코드와 마크다운 셀 타입에 대해 배웠으니 더 쉽게 셀 사이를 이동하는 방법을 알아봅시다. 다음 절에서는 편집과 명령어 모드, 몇 가지 단축키를 소개합니다.

2.2.3 편집 모드와 명령어 모드

주피터 노트북의 셀에는 편집 모드와 명령어 모드가 있습니다.

| 편집 모드 |

셀을 클릭하면 편집 모드로 시작합니다. 이 모드에서는 셀 주위의 보더가 녹색으로 변하고 커서가 깜박입니다. 셀이 이미 선택됐다면 클릭 대신 엔터를 눌러도 됩니다.

| 명령어 모드 |

명령어 모드로 전환할 때는 Esc 키를 누릅니다. 셀의 보더가 파란색으로 바뀌고 커서는 보이지 않습니다. 명령어 모드에서 사용하는 가장 중요한 단축키를 [표 2-3]에 정리했습니다.

표 2-3 단축키 (명령어 모드)

단축키	동작
Shift+Enter	셀 실행 (편집 모드에서도 가능합니다)
↑ (위 화살표)	셀 선택자를 위로 올립니다
↓ (아래 화살표)	셀 선택자를 아래로 내립니다
b	현재 셀 다음에 새로운 셀을 삽입합니다
a	현재 셀 위에 새로운 셀을 삽입합니다.
dd	현재 셀을 삭제합니다 (d를 두 번 누릅니다)
m	셀 타입을 마크다운으로 바꿉니다
y	셀 타입을 코드로 바꿉니다

단축키를 몸에 익히면 손을 키보드와 마우스 사이에서 왔다갔다 할 필요 없이 효율적으로 작업할 수 있습니다. 다음 절에서는 주피터 노트북을 사용할 때 꼭 알고 있어야 할 문제인 셀의 실행 순서가 중요하다는 점을 설명합니다.

2.2.4 실행 순서가 중요합니다

주피터 노트북은 쉽고 사용자 친화적이지만, 셀 실행 순서가 엉키면 곧 혼란스러워질 수 있습니다. 다음 코드를 위에서 아래로 실행했다고 합시다.

```
In [2]: a = 1
In [3]: a
Out[3]: 1
In [4]: a = 2
```

Out[3]에는 예상대로 1이 출력됩니다. 하지만 In[3]으로 돌아가서 다시 실행하면 다음과 같은 상황이 벌어집니다.

```
In [2]: a = 1
In [5]: a
Out[5]: 2
In [4]: a = 2
```

이제 Out[5]에는 2가 표시되는데, 이는 노트북을 위에서 아래로 읽기만 해서는 왜 이렇게 됐는지 이해할 수 없는 상황입니다. 특히 In[4]가 스크롤이 필요할 만큼 멀리 떨어져 있다면 더더욱 이해할 수 없을 겁니다. 이런 일을 방지하기 위해 셀 하나만 재실행하지 말고 이전 셀도 모두 재실행하길 권합니다. 주피터 노트북에는 이런 사고를 쉽게 예방할 수 있도록 메뉴의 Cell 밑에 Run all above라는 항목이 있습니다. 주의할 점을 충분히 염두에 뒀으면 이제 노트북을 정상적으로 종료하는 법을 알아봅시다.

2.2.5 주피터 노트북 종료

모든 노트북은 서로 구분되는 **주피터 커널**에서 실행됩니다. 커널은 노트북 셀에 입력하는 파이썬 코드를 실행하는 '엔진'입니다. 커널은 모두 운영 체제를 통해 CPU나 RAM 같은 자원을 소비합니다. 따라서 노트북을 닫을 때는 커널 역시 닫아서 그 자원을 다른 프로그램이 사용할 수 있게 해야 하고, 이런 습관을 들이면 시스템이 느려지는 일을 막을 수 있습니다. 커널을 닫는 가장 쉬운 방법은 노트북의 File 아래에 있는 Close and Halt 메뉴입니다. 그냥 브라우저 탭을 닫기만 해서는 커널이 자동으로 종료되지 않습니다. 또는 주피터 대시보드에서 Running 탭에서 노트북을 닫아도 됩니다.

주피터 서버 전체를 종료하려면 주피터 대시보드 오른쪽 상단에 있는 Quit 버튼을 클릭하면 됩니다. 실수로 이미 브라우저를 닫았다면 노트북 서버를 실행 중인 아나콘다 프롬프트에서 Ctrl + C를 두 번 누르거나, 아나콘다 프롬프트 자체를 종료해도 됩니다.

클라우드의 주피터 노트북

주피터 노트북은 워낙 널리 쓰이다 보니 이를 서비스하는 클라우드 업체들도 많이 있습니다. 완전히 무료로 사용할 수 있는 서비스 세 가지를 소개하겠습니다. 이런 서비스의 장점은 브라우저만 사용할 수 있다면 로컬에 아무 것도 설치하지 않고도 어디서든 즉시 실행할 수 있다는 겁니다. 3부 까지는 태블릿에서도 모든 예제를 실행할 수 있습니다. 하지만 4부에서는 엑셀을 설치해야 하므로 불가능합니다.

- **바인더**

  바인더(*https://mybinder.org*)는 주피터 노트북을 운영하는 기관인 프로젝트 주피터에서 제공하는 서비스입니다. 바인더는 공개된 깃 저장소를 통해 주피터 노트북을 실행하도록 설계됐습니다. 바인더 자체에는 아무 것도 저장하지 않으므로 가입할 필요도, 로그인할 필요도 없습니다.

- **캐글 노트북**

  캐글(*https://kaggle.com*)은 데이터 과학 플랫폼입니다. 데이터 과학 분야의 서비스이므로 방대한 데이터 집합에 쉽게 접근할 수 있습니다. 캐글은 2017년에 구글에 합병됐습니다.

- **구글 코랩**

  구글 코랩(*https://oreil.ly/4PLcS*)은 구글의 노트북 플랫폼입니다. 불행히도 이 서비스에서는 주피터 노트북 단축키가 대부분 작동하지 않지만, 구글 시트를 포함해 구글 드라이브에 있는 파일에 접근할 수 있다는 장점이 있습니다.

클라우드에서 책의 저장소를 주피터 노트북으로 실행하기 가장 쉬운 방법은 바인더 URL(*https://oreil.ly/MAjJK*)입니다. 책의 저장소 사본에서 작업하게 되므로 얼마든지 원하는 대로 편집해도 됩니다!

이제 주피터 노트북에 대해서는 웬만큼 알게 됐으니 일반적인 파이썬 스크립트를 작성하고 실행하는 방법에 대해 알아봅시다. 파이썬 스크립트를 작성할 때는 파이썬을 아주 잘 지원하는 강력한 텍스트 에디터인 비주얼 스튜디오 코드를 사용할 겁니다.

2.3 비주얼 스튜디오 코드

이 절에서는 마이크로소프트가 무료로 제공하는 오픈 소스 텍스트 에디터 **비주얼 스튜디오 코드**를 설치하고 설정합니다. 먼저 가장 중요한 특징에 대해 소개한 후, 첫 번째 파이썬 스크립트를 몇 가지 방법으로 실행해 볼 겁니다. 우선 주피터 노트북을 사용할 때와 파이썬 스크립트를 사용할 때가 어떻게 다른지, 필자가 비주얼 스튜디오 코드를 택한 이유는 무엇인지 간단히 설명하겠습니다.

주피터 노트북이 연구, 교육, 실험 같은 대화형 업무 흐름에 이상적이긴 하지만, 노트북의 시각화 기능이 필요하지 않은 실무 환경에 사용할 파이썬 스크립트에도 딱 맞다고 하긴 어렵습니다. 또한 개발자 여럿이 참여하고 관련 파일도 많은 복잡한 프로젝트를 주피터 노트북으로 관리하기는 매우 어렵습니다. 이런 경우에는 파이썬 파일을 작성하고 실행할 적당한 텍스트 에디터가 필요합니다. 이론적으로는 어떤 텍스트 에디터를 써도 되지만(심지어 메모장도 가능하지만), 현실적으로는 파이썬을 '이해'하는 에디터가 좋습니다. 즉, 최소한 다음 기능을 지원하는 텍스트 에디터를 써야 합니다.

| 문법 강조 |

함수, 문자열, 숫자 등에 따라 에디터에서 단어의 색깔을 달리 표현합니다. 이렇게 하면 코드를 더 쉽게 읽고 이해할 수 있습니다.

| 자동 완성 |

마이크로소프트에서는 인텔리센스라고 부르는 자동 완성 기능은 자동으로 텍스트 완성을 제안하므로 타이핑이 줄어들고 오류도 줄어듭니다.

그리고 얼마 지나지 않아 에디터에서 원하게 될 기능도 있습니다.

| 코드 실행 |

텍스트 에디터와 외부 아나콘다 프롬프트를 계속 왔다갔다 하는 건 피곤한 일입니다.

| 디버거 |

디버거는 코드를 행 단위로 실행하면서 흐름을 명확하게 볼 수 있는 기능입니다.

| 버전 관리 |

깃을 사용해 파일의 버전 관리를 하고 있다면 깃과 관련된 작업을 에디터 안에서 처리해 두 프로그램을 오가는 일을 줄이고 싶어질 겁니다.

필자가 지금까지 말한 기능을 제공하는 도구는 상당히 많고, 개발자마다 필요한 것과 선호하는 것이 다 다릅니다. 과도한 기능이 없는 단순한 텍스트 에디터와 외부 명령 프롬프트를 함께 사용하는 걸 선호하는 사람도 있습니다. **통합 개발 환경**(IDE)를 선호하는 사람도 있습니다. IDE는 조금이라도 필요할 것 같은 기능을 전부 다 갖추려 하므로 비대해지곤 합니다.

비주얼 스튜디오 코드는 2015년에 처음 발표된 이후 얼마 지나지 않아 개발자들이 가장 선호하는 코드 에디터 중 하나가 됐습니다. 2019년에 진행된 스택 오버플로우 개발자 설문(*https://oreil.ly/savHe*)에서도 가장 인기있는 개발 환경으로 뽑혔습니다. 비주얼 스튜디오 코드가 그렇게 사랑을 받는 이유는 뭘까요? 비주얼 스튜디오 코드가 간단한 텍스트 에디터와 IDE 사이에서 균형을 잘 잡았기 때문입니다. 비주얼 스튜디오 코드 하나만 설치하면 프로그래밍에 필요한 기능은 전부 제공되지만, 불필요한 건 없습니다.

| 운영 체제 호환성 |

비주얼 스튜디오 코드는 윈도우, macOS, 리눅스에서 모두 실행됩니다. 깃허브 코드스페이스(*https://oreil.ly/bDGWE*) 같은 클라우드 버전도 있습니다.

| 통합된 도구 |

비주얼 스튜디오 코드에는 디버거, 깃 지원, 아나콘다 프롬프트처럼 사용할 수 있는 통합 터미널도 있습니다.

| 확장 |

파이썬 지원을 비롯한 확장 기능을 클릭 한 번으로 설치할 수 있습니다.

| 가벼움 |

운영 체제에 따라 다르지만 비주얼 스튜디오 코드 설치 파일은 50-100MB 정도밖에 되지 않습니다.

> **WARNING_ 비주얼 스튜디오 코드와 비주얼 스튜디오**
> IDE인 비주얼 스튜디오와 비주얼 스튜디오 코드를 혼동하지 마십시오! 파이썬 개발용 비주얼 스튜디오가 있긴 하지만 정말 많은 것들이 복잡하게 설치되기도 하고, 비주얼 스튜디오는 전통적으로 C# 같은 .NET 언어 개발에 사용됐습니다.

비주얼 스튜디오 코드가 정말 필자가 말하는 것처럼 좋은 프로그램인지 알아보려면 직접 설치하고 사용해 보는게 최선입니다. 다음 절에서 알아봅시다.

2.3.1 설치와 설정

비주얼 스튜디오 코드 홈페이지(*https://oreil.ly/26Jfa*)에서 설치 파일을 내려 받으십시오. 설치 지침의 최신 버전은 공식 문서를 참조하십시오.

| 윈도우 |

설치 파일을 더블 클릭하고 기본값대로 설치하십시오. 이렇게 하면 윈도우 시작 메뉴에서 비주얼 스튜디오 코드를 찾을 수 있습니다.

| macOS |

ZIP 파일을 더블 클릭해서 압축을 해제하십시오. 그런 다음 Visual Studio Code.app을 **응용 프로그램** 폴더로 드래그하면 런처패드에서 실행할 수 있습니다. 만약 애플리케이션이 시작되지 않는다면 시스템 환경설정 〉 보안 및 개인 정보 보호 〉 일반으로 이동해 'App Store 및 확인된 개발자'를 선택하십시오.

비주얼 스튜디오 코드를 처음 실행하면 [그림 2-5]와 같은 화면이 보입니다. 필자는 스크린샷을 읽기 쉽도록 기본인 다크 테마에서 라이트 테마로 바꾼 상태입니다.

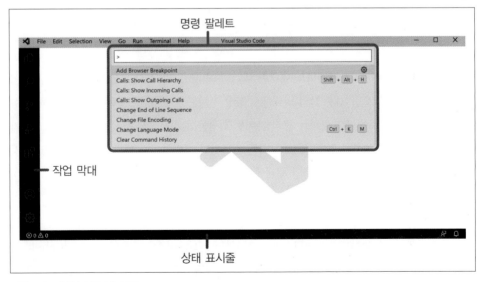

그림 2-5 비주얼 스튜디오 코드

| 작업 막대 |

화면 왼쪽에는 다음과 같은 아이콘이 표시된 작업 막대가 있습니다.

- 탐색기
- 검색
- 소스 제어
- 실행 및 디버그
- 확장

| 상태 표시줄 |

에디터 아래쪽에는 상태 표시줄이 있습니다. 설정을 마치고 파이썬 파일을 편집하기 시작하면 이 자리에 파이썬 인터프리터가 보일 겁니다.

| 명령 팔레트 |

명령 팔레트는 F1을 누르거나 단축키 Ctrl+Shift+P(윈도우) 또는 Command+Shift+P(macOS)를 눌러서 호출합니다. 뭔가 잘 기억나지 않는 것이 있다면 항상 명령 팔레트를 열어보는게 좋습니다. 명령 팔레트를 통해 비주얼 스튜디오 코드로 할 수 있는 일 거의 전부에 쉽게 접근할 수 있기 때문입니다. 예를 들어 단축키에 대해 알아보고 싶다면 keyboard shortcuts를 입력하면 나타나는 'Help: Keyboard Shortcuts Reference'를 선택하면 됩니다.

비주얼 스튜디오 코드는 그 자체로도 대단한 텍스트 에디터지만, 파이썬을 잘 활용하기 위해서는 설정이 조금 더 필요합니다. 작업 막대에서 확장 아이콘을 클릭하고 Python을 검색해 보십시오. 마이크로소프트에서 제공하는 공식 파이썬 확장을 설치하십시오. 잠시 기다리면 설치가 완료됩니다. 끝난 후 Reload Required 버튼이 보이면 클릭하거나 비주얼 스튜디오 코드 자체를 재시작해도 됩니다. 그리고 운영 체제에 따라 다음과 같이 설정을 완료하십시오.

| 윈도우 |

명령 팔레트를 열고 default shell을 입력하십시오. 'Terminal: Select Default Shell' 항목을 선택하고 엔터를 누르십시오. 드롭다운 메뉴가 나타나면 명령 프롬프트를 선택하고 엔터를 누르십시오. 이렇게 하지 않으면 비주얼 스튜디오 코드에서 콘다 환경을 정상적으로 활성화하지 못합니다.

| macOS |

명령 팔레트를 열고 **shell command**를 입력하십시오. 'Shell Command: Install 'code' command in PATH' 항목을 선택하고 엔터를 누르십시오. 이렇게 하면 비주얼 스튜디오 코드가 아나콘다 프롬프트를 시작할 수 있습니다.

이제 비주얼 스튜디오 코드를 설치하고 설정했으니 첫 번째 파이썬 스크립트를 작성해 실행해 봅시다!

2.3.2 파이썬 스크립트 실행

윈도우의 시작 메뉴나 macOS의 런치패드에서 비주얼 스튜디오 코드를 실행할 수 있긴 하지만 아나콘다 프롬프트에서 명령어로 실행하는게 더 빠릅니다. 아나콘다 프롬프트를 열고 작업하길 원하는 디렉터리로 이동한 다음, 비주얼 스튜디오 코드가 현재 디렉터리(.)를 열도록 하면 됩니다.

```
(base)> cd C:\Users\username\python-for-excel
(base)> code .
```

이런 식으로 비주얼 스튜디오 코드를 시작하면 작업 막대의 탐색기가 자동으로 현재 디렉터리의 콘텐츠를 표시합니다.

또는 파일 〉 폴더 열기 메뉴로 디렉터리를 열 수도 있긴 하지만, 이 방법은 4부에서 엑셀윙스를 사용할 때 퍼미션 오류를 일으킬 수 있습니다. 탐색기의 파일 리스트에 마우스를 올리면 [그림 2-6]처럼 새 파일 버튼이 나타납니다. 이 버튼을 클릭하고 **hello_world.py**라고 입력한 다음 엔터를 누르십시오. 에디터가 열리면 다음 행을 입력하십시오.

```
print("hello world!")
```

주피터 노트북은 마지막 행의 반환값을 자동으로 출력했습니다. 하지만 전통적인 파이썬 스크립트를 실행할 때는 뭘 출력할지 명시적으로 지정해야 하므로 이 코드에도 **print** 함수를 사용했습니다. 상태 표시줄에는 'Python 3.8.5 64-bit (conda)' 같은 파이썬 버전이 보입니다. 이 부분을 클릭하면 명령 팔레트가 열리고 다른 파이썬 인터프리터를 선택할 수 있습니다(콘다 환경도 여기 포함됩니다). 이제 비주얼 스튜디오 코드는 [그림 2-6]처럼 보일 겁니다.

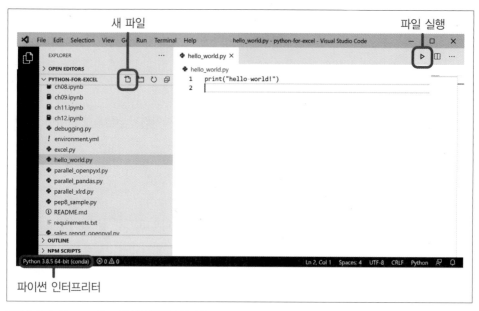

그림 2-6 hello_world.py를 연 비주얼 스튜디오 코드

스크립트를 실행하기 전에 윈도우에서는 **Ctrl**+**S**, macOS에서는 **Command**+**S**를 눌러 파일을 저장하십시오. 주피터 노트북에서는 셀을 선택하고 **Shift**+**Enter**를 눌러 그 셀을 실행했습니다. 비주얼 스튜디오 코드에서는 아나콘다 프롬프트나 실행 버튼을 통해 코드를 실행합니다. 서버에 있는 스크립트를 실행할 때는 대부분 아나콘다 프롬프트를 사용할테니 이 방법을 익히는게 중요합니다.

아나콘다 프롬프트

아나콘다 프롬프트를 열고 스크립트를 저장한 디렉터리로 이동한 다음 다음과 같이 스크립트를 실행합니다.

```
(base)> cd C:\Users\username\python-for-excel
(base)> python hello_world.py
hello world!
```

마지막 행은 스크립트가 출력한 내용입니다. 파이썬 파일과 같은 디렉터리에 있지 않다면 다음과 같이 파이썬 파일의 경로 전체를 입력해야 합니다.

```
(base)> python C:\Users\username\python-for-excel\hello_world.py
hello world!
```

> **TIP** **아나콘다 프롬프트와 긴 파일 경로**
>
> 파일 경로가 입력하기엔 너무 길다면 아나콘다 프롬프트로 파일을 드래그해도 됩니다. 이렇게 하면 원래 커서
> 가 있었던 위치에 전체 경로가 입력됩니다.

비주얼 스튜디오 코드의 아나콘다 프롬프트

아나콘다 프롬프트를 사용하기 위해 비주얼 스튜디오 코드에서 벗어나지 않아도 됩니다. 비주
얼 스튜디오 코드에는 Ctrl + ` 단축키를 누르거나 보기 〉 터미널 메뉴로 사용할 수 있는 통합
터미널이 내장되어 있습니다. 프로젝트 폴더에서 비주얼 스튜디오 코드를 열었다면 디렉터리를
이동하지 않아도 됩니다.

```
(base)> python hello_world.py
hello world!
```

비주얼 스튜디오 코드의 실행 버튼

비주얼 스튜디오 코드는 아나콘다 프롬프트를 사용하지 않고도 코드를 실행할 수 있습니다. 파
이썬 파일을 편집할 때는 화면의 오른쪽 상단에 플레이 아이콘이 있습니다. 이 버튼이 [그림
2-6]의 파일 실행 버튼입니다. 이 버튼을 클릭하면 자동으로 아래쪽에 터미널을 열고 코드를
실행합니다.

> **TIP** **비주얼 스튜디오 코드에서 파일 열기**
>
> 비주얼 스튜디오 코드는 작업 막대의 탐색기에서 파일을 한 번 클릭하면 이 파일을 '미리보기 모드'로 엽니다.
> 이 상태에서 아무것도 수정하지 않은 채 탐색기의 다른 파일을 한 번 클릭하면 미리보기 모드가 그 파일로 바
> 뀌면서 먼저 열었던 파일은 닫힙니다. 이런 방식이 익숙해지지 않는다면 다른 에디터와 마찬가지로 한 번 클릭
> 하면 파일을 선택하고 더블 클릭하면 파일을 열도록 바꿀 수 있습니다. Code 〉 기본 설정 〉 설정 메뉴로 이동
> 하거나 윈도우에서 Ctrl+,, macOS에서 Command+,를 누른 다음 'List: Open Mode'를 'doubleClick'
> 으로 바꾸십시오.

이제 비주얼 스튜디오 코드에서 파이썬 스크립트를 만들고, 편집하고, 실행하는 방법을 배웠습니다. 물론 비주얼 스튜디오 코드는 이보다 훨씬 많은 일을 할 수 있습니다. 부록 B에서는 비주얼 스튜디오 코드에서 디버거를 사용하는 법, 주피터 노트북을 실행하는 법을 설명합니다.

다른 텍스트 에디터와 IDE

도구의 선택은 개인적인 성향이 강합니다. 필자가 이 책을 쓰면서 주피터 노트북과 비주얼 스튜디오 코드를 선택하긴 했지만 여러분에게 이를 강요할 생각은 없습니다.

다음은 몇 가지 인기 있는 텍스트 에디터입니다.

- **서브라임 텍스트**
  서브라임($https://oreil.ly/9FVLD$)은 무료는 아니지만 빠른 텍스트 에디터입니다.

- **노트패드++**
  노트패드++($https://oreil.ly/7Ksk9$)는 무료이고 개발된지도 오래됐지만 윈도우 전용입니다.

- **vim 또는 이맥스**
  vim($https://vim.org$)이나 이맥스($https://oreil.ly/z\_Kz$)는 처음 배우기가 상당히 어려운 편이어서 초보 프로그래머에게 알맞는 선택은 아닐 수도 있지만, 전문가들은 아주 많이 사용합니다. 이들은 모두 무료인데, 두 에디터의 라이벌 관계가 너무 강하게 지속되 온 탓에 위키백과에 '에디터 전쟁' 항목이 따로 있을 정도입니다.

널리 쓰이는 IDE는 다음과 같습니다.

- **파이참**
  파이참^{PyCharm}($https://oreil.ly/0rIj-$)은 무료인 커뮤니티 버전도 매우 강력하고, 프로 버전은 유료이지만 과학 및 웹 개발 도구를 추가로 지원합니다.

- **스파이더**
  스파이더^{Spyder}($https://spyder-ide.org$)는 매트랩의 IDE와 비슷한 형태이며 변수 탐색기가 포함됩니다. 이 프로그램은 아나콘다 배포판에 포함되어 있으므로 (base)> spyder 명령으로 바로 시험해볼 수 있습니다.

- **주피터랩**

  주피터랩^{JupyterLab}(https://jupyter.org)은 주피터 노트북을 개발한 팀이 만든 웹 기반 IDE이며, 당연히 주피터 노트북을 실행할 수 있습니다. 그 외에는 데이터 과학 관련 작업에 필요한 것들을 하나로 통합했다는 특징이 있습니다.

- **윙 파이썬 IDE**

  윙 파이썬 IDE(https://wingware.com)도 꽤 오래된 IDE입니다. 단순화한 무료 버전도 있고, 윙 프로라는 유료 버전도 있습니다.

- **코모도 IDE**

  코모도 IDE(https://oreil.ly/Cdtab)는 액티브스테이트^{ActiveState}에서 개발한 유료 IDE이며 파이썬 외에도 여러 가지 언어를 지원합니다.

- **파이뎁**

  파이뎁(https://pydev.org)은 이클립스 IDE를 베이스로 개발된 파이썬 IDE입니다.

2.4 요약

이 장에서는 앞으로 계속 사용할 아나콘다 프롬프트, 주피터 노트북, 비주얼 스튜디오 코드를 설치하고 사용하는 방법을 설명했습니다. 그리고 파이썬 REPL, 주피터 노트북에서 파이썬 코드를 조금 실행했고 비주얼 스튜디오 코드에서는 스크립트를 실행했습니다.

아나콘다 프롬프트에 일단 익숙해지면 아주 편리하게 일할 수 있으므로 꼭 연습해보길 권합니다. 또한 주피터 노트북을 클라우드에서 사용할 수 있다면 3부까지의 예제를 브라우저에서 실행할 수 있어서 아주 편리하니, 이 역시 시도해보길 권합니다.

개발 환경을 만들었으니 다음 장에서는 책의 나머지 부분을 따라가기 위해 필요한 파이썬의 기본에 대해 알아보겠습니다.

## CHAPTER 3

파이썬 시작하기

아나콘다와 주피터 노트북을 설치했다면 파이썬을 시작할 준비는 다 된 겁니다. 이 장은 비록 기본적인 것만 다루지만 설명할 내용이 적지는 않습니다. 코딩 경험이 별로 없다면 이 장에서 시간을 들여 이해할만한 내용이 많이 있습니다. 그렇긴 해도 책을 진행하면서 실용적인 예제를 다루다 보면 이 장에서 설명한 개념 대부분이 더 명확하게 이해될테니, 처음 볼 때 완전히 이해하지 못한다 해도 걱정할 필요는 없습니다. 파이썬과 VBA가 많이 다른 부분이 있을 때마다 VBA에서 파이썬으로 자연스럽게 넘어올 수 있도록 설명하고, 조심해야 할 부분도 지적할 겁니다. VBA를 다뤄 본 일이 없다면 이런 부분은 무시해도 괜찮습니다.

이 장은 먼저 정수와 문자열 같은 파이썬의 기본 데이터 타입으로 시작합니다. 다음에는 파이썬의 핵심 개념인 인덱스와 슬라이스에 대해 설명하는데, 이를 통해 연속적인 데이터에서 특정 요소에 접근할 수 있습니다. 그 다음은 리스트와 딕셔너리처럼 여러 가지 객체를 담을 수 있는 데이터 구조에 대해 설명합니다. 다음에는 if 문과 for, while 루프를 설명하고, 코드 구조를 형성하는 함수와 모듈에 대해 소개합니다. 그리고 마지막으로 파이썬 코드의 형식에 대해 설명합니다. 이제 짐작할 수 있겠지만, 이 장의 내용은 상당히 기술적입니다. 따라서 주피터 노트북에서 예제를 직접 따라 하길 권합니다. 물론 책의 저장소에서 제공하는 노트북을 실행해도 됩니다.

3.1 데이터 타입

파이썬도 다른 프로그래밍 언어와 마찬가지로 숫자, 텍스트, 불리언 등을 각각의 **데이터 타입**에 할당하고 서로 다르게 취급합니다. 우리가 가장 자주 사용할 데이터 타입은 정수, 부동소수점 숫자, 불리언, 문자열입니다. 이 절에서는 이들을 몇 가지 예제와 함께 하나씩 소개합니다. 하지만 데이터 타입을 이해하기 위해서는 먼저 객체에 대해 설명해야 합니다.

3.1.1 객체

파이썬에서는 숫자, 문자열, 함수, 기타 이 장에서 설명할 모든 것이 **객체**입니다. 객체는 변수와 함수를 통해 복잡한 것에 쉽고 직관적으로 접근할 수 있게 합니다. 그러니 변수와 함수에 대해 먼저 알아봐야겠군요!

변수

파이썬에서 **변수**란 등호를 통해 객체에 할당하는 이름입니다. 다음 예제의 첫 번째 행은 객체 3에 이름 a를 할당합니다.

```
In [1]: a = 3
        b = 4
        a + b

Out[1]: 7
```

모든 객체를 똑같이 등호를 써서 할당합니다. 숫자와 문자열 같은 데이터 타입에만 등호를 사용하고 워크북이나 워크시트 같은 객체에는 Set 문을 사용하는 VBA와는 다릅니다. 파이썬에서는 변수에 새 객체를 할당하기만 하면 타입이 바뀝니다. 이를 **동적 타입**이라 부릅니다.

```
In [2]: a = 3
        print(a)
        a = "three"
        print(a)

3
three
```

파이썬은 VBA와 달리 대소문자를 구별하므로 a와 A는 다른 변수입니다. 변수 이름은 반드시 다음 규칙을 따라야 합니다.

- 변수 이름은 반드시 글자 또는 밑줄로 시작해야 합니다.
- 변수 이름에는 반드시 글자, 숫자, 밑줄만 써야 합니다.

변수에 대해 간단히 알아봤으니 이제 함수 호출에 대해 알아봅시다.

함수

이 장에서 함수를 훨씬 더 자세히 설명하겠지만, 일단 지금은 print 같은 내장 함수를 호출하는 방법에 대해 알아야 합니다. 함수를 호출할 때는 수학 표기법과 마찬가지로 함수 이름 뒤에 괄호를 쓰고, 괄호 안에 인자를 씁니다.

```
function_name(argument1, argument2, ...)
```

이제 객체라는 환경에서 변수와 함수가 어떻게 동작하는지 알아봅시다.

속성과 메서드

객체의 변수를 **속성**이라 부르고, 객체의 함수를 **메서드**라 부릅니다. 속성은 객체의 데이터에 접근할 수 있게 하고, 메서드는 어떤 동작을 수행하게 합니다. 속성과 메서드에 접근할 때는 myobject.attribute, myobject.method()처럼 점 표기법을 사용합니다.

좀 더 구체적인 예를 들어 봅시다. 자동차 경주 게임을 만든다면 아마 자동차를 나타내는 객체를 사용할 겁니다. car 객체에는 car.speed를 통해 현재 속도를 알 수 있는 speed 속성이 있을 수 있습니다. 또한 속도를 시속 10마일씩 올리는 가속 메서드 car.accelerate(10)를 호출해 자동차를 가속할 수도 있을 겁니다.

객체의 타입과 동작은 **클래스**에서 정의합니다. 따라서 앞에서 언급한 자동차 게임이라면 Car 클래스를 만듭니다. Car 클래스에서 car 객체를 만드는 과정을 **인스턴스화**라고 부릅니다. 인스턴스를 만드는 명령은 함수 호출과 마찬가지로 car = Car()입니다. 이 책에서 클래스를 직접 만들어 보진 않겠지만, 관심이 있다면 부록 C를 보십시오.

다음 절에서 문자열을 대문자로 바꾸는 예제를 통해 객체 메서드를 사용해 볼 겁니다. 그리고 이 장 마지막쯤에서 datetime 객체를 설명할 때 객체와 클래스에 대해 다시 살펴볼 겁니다. 지금은 우선 숫자 데이터 타입의 객체에 대해 알아봅시다.

3.1.2 숫자 타입

int와 float 데이터 타입은 각각 **정수**와 **부동소수점 숫자**를 나타냅니다. 주어진 객체의 데이터 타입은 내장 함수인 type으로 알 수 있습니다.

```
In [3]: type(4)
Out[3]: int

In [4]: type(4.4)
Out[4]: float
```

숫자를 강제로 float로 바꾸고 싶다면 다음과 같이 마지막에 소수점을 붙이거나 float 생성자를 사용하면 됩니다.

```
In [5]: type(4.)
Out[5]: float

In [6]: float(4)
Out[6]: 4.0
```

앞의 예제는 거꾸로도 할 수 있습니다. int 생성자는 float를 int로 바꿉니다. 이 경우 소수점 아래는 잘립니다.

```
In [7]: int(4.9)
Out[7]: 4
```

파이썬에는 decimal, fraction, complex 같은 데이터 타입이 있지만 이 책에서는 사용하거나 설명하지 않습니다. 부동소수점의 부정확성이 문제가 된다면(박스를 보십시오) decimal 타입을 사용하십시오. 하지만 이런 경우는 극히 드뭅니다. 엑셀에서 계산에 문제가 없다면 부동소수점 숫자를 쓰면 된다는 것만 기억하십시오.

부동소수점의 부정확성

기본적으로 엑셀은 반올림된 숫자를 표시합니다. 셀에 =1.125-1.1를 입력하면 0.025가 표시됩니다. 결과만 보면 상식적이지만, 엑셀이 내부적으로 저장하는 값은 0.025가 아닙니다. 소수점 아래 16자리까지 표시하도록 형식을 바꾸면 0.0249999999999999가 표시됩니다. 이는 **부동소수점의 부정확성** 때문입니다. 컴퓨터는 계산할 때 0과 1만 사용합니다. 0.1 같은 일부 소수는 유한한 이진 부동소수점 숫자로 나타낼 수 없으므로 1.125에서 1.1을 뺀 결과가 0.025가 아니게 됩니다. 파이썬에서도 같은 일이 발생하지만, 파이썬은 결과를 변환하지 않고 다음과 같이 그대로 보여줍니다.

```
In [8]: 1.125 - 1.1
Out[8]: 0.024999999999999991
```

수학 연산자

숫자를 계산할 때는 플러스나 마이너스 기호 같은 수학 연산자를 사용합니다. 지수 연산자를 제외하면 엑셀과 똑같습니다.

```
In [9]: 3 + 4  # 덧셈
Out[9]: 7

In [10]: 3 - 4  # 뺄셈
Out[10]: -1
```

```
In [11]: 3 / 4  # 나눗셈
Out[11]: 0.75

In [12]: 3 * 4  # 곱셈
Out[12]: 12

In [13]: 3**4  # 지수 연산자 (엑셀에서는 3^4)
Out[13]: 81

In [14]: 3 * (3 + 4)  # 괄호
Out[14]: 21
```

주석

이전 예제는 # Sum 같은 주석을 사용해서 예제의 동작 방식을 설명했습니다. 주석을 쓰면 다른 사람이 프로그램을 읽고 이해할 때 도움이 되고, 작성한지 몇 주가 지난 후 코드를 다시 들여다 보는 여러분에게도 도움이 됩니다. 코드만 봐도 분명히 알 수 있는걸 주석에 쓰는 건 좋은 습관이 아닙니다. 또한, 코드의 실제 의미와 어긋나는 오래된 주석은 없애는게 더 좋습니다. 파이썬에서는 해시(#)으로 시작하는 부분을 모두 주석으로 간주하며 코드를 실행할 때는 주석을 무시합니다.

```
In [15]: # 이미 봤던 예제입니다
         # 주석 행은 항상 #으로 시작해야 합니다
         3 + 4
Out[15]: 7

In [16]: 3 + 4  # 인라인 주석입니다
Out[16]: 7
```

대부분의 에디터에는 행을 주석으로 바꾸거나 주석을 없애는 단축키가 있습니다. 주피터 노트북과 비주얼 스튜디오 코드에서는 단축키로 Ctrl+/ (윈도우), Command+/ (macOS)를 사용합니다. 마크다운이 # 문자를 제목으로 해석하므로 주피터 노트북의 마크다운 셀에서는 주석을 사용할 수 없습니다.

정수와 부동소수점 숫자에 대해 설명했으니 다음 절에서 불리언에 대해 알아봅시다!

3.1.3 불리언

파이썬의 불리언 타입은 VBA와 똑같은 **True**, **False**입니다. 반면 VBA의 불리언 연산자가 모두 대문자로 표시되는 것과는 달리 파이썬의 불리언 연산자는 **and**, **or**, **not**처럼 소문자입니다. 불리언 표현식은 일치 연산자와 불일치 연산자를 제외하면 엑셀과 비슷하게 동작합니다.

```
In [17]: 3 == 4  # 일치 (엑셀에서는 3 = 4)
Out[17]: False

In [18]: 3 != 4  # 불일치 (엑셀에서는 3 <> 4)
Out[18]: True

In [19]: 3 < 4  # 미만. 초과는 >.
Out[19]: True

In [20]: 3 <= 4  # 이하. 이상은 >=.
Out[20]: True

In [21]: # 논리 표현식은 서로 연결할 수 있습니다
         # VBA에서는 10 < 12 And 12 < 17
         # 엑셀 공식에서는 =AND(10 < 12, 12 < 17)와 같습니다
         10 < 12 < 17
Out[21]: True

In [22]: not True  # "not" 연산자
Out[22]: False

In [23]: False and True  # "and" 연산자
Out[23]: False

In [24]: False or True  # "or" 연산자
Out[24]: True
```

파이썬 객체는 모두 **True** 또는 **False**로 평가됩니다. 객체는 대부분 **True**지만 **None**(박스를 보십시오), **False**, **0**, 빈 데이터 타입(빈 문자열 같은)은 **False**로 평가됩니다. 문자열은 다음 절에서 설명합니다.

> **None**
>
> None은 '값이 없음'을 나타내는 내장 상수입니다. 예를 들어 함수가 명시적으로 반환하는 값이 없다면 None을 반환합니다. 엑셀에서 빈 셀을 표현하기에도 좋은 방법이며, 3부와 4부에서 다시 볼 겁니다.

객체가 True인지 False인지 다시 확인하고 싶다면 bool 생성자를 사용합니다.

```
In [25]: bool(2)
Out[25]: True

In [26]: bool(0)
Out[26]: False

In [27]: bool("some text")  #
Out[27]: True

In [28]: bool("")
Out[28]: False

In [29]: bool(None)
Out[29]: False
```

불리언에 대해 배웠으니 기본 데이터 타입은 **문자열** 하나만 남았습니다.

3.1.4 문자열

VBA에서 한 행이 넘거나, 변수 또는 따옴표를 포함한 문자열을 다뤄 본 경험이 있다면 좀 더 쉬운 방법이 있길 바랬을 겁니다. 다행히 파이썬은 문자열을 아주 잘 다룹니다. 문자열은 큰따옴표(")또는 작은따옴표(')를 사용해서 나타냅니다. 조건은 단 하나, 양쪽 따옴표의 쌍이 맞아야 된다는 겁니다. +를 써서 문자열을 병합하거나 *를 써서 문자열을 반복할 수 있습니다. 문자열을 반복하는 법은 앞 장에서 파이썬 REPL을 테스트할 때 이미 경험해 봤으니, 플러스 기호를 사용하는 예제만 봅시다.

```
In [30]: "A double quote string. " + 'A single quote string.'
Out[30]: 'A double quote string. A single quote string.'
```

쓰고자 하는 내용에 따라 큰따옴표 또는 작은따옴표를 골라 쓰면 굳이 이스케이프하지 않아도
따옴표 자체를 쉽게 출력할 수 있습니다. 그래도 여전히 이스케이프가 필요하다면 다음과 같이
앞에 역슬래시를 붙입니다.

```
In [31]: print("Don't wait! " + 'Learn how to "speak" Python.')
Don't wait! Learn how to "speak" Python.

In [32]: print("It's easy to \"escape\" characters with a leading \\.")
It's easy to "escape" characters with a leading \.
```

문자열과 변수를 함께 쓸 때는 보통 **f-문자열**을 사용합니다. 문자열 앞에 f를 붙이고 변수는
중괄호로 둘러싸면 됩니다.

```
In [33]: # 파이썬은 여러 가지 변수에 여러 가지 값을 한 행에서
         # 쉽게 할당할 수 있습니다
         first_adjective, second_adjective = "free", "open source"
         f"Python is {first_adjective} and {second_adjective}."

Out[33]: 'Python is free and open source.'
```

이 절 처음에서 이미 언급했지만, 문자열 역시 객체이며 자신을 조작하는 몇 가지 메서드를 제
공합니다. 예를 들어 대소문자는 다음과 같이 변환합니다.

```
In [34]: "PYTHON".lower()
Out[34]: 'python'

In [35]: "python".upper()
Out[35]: 'PYTHON'
```

> ### 도움 얻기
>
> 문자열 같은 객체에 어떤 속성이 있는지, 그 메서드는 어떤 인자를 받는지 어떻게 알 수 있을까요? 답은 사용하는 도구에 따라 다릅니다. 주피터 노트북에서는 "python".<Tab>처럼 객체 뒤에 점을 찍고 탭 키를 누릅니다. 이렇게 하면 객체에서 쓸 수 있는 속성과 메서드가 모두 나열된 드롭다운이 나타납니다. 커서가 메서드 안에 있을 때, 예를 들어 "python".upper()의 괄호 안에 있을 때 Shift+Tab을 누르면 함수의 설명이 나타납니다. 비주얼 스튜디오 코드는 이 정보를 자동으로 툴팁에 표시합니다. 파이썬 REPL을 사용할 때는 dir("python")는 사용할 수 있는 속성을 표시하고, help("python".upper)는 upper 메서드의 설명을 출력합니다. 그밖에 항상 파이썬 온라인 문서(*https://docs.python.org*)를 찾아보는게 좋습니다. 판다스 같은 서드 파티 패키지는 파이썬 패키지 인덱스(*https://pypi.org*)에서 각 패키지의 홈페이지와 문서 링크를 찾을 수 있습니다.

문자열을 다룰 때는 예를 들어 EURUSD 환율에서 USD 부분만 선택하는 것처럼 그 일부분만 선택해야 될 때가 많습니다. 다음 절에서는 정확히 이 기능을 하는 파이썬의 강력한 인덱스와 슬라이스 메커니즘을 설명합니다.

3.2 인덱스와 슬라이스

인덱스와 슬라이스는 시퀀스에서 특정 부분에 접근하는 방법입니다. 문자열은 문자의 연속이므로 인덱스와 슬라이스를 사용할 수 있습니다. 다음 절에서는 마찬가지로 인덱스와 슬라이스를 지원하는 데이터 타입인 리스트와 튜플에 대해 알아볼 겁니다.

3.2.1 인덱스

[그림 3-1]은 **인덱스**의 개념입니다. 파이썬에서 시퀀스의 첫 번째 요소는 인덱스 0에 해당합니다. -1 같은 마이너스 인덱스는 시퀀스의 마지막에서부터 요소를 찾습니다.

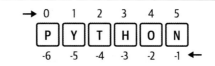

그림 3-1 시퀀스의 양방향 인덱스

인덱스 문법은 다음과 같습니다.

```
sequence[index]
```

다음과 같이 문자열에서 원하는 위치에 접근할 수 있습니다.

```
In [36]: language = "PYTHON"

In [37]: language[0]
Out[37]: 'P'

In [38]: language[1]
Out[38]: 'Y'

In [39]: language[-1]
Out[39]: 'N'

In [40]: language[-2]
Out[40]: 'O'
```

하지만 문자 하나만 필요한 경우는 거의 없으므로 슬라이스 역시 자주 사용합니다.

3.2.2 슬라이스

시퀀스에서 하나 이상의 요소에 접근할 때는 다음과 같이 슬라이스 문법을 사용합니다.

```
sequence[start:stop:step]
```

start 인덱스는 자신을 포함합니다. 즉, start가 0이라면 0부터 시작합니다. 반면, stop 인덱스는 자신을 포함하지 않습니다. 예를 들어 stop이 3이라면 2까지입니다. start나 stop 인자를 생략하면 각각 시퀀스의 처음부터, 끝까지라는 뜻입니다. step은 방향과 단계를 나타냅니다. 예를 들어 2라면 왼쪽에서 오른쪽으로 매 두 번째 요소에 해당하고, -3이라면 오른쪽에서 왼쪽으로 매 세 번째 요소에 해당합니다. 기본값은 1입니다.

```
In [41]: language[:3]   # language[0:3]과 같습니다
Out[41]: 'PYT'

In [42]: language[1:3]
Out[42]: 'YT'

In [43]: language[-3:]   # language[-3:6]과 같습니다
Out[43]: 'HON'

In [44]: language[-3:-1]
Out[44]: 'HO'

In [45]: language[::2]   # 매 두 번째 요소
Out[45]: 'PTO'

In [46]: language[-1:-4:-1]   # 마이너스 스텝은 오른쪽에서 왼쪽 방향입니다
Out[46]: 'NOH'
```

지금까지는 인덱스와 슬라이스를 한 번만 적용하는 예제만 봤지만, 파이썬은 여러 개의 인덱스와 슬라이스 동작을 **체인**으로 묶을 수 있습니다. 예를 들어 마지막 세 문자 중에서 두 번째 문자를 선택할 때는 다음과 같은 코드를 사용합니다.

```
In [47]: language[-3:][1]
Out[47]: 'O'
```

앞의 코드는 사실 language[-2]와 똑같기 때문에 체인의 장점을 느끼기 어렵겠지만, 다음 절에서 소개할 데이터 구조인 리스트에 인덱스와 슬라이스를 사용하면 그 강력함을 쉽게 느낄 수 있습니다.

3.3 데이터 구조

파이썬은 객체 컬렉션을 정말 쉽게 다룰 수 있는 강력한 데이터 구조를 제공합니다. 이 절에서는 리스트, 딕셔너리, 튜플, 세트를 소개합니다. 각 데이터 구조의 특징은 서로 조금씩 다르지만, 이들은 모두 여러 개의 객체를 담을 수 있습니다. VBA에서는 컬렉션이나 배열에 여러 가지 값을 담습니다. VBA는 파이썬의 딕셔너리와 비슷한 개념의 딕셔너리도 제공하긴 하지만, 기본으로 지원하는 버전은 윈도우용 엑셀뿐입니다. 우선 리스트부터 시작합시다. 아마 리스트를 가장 자주 사용하게 될 겁니다.

3.3.1 리스트

리스트는 여러 가지 데이터 타입의 객체를 담을 수 있습니다. 리스트는 매우 다재다능하므로 거의 항상 쓰게 됩니다. 리스트는 다음과 같이 생성합니다.

```
[element1, element2, ...]
```

다음은 엑셀 파일 이름을 담은 리스트와 몇 가지 숫자를 담은 리스트입니다.

```
In [48]: file_names = ["one.xlsx", "two.xlsx", "three.xlsx"]
         numbers = [1, 2, 3]
```

문자열과 마찬가지로, 리스트 역시 플러스 기호를 써서 쉽게 병합할 수 있습니다. 다음 예제는 리스트가 서로 다른 타입의 객체를 한꺼번에 담을 수 있다는 사실도 보여줍니다.

```
In [49]: file_names + numbers
Out[49]: ['one.xlsx', 'two.xlsx', 'three.xlsx', 1, 2, 3]
```

리스트 역시 객체이며 다른 리스트를 요소로 가질 수 있습니다. 이를 **중첩된 리스트**라 부릅니다.

```
In [50]: nested_list = [[1, 2, 3], [4, 5, 6], [7, 8, 9]]
```

위 리스트를 여러 행으로 나눠 써 보면 행렬이나 스프레드시트 셀 범위를 아주 잘 표현한다는 걸 알 수 있습니다. 대괄호 안에서는 줄바꿈이 허용됩니다(박스를 보십시오). 다음과 같이 인덱스와 슬라이스를 써서 원하는 요소를 얻을 수 있습니다.

```
In [51]: cells = [[1, 2, 3],
                  [4, 5, 6],
                  [7, 8, 9]]

In [52]: cells[1]  # 두 번째 행
Out[52]: [4, 5, 6]

In [53]: cells[1][1:]  # 두 번째 행의 두 번째와 세 번째 열
Out[53]: [5, 6]
```

줄바꿈

때때로 코드 한 행이 너무 길어서, 가독성을 유지하려면 두 개 이상의 행으로 나눠야 할 때가 있습니다. 다음과 같이 괄호나 역슬래시를 써서 줄을 바꿀 수 있긴 합니다.

```
In [54]: a = (1 + 2
              + 3)
In [55]: a = 1 + 2 \
             + 3
```

하지만 파이썬 스타일 가이드에서는 가능하면 암시적인 줄바꿈을 사용하길 권합니다. 암시적인 줄바꿈이란 괄호, 대괄호, 중괄호가 포함된 표현식에서는 줄바꿈을 위해 다른 문자를 쓰기보다는 이런 괄호에서 줄바꿈을 하라는 뜻입니다. 이 장 마지막에서 파이썬 스타일 가이드에 대해 다시 얘기하겠습니다.

다음과 같이 리스트 요소를 바꿀 수 있습니다.

```
In [56]: users = ["Linda", "Brian"]

In [57]: users.append("Jennifer")  # 대부분 마지막에 추가합니다
         users
Out[57]: ['Linda', 'Brian', 'Jennifer']

In [58]: users.insert(0, "Kim")  # "Kim"을 인덱스 0에 삽입합니다
         users
Out[58]: ['Kim', 'Linda', 'Brian', 'Jennifer']
```

요소를 삭제할 때는 pop이나 del을 사용합니다. pop은 메서드이고 del은 문입니다.

```
In [59]: users.pop()  # 마지막 요소를 제거한 후 반환합니다
Out[59]: 'Jennifer'

In [60]: users
Out[60]: ['Kim', 'Linda', 'Brian']

In [61]: del users[0]  # del은 주어진 인덱스의 요소를 제거합니다
```

그밖에 리스트에서 다음과 같은 일을 할 수 있습니다.

```
In [62]: len(users)  # 길이
Out[62]: 2

In [63]: "Linda" in users  # users에 "Linda"가 들어있는지 확인합니다
Out[63]: True

In [64]: print(sorted(users))  # 정렬된 리스트를 반환합니다
         print(users)  # 원래 리스트는 바뀌지 않습니다
['Brian', 'Linda']
['Linda', 'Brian']

In [65]: users.sort()  # 원래 리스트를 정렬합니다
         users
Out[65]: ['Brian', 'Linda']
```

len과 in은 문자열에도 사용할 수 있습니다.

```
In [66]: len("Python")
Out[66]: 6

In [67]: "free" in "Python is free and open source."
Out[67]: True
```

리스트의 요소에 접근할 때는 위치, 즉 인덱스로 참조하지만 이 방법은 그리 직관적이지는 않습니다. 다음 절의 주제인 딕셔너리는 키(주로 이름)로 요소에 접근할 수 있습니다.

3.3.2 딕셔너리

딕셔너리는 키와 값을 연결합니다. 키-값 쌍은 아주 자주 사용합니다. 딕셔너리를 만드는 가장 쉬운 방법은 다음과 같습니다.

```
{key1: value1, key2: value2, ...}
```

리스트에서는 인덱스(위치)를 통해 요소에 접근하지만 딕셔너리는 키를 통해 요소에 접근합니다. 인덱스와 마찬가지로 키 역시 대괄호 안에 씁니다. 다음 예제는 화폐 쌍(키)과 환율(값)을 연결합니다.

```
In [68]: exchange_rates = {"EURUSD": 1.1152,
                           "GBPUSD": 1.2454,
                           "AUDUSD": 0.6161}

In [69]: exchange_rates["EURUSD"]  # EURUSD 환율에 접근합니다
Out[69]: 1.1152
```

다음은 기존 값을 변경하고 새로운 키-값 쌍을 추가하는 예제입니다.

```
In [70]: exchange_rates["EURUSD"] = 1.2  # 기존 값 변경
         exchange_rates
Out[70]: {'EURUSD': 1.2, 'GBPUSD': 1.2454, 'AUDUSD': 0.6161}

In [71]: exchange_rates["CADUSD"] = 0.714  # 새로운 키-값 쌍 추가
```

```
        exchange_rates
Out[71]: {'EURUSD': 1.2, 'GBPUSD': 1.2454, 'AUDUSD': 0.6161, 'CADUSD': 0.714}
```

두 개 이상의 딕셔너리를 합치는 가장 쉬운 방법은 **분해**unpack입니다. 딕셔너리를 분해할 때는 그 앞에 별표 두 개를 씁니다. 두 번째 딕셔너리에 첫 번째 딕셔너리와 겹치는 키가 있다면 첫 번째 딕셔너리의 키를 덮어 씁니다. 다음 예제에서는 **GBPUSD** 환율이 덮어 써집니다.

```
In [72]: {**exchange_rates, **{"SGDUSD": 0.7004, "GBPUSD": 1.2222}}
Out[72]: {'EURUSD': 1.2,
          'GBPUSD': 1.2222,
          'AUDUSD': 0.6161,
          'CADUSD': 0.714,
          'SGDUSD': 0.7004}
```

파이썬 3.9에서 파이프 문자를 딕셔너리 병합 연산자로 도입했으므로 앞의 예제를 다음과 같이 단순화할 수 있습니다.

```
exchange_rates | {"SGDUSD": 0.7004, "GBPUSD": 1.2222}
```

여러 가지 객체를 키로 사용할 수 있습니다. 다음 예제는 정수를 쓴 예제입니다.

```
In [73]: currencies = {1: "EUR", 2: "USD", 3: "AUD"}
In [74]: currencies[1]
Out[74]: 'EUR'
```

get 메서드를 쓰면 키가 존재하지 않을 때 기본값을 정할 수 있습니다.

```
In [75]: # currencies[100]은 예외를 일으킵니다.
         # 100이 아니더라도 존재하지 않는 키는 다음과 같이 사용 가능합니다.
         currencies.get(100, "N/A")
Out[75]: 'N/A'
```

VBA에서 Case 문을 썼을 상황이면 딕셔너리를 쓰기도 알맞습니다. 앞의 예제를 VBA로 만들었다면 다음과 같은 형태일 겁니다.

```
Select Case x
Case 1
    Debug.Print "EUR"
Case 2
    Debug.Print "USD"
Case 3
    Debug.Print "AUD"
Case Else
    Debug.Print "N/A"
End Select
```

이제 딕셔너리가 동작하는 방식을 알아봤으니 다음 데이터 구조인 튜플로 넘어갑시다. 튜플은 리스트와 비슷하지만, 아주 큰 차이가 하나 있습니다.

3.3.3 튜플

튜플은 리스트와 비슷하지만 **불변**이라는 차이가 있습니다. 튜플을 일단 생성하면 그 요소를 바꿀 수 없습니다. 튜플과 리스트로 할 수 있는 일은 비슷하지만, 튜플은 프로그램 전체에 걸쳐 절대 변하지 않는 컬렉션에 씁니다. 튜플을 만들 때는 다음과 같이 값을 콤마로 구분해서 씁니다.

```
mytuple = element1, element2, ...
```

다음과 같이 괄호를 쓰면 더 읽기 쉽습니다.

```
In [76]: currencies = ("EUR", "GBP", "AUD")
```

튜플 요소에 접근할 때는 리스트와 같은 방법을 쓰지만, 요소를 바꿀 수는 없습니다. 튜플을 병합하면 새로운 튜플이 생성되며 내부적으로 변수를 새로운 튜플에 삽입합니다.

```
In [77]: currencies[0]  # 첫 번째 요소에 접근
Out[77]: 'EUR'

In [78]: # 튜플을 병합하면 새로운 튜플을 반환합니다
         currencies + ("SGD",)
Out[78]: ('EUR', 'GBP', 'AUD', 'SGD')
```

가변과 **불변**의 차이는 부록 C에서 자세히 설명할 겁니다. 지금은 이 절의 마지막 데이터 구조인 세트에 대해 먼저 알아봅시다.

3.3.4 세트

세트는 요소의 중복이 없는 컬렉션입니다. 세트에 집합 이론을 적용할 수도 있긴 하지만, 현실에서는 리스트나 튜플에서 중복되지 않는 값을 찾을 때 더 자주 사용합니다. 세트를 만들 때는 다음과 같이 중괄호를 사용합니다.

```
{element1, element2, ...}
```

리스트나 튜플에서 고유한 요소만 찾을 때는 다음과 같이 **set** 생성자를 사용합니다.

```
In [79]: set(["USD", "USD", "SGD", "EUR", "USD", "EUR"])
Out[79]: {'EUR', 'SGD', 'USD'}
```

다음과 같이 교집합과 합집합 같은 집합 연산을 적용할 수도 있습니다.

```
In [80]: portfolio1 = {"USD", "EUR", "SGD", "CHF"}
         portfolio2 = {"EUR", "SGD", "CAD"}

In [81]: # portfolio2.union(portfolio1)와 같습니다
         portfolio1.union(portfolio2)
Out[81]: {'CAD', 'CHF', 'EUR', 'SGD', 'USD'}

In [82]: # portfolio2.intersection(portfolio1)과 같습니다
         portfolio1.intersection(portfolio2)
Out[82]: {'EUR', 'SGD'}
```

세트 연산 전체가 궁금하다면 공식 문서(*https://oreil.ly/ju4ed*)를 보십시오. 다음으로 넘어가기 전에 그동안 알아본 데이터 구조를 정리한 [표 3-1]을 보십시오. 이 표에는 필자가 그동안 사용한 데이터 구조 표기법, 즉 **리터럴**을 썼습니다. 리터럴 대신 사용하는 생성자 역시 병기했는데, 생성자는 데이터 구조를 서로 변환할 때 자주 사용합니다. 예를 들어 다음과 같이 튜플을 리스트로 변환할 수 있습니다.

```
In [83]: currencies = "USD", "EUR", "CHF"
         currencies
Out[83]: ('USD', 'EUR', 'CHF')

In [84]: list(currencies)
Out[84]: ['USD', 'EUR', 'CHF']
```

표 3-1 데이터 구조

데이터 구조	리터럴	생성자
리스트	[1, 2, 3]	list((1, 2, 3))
딕셔너리	{"a": 1, "b": 2}	dict(a=1, b=2)
튜플	(1, 2, 3)	tuple([1, 2, 3])
세트	{1, 2, 3}	set((1, 2, 3))

지금까지 부동소수점 숫자와 문자열 같은 기본 데이터 타입, 리스트와 딕셔너리 같은 데이터 구조에 대해 배웠습니다. 다음 절에서는 제어문에 대해 알아봅니다.

3.4 제어문

이 절에서는 if 문과 for, while 루프에 대해 알아봅니다. if 문은 조건이 맞을 때만 코드를 실행하며, for와 while 루프는 코드 블록을 반복적으로 실행합니다. 이 절 마지막에는 for 루프 대용으로도 쓸 수 있는 리스트 내포에 대해 소개합니다. 이 절은 우선 코드 블록의 정의로 시작하는데, 이는 파이썬의 가장 중요한 특징인 공백의 의미 역시 알고 넘어가야 하기 때문입니다.

3.4.1 코드 블록과 pass 문

코드 블록이란 소스 코드에서 뭔가 특별한 부분을 가리킵니다. 코드 블록은 프로그램 안에서 특정 부분을 반복하거나 함수를 정의할 때 사용합니다. VBA는 키워드를 통해 코드 블록을 정의하고 대부분의 프로그래밍 언어는 중괄호를 통해 코드 블록을 정의하지만, 파이썬은 들여쓰기를 통해 코드 블록을 정의합니다. 이를 **의미 있는 공백**이라 부릅니다. 파이썬 커뮤니티는 들여 쓰기에 공백 네 칸을 쓰는 관습에 완전히 정착했지만, 실제로는 탭 키를 눌러 공백 네 칸을 입력하는 경우가 많습니다. 주피터 노트북과 비주얼 스튜디오 코드는 자동으로 탭 키를 공백 네 칸으로 변환합니다. if 문의 공식 정의는 다음과 같습니다.

```
if condition:
    pass  # 아무 일도 하지 않습니다
```

코드 블록 앞에 있는 행은 항상 콜론(:)으로 끝납니다. 들여쓰기를 중지해서 코드 블록이 끝났음을 알려야 하는데, 앞의 예제처럼 들여쓰기를 중지할 문이 없는 경우에는 pass 문을 써서 더미 코드 블록을 만듭니다. VBA에서는 다음과 같은 형식을 사용합니다.

```
If condition Then
    ' 아무 일도 하지 않습니다
End If
```

이제 코드 블록을 만드는 법을 알았으니 다음 절에서 if 문에 대해 알아봅시다.

3.4.2 if 문과 조건 표현식

if 문의 예제는 1장의 '가독성과 유지 보수성'에서 사용한 예제를 사용합니다. 하지만 이번에는 파이썬 문법입니다.

```
In [85]: i = 20

    if i < 5:
        print("i is smaller than 5")
    elif i <= 10:
        print("i is between 5 and 10")
    else:
        print("i is bigger than 10")

i is bigger than 10
```

1장에서 했던 것처럼 elif와 else 문을 들여 쓰면 SyntaxError가 일어납니다. 파이썬에서는 코드를 로직과 다르게 들여쓰기할 수 없습니다. VBA와는 달리 파이썬의 키워드는 모두 소문자를 사용하며, ElseIf가 아니라 elif를 씁니다. if 문은 프로그래머가 파이썬 초보자인지, 아니면 **파이썬 스타일**이 이미 몸에 익은 개발자인지 쉽게 구별되는 문이기도 합니다. 파이썬에서는 단순한 if 문에는 괄호를 사용하지 않으며, 값이 True인지 명시적으로 확인할 필요도 없습니다. 필자가 말하는 의미는 다음과 같습니다.

```
In [86]: is_important = True

         if is_important:
             print("This is important.")
         else:
             print("This is not important.")

This is important.
```

리스트 같은 시퀀스가 비어 있는지 체크할 때는 다음과 같은 코드를 사용합니다.

```
In [87]: values = []

         if values:
             print(f"The following values were provided: {values}")
         else:
             print("There were no values provided.")

There were no values provided.
```

다른 언어에 익숙한 프로그래머라면 if (is_important == True), if len(values) > 0 같은 코드를 대신 썼을 겁니다.

조건 표현식은 **3항 연산자**라고 부르기도 하며, 다음과 같이 if / else 문을 더 간결하게 쓸 수 있습니다.

```
In [88]: is_important = False
         print("important") if is_important else print("not important")

not important
```

if 문과 조건 표현식에 대해 배웠으니 다음 절로 넘어가 for와 while 루프에 대해 알아봅시다.

3.4.3 for와 while 루프

10 가지 변수의 값을 출력하는 것처럼 같은 일을 반복적으로 해야 할 때 print 문을 10번 복사/붙여넣기하는 사람은 없을 겁니다. 대신 for 루프가 그런 일을 하죠. for 루프는 리스트, 튜플, 문자열 같은 시퀀스의 요소를 순회합니다(문자열도 일종의 시퀀스입니다). currencies 리스트의 각 요소를 가져와 currency 변수에 할당하고 출력하는 예제를 for 루프로 만들어 봅시다.

```
In [89]: currencies = ["USD", "HKD", "AUD"]

         for currency in currencies:
             print(currency)

USD
HKD
AUD
```

VBA에서는 For Each 문이 파이썬의 for 루프와 비슷한 일을 합니다. 앞의 예제를 VBA로 만들었다면 다음과 같은 형태일 겁니다.

```
Dim currencies As Variant
Dim curr As Variant   ' currency는 VBA의 예약어입니다

currencies = Array("USD", "HKD", "AUD")

For Each curr In currencies
    Debug.Print curr
Next
```

파이썬에서는 for 루프에 카운터 변수가 필요할 때 range나 enumerate를 사용합니다. 먼저 숫자 시퀀스를 반환하는 range부터 봅시다. range는 stop 인자 하나만 써서 호출하거나, start와 stop 인자를 쓰고 옵션인 step 인자를 써서 호출합니다. 슬라이스와 마찬가지로, start는 자신을 포함하며 stop은 자신을 포함하지 않고, step의 기본값은 1입니다.

```
range(stop)
range(start, stop, step)
```

range는 느긋하게 평가합니다. 즉, 명시적으로 값을 요청하지 않는 한 range가 생성하는 시퀀스를 볼 수 없습니다.

```
In [90]: range(5)
Out[90]: range(0, 5)
```

범위를 리스트로 변환하면 이 문제는 해결됩니다.

```
In [91]: list(range(5))  # stop 인자
Out[91]: [0, 1, 2, 3, 4]

In [92]: list(range(2, 5, 2))  # start, stop, step 인자
Out[92]: [2, 4]
```

하지만 대개는 범위를 군이 리스트로 변환할 필요는 없습니다.

```
In [93]: for i in range(3):
             print(i)

0
1
2
```

시퀀스를 순회할 때 카운터 변수가 필요하다면 enumerate를 사용하십시오. enumerate는 (index, element) 튜플의 시퀀스를 반환합니다. 인덱스는 기본적으로 0에서 시작하며 1씩 늘어납니다. 루프 안에서 enumarate는 다음과 같이 사용합니다.

```
In [94]: for i, currency in enumerate(currencies):
             print(i, currency)

0 USD
1 HKD
2 AUD
```

튜플과 세트 순회는 리스트와 마찬가지로 동작합니다. 딕셔너리를 순회할 때는 키를 순회합니다.

```
In [95]: exchange_rates = {"EURUSD": 1.1152,
                           "GBPUSD": 1.2454,
                           "AUDUSD": 0.6161}

         for currency_pair in exchange_rates:
             print(currency_pair)

EURUSD
GBPUSD
AUDUSD
```

items 메서드는 키와 값을 튜플로 반환합니다.

```
In [96]: for currency_pair, exchange_rate in exchange_rates.items():
             print(currency_pair, exchange_rate)

EURUSD 1.1152
GBPUSD 1.2454
AUDUSD 0.6161
```

루프를 빠져나갈 때는 break 문을 사용합니다.

```
In [97]: for i in range(15):
             if i == 2:
                 break
             else:
                 print(i)

0
1
```

루프 바디 중 일부를 생략할 때는 continue 문을 사용합니다. 이 문은 다음 요소에서 루프를 다시 시작합니다.

```
In [98]: for i in range(4):
             if i == 2:
                 continue
```

```
        else:
            print(i)

0
1
3
```

VBA의 루프는 파이썬과 비교했을 때 미묘한 차이가 있습니다. VBA는 루프를 끝낸 뒤에 카운터 변수가 한 번 더 증가합니다.

```
For i = 1 To 3
    Debug.Print i
Next i
Debug.Print i
```

앞의 코드의 출력은 다음과 같습니다.

```
1
2
3
4
```

파이썬은 상식적으로 동작합니다.

```
In [99]: for i in range(1, 4):
             print(i)

         print(i)

1
2
3
3
```

while 루프는 시퀀스를 순회하지 않고 조건이 맞기만 하면 루프를 반복합니다.

```
In [100]: n = 0
          while n <= 2:
```

```
        print(n)
        n += 1

0
1
2
```

추가적인 처리를 위해 리스트에서 특정 요소를 수집해야 할 때가 아주 많습니다. 파이썬은 이런 경우를 대비해 리스트, 딕셔너리, 세트 내포라는 루프 대체 문법을 제공합니다.

3.4.4 리스트, 딕셔너리, 세트 내포

리스트, 딕셔너리, 세트 내포는 엄밀히 말해 각 데이터 구조를 생성하는 방법 중 하나이지만, 현실적으로 for 루프 대신 사용하는 경우도 많으므로 여기에서 소개합니다. 미국 달러가 포함된 다음 환율 리스트에서 미국 달러를 두 번째 화폐로 가진 환율만 골라내고 싶다고 합시다. 다음과 같이 for 루프를 만들면 됩니다.

```
In [101]: currency_pairs = ["USDJPY", "USDGBP", "USDCHF",
                            "USDCAD", "AUDUSD", "NZDUSD"]

In [102]: usd_quote = []
          for pair in currency_pairs:
              if pair[3:] == "USD":
                  usd_quote.append(pair[:3])
          usd_quote

Out[102]: ['AUD', 'NZD']
```

이런 경우 **리스트 내포**를 사용하면 더 쉬울 때가 많습니다. 리스트 내포는 리스트를 간결하게 생성하는 방법입니다. 이전 for 루프와 같은 일을 하는 다음 예제를 보면서 문법을 파악해 보십시오.

```
In [103]: [pair[:3] for pair in currency_pairs if pair[3:] == "USD"]
Out[103]: ['AUD', 'NZD']
```

만족해야 할 조건이 없다면 if 부분을 생략하면 됩니다. 예를 들어 첫 번째 화폐가 두 번째가 되도록 각 쌍을 뒤집고 싶다면 다음과 같이 하면 됩니다.

```
In [104]: [pair[3:] + pair[:3] for pair in currency_pairs]
Out[104]: ['JPYUSD', 'GBPUSD', 'CHFUSD', 'CADUSD', 'USDAUD', 'USDNZD']
```

딕셔너리 내포도 가능합니다.

```
In [105]: exchange_rates = {"EURUSD": 1.1152,
                            "GBPUSD": 1.2454,
                            "AUDUSD": 0.6161}

          {k: v * 100 for (k, v) in exchange_rates.items()}

Out[105]: {'EURUSD': 111.52, 'GBPUSD': 124.54, 'AUDUSD': 61.61}
```

물론 세트도 가능합니다.

```
In [106]: {s + "USD" for s in ["EUR", "GBP", "EUR", "HKD", "HKD"]}
Out[106]: {'EURUSD', 'GBPUSD', 'HKDUSD'}
```

이제 간단한 스크립트는 만들 수 있게 됐으니, 파이썬의 가장 기본이 되는 구성 요소는 익힌 겁니다. 다음 절에서는 스크립트가 점점 커져도 코드의 유지 관리가 가능하도록 정리할 수 있는 수단을 배웁니다.

3.5 코드 정리

이 절에서는 코드를 유지 관리가 쉬운 구조로 정리하는 법을 배웁니다. 먼저 함수를 소개하고, 가장 자주 사용하게 될 부분을 설명합니다. 다음에는 코드를 여러 개의 파이썬 모듈로 나누는 법을 설명합니다. 모듈에 대해 배운 다음에는 표준 라이브러리의 일부분인 datetime 모듈을 살펴보면서 이 절을 마칩니다.

3.5.1 함수

설령 파이썬으로 아주 단순한 스크립트만 만든다 하더라도 함수는 계속 사용하게 될 겁니다. 함수는 같은 코드를 프로그램 안에서 재사용할 수 있게 하므로 모든 프로그래밍 언어에서 가장 중요한 구조 중 하나입니다. 먼저 함수를 정의하는 방법부터 알아봅시다.

함수 정의

파이썬에서 함수를 정의할 때는 **definition**의 약자인 def 키워드를 사용합니다. VBA와 달리 파이썬은 함수와 서브프로시저를 구분하지 않습니다. 파이썬에서 서브프로시저는 그저 아무것도 반환하지 않는 함수일 뿐입니다. 파이썬에서는 함수 역시 코드 블록의 문법을 따릅니다. 즉, 첫 번째 행은 콜론으로 끝나고 함수 바디는 들여 씁니다.

```
def function_name(required_argument, optional_argument=default_value, ...):
    return value1, value2, ...
```

| 필수 인자 |

필수 인자에는 기본값이 없습니다. 인자를 여러 개 쓸 때는 콤마로 구분합니다.

| 옵션 인자 |

인자에 기본값을 정하면 그 인자는 옵션이 됩니다. 인자에 쓸 만한 기본값이 없을 때는 None을 주로 사용합니다.

| 반환값 |

return 문은 함수가 반환할 값을 정의합니다. 이 문을 사용하지 않으면 함수는 자동으로 None을 반환합니다. 값 여러 개를 반환할 때는 콤마로 구분하면 됩니다.

예제로 화씨Fahrenheit나 켈빈Kelvin을 섭씨Celsius로 변환하는 함수를 만들어 봅시다.

```
In [107]: def convert_to_celsius(degrees, source="fahrenheit"):
              if source.lower() == "fahrenheit":
                  return (degrees-32) * (5/9)
              elif source.lower() == "kelvin":
                  return degrees - 273.15
              else:
                  return f"Don't know how to convert from {source}"
```

문자열 메서드 lower는 문자열을 소문자로 바꿉니다. 이렇게 하면 source 문자열의 대소문자를 구분하지 않고 비교할 수 있습니다. convert_to_celsius 함수를 정의했으니 이제 이 함수를 호출하는 방법을 알아봅시다.

함수 호출

이 장 처음에서 간단히 언급했듯 함수를 호출할 때는 함수 이름 다음에 괄호를 쓰고, 그 안에 함수 인자를 씁니다.

```
value1, value2, ... = function_name(positional_arg, arg_name=value, ...)
```

| 위치 인자 |

positional_arg처럼 값을 위치 인자로 전달하면 그 값은 함수 정의의 위치에 따라 매개변수에 할당됩니다.

| 키워드 인자 |

arg_name=value 형태로 전달하는 인자를 키워드 인자라고 부릅니다. 키워드 인자는 순서를 신경쓰지 않아도 된다는 장점이 있습니다. 또한 코드를 더 쉽게 이해할 수 있다는 장점도 있습니다. 예를 들어 함수를 f(a, b)로 정의했다면 f(b=1, a=2)와 같이 호출합니다. 이런 개념은 VBA에도 존재하며 함수를 호출할 때 키워드 인자는 f(b:=1, a:=1) 처럼 사용합니다.

convert_to_celsius 함수를 좀 더 사용하면서 연습해 봅시다.

```
In [108]: convert_to_celsius(100, "fahrenheit")  # 위치 인자
Out[108]: 37.77777777777778

In [109]: convert_to_celsius(50)  # source에 기본값인 화씨를 사용합니다
Out[109]: 10.0

In [110]: convert_to_celsius(source="kelvin", degrees=0)  # 키워드 인자
Out[110]: -273.15
```

이제 함수를 정의하고 호출하는 방법을 배웠으니 모듈을 사용해 정리하는 방법을 알아봅시다.

3.5.2 모듈과 임포트 문

큰 프로젝트에 사용할 코드를 작성하다 보면 어느 시점에서는 유지 보수를 위해 이들을 여러 가지 파일로 나눠야 할 때가 옵니다. 메인 스크립트에서 다른 파일에 저장된 기능을 사용할 때는 먼저 그 기능을 **임포트**해야 합니다. 이런 맥락에서는 파이썬 소스 파일을 **모듈**이라 부릅니다. 책의 저장소에서 temperature.py 파일을 비주얼 스튜디오 코드로 열어 보십시오. 비주얼 스튜디오 코드에서 파일을 여는 방법이 기억나지 않으면 2장을 다시 읽어 보십시오.

예제 3-1 temperature.py

```
TEMPERATURE_SCALES = ("fahrenheit", "kelvin", "celsius")


def convert_to_celsius(degrees, source="fahrenheit"):
    if source.lower() == "fahrenheit":
        return (degrees-32) * (5/9)
    elif source.lower() == "kelvin":
        return degrees - 273.15
    else:
        return f"Don't know how to convert from {source}"


print("This is the temperature module.")
```

주피터 노트북에서 temperature 모듈을 임포트할 때는 책의 저장소와 마찬가지로 주피터 노트북과 temperature 모듈이 같은 디렉터리에 있어야 합니다. 임포트할 때는 .py 없이 모듈 이름만 씁니다. import 문의 실행이 끝나면 점 표기법을 통해 파이썬 모듈의 모든 객체에 접근할 수 있습니다. 즉, temperature.convert_to_celsius() 처럼 호출합니다.

```
In [111]: import temperature
This is the temperature module.

In [112]: temperature.TEMPERATURE_SCALES
Out[112]: ('fahrenheit', 'kelvin', 'celsius')

In [113]: temperature.convert_to_celsius(120, "fahrenheit")
Out[113]: 48.88888888888889
```

TEMPERATURE_SCALES를 모두 대문자로 쓴 이유는 이것이 상수이기 때문이며, 이 장 마지막에서 상수에 대해 다시 설명하겠습니다. import temperature가 담긴 셀을 실행하면 파이썬이 temperature.py 파일을 위쪽에서 아래쪽으로 실행합니다. 모듈을 임포트할 때 temperature.py의 맨 아래에 있는 print 함수가 실행되는 걸 보면 알 수 있습니다.

> **WARNING_ 모듈은 한 번만 임포트됩니다**
>
> import temperature 셀을 다시 실행하더라도 문구가 다시 출력되지는 않습니다. 이는 파이썬 모듈이 세션당 한 번만 임포트되기 때문입니다. 임포트한 모듈의 코드를 변경했다면 파이썬 인터프리터를 재시작해야 변경 내용이 적용됩니다. 주피터 노트북에서는 Kernel 〉 Restart를 클릭합니다.

현실에서는 보통 모듈에서 뭔가 출력하는 일은 없습니다. 앞의 예제에서 print 함수를 사용한 건 모듈을 한 번 이상 임포트했을 때의 효과를 보이기 위해서였습니다. 보통은 모듈에 함수와 클래스를 저장합니다(클래스는 부록 C에서 더 설명합니다). temperature 모듈에서 가져온 객체을 사용할 때마다 매번 temperature를 입력하기는 번거로우니 import 문을 다음과 같이 바꿉니다.

```
In [114]: import temperature as tp

In [115]: tp.TEMPERATURE_SCALES
Out[115]: ('fahrenheit', 'kelvin', 'celsius')
```

모듈에 짧은 별칭을 붙이면 객체를 어디서 가져왔는지는 여전히 명확하게 알 수 있으면서도 더 쉽게 사용할 수 있습니다. 서드 파티 패키지들은 대개 자신을 어떤 별칭으로 부를 지 제안합니다. 예를 들어 판다스는 import pandas as pd를 사용합니다. 모듈에서 객체를 임포트하는 방법에는 한 가지 옵션이 더 있습니다.

```
In [116]: from temperature import TEMPERATURE_SCALES, convert_to_celsius

In [117]: TEMPERATURE_SCALES
Out[117]: ('fahrenheit', 'kelvin', 'celsius')
```

> **NOTE_ __pycache__ 폴더**
> temperature 모듈을 임포트하면 파이썬이 __pycache__라는 폴더를 생성했고 그 안에는 .pyc 확장자로 끝나는 파일이 생긴 걸 볼 수 있습니다. 이들은 모듈을 임포트할 때 파이썬 인터프리터가 바이트코드로 컴파일한 파일입니다. 이 폴더는 파이썬이 코드를 실행하는 기술적인 세부 사항에 해당하므로 그냥 무시해도 상관 없습니다.

from x import y 문법은 특정 객체만 임포트할 때 사용합니다. 이를 두고 메인 스크립트의 **네임스페이스**namespace에 임포트했다는 표현을 씁니다. 즉, import 문을 확인하지 않으면 임포트한 객체가 현재 파이썬 스크립트나 주피터 노트북에서 정의한 것인지, 아니면 다른 모듈에서 가져온 것인지 알 수 없다는 뜻입니다. 이런 방식은 충돌이 생길 수 있습니다. 예를 들어 메인 스크립트에도 convert_to_celsius라는 함수가 있다면 temperature 모듈에서 임포트한 함수를 덮어쓰게 될 겁니다. 하지만 임포트할 때 as를 붙이면 로컬 함수와 모듈에서 임포트한 함수를 각각 convert_to_celsius, temperature.convert_to_celsius로 구분할 수 있습니다.

> **WARNING_ 스크립트에 기존 패키지에서 사용하는 이름을 쓰지 마십시오**
> 직접 작성한 파이썬 파일에 사용하는 파이썬 패키지나 모듈과 같은 이름을 쓰면 오류가 일어나기 쉽습니다. 판다스 기능을 테스트할 파일을 만든다면, 그 파일에 pandas.py라는 이름은 쓰지 마십시오. 충돌이 일어날 가능성이 있습니다.

이제 임포트에 대해 배웠으니 바로 datetime 모듈을 임포트해 봅시다. 다음 절에서는 객체와 클래스에 대해서도 몇 가지 새로 설명하는 내용이 있습니다.

3.5.3 datetime 클래스

엑셀에서 날짜와 시간을 다루는 일은 흔하지만 한계가 있습니다. 예를 들어 엑셀 셀 형식은 밀리초보다 작은 단위를 지원하지 않으며, 시간대는 전혀 지원하지 않습니다. 엑셀은 날짜와 시간을 **날짜 시리얼 번호**date serial number라는 이름의 부동소수점 숫자로 저장합니다. 그리고 엑셀 셀에서 이 숫자를 표시할 때 날짜와 시간 형식을 적용합니다. 예를 들어 1900년 1월 1일에 해당하는 날짜 시리얼 번호는 1이며, 따라서 엑셀은 이 이전의 날짜는 표시할 수 없습니다. 시간은 날짜 시리얼 번호의 소수점 아래 부분입니다. 예를 들어 `01/01/1900 10:10:00`는 `1.4236111111`로 저장됩니다.

파이썬에서 날짜와 시간을 다룰 때는 표준 라이브러리의 일부분인 `datetime` 모듈을 임포트합니다. `datetime` 모듈에는 `datetime` 객체를 생성하는 클래스가 있는데, 이 클래스의 이름도 `datetime`입니다. 모듈과 클래스에서 같은 이름을 쓰면 혼란스러울테니 필자는 이 책에서 `import datetime as dt` 문으로 임포트할 겁니다. 이렇게 하면 모듈(dt)과 클래스(datetime)를 구별하기 쉽습니다.

지금까지 우리는 리스트나 딕셔너리 같은 객체를 만들 때 대부분 **리터럴**을 사용했습니다. 리터럴이란 파이썬이 코드를 있는 그대로 읽고 객체 타입으로 인식하는 문법을 말합니다. 예를 들어 리스트 리터럴은 `[1, 2, 3]`입니다. 하지만 클래스를 호출해서 객체를 만들어야 할 때도 많은데, 이를 **인스턴스화**라 부르며 이 문맥에서 객체는 **클래스 인스턴스**라고 할 수 있습니다. 클래스는 함수와 같은 방법으로, 즉 클래스 이름 다음에 괄호를 쓰고 그 안에 인자를 제공하는 방식으로 호출합니다. `datetime` 객체 인스턴스를 만들 때는 다음과 같이 클래스를 호출합니다.

```
import datetime as dt
dt.datetime(year, month, day, hour, minute, second, microsecond, timezone)
```

파이썬에서 `datetime` 객체가 어떻게 동작하는지 몇 가지 예제를 봅시다. 소개 목적이니 시간대는 무시하겠습니다.

```
In [118]: # datetime 모듈을 "dt"로 임포트합니다
          import datetime as dt

In [119]: # "timestamp"라는 datetime 객체 인스턴스를 만듭니다
          timestamp = dt.datetime(2020, 1, 31, 14, 30)
```

```
          timestamp
Out[119]: datetime.datetime(2020, 1, 31, 14, 30)

In [120]: # datetime 객체에는 다양한 속성이 있습니다. 예를 들어 날짜는 -
          timestamp.day
Out[120]: 31

In [121]: # datetime 객체의 뺄셈, 즉 시간 차이는 timedelta 객체입니다
          timestamp - dt.datetime(2020, 1, 14, 12, 0)
Out[121]: datetime.timedelta(days=17, seconds=9000)

In [122]: # timedelta 객체를 직접 만들 수도 있습니다
          timestamp + dt.timedelta(days=1, hours=4, minutes=11)
Out[122]: datetime.datetime(2020, 2, 1, 18, 41)
```

datetime 객체를 문자열로 바꿀 때는 strftime_string from time_ 메서드를, 반대로 문자열을
datetime 객체로 바꿀 때는 strptime_string parse to time_ 메서드를 사용합니다. datetime 문서
(*https://oreil.ly/gX0ts*)에서 형식 코드를 살펴볼 수 있습니다.

```
In [123]: # datetime 객체를 특정 형식의 문자열로 바꿉니다
          # f-문자열 f"{timestamp:%d/%m/%Y %H:%M}"을 써도 됩니다
          timestamp.strftime("%d/%m/%Y %H:%M")
Out[123]: '31/01/2020 14:30'

In [124]: # 문자열을 datetime 객체로 변환
          dt.datetime.strptime("12.1.2020", "%d.%m.%Y")
Out[124]: datetime.datetime(2020, 1, 12, 0, 0)
```

datetime 모듈의 소개는 이 정도로 마치고 이 장의 마지막 주제인 코드의 올바른 형식으로 넘
어갑시다.

3.6 PEP 8: 파이썬 코드 스타일 가이드

필자는 변수 이름에 밑줄을 사용하기도 하고 때때로 전부 대문자로 쓰기도 했는데, 이유가 궁
금한 독자도 있었을 겁니다. 이 절은 필자가 그동안 따라 한 파이썬 공식 스타일 가이드에 대
한 소개입니다. 파이썬은 파이썬 개선 제안(PEP)을 통해 새로운 기능을 토의합니다. 이 중에

서 파이썬 코드 스타일 가이드는 종종 그 번호를 따서 PEP 8이라고 부릅니다. PEP 8은 파이썬 커뮤니티에서 엄선된 스타일 권고입니다. 만약 같은 코드에서 작업하는 사람들 모두가 같은 스타일 가이드를 따른다면 코드는 훨씬 읽고 이해하기 쉬워질 겁니다. 서로 잘 모르는 프로그래머들이 같은 프로젝트에서 협력하는 오픈 소스에서는 특히 이런 스타일 통일이 중요합니다. [예제 3-2]는 가장 중요한 스타일들이 포함된 파이썬 파일입니다.

예제 3-2 pep8_sample.py

```
"""
이 스크립트에는 몇 가지 PEP 8 규칙이 들어 있습니다    ❶
"""

import datetime as dt    ❷

TEMPERATURE_SCALES = ("fahrenheit", "kelvin",
                      "celsius")    ❸
❹

class TemperatureConverter:    ❺
    pass  # 당장은 아무 일도 하지 않습니다    ❻

def convert_to_celsius(degrees, source="fahrenheit"):    ❼
    """
    이 함수는 화씨나 켈빈을 섭씨로 바꿉니다    ❽
    """
    if source.lower() == "fahrenheit":    ❾
        return (degrees-32) * (5/9)    ❿
    elif source.lower() == "kelvin":
        return degrees - 273.15
    else:
        return f"Don't know how to convert from {source}"


celsius = convert_to_celsius(44, source="fahrenheit")    ⓫
non_celsius_scales = TEMPERATURE_SCALES[:-1]    ⓬

print("Current time: " + dt.datetime.now().isoformat())
print(f"The temperature in Celsius is: {celsius}")
```

❶ 스크립트나 모듈이 하는 일은 맨 위에 독스트링으로 설명합니다. 독스트링은 따옴표 세 개로 감싼 특별한 문자열입니다. 독스트링은 코드를 문서화하는 구실도 있지만, 텍스트를 여러 줄로 작성할 수 있고 큰따옴표나 작은따옴표를 일일히 이스케이프할 필요가 없는 편리함도 있습니다. 11장에서 보겠지만 여러 행으로 구성된 SQL 쿼리를 만들 때도 유용합니다.

❷ 임포트는 모두 파일 맨 위에, 한 행에 하나씩 씁니다. 임포트 문은 표준 라이브러리를 가장 먼저, 서드파티 패키지를 그 다음에, 마지막으로 직접 만든 모듈 순서로 작성합니다. 이 예제에서는 표준 라이브러리만 사용했습니다.

❸ 상수 이름에는 대문자와 밑줄만 사용합니다. 한 행에 쓰는 문자는 79개가 넘지 않게 합니다. 가능하면 괄호, 대괄호, 중괄호에서 암시적인 줄바꿈의 장점을 살리십시오.

❹ 클래스와 함수는 빈 행 두 개로 구분하십시오.

❺ datetime 같은 클래스는 소문자로 이루어졌지만, 직접 만드는 클래스는 CapitalizedWords 같은 형식의 이름을 써야 합니다. 클래스는 부록 C에서 더 설명합니다.

❻ 인라인 주석은 최소 공백 두 칸 이상을 써서 코드와 구분해야 합니다. 코드 블록은 공백 네 칸으로 들여써야 합니다.

❼ 함수와 함수 인자 이름에는 소문자만 쓰고, 가독성이 더 늘어날 수 있다면 밑줄을 쓰십시오. 인자 이름과 그 기본값 사이에는 공백을 사용하지 않습니다.

❽ 함수의 독스트링에는 함수 인자에 대한 설명도 포함되야 합니다. 간결함을 위해 이 예제에는 쓰지 않았지만, 책의 저장소에 있는 excel.py 파일(8장에서 설명합니다)에는 완전한 독스트링이 들어 있습니다.

❾ 콜론 주위에 공백을 넣지 마십시오.

❿ 수학 연산자 좌우에는 공백을 쓰십시오. 우선 순위가 다른 연산자를 여러 가지 사용한다면 우선 순위가 가장 낮은 연산자 주위에만 공백을 쓰고 그보다 높은 연산자 주위에는 공백을 쓰지 않는 형태가 가독성을 더 늘릴 수도 있습니다. return (degrees-32) * (5/9)에서는 곱셈의 우선 순위가 가장 낮으므로 이 연산자 주위에만 공백을 썼습니다.[3]

⓫ 변수 이름에는 소문자를 쓰십시오. 밑줄을 추가해 가독성이 높아진다면 그렇게 하십시오. 변수 이름에 값을 할당할 때는 등호 주위에 공백을 쓰십시오. 하지만 함수를 호출할 때 키워드 인자의 등호 주위에는 공백을 쓰지 않습니다.

⓬ 인덱스와 슬라이스를 쓸 때는 대괄호 주위에 공백을 쓰지 않습니다.

---

3 옮긴이_ (degrees-32) * (5/9)와 (degrees - 32) * (5 / 9)를 비교해 보면, 전자의 경우 (degrees-32)와 (5/9)가 하나의 토큰처럼 보이므로 이 행의 전체적인 의미가 두 값의 곱이라는 사실이 좀 더 한 눈에 들어옵니다. 본문에 있는 '우선순위가 낮다'라는 표현이 약간 오해를 부를 수 있는게, 우선순위가 낮은 연산은 가장 나중에 이루어지며 이런 의미에서는 오히려 더 중요하다고 볼 수도 있습니다.

이 내용은 PEP 8을 요약한 것이므로, 파이썬을 본격적으로 시작할 마음이 든다면 PEP 8 전체(*https://oreil.ly/3fTTZ*)를 읽어보길 권합니다. PEP 8은 자신이 어디까지나 권고일 뿐이며 독자의 스타일이 더 중요하다고 명확하게 밝힙니다. 어쨌든 가장 중요한 건 일관성입니다. 여기는 그동안 하던대로 하고, 저기는 PEP 8의 스타일을 적용하는 식은 좋지 않습니다. 다른 가이드에도 관심이 있다면 PEP 8과 어느 정도 흡사한 구글의 파이썬 스타일 가이드(*https://oreil.ly/6sYSa*)도 읽어볼 만 합니다. 현실에서는 대부분의 파이썬 프로그래머가 PEP 8을 어느 정도까지는 지키려 노력하는 편입니다. 아마 가장 많이 어겨지는 규칙은 한 행에 최대 79개의 문자만 사용하라는 규칙일 겁니다.

코드를 작성하면서 동시에 규칙을 지키는 건 쉽지 않은 일이므로, 자동으로 스타일을 체크하는 도구가 있다면 도움이 됩니다. 다음 절에서 비주얼 스튜디오 코드가 이 부분을 어떻게 도와주는지 알아봅시다.

3.6.1 PEP 8과 비주얼 스튜디오 코드

비주얼 스튜디오 코드에서 **린터**를 사용하면 코드가 PEP 8의 규칙을 지키고 있는지 쉽게 알 수 있습니다. 린터는 소스 코드의 문법과 스타일 오류를 체크하는 도구입니다. 명령 팔레트(윈도우에서는 Ctrl+Shift+P, macOS에서는 Command+Shift+P)를 열고 'Python: Select Linter'를 검색해 보십시오. 아나콘다와 함께 설치되는 패키지인 **flake8**이 널리 쓰입니다. 린터를 활성화하면 비주얼 스튜디오 코드에서 파일을 저장할 때마다 문제가 있는 부분에 구불구불한 밑줄이 보입니다. 이런 구불구불한 밑줄 위에 마우스를 올리면 설명이 포함된 툴팁이 나타납니다. 밑줄이 영 보기 싫다면 명령 팔레트에서 'Python: Enable Linting'을 검색하고 'Disable Linting'을 선택해 린터를 끌 수 있습니다. 취향에 따라서는 다음과 같이 아나콘다 프롬프트에서 flake8을 실행해 보고서를 출력하게 할 수 있습니다. 이 보고서에는 PEP 8을 위반하는 부분만 포함되므로, pep8_sample.py를 직접 수정해서 PEP 8을 위반하게 만들지 않는다면 아무것도 출력되지 않을 겁니다.

```
(base)> cd C:\Users\username\python-for-excel
(base)> flake8 pep8_sample.py
```

파이썬은 최근 타입 힌트에 대한 지원을 추가해 정적 코드 분석을 더 개선했습니다. 다음 절에서 타입 힌트에 대해 알아봅시다.

3.6.2 타입 힌트

VBA에서는 `strEmployeeName`, `wbWorkbookName` 처럼 변수 이름 앞에 데이터 타입의 약어를 붙이는 경우가 많습니다. 파이썬에서는 딱히 이런 방식을 금지하지는 않지만, 이런 코드를 작성하는 경우는 거의 없습니다. 또한 VBA의 `Option Explicit`나 `Dim` 문 처럼 변수 타입을 선언하지도 않습니다. 파이썬 3.5에서는 이런 형태 대신 **타입 힌트**라는 기능을 도입했습니다. 타입 힌트는 **타입 메모**라고 부르기도 하며, 변수의 데이터 타입을 선언하는 기능입니다. 타입 힌트나 타입 메모는 완전히 옵션이며, 파이썬 인터프리터가 코드를 실행할 때 아무 영향도 없습니다(파이댄틱^{pydantic}처럼 런타임에 타입 힌트를 강제하는 서드 파티 패키지가 존재하긴 합니다). 타입 힌트의 주된 목적은 코드를 실행하기 전에 비주얼 스튜디오 코드 같은 텍스트 에디터에서 오류를 가능한 많이 찾으려는 것이지만, 비주얼 스튜디오 코드를 비롯한 다른 에디터의 코드 자동 완성이 더 개선되는 추가 효과도 있습니다. 타입 메모를 사용할 때 가장 널리 쓰이는 타입 체커는 비주얼 스튜디오 코드에서 린터로 제공하는 마이파이^{mypy}입니다. 우선 타입 힌트가 없는 예제를 먼저 보십시오.

```python
x = 1

def hello(name):
    return f"Hello {name}!"
```

이번에는 타입 힌트를 적용한 버전입니다.

```python
x: int = 1

def hello(name: str) -> str:
    return f"Hello {name}!"
```

타입 힌트는 일반적으로 코드가 방대해질수록 빛을 발하는 경향이 있으므로, 책의 나머지 부분에서 타입 힌트를 사용하지는 않을 겁니다.

3.7 요약

이 장은 파이썬을 소개하는 내용이 주를 이뤘습니다. 파이썬의 가장 중요한 구성 요소인 데이터 구조, 함수, 모듈에 관한 내용을 배웠습니다. 또한 파이썬의 가장 특징적인 부분인 의미 있는 공백, PEP 8이라 불리는 코드 스타일 가이드에 대해서도 알아봤습니다. 이 책을 익히기 위해 파이썬의 온갖 세부적인 기능을 배울 필요는 없습니다. 초보자로서 리스트와 딕셔너리, 인덱스와 슬라이스, 함수, 모듈, `for` 루프와 `if` 문에 대해 간단히만 알고 있어도 이미 준비는 충분합니다.

파이썬은 VBA와 비교해 더 일관적이고 강력하며, 그러면서도 더 쉽게 배울 수 있습니다. 만약 여러분이 VBA의 열성적인 팬이며 이 장을 읽은 정도로 마음이 흔들리지 않았다 해도, 배열 기반 연산을 체험하는 2부에서는 틀림없이 파이썬으로 마음이 기울 겁니다. 그럼 이제 넘파이의 기본을 몇 가지 알아보면서 2부로 넘어갑시다!

Part II

넘파이·판다스 소개

2부에서는 판다스의 기초가 되는 패키지인 넘파이와, 엑셀 워크북 대신 주피터 노트북과 판다스 사용법을 배웁니다. 판다스는 파이썬의 데이터 분석 라이브러리로, 코드 유지 보수가 엑셀 워크북보다 쉽고 효율적이며 스프레스시트에 담을 수 없는 거대한 데이터도 다룰 수 있습니다.

Part II

넘파이·판다스 소개

4장   넘파이 기초

5장   판다스와 데이터 분석

6장   판다스와 시계열 분석

넘파이 기초

1장에서 언급했듯 넘파이는 파이썬에 배열 기반 계산과 선형 대수학 지원을 제공하는 핵심적인 과학 계산 패키지입니다. 넘파이는 판다스의 기초가 되는 패키지이므로 이 장에서 그 기본에 대해 소개합니다. 우선 넘파이 배열에 대해 설명한 다음, 간결한 수학적 코드 작성의 기초가 되는 벡터화와 브로드캐스팅에 대해 알아봅니다. 이 두 개념은 판다스에서 다시 설명합니다. 그 다음에는 넘파이에서 범용 함수라고 부르는 특별한 함수에 대해 알아보고, 배열의 값을 가져오고 설정하는 방법과 함께 넘파이 배열의 뷰와 사본의 차이에 대해 알아보면서 이 장을 마칩니다. 이 책에서 넘파이 자체를 직접 사용하는 일은 별로 없지만, 넘파이의 기본을 알아 두면 다음 장에서 판다스를 더 쉽게 익힐 수 있습니다.

4.1 넘파이 시작하기

이 절에서는 넘파이의 1차원과 2차원 배열에 대해 알아보고, 기술 용어인 **벡터화**, **브로드캐스팅**, **범용 함수**에 대해 알아봅니다.

4.1.1 넘파이 배열

3장에서 잠시 본 중첩된 리스트를 통해 배열 기반 계산을 하려면 일종의 루프를 만들어야 합니다. 예를 들어 중첩된 리스트의 모든 요소에 숫자를 더하고 싶을 때 다음과 같이 리스트 내포를 사용할 수 있습니다.

```
In [1]: matrix = [[1, 2, 3],
                  [4, 5, 6],
                  [7, 8, 9]]
In [2]: [[i + 1 for i in row] for row in matrix]
Out[2]: [[2, 3, 4], [5, 6, 7], [8, 9, 10]]
```

하지만 이런 코드는 그리 쉽게 읽히지 않습니다. 더 큰 문제는, 아주 큰 배열의 경우 각 요소를 순회하는게 상당히 느릴 수 있다는 겁니다. 구체적인 사례와 배열 크기에 따라 다르긴 하지만, 파이썬 리스트 대신 넘파이 배열을 사용하면 계산 속도가 수 배에서 1백 배까지 빨라질 수 있습니다. 넘파이가 이런 성능을 보이는 주된 이유는 파이썬보다 훨씬 빠른 컴파일형 프로그래밍 언어인 C나 포트란으로 작성된 코드를 활용하기 때문입니다. 넘파이 배열은 **균질한 데이터**로 이루어진 N차원 배열입니다. 여기서 균질하다는 말은 배열의 모든 요소가 같은 데이터 타입이라는 의미입니다. 대부분의 경우 부동소수점 숫자로 이루어진 1차원과 2차원 배열을 다루게 될 겁니다. [그림 4-1]을 보십시오.

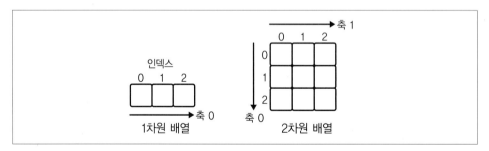

그림 4-1 1차원과 2차원 넘파이 배열

이 장 전체에서 예제로 쓸 1차원과 2차원 배열을 만들어 봅시다.

```
In [3]: # 먼저 넘파이를 임포트합니다
        import numpy as np
```

```
In [4]: # 리스트로 배열을 만들면 1차원 배열이 만들어집니다
        array1 = np.array([10, 100, 1000.])

In [5]: # 중첩된 리스트로 배열을 만들면 2차원 배열이 만들어집니다
        array2 = np.array([[1., 2., 3.],
                           [4., 5., 6.]])
```

> **NOTE_ 배열 차원**
>
> 1차원과 2차원 배열의 차이를 알아두는 게 중요합니다. 1차원 배열에는 축이 하나 뿐이므로 명시적인 열이
> 나 행 방향이 존재하지 않습니다. VBA의 배열은 1차원 배열처럼 동작하지만, 1차원 배열에도 항상 열이나
> 행 방향이 존재하는 매트랩 같은 언어에 익숙하다면 적응하는데 시간이 조금 걸릴 수도 있습니다.

array1이 부동소수점 숫자인 마지막 요소를 제외하면 전부 정수로 이루어지긴 했지만, 넘파이
배열의 데이터 타입은 균질해야 하므로 모든 요소를 표현할 수 있는 float64로 강제 변환됩니
다. 배열의 데이터 타입은 dtype 속성으로 알 수 있습니다.

```
In [6]: array1.dtype
Out[6]: dtype('float64')
```

dtype이 3장에서 설명한 float가 아니라 float64를 반환하는 걸 보면 넘파이가 파이썬의 데
이터 타입보다 더 상세한 숫자 데이터 타입을 사용한다는 걸 알 수 있습니다. 하지만 이건 별
문제는 아닙니다. 대부분의 경우 파이썬과 넘파이는 여러 가지 데이터 타입을 자동으로 변환합
니다. 넘파이 데이터 타입을 파이썬의 기본 데이터 타입으로 직접 변환해야 할 경우가 혹시 생
긴다면 대응하는 생성자를 사용하기만 하면 됩니다(배열의 요소에 접근하는 방법은 곧 설명합
니다).

```
In [7]: float(array1[0])
Out[7]: 10.0
```

넘파이 문서(*https://oreil.ly/irDyH*)에서 넘파이의 데이터 타입 전체를 볼 수 있습니다.
넘파이 배열을 사용하면 단순한 코드로도 배열 기반 계산을 할 수 있습니다.

4.1.2 벡터화와 브로드캐스팅

스칼라 값과 넘파이 배열을 합산할 때 넘파이는 각 요소별로 동작하므로 직접 배열 요소를 순회하지 않아도 됩니다. 넘파이에서는 이를 **벡터화**vectorization이라 부릅니다. 벡터화는 수학 표기법에 가까운 간결한 코드를 쓸 수 있게 합니다.

```
In [8]: array2 + 1
Out[8]: array([[2., 3., 4.],
               [5., 6., 7.]])
```

> **NOTE_ 스칼라**
> 파이썬의 부동소수점 숫자나 문자열 같은 기본 데이터 타입은 스칼라 값이라고 할 수 있습니다. 따로 스칼라라는 표현을 쓰는 이유는 리스트와 딕셔너리, 1차원과 2차원 넘파이 배열처럼 여러 개의 요소를 가진 데이터 구조와 구분하기 위해서입니다.

배열 두 개를 대상으로 계산할 때도 같은 원칙이 적용됩니다. 넘파이는 각 요소별로 모든 동작을 수행합니다.

```
In [9]: array2 * array2
Out[9]: array([[ 1.,  4.,  9.],
               [16., 25., 36.]])
```

배열 사이의 산술 연산을 할 때 두 배열의 형태가 다르다면, 가능한 경우 넘파이는 자동으로 작은 쪽을 확장해 큰 쪽과 같은 모양으로 맞춥니다. 이를 **브로드캐스팅**broadcasting이라 부릅니다.[1]

```
In [10]: array2 * array1
Out[10]: array([[  10.,  200., 3000.],
                [  40.,  500., 6000.]])
```

행렬 곱셈이나 스칼라 곱셈dot product을 할 때는 @ 연산자를 사용합니다.[2]

---

1 옮긴이_ broadcast가 방송이라는 인식이 굳어져서 이 용어가 약간 이해되지 않을 수 있지만, cast가 데이터 타입 변환을 뜻한다는 걸 생각해보면 '큰 쪽으로(브로드) 변환한다(캐스트)'라는 의미로 이해합시다.

2 선형 대수학을 배운 지 오래 됐다면 이 예제는 그냥 넘어가도 됩니다. 행렬 곱셈을 몰라도 문제 없이 책을 이해할 수 있습니다.

```
In [11]: array2 @ array2.T  # array2.T는 array2.transpose()를 뜻합니다
Out[11]: array([[14., 32.],
               [32., 77.]])
```

이 절에서 사용한 스칼라, 벡터화, 브로드캐스팅 같은 용어에 겁먹지 마십시오. 엑셀에서 배열을 다뤄 본 일이 있다면 [그림 4-2]만 봐도 금방 무슨 뜻인지 이해할 겁니다. 스크린샷은 책의 저장소 xl 디렉터리에 있는 array_calculations.xlsx에서 찍었습니다.

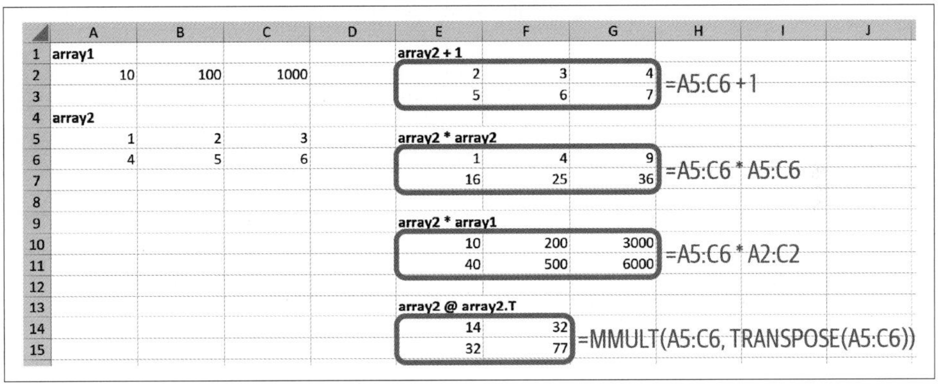

그림 4-2 엑셀의 배열 기반 계산

이제 배열의 산술 연산이 요소별로 이루어진다는 건 이해했습니다. 그럼 배열의 모든 요소에 함수를 적용할 때는 어떻게 해야 할까요? 범용 함수가 바로 그 목적으로 만들어진 함수입니다.

4.1.3 범용 함수

범용 함수universal function는 넘파이 배열의 요소 전체를 대상으로 동작합니다. 예를 들어 math 모듈에 들어있는 파이썬의 표준 제곱근 함수를 넘파이 배열에 적용하려 하면 다음과 같은 오류가 일어납니다.

```
In [12]: import math
In [13]: math.sqrt(array2)  # 여기서 오류가 일어납니다
---------------------------------------------------------------------
TypeError                                  Traceback (most recent call last)
<ipython-input-13-5c37e8f41094> in <module>
```

```
----> 1 math.sqrt(array2)

TypeError: only size-1 arrays can be converted to Python scalars
```

물론 다음과 같이 중첩된 루프를 만들어 모든 요소의 제곱근을 구한 다음 그 결과를 써서 다시 넘파이 배열을 만들 수는 있습니다.

```
In [14]: np.array([[math.sqrt(i) for i in row] for row in array2])
Out[14]: array([[1.        , 1.41421356, 1.73205081],
                [2.        , 2.23606798, 2.44948974]])
```

넘파이에 범용 함수가 없었다면 이런 식으로 작성해야 하고, 배열이 충분히 작다면 별 문제는 없습니다. 하지만 넘파이에는 범용 함수가 있으니 활용해야 합니다. 큰 배열에서는 훨씬 빠르고, 타이핑이 줄어들며 읽기도 쉽습니다.

```
In [15]: np.sqrt(array2)
Out[15]: array([[1.        , 1.41421356, 1.73205081],
                [2.        , 2.23606798, 2.44948974]])
```

sum 같은 넘파이 범용 함수 일부는 배열 메서드로도 제공됩니다. 예를 들어 각 열의 합은 다음과 같이 구합니다.

```
In [16]: array2.sum(axis=0)  # 1차원 배열을 반환합니다.
Out[16]: array([5., 7., 9.])
```

axis=0 인자는 행 축, axis=1 인자는 열 축을 뜻합니다(그림 4-1). axis 인자를 생략하면 배열 전체의 합을 구합니다.

```
In [17]: array2.sum()
Out[17]: 21.0
```

책을 진행하면서 넘파이 범용 함수를 더 많이 소개할 겁니다. 이들은 판다스 데이터프레임에도 사용할 수 있습니다.

지금까지는 항상 배열 전체를 대상으로 하는 계산만 알아봤습니다. 다음 절에서는 배열의 일부 분만 조작하는 방법을 설명하고, 몇 가지 유용한 배열 생성자를 소개합니다.

4.2 배열 생성과 조작

이 절에서는 먼저 배열의 특정 요소에 접근하고 설정하는 방법을 알아본 뒤, 유용한 배열 생성 자를 몇 가지 소개합니다. 생성자 중에는 몬테 카를로 시뮬레이션에 사용할 수 있는 의사 난수 생성기도 있습니다. 그리고 배열의 뷰와 사본의 차이에 대해 설명하면서 이 절을 마칩니다.

4.2.1 배열 요소 접근과 설정

3장에서 인덱스와 슬라이스를 통해 리스트의 특정 요소에 접근하는 방법을 설명했습니다. 이 장의 첫 번째 예제에 있는 행렬 같은 중첩된 리스트에서 요소를 택할 때는 **인덱스 체인**을 사용 합니다. 예를 들어 `matrix[0][0]`은 첫 번째 행의 첫 번째 요소를 선택합니다. 넘파이 배열에 서는 대괄호 안에 각 축에 해당하는 인덱스와 슬라이스를 쓰는 문법을 사용합니다.

```
3numpy_array[row_selection, column_selection]
```

1차원 배열이라면 `numpy_array[selection]` 처럼 한 축에 해당하는 값만 쓰면 됩니다. 요소 하나만 선택하면 스칼라 값이 반환됩니다. 그 외의 경우에는 1차원 또는 2차원 배열이 반환됩 니다. 슬라이스 문법은 **start:end** 처럼 시작 인덱스(포함)과 끝 인덱스(제외) 사이에 콜론을 씁니다. 두 인덱스를 모두 생략하면 콜론만 남고, 이는 2차원 배열에서 행 전체 또는 열 전체를 뜻합니다. [그림 4-3]에 몇 가지 예제를 들었으니 그걸 보고 이해해도 되지만, 인덱스와 축을 표시한 [그림 4-1]을 다시 보면서 기억을 되살려 보십시오. 기억할 것은, 2차원 배열의 열이나 행 하나를 선택하면 2차원의 열이나 행 벡터가 아니라 1차원 배열이 반환된다는 겁니다.

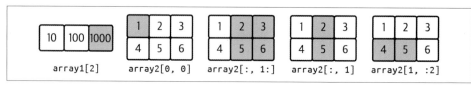

그림 4-3 넘파이 배열의 요소 선택

[그림 4-3]을 보면서 다음 코드를 직접 실행해 보십시오.

```
In [18]: array1[2]        # 스칼라 값을 반환합니다
Out[18]: 1000.0
In [19]: array2[0, 0]     # 스칼라 값을 반환합니다
Out[19]: 1.0
In [20]: array2[:, 1:]   # 2차원 배열을 반환합니다
Out[20]: array([[2., 3.],
                [5., 6.]])
In [21]: array2[:, 1]     # 1차원 배열을 반환합니다.
Out[21]: array([2., 5.])
In [22]: array2[1, :2]   # 1차원 배열을 반환합니다.
Out[22]: array([4., 5.])
```

지금까지 필자는 단순한 배열을 손으로 만들었습니다. 하지만 넘파이에는 배열을 생성할 때 유용한 함수가 몇 가지 있습니다.

4.2.2 유용한 배열 생성자

넘파이에는 배열을 생성하는 몇 가지 방법이 있으며, 5장에서 보겠지만 이는 판다스 데이터프레임에도 사용할 수 있습니다. 배열을 쉽게 생성하는 방법 중에는 arange 함수가 있습니다. arange는 **array range**의 약자이며, 3장에서 설명한 range와 비슷하지만 arange는 넘파이 배열을 반환한다는 차이가 있습니다. arange와 reshape 함수를 조합하면 원하는 차원의 배열을 빠르게 만들 수 있습니다.

```
In [23]: np.arange(2 * 5).reshape(2, 5)  # 2행 5열
Out[23]: array([[0, 1, 2, 3, 4],
                [5, 6, 7, 8, 9]])
```

의사 난수의 정규 분포 역시 자주 쓰입니다. 넘파이에서는 다음과 같이 쉽게 만들 수 있습니다.

```
In [24]: np.random.randn(2, 3)  # 2행 3열
Out[24]: array([[-0.30047275, -1.19614685, -0.13652283],
                [ 1.05769357,  0.03347978, -1.2153504 ]])
```

각각 1과 0으로 이루어진 배열을 만드는 **np.ones**, **np.zeros** 생성자도 있고, 단위 행렬identity matrix을 만드는 **np.eye**도 연구해볼만 합니다. 이들 생성자 중 일부는 다음 장에서 다시 보겠지만, 지금은 넘파이 배열에서 뷰와 사본의 차이에 대해 알아봅시다.

4.2.3 뷰와 사본

넘파이 배열을 슬라이스하면 **뷰**가 반환됩니다. 뷰는 원래 배열에서 데이터를 복사하지 않고 그 부분 집합을 대상으로 작업할 수 있습니다. 따라서 뷰의 값을 바꾸면 원래 배열 역시 바뀝니다.

```
In [25]: array2
Out[25]: array([[1., 2., 3.],
                [4., 5., 6.]])
In [26]: subset = array2[:, :2]
         subset
Out[26]: array([[1., 2.],
                [4., 5.]])
In [27]: subset[0, 0] = 1000
In [28]: subset
Out[28]: array([[1000.,    2.],
                [   4.,    5.]])
In [29]: array2
Out[29]: array([[1000.,    2.,    3.],
                [   4.,    5.,    6.]])
```

뷰를 원하는게 아니라 별도의 배열에서 작업하고 싶은 거라면 **In [26]**을 다음과 같이 바꾸면 됩니다.

```
subset = array2[:, :2].copy()
```

사본을 조작해도 원래 배열은 바뀌지 않습니다.

4.3 요약

이 장에서는 넘파이 배열의 기본을 설명하고 벡터화와 브로드캐스팅 같은 표현식을 설명했습니다. 이런 기술적인 용어를 잠시 제쳐 두면, 넘파이는 수학 표기법에 아주 가까우므로 배열 작업을 직관적으로 할 수 있습니다. 넘파이는 대단히 강력한 라이브러리지만, 데이터 분석에 사용하기 위해서는 두 가지 문제가 남습니다.

- 넘파이 배열은 전체가 같은 데이터 타입이어야 합니다. 예를 들어 배열에 텍스트와 숫자가 섞여 있다면 이 장에서 설명한 산술 연산은 불가능해집니다. 일단 텍스트가 포함됐다면 배열에 데이터 타입 객체가 섞인 것이므로 수학 계산은 불가능합니다.
- 넘파이 배열에서는 일반적으로 array2[:, 1] 처럼 위치를 기준으로 열이나 행을 선택하므로 각 열과 행이 뭘 가리키는지 알기 어렵고, 이는 데이터 분석에 적합하지 않습니다.

판다스는 넘파이 배열을 기초로 더 스마트한 데이터 구조를 제공해 이런 문제를 해결합니다. 판다스가 무엇인지, 어떻게 동작하는지가 다음 장의 주제입니다.

## CHAPTER 5

판다스와 데이터 분석

이 장은 **파이썬 데이터 분석 라이브러리**인 판다스를 소개합니다. 공식 설명은 저렇게 되어 있지만, 필자는 판다스를 '파이썬 기반 초강력 스프레드시트'라고 부르길 좋아합니다. 판다스는 굉장히 강력한 도구이고, 실제로 필자와 함께 작업한 회사 중에는 엑셀을 완전히 버리고 주피터 노트북과 판다스의 조합으로 이전한 회사도 있습니다. 하지만 이 책의 독자 여러분들은 엑셀을 계속 사용하리라고 가정하고, 판다스를 스프레드시트 데이터 입출력을 위한 인터페이스로 생각하면서 책을 썼습니다.

판다스는 엑셀에서 특히 골치아픈 작업을 더 쉽고 빠르게 수행하면서도 오류는 더 적습니다. 이런 작업에는 외부 소스에서 거대한 데이터 집합을 가져오는 것, 통계와 시계열, 대화형 차트를 조작하는 것 등이 있습니다. 판다스의 가장 중요한 능력은 벡터화와 데이터 정렬data alignment입니다. 4장에서 넘파이 배열을 설명하면서 이미 언급했지만, 벡터화는 코드를 배열 기반으로 간결하게 작성할 수 있게 합니다. 또한 데이터 정렬은 여러 개의 데이터 집합을 다룰 때 데이터 불일치가 발생하지 않게 해줍니다.

이 장은 데이터 분석에 관한 장입니다. 데이터 수집aggregation, 기술descriptive 통계, 시각화를 통해 거대한 데이터 집합을 이해하기에 앞서 데이터를 정돈하고 준비하는 과정을 설명합니다.[1] 이 장의 마지막에서는 판다스로 데이터를 임포트/익스포트하는 방법을 배웁니다. 하지만 우선은 판다스의 주요 데이터 구조인 데이터프레임과 시리즈에 대해 알아봅시다.

---

1 옮긴이_ 본문에도 표시했지만 기술 통계의 기술은 technical을 말하는게 아니라 '설명이 포함된'이라고 이해하시면 됩니다. 사이트 (*https://ko.wikipedia.org/wiki/기술통계학*)를 참고하세요.

5.1 데이터프레임과 시리즈

데이터프레임과 시리즈는 판다스 데이터 구조의 핵심입니다. 이 절에서는 우선 데이터프레임의 주된 구성 요소인 인덱스, 열, 데이터에 중점을 두겠습니다. **데이터프레임**DataFrame은 2차원 넘파이 배열과 비슷하지만 열과 행에 레이블이 있고, 각 열에 서로 다른 데이터 타입을 저장할 수 있습니다. 그리고 데이터프레임에서 열이나 행을 하나 떼어 내면 그것이 1차원인 시리즈입니다. 다시 말해, **시리즈**Series는 1차원 넘파이 배열과 비슷하며 여기에 레이블이 붙은 겁니다. [그림 5-1]에서 데이터프레임의 구조를 보면 데이터프레임이 파이썬 기반 스프레드시트임을 쉽게 이해할 수 있을 겁니다.

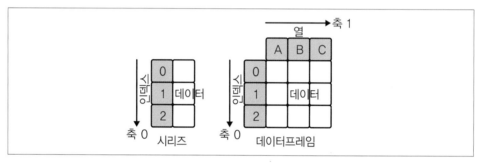

그림 5-1 판다스의 시리즈와 데이터프레임

[그림 5-2]의 엑셀 테이블을 보면서 스프레드시트에서 데이터프레임으로 갈아타는게 얼마나 쉬운지 알아봅시다. 이 테이블은 온라인 강의에 참가한 학생들과 그들의 점수를 정리한 테이블입니다. 엑셀 파일은 책의 저장소 `xl` 폴더의 `course_participants.xlsx`입니다.

	A	B	C	D	E	F
1	user_id	name	age	country	score	continent
2	1001	Mark		55	Italy	4.5	Europe
3	1000	John		33	USA	6.7	America
4	1002	Tim		41	USA	3.9	America
5	1003	Jenny		12	Germany	9	Europe

그림 5-2 `course_participants.xlsx`

이 엑셀 테이블을 파이썬에서 사용하려면 먼저 판다스를 임포트하고, read_excel 함수를 사용해 데이터프레임을 반환받습니다.[2]

```
In [1]: import pandas as pd
In [2]: pd.read_excel("xl/course_participants.xlsx")
Out[2]:    user_id   name  age  country  score continent
        0     1001   Mark   55    Italy    4.5    Europe
        1     1000   John   33      USA    6.7   America
        2     1002    Tim   41      USA    3.9   America
        3     1003  Jenny   12  Germany    9.0    Europe
```

> **WARNING_ 파이썬 3.9의 read_excel 함수**
>
> 파이썬 3.9나 그 이상에서 pd.read_excel을 실행하려면 최소 판다스 1.2 이상을 사용해야 하며, 그렇지 않으면 xlsx 파일을 읽을 때 오류가 발생할 겁니다.

주피터 노트북에서 실행하면 데이터프레임이 깔끔하게 정리된 HTML 테이블로 표시되며 엑셀 테이블과 아주 비슷해 보입니다. 7장 전체가 판다스에서 엑셀 파일을 읽고 쓰는 것에 관한 내용입니다. 여기서는 그저 스프레드시트와 데이터프레임이 아주 비슷하다는 걸 직접 확인할 수 있는 예시일 뿐입니다. 이제 엑셀 파일을 읽지 않고 데이터프레임을 처음부터 만들어 봅시다. 우선은 columns와 index 값을 포함해 중첩된 리스트로 데이터를 제공하는 방법입니다.

```
In [3]: data=[["Mark", 55, "Italy", 4.5, "Europe"],
              ["John", 33, "USA", 6.7, "America"],
              ["Tim", 41, "USA", 3.9, "America"],
              ["Jenny", 12, "Germany", 9.0, "Europe"]]
        df = pd.DataFrame(data=data,
                          columns=["name", "age", "country",
                                   "score", "continent"],
                          index=[1001, 1000, 1002, 1003])

        df
```

---

2 옮긴이_ 이 장 후반에서 그래프 라이브러리 플로틀리를 설치합니다. 이 과정에서 주피터 노트북을 재시작한다거나 기타 이유로 실행 흐름이 끊어져 예제가 연결되지 않을 수도 있는데, 그런 경우에는 앞 장에서 설명한대로 주피터 노트북의 Cell 〉 Run All 명령으로 노트북의 모든 셀을 다시 실행하면 예제가 다시 연결됩니다. 아니면 주피터 노트북의 예제를 시작하기 전에 다음 명령으로 플로틀리를 먼저 설치하고 시작하는 방법도 있습니다.

```
conda install plotly
```

```
Out[3]:       name  age  country  score  continent
        1001  Mark   55    Italy    4.5     Europe
        1000  John   33     USA     6.7    America
        1002   Tim   41     USA     3.9    America
        1003  Jenny  12  Germany    9.0     Europe
```

info 메서드를 호출하면 기본 정보가 나타나는데, 가장 중요한 건 데이터 포인트 갯수와 각 열의 데이터 타입입니다.

```
In [4]: df.info()
<class 'pandas.core.frame.DataFrame'>
Int64Index: 4 entries, 1001 to 1003
Data columns (total 5 columns):
 #  Column     Non-Null Count  Dtype
---  ------     --------------  -----
 0  name       4 non-null      object
 1  age        4 non-null      int64
 2  country    4 non-null      object
 3  score      4 non-null      float64
 4  continent  4 non-null      object
dtypes: float64(1), int64(1), object(3)
memory usage: 192.0+ bytes
```

각 열의 데이터 타입에만 관심이 있다면 **df.dtypes**를 실행하십시오. 문자열이 들어있거나 여러 가지 데이터 타입이 섞인 열은 객체 데이터 타입으로 표시됩니다.[3] 이제 데이터프레임의 인덱스와 열을 더 자세히 살펴봅시다.

5.1.1 인덱스

데이터프레임의 행 레이블을 **인덱스**라 부릅니다. 인덱스에 쓸 적당한 표현이 없다면 그냥 비워둬도 됩니다. 판다스가 자동으로 0에서 시작하는 정수 인덱스를 만듭니다. 엑셀 파일을 읽어 데이터프레임을 생성하는 첫 번째 예제에서도 자동으로 정수 인덱스를 만들었습니다. 판다스는 인덱스를 통해 데이터를 더 빨리 검색할 수 있고, 데이터프레임 두 개를 조합하는 등의 동작에 인덱스가 꼭 필요합니다. 인덱스 객체에는 다음과 같이 접근합니다.

---

3 판다스는 1.0.0에서 일부 동작을 더 쉽게 만들고 텍스트와 통일성도 개선된 string 데이터 타입을 도입했습니다. 하지만 이 기능은 여전히 실험 단계이므로 이 책에서 사용하지는 않았습니다.

```
In [5]: df.index
Out[5]: Int64Index([1001, 1000, 1002, 1003], dtype='int64')
```

적절한 이름이 있다면 인덱스에 이름을 붙이십시오. 엑셀 테이블과 일치하도록 **user_id**라는 이름을 써 봅시다.

```
In [6]: df.index.name = "user_id"
        df
Out[6]:          name  age  country  score continent
        user_id
        1001     Mark   55    Italy    4.5    Europe
        1000     John   33      USA    6.7   America
        1002      Tim   41      USA    3.9   America
        1003    Jenny   12  Germany    9.0    Europe
```

데이터베이스의 기본 키는 중복을 허용하지 않지만 데이터프레임 인덱스는 중복이 허용됩니다. 단, 이 경우 값을 검색하는 속도가 느려질 수 있습니다. 인덱스를 일반적인 열로 바꿀 때는 **reset_index**를, 새로운 인덱스 열을 만들 때는 **set_index**를 사용합니다. 인덱스가 아닌 열을 인덱스로 설정할 때는 먼저 기존 인덱스를 리셋해야 합니다. 그러지 않으면 기존 인덱스였던 열이 사라집니다.

```
In [7]: # reset_index는 인덱스 열을 일반 열로 바꾸고
        # 기본 인덱스를 인덱스로 사용합니다. 결과 데이터프레임은
        # 처음에 엑셀에서 불러온 것과 일치합니다
        df.reset_index()

Out[7]:    user_id   name  age  country  score continent
        0     1001   Mark   55    Italy    4.5    Europe
        1     1000   John   33      USA    6.7   America
        2     1002    Tim   41      USA    3.9   America
        3     1003  Jenny   12  Germany    9.0    Europe

In [8]: # 여기서 reset_index는 "user_id" 열을 일반적인 열로 바꾸고,
        # set_index는 "name" 열을 인덱스로 바꿉니다
        df.reset_index().set_index("name")

Out[8]:         user_id  age  country  score continent
        name
```

```
Mark     1001   55    Italy    4.5   Europe
John     1000   33     USA     6.7   America
Tim      1002   41     USA     3.9   America
Jenny    1003   12   Germany   9.0   Europe
```

df.reset_index().set_index("name") 같은 명령을 **메서드 체인**이라 부릅니다. reset_index()는 데이터프레임을 반환하므로, 반환값에서 다른 데이터프레임 메서드를 즉시 호출할 수 있습니다.

> **NOTE_ 데이터프레임 메서드는 사본을 반환합니다**
>
> df.method_name() 형태로 데이터프레임 메서드를 호출하면 그 메서드가 적용된 데이터프레임 사본이 반환되며, 원래 데이터프레임은 그대로 유지됩니다. 바로 앞 예제에서 호출한 df.reset_index()도 마찬가지입니다. 원래 데이터프레임을 변경하려면 다음과 같이 반환값을 원래 변수에 할당해야 합니다.
>
> ```
> df = df.reset_index()
> ```
>
> 앞의 예제에서는 그렇게 하지 않았으므로 df 변수는 여전히 원래 데이터를 가리킵니다. 다음 예제 역시 데이터프레임 메서드를 호출하므로 원래 데이터프레임은 바뀌지 않습니다.

인덱스를 바꿀 때는 reindex 메서드를 사용합니다.

```
In [9]: df.reindex([999, 1000, 1001, 1004])
Out[9]:         name  age country  score continent
        user_id
        999      NaN  NaN     NaN    NaN       NaN
        1000    John 33.0     USA    6.7   America
        1001    Mark 55.0   Italy    4.5    Europe
        1004     NaN  NaN     NaN    NaN       NaN
```

이 예제는 데이터 정렬의 첫 번째 예제입니다. reindex는 새로운 인덱스에 일치하는 행을 모두 찾고, 정보가 없는 행은 NaN으로 채웁니다. 명시하지 않은 인덱스 요소는 삭제됩니다. NaN에 대해서는 이 장에서 곧 설명할 겁니다. 마지막으로, 인덱스를 정렬할 때는 sort_index 메서드를 사용합니다.

```
In [10]: df.sort_index()

Out[10]:          name  age  country  score continent
         user_id
         1000     John   33      USA    6.7   America
         1001     Mark   55    Italy    4.5    Europe
         1002      Tim   41      USA    3.9   America
         1003    Jenny   12  Germany    9.0    Europe
```

인덱스 대신 열을 기준으로 정렬할 때는 sort_values를 사용합니다.

```
In [11]: df.sort_values(["continent", "age"])

Out[11]:          name  age  country  score continent
         user_id
         1000     John   33      USA    6.7   America
         1002      Tim   41      USA    3.9   America
         1003    Jenny   12  Germany    9.0    Europe
         1001     Mark   55    Italy    4.5    Europe
```

이 예제는 우선 continent를 기준으로, 다음에는 age를 기준으로 정렬했습니다. 정렬 기준이 열 하나라면 다음과 같이 리스트 대신 열 이름을 문자열로 전달합니다.

```
df.sort_values("continent")
```

이제 인덱스의 기본에 대해서는 모두 설명했습니다. 이제 인덱스의 가로 버전인 데이터프레임 열에 대해 알아봅시다!

5.1.2 열

데이터프레임 열의 정보는 다음과 같이 확인합니다.

```
In [12]: df.columns

Out[12]: Index(['name', 'age', 'country', 'score', 'continent'], dtype='object')
```

데이터프레임을 만들 때 열 이름을 제공하지 않으면 판다스가 자동으로 0에서 시작하는 정수로 열 이름을 만듭니다. 하지만 각 열이 나타내는 것이 명확하므로 이름 짓기는 아주 쉬우니 꼭 열 이름을 명시적으로 지정하길 권합니다. 열 헤더 이름도 인덱스와 같은 방법으로 할당할 수 있습니다.

```
In [13]: df.columns.name = "properties"
         df

Out[13]: properties    name  age  country  score continent
         user_id
         1001          Mark   55    Italy    4.5    Europe
         1000          John   33      USA    6.7   America
         1002           Tim   41      USA    3.9   America
         1003         Jenny   12  Germany    9.0    Europe
```

열 이름은 다음과 같이 바꿀 수 있습니다.

```
In [14]: df.rename(columns={"name": "First Name", "age": "Age"})

Out[14]: properties First Name  Age  country  score continent
         user_id
         1001             Mark   55    Italy    4.5    Europe
         1000             John   33      USA    6.7   America
         1002              Tim   41      USA    3.9   America
         1003            Jenny   12  Germany    9.0    Europe
```

열을 삭제할 때는 다음 문법을 사용합니다. 이 예제에서는 인덱스와 열을 동시에 삭제했습니다.

```
In [15]: df.drop(columns=["name", "country"],
                 index=[1000, 1003])

Out[15]: properties  age  score continent
         user_id
         1001         55    4.5    Europe
         1002         41    3.9   America
```

데이터프레임의 열과 인덱스는 모두 인덱스 객체입니다. 따라서 다음과 같이 열과 행을 쉽게 바꿀 수 있습니다.

```
In [16]: df.T  # df.transpose()의 단축 표기

Out[16]: user_id          1001     1000     1002      1003
         properties
         name             Mark     John      Tim     Jenny
         age                55       33       41        12
         country         Italy      USA      USA   Germany
         score             4.5      6.7      3.9         9
         continent      Europe  America  America    Europe
```

메서드가 반환하는 데이터프레임을 원래의 **df** 변수에 할당하지 않았으므로 데이터프레임 **df**
는 아직 그대로입니다. 데이터프레임 열의 순서를 바꾸고 싶다면 reindex 메서드를 써도 되긴
하지만 다음과 같이 원하는 순서대로 열을 선택하는 방법이 더 직관적입니다.

```
In [17]: df.loc[:, ["continent", "country", "name", "age", "score"]]

Out[17]: properties continent  country    name  age  score
         user_id
         1001           Europe    Italy    Mark   55    4.5
         1000          America      USA    John   33    6.7
         1002          America      USA     Tim   41    3.9
         1003           Europe  Germany   Jenny   12    9.0
```

마지막 예제는 설명이 좀 더 필요하군요. 다음 절에서 loc, 데이터 선택의 동작 방식에 대해 설
명합니다.

5.2 데이터 조작

데이터를 깔끔하게 정리해 은쟁반에 담아 가져다주는 집사는 현실에 없습니다. 그러니 데이터
를 본격적으로 다루기 전에 먼저 깔끔하게 정리하는 작업부터 직접 해야 합니다. 이 절에서는
먼저 데이터프레임에서 데이터를 선택하고 변경하는 방법, 누락되거나 중복인 데이터를 처리
하는 방법을 설명합니다. 다음에는 데이터프레임으로 몇 가지 계산을 해 보고, 텍스트 데이터
를 다루는 방법도 알아봅니다. 그리고 판다스가 뷰를 반환하는 경우, 데이터 사본을 반환하는
경우를 설명하면서 이 절을 마칩니다. 이 절에서 설명하는 개념 중 몇 가지는 4장에서 넘파이
배열을 설명하면서 이미 본 것과 관련이 있습니다.

5.2.1 데이터 선택

먼저 레이블과 위치를 통해 데이터에 접근하는 방법을 알아보고, 불리언 인덱스와 다중 인덱스를 통한 데이터 선택에 필요한 다른 메서드도 알아봅시다.

레이블로 선택

데이터프레임의 데이터에 접근할 때 가장 널리 쓰이는 방법은 레이블입니다. location의 약자인 loc 속성은 다음과 같이 원하는 행과 열을 지정해 데이터를 가져옵니다.

```
df.loc[row_selection, column_selection]
```

loc는 슬라이스 표기법을 지원하므로, 콜론 하나만 써서 행 전체, 열 전체를 선택할 수 있습니다. 또한 레이블 리스트를 쓸 수도 있고, 행이나 열 이름 하나를 쓸 수도 있습니다. 예제 데이터프레임 df의 일부분을 선택하는 여러 가지 방법을 [표 5-1]에 정리했습니다.

표 5-1 레이블을 통한 데이터 선택

선택	반환하는 데이터 타입	예제
값 하나	스칼라	df.loc[1000, "country"]
열 하나 (1차원)	시리즈	df.loc[:, "country"]
열 하나 (2차원)	데이터프레임	df.loc[:, ["country"]]
열 여러 개	데이터프레임	df.loc[:, ["country", "age"]]
열 범위	데이터프레임	df.loc[:, "name":"country"]
행 하나 (1차원)	시리즈	df.loc[1000, :]
행 하나 (2차원)	데이터프레임	df.loc[[1000], :]
행 여러 개	데이터프레임	df.loc[[1003, 1000], :]
행 범위	데이터프레임	df.loc[1000:1002, :]

[표 5-1]을 참고하면서 loc를 써서 스칼라, 시리즈, 데이터프레임을 선택해 봅시다.

```
In [18]: # 행과 열에 모두 스칼라를 쓰면 스칼라가 반환됩니다
         df.loc[1001, "name"]

Out[18]: 'Mark'

In [19]: # 행이나 열 한 쪽에 스칼라를 쓰면 시리즈가 반환됩니다
         df.loc[[1001, 1002], "age"]

Out[19]: user_id
         1001    55
         1002    41
         Name: age, dtype: int64

In [20]: # 행과 열을 여러 개 선택하면 데이터프레임이 반환됩니다
         df.loc[:1002, ["name", "country"]]

Out[20]: properties  name country
         user_id
         1001        Mark    Italy
         1000        John     USA
         1002         Tim     USA
```

데이터프레임과 시리즈의 차이를 이해하는게 중요합니다. 설령 열이 하나만 있더라도 데이터
프레임은 2차원이고 시리즈는 1차원입니다. 인덱스는 데이터프레임과 시리즈에 모두 존재하
지만, 열 헤더는 데이터프레임에만 있습니다. 열 하나를 시리즈로 선택하면 열 헤더가 그 시리
즈의 이름이 됩니다. 시리즈와 데이터프레임에서 모두 동작하는 함수와 메서드가 많이 있지만,
산술 연산에서는 동작 방식이 서로 다릅니다. 데이터프레임을 사용하면 판다스가 데이터를 열
헤더에 따라 정렬합니다. 여기에 대해서는 잠시 후 다시 설명합니다.

열 선택 축약

열 선택은 매우 자주 사용하는 동작이므로 판다스는 이를 위한 단축 표기를 제공합니다.

```
df.loc[:, column_selection]
```

위 문은 이렇게 써도 무방합니다.

```
df[column_selection]
```

예를 들어 df["country"]는 시리즈를, df[["name", "country"]]는 열이 두 개 있는 데이터프레임을 반환합니다.

위치로 선택

위치를 기준으로 데이터프레임에서 부분 집합을 선택하는 건 기본적으로 우리가 이 장 처음에서 넘파이 배열에서 한 것과 비슷합니다. 다만 데이터프레임에서는 integer location의 약자인 iloc 속성을 사용합니다.

```
df.iloc[row_selection, column_selection]
```

위치를 기준으로 한 슬라이스에서는 (포함)-(제외)의 표준을 따릅니다. [표 5-2]를 보십시오.

표 **5-2** 위치를 기준으로 데이터 선택

선택	반환하는 데이터 타입	예제
값 하나	스칼라	df.iloc[1, 2]
열 하나 (1차원)	시리즈	df.iloc[:, 2]
열 하나 (2차원)	데이터프레임	df.iloc[:, [2]]
열 여러 개	데이터프레임	df.iloc[:, [2, 1]]
열 범위	데이터프레임	df.iloc[:, :3]
행 하나 (1차원)	시리즈	df.iloc[1, :]
행 하나 (2차원)	데이터프레임	df.iloc[[1], :]
행 여러 개	데이터프레임	df.iloc[[3, 1], :]
행 범위	데이터프레임	df.iloc[1:3, :]

`iloc`은 다음과 같이 사용합니다. `loc`의 예제와 거의 같습니다.

```
In [21]: df.iloc[0, 0]  # 스칼라를 반환합니다

Out[21]: 'Mark'

In [22]: df.iloc[[0, 2], 1]  # 시리즈를 반환합니다

Out[22]: user_id
         1001    55
         1002    41
         Name: age, dtype: int64

In [23]: df.iloc[:3, [0, 2]]  # 데이터프레임을 반환합니다

Out[23]: properties  name country
         user_id
         1001        Mark   Italy
         1000        John    USA
         1002         Tim    USA
```

데이터프레임의 부분 집합에 접근할 때 레이블과 위치만 사용할 수 있는 건 아닙니다. 불리언 인덱스 역시 중요한 방법입니다. 어떻게 동작하는지 알아봅시다!

불리언 인덱스를 통한 선택

불리언 인덱스란 True와 False만 포함된 시리즈나 데이터프레임을 통해 데이터프레임에서 부분 집합을 선택하는 방법입니다. 데이터프레임에서 원하는 열이나 행만 선택할 때는 불리언 시리즈를, 데이터프레임 전체에 걸쳐 원하는 값만 선택할 때는 불리언 데이터프레임을 사용합니다. 대개는 데이터프레임의 행을 필터링하는 용도로 불리언 인덱스를 사용할 때가 많을 겁니다. 엑셀의 자동 필터 기능과 비슷하다고 생각하면 됩니다. 예를 들어 데이터프레임에서 미국에 살고 나이가 40을 넘은 사람만 골라낼 때는 다음과 같은 코드를 사용합니다.

```
In [24]: tf = (df["age"] > 40) & (df["country"] == "USA")
         tf  # True와 False만으로 구성된 시리즈입니다

Out[24]: user_id
         1001    False
```

```
         1000     False
         1002      True
         1003     False
         dtype: bool

In [25]: df.loc[tf, :]

Out[25]: properties name  age country  score continent
         user_id
         1002          Tim   41     USA    3.9   America
```

앞의 코드에는 설명할 것이 두 개 있습니다. 먼저, 기술적인 문제 때문에 3장에서 설명한 파이썬 불리언 연산자는 데이터프레임에 사용할 수 없습니다. 대신 [표 5-3]의 심볼을 사용해야 합니다.

표 5-3 불리언 연산자

기본 파이썬 데이터 타입	데이터프레임과 시리즈
and	&
or	¦
not	~

둘째, 조건이 하나 이상일 때는 불리언 표현식을 모두 괄호에 넣어서 연산자 우선순위 때문에 문제가 생기지 않게 해야 합니다. 예를 들어 (df["age"] > 40) & (df["country"] == "USA")에서 &는 우선순위가 ==보다 높습니다. 따라서 괄호를 사용하지 않았다면 이 표현식은 다음과 같이 해석됩니다.

```
df["age"] > (40 & df["country"]) == "USA"
```

인덱스에 필터를 적용할 때는 **df.index**로 참조합니다.

```
In [26]: df.loc[df.index > 1001, :]

Out[26]: properties name  age  country  score continent
         user_id
         1002          Tim   41      USA    3.9   America
         1003        Jenny   12  Germany    9.0    Europe
```

리스트 같은 파이썬 데이터 구조에서 in 연산자가 하는 일을 시리즈에서는 isin이 대신합니다. 다음은 이탈리아와 독일에 사는 수강생만 선택하는 필터입니다.

```
In [27]: df.loc[df["country"].isin(["Italy", "Germany"]), :]

Out[27]: properties   name  age  country  score continent
         user_id
         1001         Mark   55    Italy    4.5    Europe
         1003        Jenny   12  Germany    9.0    Europe
```

loc는 시리즈와 함께 사용하는 반면, 데이터프레임에는 불리언만으로 구성된 데이터프레임이 주어졌을 때 loc를 사용하지 않는 특별한 문법이 있습니다.

```
df[boolean_df]
```

이 문법은 데이터프레임이 숫자만으로 구성됐을 때 특히 유용합니다. 불리언 데이터프레임을 인자로 전달하면, False에 대응하는 값이 NaN으로 바뀐 데이터프레임이 반환됩니다. 다시 말하지만 NaN은 곧 설명합니다. 우선 숫자만으로 구성된 rainfall 데이터프레임을 만듭시다.

```
In [28]: # 밀리미터 단위로 나타낸 연 단위 강우량
         rainfall = pd.DataFrame(data={"City 1": [300.1, 100.2],
                                       "City 2": [400.3, 300.4],
                                       "City 3": [1000.5, 1100.6]})
         rainfall

Out[28]:    City 1  City 2  City 3
         0   300.1   400.3  1000.5
         1   100.2   300.4  1100.6

In [29]: rainfall < 400

Out[29]:    City 1  City 2  City 3
         0    True   False   False
         1    True    True   False

In [30]: rainfall[rainfall < 400]
```

```
Out[30]:    City 1  City 2  City 3
         0   300.1     NaN     NaN
         1   100.2   300.4     NaN
```

이 예제에서는 딕셔너리를 사용해 새로운 데이터프레임을 만들었습니다. 데이터가 이미 딕셔너리 형태로 존재한다면 이 방식이 편리할 때가 많습니다. 이런 식으로 불리언을 사용하는 건 이상치outlier 같은 특정 값을 제외할 때 가장 널리 쓰입니다.

이제 다중 인덱스라는 특별한 타입의 인덱스를 소개하면서 데이터 선택에 대한 설명을 마치겠습니다.

다중 인덱스를 사용한 선택

다중 인덱스란 하나 이상의 레벨로 구성된 인덱스입니다. 다중 인덱스를 사용하면 데이터를 계층 구조로 묶을 수 있고 부분 집합에 접근하는 것도 쉽습니다. 예를 들어 예제 데이터프레임 df에 continent와 country의 조합인 인덱스를 설정하면 특정 대륙의 행 전체를 쉽게 선택할 수 있습니다.

```
In [31]: # 다중 인덱스는 정렬해야 합니다
         df_multi = df.reset_index().set_index(["continent", "country"])
         df_multi = df_multi.sort_index()
         df_multi

Out[31]: properties          user_id  name  age  score
         continent country
         America   USA          1000  John   33    6.7
                   USA          1002   Tim   41    3.9
         Europe    Germany      1003  Jenny  12    9.0
                   Italy        1001  Mark   55    4.5

In [32]: df_multi.loc["Europe", :]

Out[32]: properties  user_id   name  age  score
         country
         Germany        1003  Jenny   12    9.0
         Italy          1001   Mark   55    4.5
```

판다스는 다중 인덱스의 결과를 깔끔하게 만들기 위해 맨 왼쪽에 있는 인덱스 레벨(대륙)을 각 행마다 반복해서 출력하지 않고 그 값이 바뀔 때만 출력합니다. 인덱스 레벨 여러 개를 적용해서 선택할 때는 튜플을 사용합니다.

```
In [33]: df_multi.loc[("Europe", "Italy"), :]

Out[33]: properties        user_id  name  age  score
         continent country
         Europe    Italy       1001  Mark   55   4.5
```

다중 인덱스의 일부분만 리셋하고 싶다면 그 레벨을 인자로 전달합니다. 왼쪽에서 첫 번째 열이 0입니다.

```
In [34]: df_multi.reset_index(level=0)

Out[34]: properties continent  user_id   name  age  score
         country
         USA        America       1000   John   33   6.7
         USA        America       1002    Tim   41   3.9
         Germany    Europe        1003  Jenny   12   9.0
         Italy      Europe        1001   Mark   55   4.5
```

이 책에서 다중 인덱스를 직접 만드는 일은 없겠지만, groupby 같은 연산은 다중 인덱스가 포함된 데이터프레임을 반환하므로 다중 인덱스에 대해 알아두는게 좋습니다. groupby는 이 장에서 다시 설명합니다.

이제 데이터를 선택하는 다양한 방법을 배웠으니 데이터를 변경하는 방법에 대해 알아볼 차례입니다.

5.2.2 데이터 설정

데이터프레임의 데이터를 바꾸는 가장 쉬운 방법은 loc나 iloc 속성으로 선택한 요소에 값을 할당합니다. 우선 이 방법으로 시작해, 값을 교체하고 새로운 열을 추가하는 등 기존 데이터프레임을 조작하는 방법도 알아보겠습니다.

레이블이나 위치를 통한 데이터 설정

이 장 초반에서 언급했듯 df.reset_index() 같은 데이터프레임 메서드를 호출하면 항상 메서드가 적용된 사본을 반환하므로 원래 데이터프레임은 변하지 않습니다. 하지만 loc, iloc 속성을 통해 값을 할당하면 원래 데이터프레임이 변합니다. 필자는 데이터프레임 df를 그대로 두고 싶으므로 여기서는 사본인 df2를 사용하겠습니다. 값 하나만 바꾸는 방법은 다음과 같습니다.

```
In [35]: # 원래 데이터프레임을 그대로 유지하기 위해 먼저 사본을 만듭니다
         df2 = df.copy()

In [36]: df2.loc[1000, "name"] = "JOHN"
         df2

Out[36]: properties    name  age  country  score continent
         user_id
         1001          Mark   55    Italy    4.5    Europe
         1000          JOHN   33      USA    6.7   America
         1002           Tim   41      USA    3.9   America
         1003         Jenny   12  Germany    9.0    Europe
```

동시에 여러 개의 값을 바꿀 수도 있습니다. 예를 들어 ID가 1000, 1001인 수강생의 점수를 바꾸고 싶다면 다음과 같이 리스트를 사용합니다.

```
In [37]: df2.loc[[1000, 1001], "score"] = [3, 4]
         df2

Out[37]: properties    name  age  country  score continent
         user_id
         1001          Mark   55    Italy    4.0    Europe
         1000          JOHN   33      USA    3.0   America
         1002           Tim   41      USA    3.9   America
         1003         Jenny   12  Germany    9.0    Europe
```

iloc을 사용해 위치 기준으로 데이터를 바꾸는 것도 같은 방법을 사용합니다. 이제 불리언 인덱스를 사용해 데이터를 바꾸는 방법을 알아봅시다.

불리언 인덱스를 통한 데이터 설정

앞에서는 행 필터 목적으로 불리언 인덱스를 사용했지만 데이터프레임에 값을 할당할 때도 사용할 수 있습니다. 미국에 살거나 20세 미만인 수강생의 이름을 전부 가리고 싶다면 다음과 같이 하면 됩니다.

```
In [38]: tf = (df2["age"] < 20) | (df2["country"] == "USA")
         df2.loc[tf, "name"] = "xxx"
         df2

Out[38]: properties  name  age  country  score  continent
         user_id
         1001         Mark   55    Italy    4.0     Europe
         1000          xxx   33      USA    3.0    America
         1002          xxx   41      USA    3.9    America
         1003          xxx   12  Germany    9.0     Europe
```

때때로 데이터 집합 전반적으로, 즉 특정 열에 국한되지 않고 값을 바꿔야 할 때가 있습니다. 이런 경우에도 불리언 데이터프레임을 사용합니다.

```
In [39]: # 원래 데이터프레임을 그대로 유지하기 위해 먼저 사본을 만듭니다
         rainfall2 = rainfall.copy()
         rainfall2

Out[39]:    City 1  City 2  City 3
         0   300.1   400.3  1000.5
         1   100.2   300.4  1100.6

In [40]: # 400 미만인 값을 0으로 바꿉니다
         rainfall2[rainfall2 < 400] = 0
         rainfall2

Out[40]:    City 1  City 2  City 3
         0     0.0   400.3  1000.5
         1     0.0     0.0  1100.6
```

조건 없이 특정 값을 다른 값으로 바꾸고 싶다면 더 쉬운 방법이 있습니다.

값 교체

데이터프레임이나 선택된 열 전체에서 값을 바꾸고 싶다면 replace 메서드를 사용하십시오.

```
In [41]: df2.replace("USA", "U.S.")

Out[41]: properties  name  age  country  score continent
         user_id
         1001         Mark   55    Italy    4.0    Europe
         1000          xxx   33     U.S.    3.0   America
         1002          xxx   41     U.S.    3.9   America
         1003          xxx   12  Germany    9.0    Europe
```

country 열에서만 교체하고 싶을 때는 다음 문법을 사용합니다.

```
df2.replace({"country": {"USA": "U.S."}})
```

여기서는 USA가 오직 country 열에만 존재하므로 사실 결과는 같습니다. 이제 데이터프레임에 열을 추가하는 방법을 알아보면서 이 절을 마치겠습니다.

새로운 열 추가

데이터프레임에 새로운 열을 추가할 때는 새로운 열 이름에 값을 할당하면 됩니다. 다음과 같이 스칼라나 리스트를 통해 데이터프레임에 새로운 열을 추가할 수 있습니다.

```
In [42]: df2.loc[:, "discount"] = 0
         df2.loc[:, "price"] = [49.9, 49.9, 99.9, 99.9]
         df2

Out[42]: properties  name  age  country  score continent  discount  price
         user_id
         1001         Mark   55    Italy    4.0    Europe         0   49.9
         1000          xxx   33      USA    3.0   America         0   49.9
         1002          xxx   41      USA    3.9   America         0   99.9
         1003          xxx   12  Germany    9.0    Europe         0   99.9
```

새로운 열을 추가할 때는 벡터화된 계산이 수반될 때가 많습니다.

```
In [43]: df2 = df.copy()  # 새로운 사본에서 시작합니다
         df2.loc[:, "birth year"] = 2021 - df2["age"]
         df2

Out[43]: properties   name  age  country  score continent  birth year
         user_id
         1001         Mark   55    Italy    4.5    Europe        1966
         1000         John   33      USA    6.7   America        1988
         1002          Tim   41      USA    3.9   America        1980
         1003        Jenny   12  Germany    9.0    Europe        2009
```

데이터프레임에서 계산하는 방법도 곧 설명하겠지만, 그 전에. NaN에 대해 몇 번 언급한 일이 기억날 겁니다. 다음 절에서 누락된 데이터와 함께 알아봅시다.

5.2.3 누락된 데이터

누락된 데이터는 데이터 분석 결과가 편향되게 만들 가능성이 있으므로 결론의 신뢰도도 그만큼 떨어집니다. 물론, 분석할 데이터 집합에 갭이 있는 것쯤은 항상 일어나는 일입니다. 엑셀에서는 누락된 데이터가 보통 빈 셀이나 #N/A 오류 형태로 나타나지만 판다스는 이를 넘파이의 np.nan으로 나타내며 실제 표시되는 모습은 NaN입니다. NaN은 '숫자가 아니다Not-a-Number'를 뜻하는 부동소수점 표준 표기법입니다. 타임스탬프에서는 pd.NaT을 사용하고, 텍스트에서는 None을 사용합니다. 누락된 값에는 다음과 같이 None이나 np.nan을 씁니다.

```
In [44]: df2 = df.copy()  # 새로운 사본에서 시작합니다
         df2.loc[1000, "score"] = None
         df2.loc[1003, :] = None
         df2

Out[44]: properties   name   age country  score continent
         user_id
         1001         Mark  55.0   Italy    4.5    Europe
         1000         John  33.0     USA    NaN   America
         1002          Tim  41.0     USA    3.9   America
         1003         None   NaN    None    NaN      None
```

데이터프레임을 정리할 때는 누락된 데이터가 포함된 행을 제거할 때가 많습니다. 아주 간단합니다.

```
In [45]: df2.dropna()

Out[45]: properties  name   age country  score continent
         user_id
         1001         Mark  55.0   Italy    4.5    Europe
         1002          Tim  41.0     USA    3.9   America
```

모든 값이 누락된 행만 제거하고 싶다면 다음과 같이 how 인자를 사용합니다.

```
In [46]: df2.dropna(how="all")

Out[46]: properties  name   age country  score continent
         user_id
         1001         Mark  55.0   Italy    4.5    Europe
         1000         John  33.0     USA    NaN   America
         1002          Tim  41.0     USA    3.9   America
```

NaN이 있는지 나타내는 불리언 데이터프레임이나 시리즈를 얻고 싶다면 다음과 같이 isna를 사용합니다.

```
In [47]: df2.isna()

Out[47]: properties   name    age  country  score  continent
         user_id
         1001        False  False    False  False      False
         1000        False  False    False   True      False
         1002        False  False    False  False      False
         1003         True   True     True   True       True
```

누락된 값을 채울 때는 fillna를 사용합니다. 예를 들어 점수 열의 NaN을 평균으로 바꾸고 싶다면 다음과 같이 하면 됩니다(mean 같은 기술 통계는 곧 소개하겠습니다).

```
In [48]: df2.fillna({"score": df2["score"].mean()})

Out[48]: properties  name   age country  score continent
```

```
       user_id
       1001        Mark  55.0   Italy    4.5   Europe
       1000        John  33.0    USA     4.2   America
       1002         Tim  41.0    USA     3.9   America
       1003        None   NaN    None    4.2     None
```

누락된 데이터를 정리했다고 해서 데이터 집합이 완전무결해지는 건 아닙니다. 중복 데이터 역시 잠재적인 문제이므로, 이번에는 중복 데이터를 처리하는 방법을 알아봅시다.

5.2.4 중복 데이터

누락된 데이터와 마찬가지로 중복 데이터 역시 분석의 신뢰도에 악영향이 있습니다. 중복된 행을 제거할 때는 drop_duplicates 메서드를 사용합니다. 옵션으로 열의 부분 집합을 인자로 전달할 수 있습니다.

```
In [49]: df.drop_duplicates(["country", "continent"])

Out[49]: properties   name  age  country   score continent
         user_id
         1001         Mark   55    Italy     4.5    Europe
         1000         John   33      USA     6.7   America
         1003        Jenny   12  Germany     9.0    Europe
```

중복을 제거할 때는 기본적으로 첫 번째 행은 남기고 나머지를 제거합니다. 특정 열에 중복이 들어 있는지 알고 싶거나 그 열에서 고유한 값만 찾고 싶다면 다음과 같이 is_unique 속성, unique() 메서드를 사용합니다(인덱스에서 실행하고 싶다면 df["country"] 대신 df.index를 사용합니다).

```
In [50]: df["country"].is_unique

Out[50]: False

In [51]: df["country"].unique()

Out[51]: array(['Italy', 'USA', 'Germany'], dtype=object)
```

마지막으로, 중복을 제거하는게 아니라 중복인 행을 찾고 싶다면 불리언 시리즈를 반환하는 duplicated 메서드를 사용합니다. 이 메서드는 기본적으로 keep="first" 인자를 사용하는데, 이 인자는 첫 번째 행은 남기고 나머지를 True로 표시합니다. keep=False 인자로 바꾸면 첫 번째 행을 포함해 모든 행을 True로 표시합니다. 다음 예제에서는 country 열에서 중복을 찾지만, 실무에서는 인덱스나 전체 행에서 중복을 찾는 경우가 더 많을 겁니다. 이런 경우에는 df.index.duplicated()나 df.duplicated()를 사용하십시오.

```
In [52]: # 기본적으로 중복만 True로 표시합니다.
         # 즉 첫 번째 행은 True로 표시하지 않습니다
         df["country"].duplicated()

Out[52]: user_id
         1001     False
         1000     False
         1002      True
         1003     False
         Name: country, dtype: bool

In [53]: # "country"가 중복인 행을 모두 찾으려면
         # keep=False을 인자로 사용하십시오
         df.loc[df["country"].duplicated(keep=False), :]

Out[53]: properties  name  age country  score continent
         user_id
         1000        John   33     USA    6.7   America
         1002         Tim   41     USA    3.9   America
```

누락된 데이터와 중복인 데이터를 제거해 데이터프레임을 정리했다면 몇 가지 산술 연산을 시험해볼 수 있습니다. 다음 절에서 계속 알아봅시다.

5.2.5 산술 연산

넘파이 배열과 마찬가지로 데이터프레임과 시리즈도 벡터화를 사용합니다. 예를 들어 다음과 같이 아주 간단하게 rainfall 데이터프레임의 모든 값에 숫자를 더할 수 있습니다.

```
In [54]: rainfall

Out[54]:    City 1  City 2  City 3
         0   300.1   400.3  1000.5
         1   100.2   300.4  1100.6

In [55]: rainfall + 100

Out[55]:    City 1  City 2  City 3
         0   400.1   500.3  1100.5
         1   200.2   400.4  1200.6
```

하지만 판다스의 진짜 강력함은 자동으로 이루어지는 **데이터 정렬** 메커니즘에 있습니다. 하나 이상의 데이터프레임에 산술 연산자를 사용하면 판다스가 자동으로 열과 행 인덱스에 따라 이들을 정렬합니다. 행과 열 레이블이 일부 겹치는 두 번째 데이터프레임을 만든 다음 합계를 구해 봅시다.

```
In [56]: more_rainfall = pd.DataFrame(data=[[100, 200], [300, 400]],
                                       index=[1, 2],
                                       columns=["City 1", "City 4"])
         more_rainfall

Out[56]:    City 1  City 4
         1     100     200
         2     300     400

In [57]: rainfall + more_rainfall

Out[57]:    City 1  City 2  City 3  City 4
         0     NaN     NaN     NaN     NaN
         1   200.2     NaN     NaN     NaN
         2     NaN     NaN     NaN     NaN
```

결과 데이터프레임의 인덱스와 열은 두 데이터프레임의 인덱스와 열의 합집합이며, 두 데이터프레임에 모두 값이 있는 필드에는 두 값의 합이 들어가고 나머지는 모두 NaN으로 채워집니다. 엑셀에서는 빈 셀을 산술 연산에 사용하면 자동으로 그 값을 0으로 적용하므로, 엑셀 경험이 많다면 데이터프레임 합산에 익숙해지는데 시간이 좀 필요할 수도 있습니다. 엑셀과 같은 결과를 원한다면 add 메서드를 사용하고 `fill_value` 인자에 NaN 값을 대체할 0을 쓰면 됩니다.

```
In [58]: rainfall.add(more_rainfall, fill_value=0)

Out[58]:    City 1  City 2  City 3  City 4
        0   300.1   400.3  1000.5     NaN
        1   200.2   300.4  1100.6   200.0
        2   300.0     NaN     NaN   400.0
```

[표 5-4]에 나열한 다른 산술 연산자도 마찬가지로 동작합니다.

표 5-4 산술 연산자

연산자	메서드
*	mul
+	add
-	sub
/	div
**	pow

데이터프레임과 시리즈를 계산할 때는 기본적으로 시리즈가 인덱스 방향으로 확장됩니다.

```
In [59]: # 행에서 추출한 시리즈
         rainfall.loc[1, :]

Out[59]: City 1     100.2
         City 2     300.4
         City 3    1100.6
         Name: 1, dtype: float64

In [60]: rainfall + rainfall.loc[1, :]

Out[60]:    City 1  City 2  City 3
        0   400.3   700.7  2101.1
        1   200.4   600.8  2201.2
```

따라서 시리즈를 열 방향으로 더하려면 다음과 같이 add 메서드에 axis 인자를 사용해야 합니다.

```
In [61]: # 열에서 추출한 시리즈
         rainfall.loc[:, "City 2"]

Out[61]: 0    400.3
         1    300.4
         Name: City 2, dtype: float64

In [62]: rainfall.add(rainfall.loc[:, "City 2"], axis=0)

Out[62]:    City 1  City 2  City 3
         0   700.4   800.6  1400.8
         1   400.6   600.8  1401.0
```

이 절에서는 숫자로 이루어진 데이터프레임에 산술 연산을 적용하는 방법에 대해 알아봤습니다. 다음 절에서는 데이터프레임의 텍스트를 조작하는 방법에 대해 알아봅니다.

5.2.6 텍스트 열 조작

이 장 처음에서 언급했듯 텍스트 또는 여러 가지 데이터 타입이 들어있는 열의 데이터 타입은 object입니다. 텍스트가 들어있는 열을 조작할 때는 str 속성을 사용하면 파이썬의 문자열 메서드를 쓸 수 있습니다. 3장에서 이미 문자열 메서드 몇 가지를 살펴봤지만, 더 궁금하다면 파이썬 문서(*https://oreil.ly/-e7SC*)를 찾아보십시오. 우선 문자열 주위의 공백을 제거할 때는 strip 메서드를, 첫 글자만 대문자로 바꿀 때는 capitalize 메서드를 사용합니다. 데이터를 손으로 입력하면 형식이 뒤죽박죽일 때가 많은데, 이런 텍스트 열에 두 메서드를 체인으로 호출하면 깔끔한 결과를 얻을 수 있습니다.

```
In [63]: # 새로운 데이터프레임 생성
         users = pd.DataFrame(data=[" mArk ", "JOHN  ", "Tim", " jenny"],
                              columns=["name"])
         users

Out[63]:      name
         0    mArk
         1    JOHN
         2     Tim
         3   jenny
```

```
In [64]: users_cleaned = users.loc[:, "name"].str.strip().str.capitalize()
         users_cleaned

Out[64]: 0    Mark
         1    John
         2     Tim
         3   Jenny
         Name: name, dtype: object
```

J로 시작하는 이름을 모두 찾고 싶다면 다음과 같이 합니다.

```
In [65]: users_cleaned.str.startswith("J")

Out[65]: 0    False
         1     True
         2    False
         3     True
         Name: name, dtype: bool
```

문자열 메서드는 편리하지만 때때로 기본 제공 메서드로는 충분하지 않을 때도 있습니다. 다음
절에서는 함수를 직접 만들어 데이터프레임에 적용하는 방법을 살펴봅니다.

5.2.7 함수 적용

데이터프레임에는 모든 요소에 함수를 적용하는 applymap 메서드가 있습니다. 넘파이 범용
함수를 쓸 수 없을 때 유용합니다. 예를 들어 문자열 형식을 지정하는 범용 함수는 없지만 다음
과 같이 데이터프레임에 형식을 지정할 수 있습니다.

```
In [66]: rainfall

Out[66]:    City 1  City 2  City 3
         0   300.1   400.3  1000.5
         1   100.2   300.4  1100.6

In [67]: def format_string(x):
             return f"{x:,.2f}"
```

```
In [68]: # 함수를 호출하는게 아니라 전달만 하는 것이므로 괄호는 필요 없습니다.
         # 즉, format_string()이 아니라 format_string입니다
         rainfall.applymap(format_string)

Out[68]:    City 1  City 2    City 3
         0  300.10  400.30  1,000.50
         1  100.20  300.40  1,100.60
```

하나씩 살펴봅시다. 먼저 f-문자열 f"{x}"는 x를 문자열로 반환합니다. 형식을 지정할 때는 변수 뒤에 콜론을 붙이고, 그 뒤에 형식 문자열(,.2f)를 씁니다. 형식 문자열의 콤마는 천 단위 구분자이고, .2f는 소수점 뒤에 숫자 두 개를 쓰는 고정소수점 표기법입니다. 형식 문자열에 대해 더 자세히 알고 싶다면 파이썬 문서의 일부분인 형식 명세 미니 언어(*https:// oreil.ly/NgsG8*)를 참고하십시오.

이런 형태로 사용할 때는 함수를 따로 정의하지 않고 같은 행에 작성할 수 있는 **람다 표현식**(박스를 보십시오)을 자주 사용합니다. 람다 표현식을 사용해 이전 예제를 다음과 같이 고쳐 쓸 수 있습니다.

```
In [69]: rainfall.applymap(lambda x: f"{x:,.2f}")

Out[69]:    City 1  City 2    City 3
         0  300.10  400.30  1,000.50
         1  100.20  300.40  1,100.60
```

람다 표현식

람다 표현식을 사용해 함수를 한 행에서 정의할 수 있습니다. 람다 표현식은 이름이 없는 익명 함수입니다. 다음 함수를 보십시오.

```
def function_name(arg1, arg2, ...):
    return return_value
```

이 함수는 람다 표현식을 써서 다음과 같이 고쳐 쓸 수 있습니다.

```
lambda arg1, arg2, ...: return_value
```

간단히 말해 def을 lambda로 바꾸고, return 키워드와 함수 이름을 생략하면서 나머지는 전부 한 행에 쓰면 됩니다. applymap 메서드에서 봤듯, 한 행에서 바로 사용할 함수를 따로 정의하지 않아도 되기 때문에 아주 편리합니다.

데이터 조작 메서드에서 중요한 건 모두 언급했지만, 다음으로 넘어가기 전에 판다스가 때로는 데이터프레임의 뷰를 사용하고 때로는 사본을 사용한다는 점을 먼저 설명해야 할 것 같습니다.

5.2.8 뷰와 사본

4장에서 넘파이 배열에 슬라이스를 사용하면 뷰가 반환된다고 설명했습니다. 불행히도 데이터 프레임에서는 상황이 복잡해집니다. loc와 iloc가 뷰를 반환할 지 사본을 반환할 지는 쉽게 예측할 수 없습니다. 데이터프레임의 뷰를 변경하느냐, 사본을 변경하느냐는 아주 큰 차이가 있는 문제이므로, 판다스는 데이터를 의도하지 않은 방법으로 변경한다는 판단이 들 때 Set-tingWithCopyWarning 경고를 일으킵니다. 다음 제안을 염두에 둔다면 이름만 봐도 불길해 보이는 이 경고를 보는 일이 많이 줄어들 겁니다.

- 값을 설정할 때는 슬라이스로 추출한 데이터프레임이 아니라 원래 데이터프레임을 사용합니다.
- 슬라이스한 부분 집합을 독립적인 데이터프레임으로 유지하고 싶다면 다음과 같이 명시적으로 복사하십시오.

```
selection = df.loc[:, ["country", "continent"]].copy()
```

loc과 iloc이 상황을 복잡하게 만들긴 하지만, df.dropna()나 df.sort_values("column_name") 같은 데이터프레임 메서드는 **항상** 사본을 반환한다는 점은 기억해둘만 합니다.

지금까지는 한 번에 데이터프레임 하나만 사용했습니다. 다음 절에서는 여러 개의 데이터프레임을 하나로 조합하는 다양한 방법을 살펴봅니다. 이런 상황은 아주 자주 발생하므로 판다스도 이에 맞는 강력한 도구를 제공합니다.

5.3 데이터프레임 조합

엑셀에서 여러 가지 데이터 집합을 조합하는 일은 꽤 성가신 작업이며, 일반적으로 VLOOKUP 을 사용합니다. 다행히 데이터프레임 조합은 판다스가 자신 있게 내세우는 주요 기능 중 하나 입니다. 데이터 정렬 덕분에 오류가 생길 가능성이 대폭 줄어들고, 이에 따라 여러분의 삶의 질 이 올라갈 수도 있습니다. 데이터프레임의 조합과 병합은 다양한 방법을 사용할 수 있는데, 이 절에서는 concat, join, merge로 해결되는 가장 흔한 경우만 몇 가지 설명합니다. 이 함수들 이 담당하는 영역이 조금 겹치기는 하지만 대표적인 작업은 아주 단순해집니다. 먼저 concat 함수로 시작하고, 다른 경우에 사용하는 join 함수를 설명한 다음 셋 중에서 가장 범용적인 merge 함수를 소개하겠습니다.

5.3.1 연결

단순히 데이터프레임 여러 개를 연결하기만 할 때는 concat 함수가 최선입니다. 함수 이름 에서 짐작할 수 있겠지만 이런 작업을 가리키는 병합concatenation이라는 기술 용어도 있습니다. concat은 기본적으로 데이터프레임을 행을 따라 합치며 열은 자동으로 정렬합니다. 다음 예제 에서는 more_users 데이터프레임을 만들고 이 데이터프레임을 df 데이터프레임 아래쪽에 연 결했습니다.

```
In [70]: data=[[15, "France", 4.1, "Becky"],
               [44, "Canada", 6.1, "Leanne"]]
         more_users = pd.DataFrame(data=data,
                                   columns=["age", "country", "score", "name"],
                                   index=[1000, 1011])
         more_users

Out[70]:       age country  score    name
         1000   15  France    4.1   Becky
         1011   44  Canada    6.1  Leanne

In [71]: pd.concat([df, more_users], axis=0)

Out[71]:       name  age  country  score continent
         1001   Mark   55    Italy    4.5    Europe
         1000   John   33      USA    6.7   America
```

```
1002   Tim    41     USA    3.9   America
1003   Jenny  12  Germany   9.0    Europe
1000   Becky  15   France   4.1       NaN
1011  Leanne  44   Canada   6.1       NaN
```

concat은 데이터를 지정된 축(행) 기준으로 합치고 반대 축(열)만 정렬해서 열 이름을 자동으로 맞추므로, 결과에 중복된 인덱스가 있습니다. 열을 따라 합칠 때는 다음과 같이 axis=1 인자를 사용합니다.

```
In [72]: data=[[3, 4],
               [5, 6]]
         more_categories = pd.DataFrame(data=data,
                                        columns=["quizzes", "logins"],
                                        index=[1000, 2000])

         more_categories

Out[72]:       quizzes  logins
         1000        3       4
         2000        5       6

In [73]: pd.concat([df, more_categories], axis=1)

Out[73]:        name   age  country  score  continent  quizzes  logins
         1000   John  33.0      USA    6.7    America      3.0     4.0
         1001   Mark  55.0    Italy    4.5     Europe      NaN     NaN
         1002    Tim  41.0      USA    3.9    America      NaN     NaN
         1003  Jenny  12.0  Germany    9.0     Europe      NaN     NaN
         2000    NaN   NaN      NaN    NaN        NaN      5.0     6.0
```

concat은 데이터프레임 여러 개를 받을 수 있습니다. 이는 아주 유용한 기능이며, 다음 장에서 CSV 파일 여러 개를 데이터프레임 하나로 합칠 때 이 기능을 사용할 겁니다.

```
pd.concat([df1, df2, df3, ...])
```

반면 join과 merge는 데이터프레임 두 개를 대상으로 동작합니다.

5.3.2 조인과 병합

데이터프레임 두 개를 **조인**[join]한다는 건 각 데이터프레임의 열을 조합해 새로운 데이터프레임을 만드는 작업입니다. 각 행에 어떤 값을 채울지는 집합 이론에 따라 결정합니다. 관계형 데이터베이스 경험이 있다면, SQL 쿼리의 JOIN 절과 같은 개념입니다. [그림 5-3]은 예제 데이터프레임 df1과 df2를 조인하는 네 가지 방식입니다.

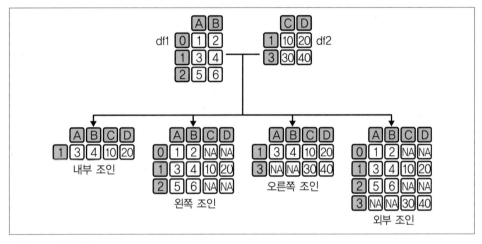

그림 5-3 조인 타입

판다스는 데이터프레임을 조인할 때 인덱스를 기준으로 행을 결정합니다. **내부 조인**은 두 데이터프레임 모두에 인덱스가 존재하는 행만 포함한 데이터프레임을 반환합니다. **왼쪽 조인**은 왼쪽 데이터프레임(df1)의 행을 모두 취하고, 오른쪽 데이터프레임(df2)에서 인덱스가 일치하는 행을 찾습니다. df2에 인덱스가 일치하는 행이 없다면 그 칸은 NaN으로 채워집니다. 왼쪽 조인은 엑셀의 VLOOKUP과 거의 같습니다. **오른쪽 조인**은 오른쪽 데이터프레임의 행을 모두 취하고, 왼쪽 데이터프레임에서 일치하는 행을 찾습니다. 즉, 왼쪽 조인의 반대입니다. 마지막으로, **외부 조인**은 두 데이터프레임의 인덱스를 모두 취한 후 일치하는 값을 찾습니다. [표 5-5]는 [그림 5-3]을 텍스트로 정리한 겁니다.

표 5-5 조인 타입

타입	설명
inner	인덱스가 두 데이터프레임에 모두 존재하는 행만 남습니다
left	왼쪽 데이터프레임의 행은 모두 남고, 오른쪽 데이터프레임에서는 왼쪽에 일치하는 행의 값만 남습니다.
right	오른쪽 데이터프레임의 행은 모두 남고, 왼쪽 데이터프레임에서는 오른쪽에 일치하는 행의 값만 남습니다.
outer	두 데이터프레임의 인덱스의 합집합입니다.

이제 [그림 5-3]의 예제를 실제로 실행하면서 연습해 봅시다.

```
In [74]: df1 = pd.DataFrame(data=[[1, 2], [3, 4], [5, 6]],
                            columns=["A", "B"])
         df1

Out[74]:    A  B
         0  1  2
         1  3  4
         2  5  6

In [75]: df2 = pd.DataFrame(data=[[10, 20], [30, 40]],
                            columns=["C", "D"], index=[1, 3])
         df2

Out[75]:     C   D
         1  10  20
         3  30  40

In [76]: df1.join(df2, how="inner")

Out[76]:    A  B   C   D
         1  3  4  10  20

In [77]: df1.join(df2, how="left")

Out[77]:    A  B    C     D
         0  1  2  NaN   NaN
         1  3  4  10.0  20.0
         2  5  6  NaN   NaN

In [78]: df1.join(df2, how="right")
```

```
Out[78]:      A    B   C   D
        1   3.0  4.0  10  20
        3  NaN  NaN  30  40

In [79]: df1.join(df2, how="outer")

Out[79]:      A    B     C     D
        0   1.0  2.0   NaN   NaN
        1   3.0  4.0  10.0  20.0
        2   5.0  6.0   NaN   NaN
        3  NaN  NaN  30.0  40.0
```

인덱스와 무관하게 하나 이상의 데이터프레임 열을 조인하고 싶다면 merge를 사용합니다. merge는 on 인자를 통해 하나 이상의 열을 **조인 조건**으로 받습니다. 이 열들은 두 데이터프레임에 모두 존재해야 하며 행을 맞출 때 사용합니다.

```
In [80]: # "category" 열을 두 데이터프레임에 추가합니다
        df1["category"] = ["a", "b", "c"]
        df2["category"] = ["c", "b"]

In [81]: df1

Out[81]:    A  B category
        0  1  2        a
        1  3  4        b
        2  5  6        c

In [82]: df2

Out[82]:     C   D category
        1  10  20        c
        3  30  40        b

In [83]: df1.merge(df2, how="inner", on=["category"])

Out[83]:    A  B category   C   D
        0  3  4        b  30  40
        1  5  6        c  10  20

In [84]: df1.merge(df2, how="left", on=["category"])

Out[84]:    A  B category    C    D
```

```
        0  1  2         a   NaN   NaN
        1  3  4         b  30.0  40.0
        2  5  6         c  10.0  20.0
```

join과 merge는 더 복잡한 상황에 대응할 수 있게 몇 가지 옵션 인자를 받습니다. 이들에 대한 설명은 공식 문서(*https://oreil.ly/OZ4WV*)를 참고하십시오.

이제 하나 이상의 데이터프레임을 조작할 수 있게 됐으니 데이터 분석의 다음 단계인 데이터 이해로 넘어갑시다.

5.4 기술 통계와 데이터 수집

거대한 데이터 집합을 이해하는 방법 중에는 합계나 평균 같은 기술 통계를 데이터 집합 전체나 유의미한 부분 집합을 대상으로 시행하는 방법이 있습니다. 이 절에서는 먼저 기술 통계에 대해 알아보고, 부분 집합에 데이터를 수집하는 groupby 메서드와 pivot_table 함수에 대해 알아봅니다.

5.4.1 기술 통계

기술 통계는 양적 분석을 통해 데이터 집합을 요약합니다. 예를 들어 데이터 포인트의 갯수도 간단한 기술 통계에 속합니다. 평균값mean, 중앙값median, 최빈값mode 같은 평균도 널리 쓰이는 기술 통계입니다. 데이터프레임과 시리즈는 sum, mean, count 같은 메서드를 통해 기술 통계에 쉽게 접근할 수 있습니다. 책을 진행하면서 기술 통계 관련 메서드가 많이 등장할 겁니다. 이들 전체 리스트는 판다스 문서(*https://oreil.ly/t2q9Q*)에서 확인할 수 있습니다. 이들 메서드는 기본적으로 열 기준으로 통계를 반환합니다.

```
In [85]: rainfall

Out[85]:     City 1  City 2  City 3
        0    300.1   400.3  1000.5
        1    100.2   300.4  1100.6
```

```
In [86]: rainfall.mean()

Out[86]: City 1     200.15
         City 2     350.35
         City 3    1050.55
         dtype: float64
```

행 통계를 원한다면 다음과 같이 axis 인자를 사용합니다.

```
In [87]: rainfall.mean(axis=1)

Out[87]: 0    566.966667
         1    500.400000
         dtype: float64
```

sum이나 mean 같은 메서드는 기본적으로 누락된 값은 제외합니다. 엑셀도 빈 셀을 마찬가지로 취급하므로, 빈 셀이 포함된 범위에 AVERAGE를 사용한 결과는 숫자는 같고 빈 셀 대신 NaN 값이 들어간 시리즈에 mean 메서드를 적용한 결과와 같습니다.

데이터프레임 행 전체를 대상으로 한 통계는 별 의미가 없고 그보다 자세한 정보, 예를 들어 카테고리별 평균값이 필요할 때도 있습니다. 어떻게 하는지 알아볼까요?

5.4.2 그룹화

df 데이터프레임 예제에서 대륙별 평균 점수를 구해 봅시다. 이를 위해서는 먼저 각 행을 대륙별로 묶고, **그룹별로** 평균값을 계산하는 mean 메서드를 호출합니다. 숫자가 아닌 열은 자동으로 제외됩니다.

```
In [88]: df.groupby(["continent"]).mean()

Out[88]: properties    age   score
         continent
         America      37.0    5.30
         Europe       33.5    6.75
```

열을 두 개 이상 사용하면 결과 데이터프레임은 인덱스의 계층 구조를 가집니다. 앞에서 설명했던 다중 인덱스입니다.

```
In [89]: df.groupby(["continent", "country"]).mean()

Out[89]: properties           age   score
         continent country
         America   USA         37    5.3
         Europe    Germany     12    9.0
                   Italy       55    4.5
```

판다스가 제공하는 기술 통계는 대부분 이런 형식으로 쓸 수 있습니다. 직접 만든 함수를 적용하고 싶다면 agg 메서드를 사용합니다. 예를 들어 다음은 최댓값과 최솟값의 차이를 그룹별로 구하는 예제입니다.[4]

```
In [90]: df.loc[:, ["age", "score", "continent"]].groupby(["continent"])\
         .agg(lambda x: x.max() - x.min())

Out[90]: properties   age   score
         continent
         America       8     2.8
         Europe        43    4.5
```

엑셀에서는 그룹별 통계를 구할 때 보통 피벗 테이블을 사용합니다. 피벗 테이블은 데이터를 다른 관점에서 볼 수 있는 훌륭한 도구입니다. 판다스에도 피벗 테이블 기능이 있습니다.

5.4.3 피벗과 해제

엑셀의 피벗 테이블을 사용해 본 경험이 있다면, 판다스의 pivot_table 함수도 거의 비슷한 방법으로 동작하므로 적응하기 쉬울 겁니다. 다음 데이터프레임의 데이터는 데이터베이스에서 일반적으로 레코드를 저장하는 방식과 비슷하게 만들었습니다. 각 행은 지역별 과일 매출을 나타냅니다.

----

4 옮긴이_ 다음 예제의 명령은 원래 df.groupby(["continent"]).agg(lambda x: x.max() - x.min())였습니다. 해당 명령은 저자의 의도에 맞는 결과를 반환하긴 하지만, 책을 번역하는 시점에서 판다스 버전이 올라가면서 이후 버전과 호환되지 않을 수 있다는 경고가 출력되어, 저자에게 문의하고 책의 정오표에 등록된 명령으로 교체했습니다. 따라서 저자가 쭉 사용하던 파이썬 스타일의 줄바꿈이 아니라 역슬래시로 줄바꿈이 된 점 양해 바랍니다.

```
In [91]: data = [["Oranges", "North", 12.30],
                 ["Apples", "South", 10.55],
                 ["Oranges", "South", 22.00],
                 ["Bananas", "South", 5.90],
                 ["Bananas", "North", 31.30],
                 ["Oranges", "North", 13.10]]

         sales = pd.DataFrame(data=data,
                              columns=["Fruit", "Region", "Revenue"])
         sales

Out[91]:       Fruit  Region  Revenue
         0   Oranges   North    12.30
         1    Apples   South    10.55
         2   Oranges   South    22.00
         3   Bananas   South     5.90
         4   Bananas   North    31.30
         5   Oranges   North    13.10
```

피벗 테이블을 만들 때는 데이터프레임을 pivot_table 함수의 첫 번째 인자로 전달합니다. index와 columns 인자는 각각 피벗 테이블의 행과 열 레이블을 지정합니다. aggfunc은 문자열 또는 넘파이 범용 함수로 전달하는 함수이고, values는 이 함수로 수집할 대상이며 결과 데이터프레임의 데이터 부분에 표시됩니다. 마지막으로 margins는 엑셀의 Grand Total에 해당하므로, margins와 margins_name을 생략하면 Total 열과 행은 나타나지 않습니다.

```
In [92]: pivot = pd.pivot_table(sales,
                               index="Fruit", columns="Region",
                               values="Revenue", aggfunc="sum",
                               margins=True, margins_name="Total")
         pivot

Out[92]: Region   North  South  Total
         Fruit
         Apples     NaN  10.55  10.55
         Bananas   31.3   5.90  37.20
         Oranges   25.4  22.00  47.40
         Total     56.7  38.45  95.15
```

요약하면, 피벗은 열(이 예제에서는 **Region**)의 값을 중복 없이 찾아 피벗 테이블의 열 헤더로 만들고, 이에 따라 다른 열에서 값을 수집해 정리합니다. 피벗 테이블을 사용하면 관심 있는 부분들만 골라 요약 정보를 읽을 수 있습니다. 피벗 테이블을 잠시 보기만 해도 북부에서는 사과 매출이 전혀 없었고 남부 매출은 거의 오렌지가 견인한다는 걸 금방 알 수 있습니다. 반대로 열 헤더를 단일 열의 값으로 바꿀 때는 `melt`를 사용합니다. 이런 의미에서 `melt`는 `pivot_table` 함수의 역이라고 할 수 있습니다.

```
In [93]: pd.melt(pivot.iloc[:-1,:-1].reset_index(),
               id_vars="Fruit",
               value_vars=["North", "South"], value_name="Revenue")

Out[93]:       Fruit Region  Revenue
          0   Apples  North      NaN
          1  Bananas  North    31.30
          2  Oranges  North    25.40
          3   Apples  South    10.55
          4  Bananas  South     5.90
          5  Oranges  South    22.00
```

이 예제에서는 피벗 테이블을 입력으로 사용하고, `iloc`을 써서 Total 행과 열을 제외했습니다. 또한 모든 정보가 일반적인 열로 나타나도록 인덱스를 리셋했습니다. 그리고 `id_vars`로 식별자를 지정하고, `value_vars`를 써서 '피벗 해제'할 열을 지정했습니다. 피벗 해제[melt]는 데이터베이스에서 예상하는 형식으로 저장할 수 있도록 데이터를 준비할 때 유용합니다.

수집된 통계를 읽어 보면 데이터를 이해하는데 도움이 되지만, 숫자로 가득 찬 페이지를 반가워하는 사람은 별로 없습니다. 정보를 쉽게 이해하는 최고의 수단은 다음 주제인 시각화입니다. 엑셀은 **차트**라는 용어를 쓰지만, 판다스에서는 일반적으로 **플롯**[plot]이라고 부릅니다. 필자는 이 책에서 두 용어를 크게 구분하지 않고 섞어 썼습니다.

5.5 플로팅

플로팅은 데이터 분석을 통해 찾아낸 걸 시각화하며, 어쩌면 전체 프로세스에서 가장 중요한 단계일 수도 있습니다. 먼저 판다스의 기본 플로팅 라이브러리인 맷플롯립에 대해 알아본 다음, 주피터 노트북을 한층 더 대화형으로 사용할 수 있게 해주는 최신 플로팅 라이브러리 플로틀리에 대해 알아보겠습니다.

5.5.1 맷플롯립

맷플롯립Matplotlib은 꽤 긴 역사를 가진 플로팅 패키지이며 아나콘다에 기본으로 포함되어 있습니다. 맷플롯립은 고품질 출력을 지원하는 벡터 그래픽을 포함해 다양한 형식의 그래프를 그릴 수 있습니다. 데이터프레임에서 plot 메서드를 호출할 때마다 판다스가 기본적으로 맷플롯립 그래프를 그립니다.

주피터 노트북에서 맷플롯립을 사용하려면 먼저 두 가지 매직 커맨드(사이드바를 보십시오) %matplotlib inline이나 %matplotlib notebook 중 하나를 실행해야 합니다. 이 명령어는 노트북 자체에서 그래프를 그릴 수 있도록 설정합니다. 후자의 명령어는 그래프의 크기나 확대/축소 레벨을 바꿀 수 있으므로 좀 더 선택의 폭이 넓습니다. 이제 판다스와 맷플롯립에서 첫 번째 그래프를 그려봅시다(그림 5-4).

```
In [94]: import numpy as np
         %matplotlib inline
         # 또는 %matplotlib notebook

In [95]: data = pd.DataFrame(data=np.random.rand(4, 4) * 100000,
                             index=["Q1", "Q2", "Q3", "Q4"],
                             columns=["East", "West", "North", "South"])
         data.index.name = "Quarters"
         data.columns.name = "Region"
         data

Out[95]: Region          East          West         North         South
         Quarters
         Q1        23254.220271  96398.309860  16845.951895  41671.684909
         Q2        87316.022433  45183.397951  15460.819455  50951.465770
         Q3        51458.760432   3821.139360  77793.393899  98915.952421
         Q4        64933.848496   7600.277035  55001.831706  86248.512650

In [96]: data.plot()  # data.plot.line()의 단축 표기

Out[96]: <AxesSubplot:xlabel='Quarters'>
```

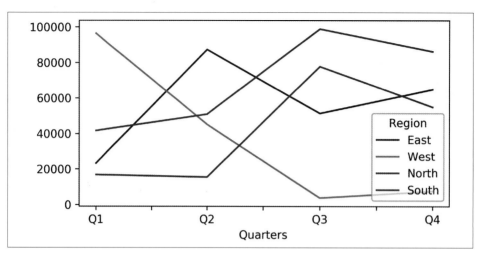

그림 5-4 맷플롯립 그래프

이 예제에서는 넘파이 배열을 판다스 데이터프레임으로 바꿨습니다. 이렇게 하면 4장에서 설명한 넘파이 생성자를 사용할 수 있습니다. 이 예제에서 넘파이를 사용한 이유는 의사 난수를 써서 판다스 데이터프레임을 만드는 거였습니다. 따라서 독자 여러분이 이 예제를 실행한 결과는 책과 다를 겁니다.

매직 커맨드

주피터 노트북에서 맷플롯립을 정상적으로 사용할 수 있게 한 `%matplotlib inline` 명령어를 매직 커맨드^{magic command}라 부릅니다. 매직 커맨드는 주피터 노트북 셀이 마치 마법처럼 특별한 방식으로 동작하게 만들거나, 성가신 작업을 아주 쉽게 만든다는 의미에서 그런 이름이 붙었습니다. 매직 커맨드는 파이썬 코드와 마찬가지로 셀에 작성하지만, `%%`나 `%`로 시작합니다. 셀 전체에 영향이 있는 명령어는 `%%`로, 한 행에 영향이 있는 명령어는 `%`로 시작합니다.

책을 진행하면서 매직 커맨드가 더 나오겠지만, 사용할 수 있는 매직 커맨드 목록이 궁금하다면 `%lsmagic`을, 자세한 설명은 `%magic`을 실행하십시오.

`%matplotlib notebook` 같은 매직 커맨드를 사용한다 해도, 맷플롯립은 애초에 웹 페이지 같은 대화형 환경이 아니라 정적 그래프를 그리도록 설계됐으므로 한계가 있습니다. 그러니 이제 웹에서 사용하도록 설계된 플로팅 라이브러리인 플로틀리에 대해 알아봅시다.

5.5.2 플로틀리

플로틀리Plotly는 자바스크립트 기반 라이브러리이며, 버전 4.8.0부터 판다스와 함께 사용할 수 있고 조작성이 매우 뛰어납니다. 확대/축소도 쉽고 범례legend를 클릭해 카테고리를 선택하거나 선택 해제할 수 있고, 데이터 포인트에 마우스를 올리면 툴팁에 더 많은 정보가 표시됩니다. 플로틀리는 아나콘다에 포함되어 있지 않으므로 아직 설치하지 않았다면 다음 명령어로 설치하십시오.

```
(base)> conda install plotly
```

다음 셀을 실행하면 노트북의 그래프 서버backend를 플로틀리로 설정하고 그래프를 그립니다. 플로틀리를 사용할 때는 매직 커맨드는 필요 없고, 서버로 설정하기만 하면 [그림 5-5]와 [그림 5-6] 같은 그래프를 그릴 수 있습니다.

```
In [97]: # 그래프 서버를 플로틀리로 설정합니다
         pd.options.plotting.backend = "plotly"

In [98]: data.plot()
```

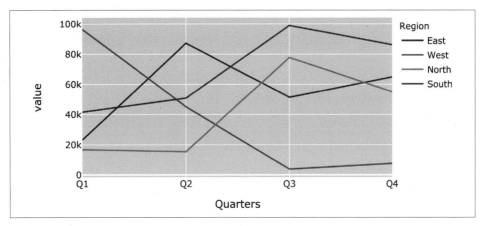

그림 5-5 플로틀리 직선 그래프

```
In [99]: # 같은 데이터를 막대 그래프로 표시합니다
         data.plot.bar(barmode="group")
```

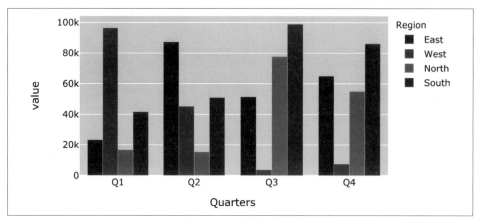

그림 5-6 플로틀리 막대 그래프

판다스와 그래프 라이브러리는 다양한 그래프 타입을 지원하며 옵션 또한 다양하므로 생각할
수 있는 거의 모든 형식으로 그래프를 그릴 수 있습니다. 여러 개의 그래프를 서브 그래프로 사
용할 수도 있습니다. [표 5-6]에 사용할 수 있는 그래프 타입을 간추렸습니다.

표 5-6 판다스 그래프 타입

타입	설명
Line	직선 그래프. df.plot()의 기본값입니다.
bar	세로 막대 그래프
barh	가로 막대 그래프
hist	히스토그램

box	박스 그래프
kde	밀도 그래프. density로도 그릴 수 있습니다.
area	영역 그래프
scatter	산포도
hexbin	방사형 그래프
pie	파이 그래프

판다스는 이 뿐만 아니라 여러 가지 개별 구성 요소를 조합한 고수준의 그래프 툴과 도구를 사용할 수도 있습니다. 자세한 내용은 판다스 시각화 문서(*https://oreil.ly/FxYg9*)를 보십시오.

기타 그래프 라이브러리

파이썬에서는 과학 분야의 시각화 연구가 아주 활발하게 진행 중이며, 맷플롯립과 플로틀리 외에도 특정 상황에 더 알맞은 툴도 여러 가지가 있습니다.

- **시본**
  시본Seaborn(*https://oreil.ly/a3U1t*)은 맷플롯립을 기초로 만들어진 라이브러리입니다. 시본은 기본 스타일을 더 개선하고, 히트맵 같은 그래프도 추가되어 있으므로 이를 사용해 작업을 단순화할 수 있습니다. 단 몇 줄의 코드로 고급 통계 그래프도 만들 수 있습니다.

- **보케**
  보케Bokeh(*https://docs.bokeh.org*)는 플로틀리와 비슷하게 자바스크립트를 기반으로 하는 라이브러리이며 주피터 노트북에서 대화형 그래프를 만들 때 유용합니다. 보케는 아나콘다에 포함되어 있습니다.

- **알테어**
  알테어Altair(*https://oreil.ly/t06t7*)는 베가 프로젝트(*https://oreil.ly/RN6A7*)를 기반으로 하는 통계 시각화 라이브러리입니다. 알테어 역시 자바스크립트 기반이며 확대/축소 같은 대화형 기능 일부를 제공합니다.

- **홀로뷰**
  홀로뷰HoloViews(*https://holoviews.org*) 역시 자바스크립트 기반 패키지이며 데이터 분석과 시각화를 쉽게 할 수 있도록 하는데 역점을 두고 있습니다. 홀로뷰를 사용하면 몇 줄 안되는 코드로 복잡한 통계 그래프를 그릴 수 있습니다.

다음 장에서 시계열 분석 그래프를 더 그려 보겠지만, 우선은 판다스에서 데이터를 임포트하고 익스포트하는 방법을 알아보면서 이 장을 마치겠습니다.

5.6 데이터프레임 임포트와 익스포트

지금까지는 중첩된 리스트, 딕셔너리, 넘파이 배열을 써서 데이터프레임을 만들었습니다. 이런 방법은 반드시 알고 있어야 하지만, 일반적으로는 데이터가 이미 존재하며 그냥 데이터프레임으로 변환하기만 할 때가 더 많습니다. 판다스는 이런 경우에 사용할 수 있는 읽기 함수를 제공합니다. 설령 판다스에 내장된 리더 프로그램이 없는 경우라도 대개는 파일/시스템에 접근할 수 있는 서드 파티 패키지가 있고, 일단 데이터만 있으면 데이터프레임으로 변환하기 쉽습니다. 엑셀에서는 데이터를 임포트할 때 보통 파워 쿼리를 사용합니다.

데이터 집합을 분석하고 가공한 다음에는 그 결과를 데이터베이스에 다시 저장하거나 CSV 파일로 익스포트할 수도 있지만 판다스 데이터프레임을 익스포트할 때는 데이터프레임의 익스포트 메서드를 사용합니다. [표 5-7]에 가장 널리 쓰이는 임포트와 익스포트 방법을 요약했습니다.

표 5-7 데이터프레임 임포트와 익스포트

데이터 형식/시스템	임포트: 판다스(pd) 함수	익스포트: 데이터프레임(df) 메서드
CSV 파일	pd.read_csv	df.to_csv
JSON	pd.read_json	df.to_json
HTML	pd.read_html	df.to_html
클립보드	pd.read_clipboard	df.to_clipboard
엑셀 파일	pd.read_excel	df.to_excel
SQL 데이터베이스	pd.read_sql	df.to_sql

11장에서 케이스 스터디를 살펴보면서 `pd.read_sql`와 `pd.to_sql`을 사용할 겁니다. 7장 전체가 판다스에서 엑셀 파일을 읽고 쓰는 내용이므로 이 절에서는 CSV 파일 임포트와 익스포트에 대해 설명하겠습니다. 먼저 기존 데이터프레임을 익스포트하는 방법부터 알아봅시다!

5.6.1 CSV 파일로 익스포트

파이썬이나 판다스에 익숙치 않은 동료에게 데이터프레임을 전달해야 한다면 CSV 파일이 가장 무난합니다. 거의 모든 프로그램에 CSV 파일 임포트 기능이 있으니까요. 예제 데이터프레임 df를 CSV 파일로 익스포트할 때는 to_csv 메서드를 사용합니다.

```
In [100]: df.to_csv("course_participants.csv")
```

파일을 다른 디렉터리에 저장하고 싶다면 r"C:\path\to\desired\location\msft.csv"처럼 전체 경로를 문자열 원형raw으로 전달합니다.

> **NOTE_ 윈도우 경로에 문자열 원형 사용**
> 문자열에서 문자를 이스케이프할 때는 역슬래시를 사용합니다. 윈도우의 파일 경로를 만들 때 C:\\path\\to\\file.csv 처럼 이중 역슬래시를 사용하거나 문자열 앞에 r을 붙여서 각 문자를 있는 그대로 해석하는 문자열 원형을 만드는 이유는 그 때문입니다. macOS나 리눅스에서는 경로에 슬래시를 사용하므로 이런 문제는 없습니다.

앞의 예제처럼 파일 이름만 제공하면 노트북과 같은 디렉터리에 course_participants.csv 파일이 생성되며, 그 콘텐츠는 다음과 같습니다.

```
user_id,name,age,country,score,continent
1001,Mark,55,Italy,4.5,Europe
1000,John,33,USA,6.7,America
1002,Tim,41,USA,3.9,America
1003,Jenny,12,Germany,9.0,Europe
```

df.to_csv 메서드의 사용 방법을 알았으니 이제 CSV 파일을 임포트하는 방법을 알아봅시다.

5.6.2 CSV 파일 임포트

CSV 파일 임포트는 read_csv 함수에 그 파일의 경로만 제공하면 됩니다. 다음 예제의 MSFT.csv는 필자가 야후 파이낸스에서 내려 받은 CSV 파일이며 마이크로소프트 주가 이력을 날짜별로 담고 있습니다. 이 파일은 책의 저장소 csv 폴더에 들어 있습니다.

```
In [101]: msft = pd.read_csv("csv/MSFT.csv")
```

read_csv에 파일 이름 외에도 몇 가지 매개변수를 전달해야 할 때가 많습니다. 예를 들어 **sep**는 CSV 파일의 구분자가 기본값인 콤마가 아닐 때 사용할 구분자를 지정합니다. 다음 장에서 몇 가지 매개변수를 사용하겠지만, 전체적인 내용이 궁금하다면 판다스 문서(*https://oreil.ly/2GMhW*)를 보십시오.

이제 수천 행에 달하는 거대한 데이터프레임을 살펴볼 텐데, 이런 경우 일반적으로 가장 먼저 하는 일은 **info** 메서드로 데이터프레임 요약을 살펴보는 겁니다. 그리고 보통 **head**와 **tail** 메서드를 써서 데이터프레임의 처음과 마지막에 있는 몇 행을 훑어봅니다. 이들 메서드는 기본적으로 5행을 반환하지만 인자를 전달해서 바꿀 수 있습니다. 또한 **describe** 메서드로 간단한 통계를 볼 수 있습니다.

```
In [102]: msft.info()
<class 'pandas.core.frame.DataFrame'>
RangeIndex: 8622 entries, 0 to 8621
Data columns (total 7 columns):
 #  Column     Non-Null Count  Dtype
---  ------     --------------  -----
 0  Date       8622 non-null   object
 1  Open       8622 non-null   float64
 2  High       8622 non-null   float64
 3  Low        8622 non-null   float64
 4  Close      8622 non-null   float64
 5  Adj Close  8622 non-null   float64
 6  Volume     8622 non-null   int64
dtypes: float64(5), int64(1), object(1)
memory usage: 471.6+ KB

In [103]: # 책의 공간 문제로 필자는 열 몇 개만 선택했습니다.
          # 독자 여러분은 그냥 msft.head()를 실행해도 됩니다
          msft.loc[:, ["Date", "Adj Close", "Volume"]].head()

Out[103]:         Date  Adj Close       Volume
          0  1986-03-13   0.062205  1031788800
          1  1986-03-14   0.064427   308160000
          2  1986-03-17   0.065537   133171200
          3  1986-03-18   0.063871    67766400
          4  1986-03-19   0.062760    47894400
```

```
In [104]: msft.loc[:, ["Date", "Adj Close", "Volume"]].tail(2)

Out[104]:          Date   Adj Close     Volume
          8620  2020-05-26  181.570007  36073600
          8621  2020-05-27  181.809998  39492600

In [105]: msft.loc[:, ["Adj Close", "Volume"]].describe()

Out[105]:         Adj Close        Volume
          count  8622.000000  8.622000e+03
          mean     24.921952  6.030722e+07
          std      31.838096  3.877805e+07
          min       0.057762  2.304000e+06
          25%       2.247503  3.651632e+07
          50%      18.454313  5.350380e+07
          75%      25.699224  7.397560e+07
          max     187.663330  1.031789e+09
```

Adj Close는 '조정된 종가adjusted close price'를 뜻하며, 주식 분할 같은 회사의 행위를 반영해 조정된 주가를 뜻합니다. Volume은 거래된 주식 수량입니다. 이 장에서 살펴본 데이터프레임 메서드를 [표 5-8]에 정리했습니다.

표 5-8 데이터프레임 요약 메서드와 속성

데이터프레임 (df) 메서드와 속성	설명
df.info()	데이터 포인트 갯수, 인덱스, 데이터 타입, 메모리 사용량을 제공합니다.
df.describe()	갯수, 평균값, 표준 편차, 최솟값, 최댓값, 퍼센트 같은 기본 통계를 제공합니다.
df.head(n=5)	데이터프레임의 처음 n 행을 반환합니다.
df.tail(n=5)	데이터프레임의 마지막 n 행을 반환합니다.
df.dtypes	각 열을 데이터 타입을 반환합니다.

read_csv 함수는 로컬 CSV 파일의 경로 뿐만 아니라 URL도 받습니다. 다음과 같이 책의 저장소에서 CSV 파일을 직접 읽어올 수 있습니다.

```
In [106]: # 줄바꿈은 URL이 길어서 생긴 것이며 실제로는 붙여 써야 합니다
          url = ("https://raw.githubusercontent.com/fzumstein/"
                 "python-for-excel/1st-edition/csv/MSFT.csv")
```

```
        msft = pd.read_csv(url)

In [107]: msft.loc[:, ["Date", "Adj Close", "Volume"]].head(2)

Out[107]:         Date  Adj Close      Volume
        0  1986-03-13   0.062205  1031788800
        1  1986-03-14   0.064427   308160000
```

시계열에 관한 내용인 다음 장에서도 이 데이터와 read_csv 함수는 계속 사용할 겁니다.

5.7 요약

이 장에서는 판다스에서 데이터 집합을 분석할 때 필요한 새로운 개념과 도구를 설명했습니다. CSV 파일을 불러오는 방법, 중복되거나 누락된 데이터를 정리하는 방법, 기술 통계를 사용하는 방법을 배웠습니다. 데이터프레임을 대화형 그래프로 쉽게 변환하는 방법도 배웠습니다. 이 장에서 배운 내용을 모두 소화하려면 시간이 좀 필요하겠지만, 판다스를 사용하면서 얼마나 많은 일들이 가능해지는지 이해하는 건 어렵지 않았을 겁니다. 책을 진행하면서 다음과 같은 엑셀 기능을 대체하는 판다스 기능도 설명했습니다.

| 자동 필터 기능 |

135쪽의 '불리언 인덱스를 통한 선택'을 보십시오.

| VLOOKUP |

155쪽의 '조인과 병합'을 보십시오.

| 피벗 테이블 |

160쪽의 '피벗과 해제'를 보십시오.

| 파워 쿼리 |

168쪽의 '데이터프레임 임포트와 익스포트', 131쪽의 '데이터 조작', 153쪽의 '데이터프레임 조합'의 조합입니다.

다음 장은 시계열 분석에 관한 내용입니다. 이 기능은 금융 산업에서 판다스를 받아들이게 된 이유이기도 합니다. 판다스가 엑셀보다 얼마나 더 뛰어난지 단적으로 보여주는 기능이기도 합니다.

## CHAPTER 6

판다스와 시계열 분석

시계열이란 시간 축을 따라 나열한 데이터 포인트이며 여러 가지 시나리오에서 중요한 역할을 합니다. 트레이더는 주가 이력을 통해 위험을 예측하고, 날씨 예보는 기온, 습도, 기압을 측정하는 센서에서 만든 시계열을 바탕으로 만들어집니다. 또한 디지털 마케팅 부서 역시 웹 페이지에서 만들어진 시계열, 예를 들어 시간당 페이지 뷰와 그들이 넘어온 출처 분석에 의존하며 이를 통해 광고 계획을 수립합니다.

시계열 분석이 필요한 데이터 과학자와 분석가들은 엑셀에서 한계를 느끼고 더 좋은 대안을 찾기 시작합니다. 엑셀에서 한계를 느끼는 주된 요인은 다음과 같습니다.

| 거대한 데이터 집합 |

엑셀은 시트당 약 1백만 행이 한계인데, 시계열은 이보다 훨씬 큰 데이터를 다룰 때가 많습니다. 예를 들어 일일 주가 관련 업무를 틱 데이터 수준에서 수행한다면 종목 하나 당 매일 수십만 개의 레코드가 생성되는 정도는 아주 흔합니다.

| 날짜와 시간 |

3장에서 언급했듯 엑셀은 시계열의 가장 핵심인 날짜와 시간 처리에 한계가 있습니다. 엑셀은 시간대를 지원하지 않고 밀리초까지만 저장할 수 있는 숫자 형식을 사용합니다. 판다스는 시간대를 지원하며 나노초 단위까지 시간을 정밀하게 저장할 수 있는 넘파이 datetime64[ns] 데이터 타입을 사용합니다.

엑셀은 시계열을 다룰 때 필요한 가장 기본적인 도구조차도 지원하지 않습니다. 일 단위의 시계열을 월 단위의 시계열로 전환하는 일은 아주 자주 해야 하는 일임에도 불구하고 엑셀에는 이를 쉽게 할 수 있는 도구가 전혀 없습니다.

데이터프레임에서는 다양한 시간 기반 인덱스를 사용할 수 있습니다. 가장 널리 쓰이는 Date-timeIndex는 타임스탬프가 포함된 인덱스입니다. 시, 월 같은 시간 인터벌을 기반으로 하는 PeriodIndex 같은 인덱스 타입도 있습니다. 이 장에서는 DatetimeIndex만 사용합니다.

6.1 DatetimeIndex

이 절에서는 DatetimeIndex를 만드는 방법, 인덱스를 써서 특정 시간 범위를 필터링하는 방법, 시간대를 사용하는 방법을 배웁니다.

6.1.1 DatetimeIndex 생성

판다스는 date_range 함수를 사용해 DatetimeIndex를 만듭니다. 이 함수는 시작하는 날짜, 빈도, 데이터 포인트 갯수 또는 끝나는 날짜를 인자로 받습니다.

```
In [1]: # 이 장에서 사용하는 패키지를 임포트하고
        # 플로틀리를 그래프 서버로 설정합니다
        import pandas as pd
        import numpy as np
        pd.options.plotting.backend = "plotly"
```

```
In [2]: # 이 명령은 시작하는 타임스탬프, 데이터 포인트 갯수,
        # 빈도를 기준으로 DatetimeIndex를 만듭니다. ("D": 매일)
        daily_index = pd.date_range("2020-02-28", periods=4, freq="D")
        daily_index
```

```
Out[2]: DatetimeIndex(['2020-02-28', '2020-02-29', '2020-03-01', '2020-03-02'],
            dtype='datetime64[ns]', freq='D')
```

```
In [3]: # 이 명령은 시작/끝 타임스탬프를 기준으로 DatetimeIndex를 만듭니다
```

```
            # 빈도는 '매주 일요일'인 "W-SUN"입니다
            weekly_index = pd.date_range("2020-01-01", "2020-01-31", freq="W-SUN")
            weekly_index

Out[3]: DatetimeIndex(['2020-01-05', '2020-01-12', '2020-01-19', '2020-01-26'],
            dtype='datetime64[ns]', freq='W-SUN')

In [4]: # 주 단위 인덱스로 동작하는 데이터프레임을 만듭니다.
            # 일요일에만 개관하는 박물관 방문자 수 같은 경우에 쓸 수 있습니다
            pd.DataFrame(data=[21, 15, 33, 34],
                         columns=["visitors"], index=weekly_index)

Out[4]:              visitors
            2020-01-05      21
            2020-01-12      15
            2020-01-19      33
            2020-01-26      34
```

5장 마지막에서 언급했던 마이크로소프트 주식 시계열로 돌아갑시다. 열의 데이터 타입을 자세히 보면 **Date** 열이 **object** 타입인 걸 볼 수 있습니다. 이는 판다스가 타임스탬프를 문자열로 해석했기 때문입니다.

```
In [5]: msft = pd.read_csv("csv/MSFT.csv")
In [6]: msft.info()

<class 'pandas.core.frame.DataFrame'>
RangeIndex: 8622 entries, 0 to 8621
Data columns (total 7 columns):
 #  Column     Non-Null Count  Dtype
---  ------     --------------  -----
 0  Date       8622 non-null   object
 1  Open       8622 non-null   float64
 2  High       8622 non-null   float64
 3  Low        8622 non-null   float64
 4  Close      8622 non-null   float64
 5  Adj Close  8622 non-null   float64
 6  Volume     8622 non-null   int64
dtypes: float64(5), int64(1), object(1)
memory usage: 471.6+ KB
```

이 문제를 수정하고 datetime 데이터 타입으로 바꾸는 방법은 두 가지입니다. 첫 번째는 그 열을 대상으로 to_datetime 함수를 실행합니다. 소스에서부터 변경을 적용하려면 변환한 열을 원래 데이터프레임에 할당하는 걸 잊지 마십시오.

```
In [7]: msft.loc[:, "Date"] = pd.to_datetime(msft["Date"])
In [8]: msft.dtypes

Out[8]: Date          datetime64[ns]
        Open                 float64
        High                 float64
        Low                  float64
        Close                float64
        Adj Close            float64
        Volume                 int64
        dtype: object
```

두 번째 방법은 parse_dates 인자를 써서 타임스탬프가 포함된 열의 존재를 read_csv 함수에 알리는 겁니다. parse_dates 인자에는 열 이름이나 인덱스 리스트를 쓸 수 있습니다. 곧 보겠지만, 타임스탬프를 데이터프레임 인덱스로 변환하면 데이터를 쉽게 필터할 수 있으므로 거의 항상 타임스탬프를 데이터프레임 인덱스로 변환하게 될 겁니다. 다음과 같이 index_col 인자에 열 이름이나 인덱스를 전달하면 set_index를 다시 호출할 필요가 없습니다.

```
In [9]: msft = pd.read_csv("csv/MSFT.csv",
                           index_col="Date", parse_dates=["Date"])
In [10]: msft.info()

<class 'pandas.core.frame.DataFrame'>
DatetimeIndex: 8622 entries, 1986-03-13 to 2020-05-27
Data columns (total 6 columns):
 #  Column     Non-Null Count  Dtype
---  ------     --------------  -----
 0  Open       8622 non-null   float64
 1  High       8622 non-null   float64
 2  Low        8622 non-null   float64
 3  Close      8622 non-null   float64
 4  Adj Close  8622 non-null   float64
 5  Volume     8622 non-null   int64
dtypes: float64(5), int64(1)
memory usage: 471.5 KB
```

info가 반환하는 결과에서 알 수 있듯 이제 `DatetimeIndex`를 가진 데이터프레임이 생겼습니다. 다른 데이터 타입을 바꾸고 싶다면, 예를 들어 Volume 열에 int 대신 float를 사용하고 싶다면 이번에도 방법은 두 가지입니다. read_csv 함수에 dtype={"Volume": float} 인자를 전달하거나, 다음과 같이 astype 메서드를 사용하면 됩니다.

```
In [11]: msft.loc[:, "Volume"] = msft["Volume"].astype("float")
         msft["Volume"].dtype
Out[11]: dtype('float64')
```

시계열을 사용할 때는 항상 분석을 시작하기 전에 먼저 인덱스를 정렬하는게 좋습니다.

```
In [12]: msft = msft.sort_index()
```

마지막으로, `DatetimeIndex`의 일부분만 사용한다면, 예를 들어 시간 부분은 필요 없고 날짜 부분만 사용한다면 다음과 같이 date 속성을 쓰면 됩니다.

```
In [13]: msft.index.date
Out[13]: array([datetime.date(1986, 3, 13), datetime.date(1986, 3, 14),
                datetime.date(1986, 3, 17), ..., datetime.date(2020, 5, 22),
                datetime.date(2020, 5, 26), datetime.date(2020, 5, 27)],
               dtype=object)
```

date 외에도 year, month, day 처럼 날짜의 일부분만 사용할 수 있습니다. 데이터 타입이 datetime인 다른 열에서도 같은 기능을 사용하려면 df["column_name"].dt.date처럼 dt 속성을 사용해야 합니다.

6.1.2 DatetimeIndex 필터

데이터프레임에 `DatetimeIndex`가 있으면 YYYY-MM-DD HH:MM:SS 형식의 문자열을 loc에 써서 원하는 기간에 해당하는 행만 쉽게 선택할 수 있습니다. 판다스는 이 문자열을 슬라이스로 바꿔서 원하는 기간을 찾아냅니다. 예를 들어 2019년에 해당하는 행을 모두 선택할 때는 2019를 숫자가 아니라 **문자열**로 제공합니다.

```
In [14]: msft.loc["2019", "Adj Close"]
Out[14]: Date
         2019-01-02     99.099190
         2019-01-03     95.453529
         2019-01-04     99.893005
         2019-01-07    100.020401
         2019-01-08    100.745613
                          ...
         2019-12-24    156.515396
         2019-12-26    157.798309
         2019-12-27    158.086731
         2019-12-30    156.724243
         2019-12-31    156.833633
         Name: Adj Close, Length: 252, dtype: float64
```

한 걸음 더 나아가서 2019년 6월부터 2020년 5월까지의 데이터를 그래프로 그려 봅시다(그림 6-1).

```
In [15]: msft.loc["2019-06":"2020-05", "Adj Close"].plot()
```

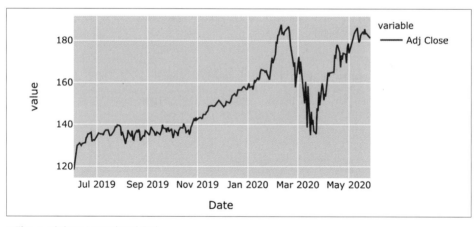

그림 6-1 마이크로소프트의 조정 종가

플로틀리 그래프에 마우스를 올리면 값이 툴팁에 나타납니다. 마우스로 사각형을 그리면 그래 프를 확대할 수 있습니다. 그래프를 더블 클릭하면 기본 뷰로 돌아갑니다.

다음 절에서 시간대 처리에 관해 알아보면서 조정 종가를 다시 사용할 겁니다.

6.1.3 시간대

마이크로소프트는 나스닥 증권 거래소에 상장돼 있습니다. 나스닥은 뉴욕에 있으며 거래는 오후 4시에 마감됩니다. 이런 정보를 데이터프레임에 추가하려면 먼저 **DateOffset**을 통해 마감 시간을 추가하고, **tz_localize**를 통해 정확한 시간대를 타임스탬프에 추가합니다. 마감 시간은 종가에만 적용 가능하니 새로운 데이터프레임을 만듭시다.

```
In [16]: # 날짜에 시간 정보를 추가합니다
         msft_close = msft.loc[:, ["Adj Close"]].copy()
         msft_close.index = msft_close.index + pd.DateOffset(hours=16)
         msft_close.head(2)

Out[16]:                    Adj Close
         Date
         1986-03-13 16:00:00    0.062205
         1986-03-14 16:00:00    0.064427

In [17]: # 타임스탬프가 시간대를 인식하게 만듭니다
         msft_close = msft_close.tz_localize("America/New_York")
         msft_close.head(2)

Out[17]:                          Adj Close
         Date
         1986-03-13 16:00:00-05:00    0.062205
         1986-03-14 16:00:00-05:00    0.064427
```

타임스탬프를 UTC 시간대로 변환할 때는 데이터프레임 메서드 **tz_convert**를 사용합니다. UTC는 협정 세계시를 뜻하며 예전에는 GMT라는 표현을 썼습니다. UTC 기준 마감 시간은 뉴욕의 서머타임(DST) 적용 여부에 따라 달라집니다.

```
In [18]: msft_close = msft_close.tz_convert("UTC")
         msft_close.loc["2020-01-02", "Adj Close"]  # 서머타임이 아닌 21:00

Out[18]: Date
         2020-01-02 21:00:00+00:00    159.737595
```

```
        Name: Adj Close, dtype: float64

In [19]: msft_close.loc["2020-05-01", "Adj Close"]  # 서머타임인 20:00

Out[19]: Date
         2020-05-01 20:00:00+00:00    174.085175
         Name: Adj Close, dtype: float64
```

이렇게 시계열을 준비해 두면 설령 시간 정보가 누락됐거나 로컬 시간대로 제공됐더라도 서로 다른 시간대의 증권 거래소 종가를 비교할 수 있습니다.

이제 DatetimeIndex에 대해 알게 됐으니 다음 절에서 주가 성과를 계산하고 비교하면서 널리 쓰이는 몇 가지 시계열 조작에 대해 알아봅시다.

6.2 널리 쓰이는 시계열 조작

이 절에서는 이익stock return 계산, 다양한 주식의 성과 그래프, 주식 이익 사이의 관계를 히트맵으로 시각화하는 등 널리 쓰이는 시계열 분석에 대해 알아봅니다. 시계열 빈도를 바꾸는 방법, 이동 통계rolling statistics를 계산하는 방법에 대해서도 알아봅니다.

6.2.1 행 이동과 퍼센트 값 변화

금융에서 주식의 **로그 수익률**log returns은 보통 정규 분포를 따른다고 가정합니다. 필자는 로그 수익률이라는 단어를 현재 가격과 이전 가격의 비율의 자연 로그라는 의미로 썼습니다. 매일매일의 로그 수익률이 어떤 분포를 보이는지 확인할 수 있는 히스토그램을 그려 봅시다. 하지만 먼저 로그 수익률을 계산할 방법이 필요합니다. 엑셀에서는 일반적으로 [그림 6-2]와 같이 두 행의 셀을 참조하는 공식을 사용합니다.

	A	B	C
1	Date	Adj Close	
2	3/13/1986	0.062205	
3	3/14/1986	0.064427	=LN(B3/B2)
4	3/17/1986	0.065537	0.017082

그림 6-2 엑셀에서 로그 수익률 계산

WARNING_ 엑셀과 파이썬의 로그 함수

엑셀은 자연 로그에 LN을, 상용 로그에 LOG를 사용합니다. 반면 파이썬의 `math` 모듈과 넘파이는 자연 로그에 `log`을, 상용 로그에 `log10`을 사용합니다.

판다스에서는 두 개의 행에 접근하는 공식을 쓰지는 않고, 다른 행의 값을 취하는 `shift` 메서드를 사용합니다. 이런 방식은 연산이 한 행에서 이루어지므로 벡터화의 이점을 취할 수 있습니다. `shift`는 인자로 양 또는 음의 정수를 받고 시계열을 그만큼 이동합니다. 먼저 `shift` 메서드가 어떻게 동작하는지 보십시오.

```
In [20]: msft_close.head()

Out[20]:                            Adj Close
         Date
         1986-03-13 21:00:00+00:00   0.062205
         1986-03-14 21:00:00+00:00   0.064427
         1986-03-17 21:00:00+00:00   0.065537
         1986-03-18 21:00:00+00:00   0.063871
         1986-03-19 21:00:00+00:00   0.062760

In [21]: msft_close.shift(1).head()

Out[21]:                            Adj Close
         Date
         1986-03-13 21:00:00+00:00        NaN
         1986-03-14 21:00:00+00:00   0.062205
         1986-03-17 21:00:00+00:00   0.064427
         1986-03-18 21:00:00+00:00   0.065537
         1986-03-19 21:00:00+00:00   0.063871
```

이제 읽고 이해하기 쉬운 벡터 기반 공식 하나만 작성하면 됩니다. 자연 로그를 계산할 때는 모든 요소에 적용되는 넘파이의 범용 함수 **log**를 사용합니다. 이 결과를 가지고 히스토그램을 그릴 수 있습니다(그림 6-3).

```
In [22]: returns = np.log(msft_close / msft_close.shift(1))
         returns = returns.rename(columns={"Adj Close": "returns"})
         returns.head()

Out[22]:                             returns
         Date
         1986-03-13 21:00:00+00:00       NaN
         1986-03-14 21:00:00+00:00  0.035097
         1986-03-17 21:00:00+00:00  0.017082
         1986-03-18 21:00:00+00:00 -0.025749
         1986-03-19 21:00:00+00:00 -0.017547

In [23]: # 매일매일의 로그 수익률을 히스토그램으로 그립니다
         returns.plot.hist()
```

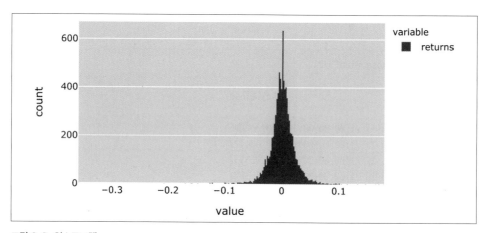

그림 6-3 히스토그램

로그 수익률이 아니라 **단순 수익률**을 원한다면 판다스에 내장된 pct_change 메서드를 사용하십시오. 이 메서드는 기본적으로 이전 행에서 바뀐 정도를 퍼센트 값으로 계산하는데 단순 수익률의 계산 방식도 이와 일치합니다.

```
In [24]: simple_rets = msft_close.pct_change()
         simple_rets = simple_rets.rename(columns={"Adj Close": "simple rets"})
         simple_rets.head()

Out[24]:                            simple rets
         Date
         1986-03-13 21:00:00+00:00          NaN
         1986-03-14 21:00:00+00:00     0.035721
         1986-03-17 21:00:00+00:00     0.017229
         1986-03-18 21:00:00+00:00    -0.025421
         1986-03-19 21:00:00+00:00    -0.017394
```

지금까지는 마이크로소프트 주식 하나만 살펴봤습니다. 다음 절에서는 시계열을 더 많이 불러온 다음, 여러 시계열이 필요한 데이터프레임 메서드에 대해 알아봅시다.

6.2.2 리베이스와 상관관계

하나 이상의 시계열을 대상으로 작업해보면 더 흥미를 느낄 겁니다. 아마존(AMZN), 구글(GOOGL), 애플(AAPL)의 조정 종가도 불러옵시다. 이 데이터 역시 야후 파이낸스에서 내려 받았습니다.

```
In [25]: parts = []   # 개별 데이터프레임을 모을 리스트
         for ticker in ["AAPL", "AMZN", "GOOGL", "MSFT"]:
             # "usecols" 인자를 써서 Date와 Adj Close 열만 읽습니다
             adj_close = pd.read_csv(f"csv/{ticker}.csv",
                                     index_col="Date", parse_dates=["Date"],
                                     usecols=["Date", "Adj Close"])
             # 열 이름을 증권 시세를 나타내는 약자로 바꿉니다
             adj_close = adj_close.rename(columns={"Adj Close": ticker})
             # parts 리스트에 주식 데이터프레임을 이어붙입니다
             parts.append(adj_close)

In [26]: # 네 개의 데이터프레임을 하나로 조합합니다
         adj_close = pd.concat(parts, axis=1)
         adj_close

Out[26]:                     AAPL        AMZN       GOOGL       MSFT
         Date
```

```
1980-12-12    0.405683           NaN           NaN           NaN
1980-12-15    0.384517           NaN           NaN           NaN
1980-12-16    0.356296           NaN           NaN           NaN
1980-12-17    0.365115           NaN           NaN           NaN
1980-12-18    0.375698           NaN           NaN           NaN
...                ...           ...           ...           ...
2020-05-22  318.890015   2436.879883   1413.239990    183.509995
2020-05-26  316.730011   2421.860107   1421.369995    181.570007
2020-05-27  318.109985   2410.389893   1420.280029    181.809998
2020-05-28  318.250000   2401.100098   1418.239990           NaN
2020-05-29  317.940002   2442.370117   1433.520020           NaN
[9950 rows x 4 columns]
```

concat의 위력을 보셨나요? 판다스가 자동으로 각 시계열을 날짜 기준으로 정렬했습니다. 따라서 애플의 주가는 표시됐지만 다른 회사의 주가는 NaN 값으로 표시된 날짜들이 존재합니다. 또한 가장 최근의 이틀 동안은 MSFT 하나만 NaN 값인걸 보고 필자가 MSFT.csv를 다른 회사의 데이터보다 이틀 먼저 내려 받은 걸 눈치챈 독자도 있을 겁니다. 시계열을 날짜로 정렬하는 건 자주 하는 일임에도 불구하고, 엑셀에서 하려면 아주 성가신 작업이며 따라서 오류도 아주 자주 일어납니다. 다음과 같이 값이 누락된 행을 모두 제거하면 모든 주식에 같은 숫자의 데이터 포인트만 남습니다.

```
In [27]: adj_close = adj_close.dropna()
         adj_close.info()

<class 'pandas.core.frame.DataFrame'>
DatetimeIndex: 3970 entries, 2004-08-19 to 2020-05-27
Data columns (total 4 columns):
 #  Column  Non-Null Count  Dtype
---  ------  --------------  -----
 0   AAPL    3970 non-null   float64
 1   AMZN    3970 non-null   float64
 2   GOOGL   3970 non-null   float64
 3   MSFT    3970 non-null   float64
dtypes: float64(4)
memory usage: 155.1 KB
```

시계열 전체가 100에서 시작하도록 기준점을 맞춰^{rebase} 봅시다.[5] 이렇게 하면 각 종목의 성과를 상대적으로 비교할 수 있습니다(그림 6-4). 시계열의 기준점을 맞출 때는 모든 값을 시작값으로 나눈 다음 새 기준점인 100을 곱하면 됩니다. 엑셀에서 이런 일을 하려면 일반적으로 셀의 절대 참조와 상대 참조를 조합한 공식을 만든 다음 이 공식을 모든 행, 모든 시계열에 복사해야 합니다. 판다스에서는 벡터화와 브로드캐스팅의 힘을 이용할 수 있으므로 공식 하나만 있으면 됩니다.

```
In [28]: # 2019년 6월 - 2020년 5월 데이터를 샘플로 사용합니다
         adj_close_sample = adj_close.loc["2019-06":"2020-05", :]
         rebased_prices = adj_close_sample / adj_close_sample.iloc[0, :] * 100
         rebased_prices.head(2)

Out[28]:                   AAPL        AMZN       GOOGL         MSFT
         Date
         2019-06-03  100.000000  100.000000  100.00000  100.000000
         2019-06-04  103.658406  102.178197  101.51626  102.770372


In [29]: rebased_prices.plot()
```

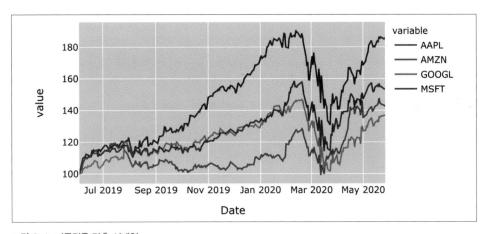

그림 6-4 기준점을 맞춘 시계열

각 주식의 성과가 얼마나 독립적인지 보려면 corr 메서드를 사용해 그들의 상관관계를 봅니다. 불행히도 판다스에는 상관관계 행렬을 히트맵으로 시각화하는 내장 그래프 타입이 없으므로 plotly.express 인터페이스를 통해 플로틀리를 직접 제어해야 합니다(그림 6-5).

```
In [30]: # 일별 로그 수익률의 상관관계
         returns = np.log(adj_close / adj_close.shift(1))
         returns.corr()

Out[30]:           AAPL      AMZN     GOOGL      MSFT
         AAPL   1.000000  0.424910  0.503497  0.486065
         AMZN   0.424910  1.000000  0.486690  0.485725
         GOOGL  0.503497  0.486690  1.000000  0.525645
         MSFT   0.486065  0.485725  0.525645  1.000000

In [31]: import plotly.express as px

In [32]: fig = px.imshow(returns.corr(),
                         x=adj_close.columns,
                         y=adj_close.columns,
                         color_continuous_scale=list(
                             reversed(px.colors.sequential.RdBu)),
                         zmin=-1, zmax=1)
         fig.show()
```

imshow의 동작 방식을 자세히 알고 싶다면 플로틀리 익스프레스 API 문서(*https://oreil. ly/086li*)를 보십시오.

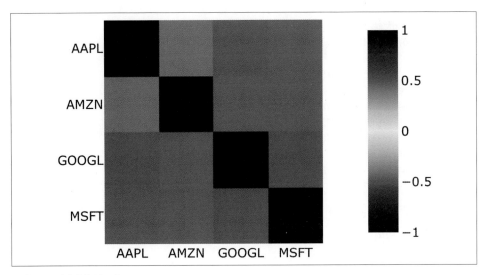

그림 6-5 상관관계 히트맵

이제 시계열을 조합하고 정리하는 방법, 수익과 상관관계를 계산하는 방법을 포함해 이미 시계열에 대해 몇 가지 배웠습니다. 하지만 일간 수익은 분석 데이터로 적절치 않다고 판단해 월간 수익으로 바꿔야겠다고 결정했다면, 어떻게 해야 할까요? 시계열 데이터의 빈도를 바꾸는게 다음 절의 주제입니다.

6.2.3 리샘플링

시계열 작업에서는 **업샘플링**과 **다운샘플링**이 자주 이루어집니다. 업샘플링이란 시계열을 더 높은 빈도로 변환하는 작업이고, 다운샘플링은 반대로 더 낮은 빈도로 변환하는 작업입니다. 금융 관련 팩트 시트에서는 월별/분기별 성과를 제출하는 경우가 많습니다. 일별 시계열을 월별 시계열로 변환할 때는 resample 메서드를 사용합니다. 이 메서드는 월말을 뜻하는 M, 회계월말end-of-business-month을 뜻하는 BM 같은 빈도 문자열을 인자로 받습니다. 판다스 문서(*https://oreil.ly/zStpt*)에서 빈도 문자열 전체를 확인할 수 있습니다. groupby와 마찬가지로 resample 메서드 뒤에는 리샘플링 방법을 지정하는 메서드를 체인으로 연결합니다. 필자는 항상 해당 월의 마지막 날만 취하는 last 메서드를 썼습니다.

```
In [33]: end_of_month = adj_close.resample("M").last()
         end_of_month.head()

Out[33]:                   AAPL       AMZN       GOOGL       MSFT
         Date
         2004-08-31   2.132708  38.139999  51.236237  17.673630
         2004-09-30   2.396127  40.860001  64.864868  17.900215
         2004-10-31   3.240182  34.130001  95.415413  18.107374
         2004-11-30   4.146072  39.680000  91.081078  19.344421
         2004-12-31   3.982207  44.290001  96.491493  19.279480
```

last 외에도 sum이나 mean 처럼 groupby에서 동작하는 메서드는 모두 사용할 수 있습니다. 해당 기간의 시작가open, 고점high, 저점low, 종가close를 반환하는 편리한 메서드 ohlc도 있습니다. 이 메서드는 주가와 함께 흔히 사용하곤 하는 캔들스틱 차트candlestick chart를 만들 때도 사용할 수 있습니다.

가진 데이터가 월말 시계열 뿐인데 주별 시계열이 필요하다면 월말 시계열에 업샘플링을 적용해야 합니다. asfreq을 사용하면 판다스가 데이터를 전혀 변환하지 않으므로 대부분의 값에 NaN이 표시됩니다. 알고 있는 마지막 값을 사용해 앞으로 채울forward-fill 때는 ffill 메서드를 사용합니다.

```
In [34]: end_of_month.resample("D").asfreq().head()  # 변환 없음

Out[34]:                   AAPL       AMZN       GOOGL       MSFT
         Date
         2004-08-31   2.132708  38.139999  51.236237  17.67363
         2004-09-01        NaN        NaN        NaN       NaN
         2004-09-02        NaN        NaN        NaN       NaN
         2004-09-03        NaN        NaN        NaN       NaN
         2004-09-04        NaN        NaN        NaN       NaN

In [35]: end_of_month.resample("W-FRI").ffill().head()  # 앞으로 채움

Out[35]:                   AAPL       AMZN       GOOGL       MSFT
         Date
         2004-09-03   2.132708  38.139999  51.236237  17.673630
         2004-09-10   2.132708  38.139999  51.236237  17.673630
         2004-09-17   2.132708  38.139999  51.236237  17.673630
         2004-09-24   2.132708  38.139999  51.236237  17.673630
         2004-10-01   2.396127  40.860001  64.864868  17.900215
```

데이터 다운샘플링은 시계열을 매끄럽게 만드는 방법 중 한 가지일 뿐입니다. 롤링 윈도우rolling window에서 통계를 내는 것도 한 가지 방법입니다.

6.2.4 롤링 윈도우

시계열 통계를 계산할 때는 **이동 평균**moving average 같은 이동 통계rolling statistic가 필요할 때가 많습니다. 이동 평균은 시계열의 부분 집합(25일이라고 합시다)을 취하고, 윈도우[6]를 다음 날로 이동하기 전에 이 부분 집합의 평균값을 구합니다. 이렇게 하면 더 부드럽게 표현되고 이상치도 적은 새로운 시계열을 얻을 수 있습니다. 알고리즘에 기반한 주식 거래를 하고 있다면 이동 평균과 주가가 겹치는 부분, 또는 이와 유사한 양상을 매도/매수의 신호로 삼을 수도 있습니다. 데이터프레임에는 빈도를 인자로 받는 rolling 메서드가 있습니다. 이 메서드에 원하는 통계 메서드를 체인으로 연결합니다. 여기서는 이동 평균을 구하고 있으므로 mean을 썼습니다. [그림 6-6]을 보면 원래 시계열과 이동 평균을 쉽게 비교할 수 있습니다.

```
In [36]: # MSFT의 2019년 데이터로 산출한 이동 평균 그래프
         msft19 = msft.loc["2019", ["Adj Close"]].copy()
         # 25일 단위로 움직이는 이동 평균을 데이터프레임의 새로운 열로 추가합니다
         msft19.loc[:, "25day average"] = msft19["Adj Close"].rolling(25).mean()
         msft19.plot()
```

---

6 옮긴이_ 기간별 추이를 좀 더 거시적으로 보기 위해서는 구간으로 나눠서 살펴보는게 도움이 될 겁니다. 하지만 구간으로 끊어서 살펴보면 세부사항이 너무 무시되므로 추이를 본다는 목적에서 멀어질 수도 있습니다. 예를 들어 2021년 12월의 추이를 볼 때 12월 첫주/둘째주/세째주.. 이런 식으로 본다면 놓치는 부분이 많을 겁니다. 이를 보완해, 12.01~12.07 => 12.02~12.08 => 12.03 ~ 12.09 => ... 이런 식으로 본다면 일별 등락에 시선을 뺏기지 않으면서도, 세부 사항을 크게 놓치지 않고 거시적인 시각을 가질 수 있을 겁니다. 역자는 이렇게 이동하는 구간, 또는 필터를 윈도우라고 부르는 것으로 이해했습니다.

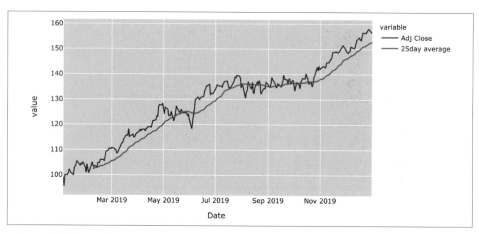

그림 6-6 이동 평균 그래프

mean 외에도 count, sum, median, min, max, std(표준 편차), var(평방 편차, variance)
등 여러 가지 통계 방법을 적용할 수 있습니다.

이제 판다스의 가장 중요한 기능은 거의 살펴봤습니다. 하지만 판다스의 한계를 이해하는 것
역시 기능을 이해하는 것만큼 중요합니다. 비록 현재는 그 한계에 직면할 가능성이 매우 낮더
라도 말입니다.

6.3 거대한 데이터가 필요할 때

데이터프레임이 점점 커지기 시작한다면 데이터프레임에 데이터를 어느 정도까지 담을 수 있
는지 알아두는 것도 좋습니다. 엑셀은 시트 하나에 대략 1백만 행, 12,000열이라는 한계가 정
해져 있지만 판다스에는 그런 정해진 한계는 없으며 컴퓨터에서 사용할 수 있는 메모리가 곧
데이터의 한계입니다. 메모리를 넘칠 정도로 데이터가 많다면, 데이터 집합에서 필요한 열만
선택해 불러온다거나 작업의 중간 결과물을 삭제해 메모리를 일부 돌려받는 비교적 쉬운 해결
책이 있습니다. 이런 방법으로 충분치 않다면 판다스 사용자들이 익숙하게 쓸 수 있으면서도
빅데이터에 적용할 수 있는 몇 가지 프로젝트가 있습니다. 대스크^{Dask}(https://dask.org)
는 그런 프로젝트 중 하나이며 넘파이와 판다스를 기반으로 동작합니다. 대스크는 거대한 데
이터 집합을 여러 개의 판다스 데이터프레임으로 분할하고, 이들을 여러 개의 CPU 코어 또는

다른 컴퓨터에 분산해 처리합니다. 이외에도 모딘^Modin (*https://oreil.ly/Wd8gi*), 코알라 ^Koalas (*https://oreil.ly/V13Be*), Vaex(*https://vaex.io*), 파이스파크^PySpark (*https://oreil.ly/E7kmX*), cuDF(*https://oreil.ly/zaeWz*), 아이비스^Ibis (*https://oreil.ly/Gw4wn*), 파이애로우^PyArrow (*https://oreil.ly/DQQGD*) 같은 빅데이터 프로젝트들이 있습니다. 다음 장에서 모딘에 대해 간단히 알아보긴 하겠지만, 이 책에서 빅데이터 처리에 대해 자세히 설명하지는 않습니다.

6.4 요약

금융 산업은 시계열에 크게 의존하는데, 이는 엑셀이 가장 크게 뒤처진 분야 중 하나입니다. 이제 독자 여러분도 판다스가 금융 분야에서 크게 성공한 이유를 이해했을 겁니다. 판다스에서는 시간대 조정, 시계열 리샘플링, 상관관계 행렬 같은 작업을 쉽게 할 수 있는데 엑셀은 이런 기능을 전혀 지원하지 않거나, 가능하더라도 아주 성가신 수작업이 필요합니다.

하지만 판다스를 쓸 줄 알게 됐다고 해서 엑셀을 완전히 잊어도 된다는 건 아닙니다. 판다스와 엑셀은 아주 잘 어울리는 파트너가 될 수 있습니다. 판다스 데이터프레임은 엑셀과 데이터를 교환하기 편리하며, 3부에서는 엑셀 없이도 엑셀 파일을 읽고 쓰는 방법을 배울 겁니다. 이를 통해 파이썬이 지원되기만 하면 리눅스 같은 운영 체제에서도 엑셀 파일을 조작할 수 있으므로 큰 도움이 됩니다. 다음 장에서는 판다스로 엑셀 파일 여러 개에서 데이터를 모아 요약 보고서를 만드는 것 같은 따분한 작업을 자동화하는 방법을 설명하겠습니다.

엑셀 없이
엑셀 파일 읽고 쓰기

3부는 판다스, OpenPyXL, XlsxWriter, pyxlsb, xlrd, xlwt 같은 파이썬 패키지를 사용해 엑셀 파일을 조작하는 내용입니다. 이 패키지들은 디스크에서 엑셀 워크북을 바로 읽고 쓸 수 있으므로 엑셀 애플리케이션 대신 사용할 수 있습니다. 엑셀을 설치할 필요가 없으므로 파이썬을 지원하기만 한다면 윈도우, macOS, 리눅스를 포함해 어떤 운영 체제에서든 사용할 수 있습니다. 리더 패키지의 대표적인 사용례는 매일 아침 협력사에서 보내는 엑셀 파일에서 데이터를 읽어 데이터베이스에 저장합니다. 라이터 패키지의 대표적인 사용례는 거의 모든 프로그램에 존재하는 '엑셀로 내보내기' 버튼이 하는 일입니다.

Part III

엑셀 없이 엑셀 파일 읽고 쓰기

7장　판다스를 사용한 엑셀 파일 조작

8장　리더와 라이터 패키지를 이용한 엑셀 파일 조작

판다스를 사용한 엑셀 파일 조작

여섯 장에 걸쳐 책에서 사용할 도구와 파이썬, 판다스에 대해 소개했으니 이제 그동안 새로 배운 기술을 활용하는 시간을 가져 보겠습니다. 먼저 판다스 코드 열 몇 줄이면 수십개의 엑셀 파일에서 데이터를 취합해, 당장 상사에게 보낼 수 있는 엑셀 보고서를 만드는 실용적인 케이스 스터디를 진행합니다. 케이스 스터디가 끝나면 엑셀 파일을 읽는 read_excel 함수와 ExcelFile 클래스, 엑셀 파일에 쓰는 to_excel 메서드와 ExcelWriter 클래스에 대해 자세히 소개합니다. 판다스는 엑셀 애플리케이션이 없어도 엑셀 파일을 읽고 쓸 수 있으므로 이 장의 예제는 리눅스를 포함해 파이썬이 실행되는 운영 체제라면 어디든 실행됩니다.

7.1 케이스 스터디: 엑셀 보고서

이 케이스 스터디는 지난 몇 년 동안 필자가 실제로 참여했던 프로젝트를 바탕으로 만들었습니다. 이 프로젝트들은 통신, 디지털 마케팅, 금융 등 완전히 다른 분야로 나뉘지만, 그럼에도 불구하고 비슷한 점은 있습니다. 엑셀 파일이 들어있는 디렉터리에서 데이터를 취합해 일별, 주별, 월별 엑셀 보고서를 만든다는 점이죠. 책의 저장소 sales_data 디렉터리에는 미국 각지의 대리점에서 브론즈, 실버, 골드 플랜을 판매하는 가상의 통신사 매출인 엑셀 파일이 있습니다. 매 월마다 두 개의 파일이 있는데, new 서브디렉터리에는 새로운 계약이 들어있고 existing 서브디렉터리에는 기존 고객의 파일이 있습니다. 신규 고객 보고서는 새로운 형식인 xlsx 파일에 들어있고, 기존 고객 보고서는 이전 형식인 xls 파일에 들어 있습니다. 각 파일에는 최대 10,000건의 거래 내역이 있으며 우리 목표는 대리점/월별 전체 매출의 엑셀 보고서를 만드는 겁니다. 우선 new 서브디렉터리에 있는 January.xlsx 파일을 살펴봅시다(그림 7-1).

	A	B	C	D	E	F	G
1	transaction_id	store	status	transaction_date	plan	contract_type	amount
2	abfbdd6d	Chicago	ACTIVE	1/1/2019	Silver	NEW	14.25
3	136a9997	San Francisco	ACTIVE	1/1/2019	Gold	NEW	19.35
4	c6688f32	San Francisco	ACTIVE	1/1/2019	Bronze	NEW	12.2
5	6ef349c1	Chicago	ACTIVE	1/1/2019	Gold	NEW	19.35
6	22066f29	San Francisco	ACTIVE	1/1/2019	Silver	NEW	14.25

그림 7-1 January.xlsx 파일의 처음 몇 행

existing 서브디렉터리의 엑셀 파일도 거의 같지만, status 열이 없고 구형 xls 형식으로 저장됐다는 점만 다릅니다. 먼저 판다스의 read_excel 함수로 1월의 신규 계약을 읽어 봅시다.

```
In [1]: import pandas as pd

In [2]: df = pd.read_excel("sales_data/new/January.xlsx")
        df.info()

<class 'pandas.core.frame.DataFrame'>
RangeIndex: 9493 entries, 0 to 9492
Data columns (total 7 columns):
 #  Column            Non-Null Count  Dtype
---  ------            --------------  -----
 0  transaction_id    9493 non-null   object
 1  store             9493 non-null   object
 2  status            9493 non-null   object
 3  transaction_date  9493 non-null   datetime64[ns]
 4  plan              9493 non-null   object
 5  contract_type     9493 non-null   object
 6  amount            9493 non-null   float64
dtypes: datetime64[ns](1), float64(1), object(5)
memory usage: 519.3+ KB
```

예제에서 확인할 수 있듯 판다스는 transaction_date의 날짜 형식을 포함해 모든 열의 데이터 타입을 정상적으로 인식했습니다. 따라서 다른 준비는 필요 없고 바로 데이터를 사용할 수 있습니다. 예제가 정말 단순해서 설명이 더는 필요 없으니 [예제 7-1]의 sales_report_pandas.py 스크립트로 넘어갑시다. 이 스크립트는 두 디렉터리의 엑셀 파일을 모두 읽고 데이터를 수집한 다음 요약 테이블을 새로운 엑셀 파일에 기록합니다. 비주얼 스튜디오 코드로 스크립트를 직접 작성하거나 책의 저장소에서 불러오십시오. 비주얼 스튜디오 코드에서 파일을 만들거나 읽는 방법이 기억나지 않는다면 2장을 다시 읽어보십시오. 스크립트를 직접 작성한다면 sales_data 폴더와 같은 폴더에 저장해야 파일 경로를 수정할 필요 없이 스크립트를 실행할 수 있습니다.

예제 7-1 sales_report_pandas.py

```
from pathlib import Path

import pandas as pd


# 이 파일의 디렉터리
this_dir = Path(__file__).resolve().parent      ❶

# sales_data의 서브디렉터리에 있는 엑셀 파일을 모두 읽습니다
parts = []
for path in (this_dir / "sales_data").rglob("*.xls*"):      ❷
    print(f'Reading {path.name}')
    part = pd.read_excel(path, index_col="transaction_id")
    parts.append(part)

# 각 파일의 데이터프레임을 하나로 조합합니다
# 열 정렬은 판다스에서 알아서 합니다
df = pd.concat(parts)

# 피벗을 사용해 각 대리점을 열 하나로 모으고 일별 거래량을 합산합니다
pivot = pd.pivot_table(df,
```

```
                      index="transaction_date", columns="store",
                      values="amount", aggfunc="sum")

# 월말로 리샘플링을 적용하고 인덱스 이름을 할당합니다
summary = pivot.resample("M").sum()
summary.index.name = "Month"

# 요약 보고서를 엑셀 파일로 만듭니다
summary.to_excel(this_dir / "sales_report_pandas.xlsx")
```

❶ 필자는 지금까지 파일 경로를 지정할 때 계속 문자열을 사용했습니다. 표준 라이브러리의 pathlib 모듈에 있는 Path 클래스에는 파일 경로를 다루는 강력한 도구가 준비돼 있습니다. 네 줄 아래에서 볼 수 있듯 this_dir / "sales_data" 처럼 경로의 각 부분을 슬래시로 연결해 전체 경로를 쉽게 만들 수 있습니다. 이렇게 만든 경로는 운영 체제를 가리지 않고 동작하며, 곧 설명할 rglob 같은 필터도 적용할 수 있습니다. __file__은 현재 실행 중인 파일의 소스 코드가 저장된 경로로 해석됩니다. 따라서 여기에 parent를 사용하면 이 파일이 저장된 디렉터리 이름을 알 수 있습니다. parent 앞에 있는 resolve 메서드는 경로를 절대 경로로 변환합니다. 만약 이 코드를 주피터 노트북에서 실행한다면 이 행을 this_dir = Path(".").resolve()로 교체해야 하는데, 여기서 점은 현재 디렉터리를 가리킵니다. 문자열 형태로 경로를 받는 함수나 클래스는 대부분 경로 객체도 받습니다.

❷ 원하는 디렉터리에서 모든 엑셀 파일을 재귀적으로 읽는 가장 쉬운 방법은 path 객체의 rglob 메서드입니다. glob은 경로명에 와일드카드를 사용한다는 뜻인 globbing의 약자입니다. ? 와일드카드는 정확히 한 개의 문자를 나타내고, *은 문자 갯수에 제한이 없습니다(0개여도 괜찮습니다). rglob의 r은 재귀를 의미합니다. 즉 서브디렉터리 전체에서 일치하는 파일을 찾습니다. 물론 glob은 서브디렉터리를 무시합니다. 글롭 표현식에 쓴 *.xls*는 .xls, .xlsx에 모두 일치하므로 엑셀 파일의 구버전과 신버전을 모두 불러옵니다. 실무에 사용할 때는 이 표현식을 조금 확장한 [!~$]*.xls* 같은 표현식도 좋습니다. 이 표현식은 ~$로 시작하는 임시 엑셀 파일을 무시합니다. 파이썬에서 글로빙을 사용하는 방법이 더 궁금하다면 파이썬 문서(*https://oreil.ly/fY0qG*)를 보십시오.

이제 스크립트를 실행해 봅시다(예를 들어 비주얼 스튜디오 코드 오른쪽 상단의 파일 실행 버튼을 클릭). 이 스크립트 실행에는 시간이 조금 걸릴 수 있고, 완료되면 스크립트와 같은 디렉터리에 엑셀 워크북 sales_report_pandas.xlsx가 생깁니다. Sheet1의 콘텐츠는 [그림 7-2]와 같습니다. 고작 열 몇 줄의 코드가 해 낸 결과라고 보기엔 대단히 인상적이지 않습니까? 비록 날짜를 확인하기 위해 첫 번째 열 너비를 좀 늘려야 하긴 하지만요!

	Month	Boston	Chicago	Las Vegas	New York	an Francisc	ashington DC
1	**Month**	**Boston**	**Chicago**	**Las Vegas**	**New York**	**an Francisc**	**ashington DC**
2	########	21784.1	51187.7	23012.75	49872.85	58629.85	14057.6
3	########	21454.9	52330.85	25493.1	46669.85	55218.65	15235.4
4	########	20043	48897.25	23451.1	41572.25	52712.95	14177.05
5	########	18791.05	47396.35	22710.15	41714.3	49324.65	13339.15
6	########	18036.75	45117.05	21526.55	40610.4	47759.6	13147.1
7	########	21556.25	49460.45	21985.05	47265.65	53462.4	14284.3
8	########	19853	47993.8	23444.3	40408.3	50181.6	14161.5
9	########	22332.9	50838.9	24927.65	45396.85	55336.35	16127.05
10	########	19924.5	49096.25	24410.7	42830.6	49931.45	14994.4
11	########	16550.95	42543.8	22827.5	34090.05	44311.65	12846.7
12	########	21312.9	52011.6	24860.25	46959.85	55056.45	14057.6
13	########	19722.6	49355.1	24535.75	42364.35	50933.45	14702.15

그림 7-2 sales_report_pandas.xlsx (열 너비를 조정하지 않은 있는 그대로의 모습)

이렇게 단순한 작업은 정말 쉽게 할 수 있습니다. 하지만 개선할 점은 아직 많이 있습니다. 타이틀을 달고, 열 너비를 조절하고, 소수점 아래 자릿수를 통일하고 거기다 차트까지 추가하면 더 좋겠죠. 사실 바로 이 작업을 다음 장에서 판다스가 내부적으로 사용하는 라이브러리를 직접 조작하면서 해 볼 겁니다. 하지만 우선 이 장에서 판다스가 엑셀 파일을 어떻게 읽고 쓰는지 더 자세히 알고 넘어가야 합니다.

7.2 판다스로 엑셀 파일 읽고 쓰기

케이스 스터디에서는 단순함을 위해 read_excel과 to_excel에 기본 인자만 사용했습니다. 이 절에서는 판다스로 엑셀 파일을 읽고 쓸 때 가장 널리 쓰이는 인자와 옵션을 소개하겠습니다. 먼저 read_excel 함수와 ExcelFile 클래스로 시작해서 to_excel 메서드와 Excel-Writer 클래스로 넘어갑니다. 그 과정에서 파이썬의 with 문도 함께 소개합니다.

7.2.1 read_excel 함수와 ExcelFile 클래스

케이스 스터디에서는 편리하게도 첫 번째 시트의 A1 셀에 데이터가 존재하는 엑셀 워크북을 사용했습니다. 현실에서 엑셀 파일이 그렇게 잘 정리되어 있는 경우는 드뭅니다. 판다스는 이런 경우를 대비해 파일을 읽을 때 옵션 인자를 쓸 수 있습니다. 다음 몇 개의 예제에서는 책의 저장소 xl 폴더에 있는 stores.xlsx 파일을 사용합니다. 첫 번째 시트는 [그림 7-3]과 같습니다.

	A	B	C	D	E	F
1						
2		Store	Employees	Manager	Since	Flagship
3		New York	10	Sarah	7/20/2018	FALSE
4		San Francisco	12	Neriah	11/2/2019	MISSING
5		Chicago	4	Katelin	1/31/2020	
6		Boston	5	Georgiana	4/1/2017	TRUE
7		Washington DC	3	Evan		FALSE
8		Las Vegas	11	Paul	1/6/2020	FALSE
9						

2019 | 2020 | 2019-2020 ⊕

그림 7-3 stores.xlsx의 첫 번째 시트

sheet_name, skiprows, usecols 인자를 통해 판다스가 읽을 셀 범위를 지정할 수 있습니다. 항상 그렇지만, info 메서드로 데이터프레임의 데이터 타입을 확인하는게 좋습니다.

```
In [3]: df = pd.read_excel("xl/stores.xlsx",
                    sheet_name="2019", skiprows=1, usecols="B:F")
        df

Out[3]:          Store  Employees    Manager      Since Flagship
        0      New York         10      Sarah 2018-07-20    False
        1 San Francisco         12     Neriah 2019-11-02  MISSING
        2       Chicago          4    Katelin 2020-01-31      NaN
        3        Boston          5  Georgiana 2017-04-01     True
        4 Washington DC          3       Evan        NaT    False
        5     Las Vegas         11       Paul 2020-01-06    False

In [4]: df.info()

<class 'pandas.core.frame.DataFrame'>
```

```
RangeIndex: 6 entries, 0 to 5
Data columns (total 5 columns):
 # Column      Non-Null Count  Dtype
---  ------      --------------  -----
 0   Store       6 non-null       object
 1   Employees   6 non-null       int64
 2   Manager     6 non-null       object
 3   Since       5 non-null       datetime64[ns]
 4   Flagship    5 non-null       object
dtypes: datetime64[ns](1), int64(1), object(3)
memory usage: 368.0+ bytes
```

Flagship 열을 제외하면 모두 정상입니다. 이 열의 데이터 타입은 object가 아니라 bool이어야 합니다. 문제가 있는 셀을 처리할 변환 함수를 만들어 해결할 수 있습니다. 물론 fix_missing 함수를 따로 만들지 않고 람다 표현식을 써도 됩니다.

```
In [5]: def fix_missing(x):
            return False if x in ["", "MISSING"] else x

In [6]: df = pd.read_excel("xl/stores.xlsx",
                           sheet_name="2019", skiprows=1, usecols="B:F",
                           converters={"Flagship": fix_missing})
        df

Out[6]:            Store  Employees    Manager       Since  Flagship
        0       New York         10      Sarah  2018-07-20     False
        1  San Francisco         12     Neriah  2019-11-02     False
        2        Chicago          4     Katelin 2020-01-31     False
        3         Boston          5  Georgiana  2017-04-01      True
        4  Washington DC          3       Evan         NaT     False
        5      Las Vegas         11       Paul  2020-01-06     False

In [7]: # 이제 Flagship 열의 데이터 타입은 "bool"입니다
        df.info()

<class 'pandas.core.frame.DataFrame'>
RangeIndex: 6 entries, 0 to 5
Data columns (total 5 columns):
 # Column      Non-Null Count  Dtype
---  ------      --------------  -----
 0   Store       6 non-null       object
 1   Employees   6 non-null       int64
```

```
 2   Manager    6 non-null      object
 3   Since      5 non-null      datetime64[ns]
 4   Flagship   6 non-null      bool
dtypes: bool(1), datetime64[ns](1), int64(1), object(2)
memory usage: 326.0+ bytes
```

read_excel 함수는 시트 이름 리스트도 인자로 받습니다. 시트 이름 리스트를 전달하면 read_excel 함수는 시트 이름이 키, 데이터프레임이 값인 딕셔너리를 반환합니다. 모든 시트를 읽을 때는 sheet_name=None을 사용합니다. 또한 이번에는 usecols 인자를 써서 테이블의 열 이름을 지정했습니다.

```
In [8]: sheets = pd.read_excel("xl/stores.xlsx", sheet_name=["2019", "2020"],
                               skiprows=1, usecols=["Store", "Employees"])
        sheets["2019"].head(2)
Out[8]:         Store  Employees
        0     New York         10
        1  San Francisco       12
```

소스 파일에 열 헤더가 없다면 header=None 인자를 쓰고 names 인자로 헤더를 지정하면 됩니다. sheet_name은 시트 인덱스도 받을 수 있습니다.

```
In [9]: df = pd.read_excel("xl/stores.xlsx", sheet_name=0,
                           skiprows=2, skipfooter=3,
                           usecols="B:C,F", header=None,
                           names=["Branch", "Employee_Count", "Is_Flagship"])
        df

Out[9]:        Branch  Employee_Count  Is_Flagship
        0     New York              10        False
        1  San Francisco            12      MISSING
        2      Chicago               4          NaN
```

NaN 값을 지정할 때는 na_values와 keep_default_na 인자를 사용합니다. 다음 예제는 오직 MISSING만 NaN으로 해석하고 나머지는 그대로 두도록 명령합니다.

```
In [10]: df = pd.read_excel("xl/stores.xlsx", sheet_name="2019",
                            skiprows=1, usecols="B,C,F", skipfooter=2,
```

```
                              na_values="MISSING", keep_default_na=False)
          df

Out[10]:               Store  Employees  Flagship
         0         New York         10     False
         1    San Francisco         12       NaN
         2          Chicago          4
         3           Boston          5      True
```

엑셀 파일은 ExcelFile 클래스로도 읽을 수 있습니다. ExcelFile 클래스는 주로 구형 xls 형식에서 시트 여러 개를 읽을 때 사용합니다. 이런 경우 ExcelFile 클래스를 사용하면 판다스가 파일 전체를 여러 번 읽는 일이 없으므로 더 빠릅니다. 또한 ExcelFile 클래스는 파일을 정상적으로 닫는 콘텍스트 관리자(박스를 보십시오) 역할도 겸합니다.

콘텍스트 관리자와 with 문

먼저 확실히 해 둘 것은, 파이썬의 with 문은 VBA의 With 문과 아무런 관련이 없습니다. VBA의 With 문은 같은 객체에서 문 여러 개를 실행할 때 사용하며, 파이썬의 with 문은 파일이나 데이터베이스 연결 같은 자원을 관리할 때 사용합니다. 분석을 위해 최신 데이터를 불러와야 한다면 보통 파일을 열거나 데이터베이스에 연결할 겁니다. 데이터를 다 읽었으면 항상 가능한 빨리 파일을 닫거나 연결을 끊어야 합니다. 파일 핸들러와 데이터베이스 연결은 제한된 자원이므로, 제때 닫고 끊지 않는다면 다른 파일을 열거나 데이터베이스에 연결하지 못할 수도 있습니다. 텍스트 파일을 직접 열고 닫는 과정은 다음과 같습니다(여기서 w는 파일이 이미 있는 경우 덮어 쓰는 write 모드로 읽는다는 뜻입니다).

```
In [11]: f = open("output.txt", "w")
         f.write("Some text")
         f.close()
```

이 코드를 실행하면 노트북과 같은 디렉터리에 output.txt 파일이 생성되고, 그 안에 "Some text"가 저장됩니다. 파일을 읽을 때는 r(read), 파일 콘텐츠에 이어 붙일때는 a(append)를 사용합니다. 여러분의 프로그램 이외의 다른 프로그램이 같은 파일을 조작하고 있을 수도 있으므로, 이런 명령이 실패하는 경우도 있습니다. 이럴 때는 11장에서 소개할 try/except 메커니즘을 사용하지만, 아무튼 이런 파일 작업은 워낙 자주 일어나는 일이므로 파이썬에서는 여러분의 수고를 덜기 위해 with 문을 제공합니다.

```
In [12]: with open("output.txt", "w") as f:
             f.write("Some text")
```

코드 실행이 with 문의 바디를 빠져나가면 예외가 일어났는지와 관계 없이 파일은 자동으로 닫
힙니다. 따라서 자원은 정상적으로 반환됩니다. with 문을 지원하는 객체를 콘텍스트 관리자라
고 부릅니다. 이 장에서 설명하는 ExcelFile과 ExcelWriter 클래스가 이에 속하고, 11장에서
설명할 데이터베이스 연결 객체 역시 콘텍스트 관리자에 속합니다.

ExcelFile 클래스는 다음과 같이 사용합니다.

```
In [13]: with pd.ExcelFile("xl/stores.xls") as f:
             df1 = pd.read_excel(f, "2019", skiprows=1, usecols="B:F", nrows=2)
             df2 = pd.read_excel(f, "2020", skiprows=1, usecols="B:F", nrows=2)
         df1

Out[13]:           Store  Employees Manager      Since Flagship
         0      New York         10   Sarah 2018-07-20    False
         1 San Francisco         12  Neriah 2019-11-02  MISSING
```

ExcelFile은 또한 모든 시트의 이름을 반환합니다.

```
In [14]: stores = pd.ExcelFile("xl/stores.xlsx")
         stores.sheet_names

Out[14]: ['2019', '2020', '2019-2020']
```

마지막으로 5장에서 CSV 파일을 URL에서 읽었듯 판다스는 엑셀 파일 역시 URL에서 읽을 수
있습니다. 저장소에서 직접 열 때는 다음 명령을 사용합니다.

```
In [15]: url = ("https://raw.githubusercontent.com/fzumstein/"
                "python-for-excel/1st-edition/xl/stores.xlsx")
         pd.read_excel(url, skiprows=1, usecols="B:E", nrows=2)

Out[15]:           Store  Employees Manager      Since
         0      New York         10   Sarah 2018-07-20
         1 San Francisco         12  Neriah 2019-11-02
```

read_excel 함수에서 가장 널리 쓰이는 인자를 [표 7-1]에 정리했습니다. 전체 인자 리스트는 공식 문서(*https://oreil.ly/v8Yes*)에서 확인할 수 있습니다.

표 7-1 read_excel에서 자주 사용하는 인자

인자	설명
sheet_name	시트 이름 대신 0으로 시작하는 인덱스를 쓸 수 있습니다. sheet_name=None을 사용하면 워크북 전체를 읽고 {"sheetname": df} 형태의 딕셔너리를 반환합니다. 시트 중 일부만 읽으려면 시트 이름이나 인덱스 리스트를 전달하십시오.
skiprows	건너뛸 행 갯수를 지정합니다.
usecols	엑셀 파일에 열 헤더 이름이 있다면 이 인자에 ["Store", "Employees"] 같은 리스트를 전달해 열을 선택할 수 있습니다. [1, 2] 처럼 열 인덱스 리스트를 쓸 수도 있고, "B:D,G" 처럼 헤더가 아닌 열 이름을 범위를 포함해 문자열로 쓸 수도 있습니다. 함수도 가능합니다. 예를 들어 Manager로 시작하는 열만 선택하려면 usecols=lambda x: x.startswith("Manager")를 사용하십시오.
nrows	읽을 행 갯수
index_col	인덱스가 될 열을 지정합니다. 열 이름이나 인덱스를 쓸 수 있습니다. 열 여러 개를 리스트로 전달하면 계층 구조의 인덱스가 생성됩니다.
header	names 인자로 원하는 이름을 지정하지 않았을 경우 header=None을 지정하면 기본값인 정수 이름이 할당됩니다. 인덱스 리스트를 지정하면 계층 구조의 열 헤더가 생성됩니다.
names	열에 쓸 이름을 리스트로 지정합니다.
na_values	판다스는 기본적으로 다음 셀 값을 NaN으로 해석합니다. 빈 셀, #NA, NA, null, #N/A, N/A, NaN, n/a, -NaN, 1.#IND, nan, #N/A N/A, -1.#QNAN, -nan, NULL, -1.#IND, <NA>, 1.#QNAN. NaN으로 해석할 값을 추가하려면 na_values에 리스트로 지정하십시오.
keep_default_na	판다스가 NaN으로 해석하는 값을 NaN으로 해석하지 않게 하려면 keep_default_na=False를 지정하십시오.

convert_float	엑셀은 모든 숫자를 내부적으로 부동소수점 숫자로 저장하며 판다스는 유의미한 소수점이 없는 숫자는 정수로 변환합니다. 이 동작 방식을 바꾸면 convert_float=False를 지정하십시오 (미세하게 속도가 빨라질 수 있습니다).
converters	열별로 값을 변환할 함수를 지정할 수 있습니다. 예를 들어 어떤 열의 텍스트를 모두 대문자로 바꾼다면 converters={"column_name": lambda x: x.upper()}를 사용합니다.

엑셀 파일을 읽는 것만 해도 설명할게 많군요. 이제 다음 절에서는 엑셀 파일을 쓰는 법에 대해 알아봅시다.

7.2.2 to_excel 메서드와 ExcelWriter 클래스

판다스에서 엑셀 파일을 만드는 가장 쉬운 방법은 데이터프레임의 **to_excel** 메서드입니다. 이 메서드는 데이터프레임을 어느 시트의 어느 셀에 쓸 지 지정할 수 있습니다. 데이터프레임 인덱스와 열 헤더를 포함할 지 여부, **np.nan**과 **np.inf**처럼 엑셀에는 동등한 표현이 없는 데 이터 타입을 처리할 방법도 지정할 수 있습니다. 먼저 여러 가지 데이터 타입이 포함된 데이터 프레임을 만들고 **to_excel** 메서드를 사용해 봅시다.

```
In [16]: import numpy as np
         import datetime as dt

In [17]: data=[[dt.datetime(2020,1,1, 10, 13), 2.222, 1, True],
               [dt.datetime(2020,1,2), np.nan, 2, False],
               [dt.datetime(2020,1,2), np.inf, 3, True]]
         df = pd.DataFrame(data=data,
                           columns=["Dates", "Floats", "Integers", "Booleans"])
         df.index.name="index"
         df

Out[17]:                 Dates  Floats  Integers  Booleans
         index
         0   2020-01-01 10:13:00   2.222         1      True
         1   2020-01-02 00:00:00     NaN         2     False
         2   2020-01-02 00:00:00     inf         3      True

In [18]: df.to_excel("written_with_pandas.xlsx", sheet_name="Output",
                      startrow=1, startcol=1, index=True, header=True,
                      na_rep="<NA>", inf_rep="<INF>")
```

to_excel 메서드를 실행하면 [그림 7-4]의 엑셀 파일이 생성됩니다. 날짜를 확인하려면 C 열 너비를 늘려야 할 겁니다.

	A	B	C	D	E	F
1						
2		**index**	**Dates**	**Floats**	**Integers**	**Booleans**
3		**0**	2020-01-01 10:13:00	2.222	1	TRUE
4		**1**	2020-01-02 00:00:00	<NA>	2	FALSE
5		**2**	2020-01-02 00:00:00	<INF>	3	TRUE

그림 7-4 written_with_pandas.xlsx

데이터프레임이 여러 개라면 **ExcelWriter** 클래스를 사용해야 합니다. 다음 예제는 같은 데이터프레임을 시트 1의 두 위치에 기록하고 시트 2에도 기록합니다.

```
In [19]: with pd.ExcelWriter("written_with_pandas2.xlsx") as writer:
             df.to_excel(writer, sheet_name="Sheet1", startrow=1, startcol=1)
             df.to_excel(writer, sheet_name="Sheet1", startrow=10, startcol=1)
             df.to_excel(writer, sheet_name="Sheet2")
```

ExcelWriter 클래스를 콘텍스트 관리자로 사용했으므로 파일은 콘텍스트 관리자에서 나가는 순간, 즉 들여쓰기가 끝나는 순간 자동으로 디스크에 기록됩니다. 콘텍스트 관리자를 사용하지 않는다면 **writer.save()**를 직접 호출해야 합니다. [표 7-2]에 가장 널리 쓰이는 **to_excel** 메서드의 인자를 정리했습니다. 전체 인자 리스트는 공식 문서 (*https://oreil.ly/ESKAG*)를 보십시오.

표 7-2 to_excel 인자

인자	설명
sheet_name	기록할 시트 이름
startrow와 startcol	startrow는 데이터프레임 기록을 시작할 첫 번째 행, startcol은 첫 번째 열입니다. 이 인덱스는 0으로 시작하므로 B3 셀에서 데이터프레임이 시작하게 하려면 startrow=2, startcol=1을 지정합니다.
index와 header	인덱스나 헤더를 숨기고 싶다면 각각 index=False와 header=False를 사용하십시오.

na_rep와 inf_rep	기본적으로 np.nan은 빈 셀로, 넘파이에서 무한대를 표현하는 np.inf는 문자열 inf로 변환됩니다. 이 인자에 값을 지정해 방식을 바꿀 수 있습니다.
freeze_panes	튜플을 전달해 고정할 행과 열을 지정합니다. 예를 들어 (2, 1)는 첫 번째와 두 번째 행, 첫 번째 열을 고정합니다.

판다스로 간단한 엑셀 파일을 만드는 건 생각보다 쉽습니다. 하지만 한계도 존재합니다.

7.3 판다스의 한계

- 데이터프레임를 파일로 작성할 때 제목이나 차트를 넣을 수 없습니다.
- 엑셀의 헤더와 인덱스 기본 형식을 바꿀 수 없습니다.
- 판다스는 파일을 읽을 때 #REF!, #NUM! 같은 오류 셀을 자동으로 NaN으로 변환하기 때문에 스프레드시트에 있는 오류를 검색할 수 없게 됩니다.
- 아주 큰 엑셀 파일을 다룰 때는 추가 설정이 필요한데, 이런 경우는 다음 장에서 설명하는 것처럼 리더와 라이터 패키지를 직접 제어하는게 더 쉽습니다.

7.4 요약

판다스의 훌륭한 점은 지원하는 엑셀 파일 형식에서는 xls, xlsx, xlsm, xlsb를 가리지 않고 일정한 인터페이스를 제공한다는 겁니다. 따라서 고작 열 몇 줄 정도의 코드만으로 엑셀 파일이 있는 디렉터리 전체를 읽어서 데이터를 수집하고, 이를 요약해 엑셀 보고서로 만들 수 있습니다.

하지만 판다스가 자체적으로 모든 작업을 하는 건 아닙니다. 판다스는 내부적으로 리더와 라이터 패키지를 선택해 작업을 위임합니다. 다음 장에서는 판다스가 어떤 리더, 라이터 패키지를 사용하는지 알아보고 이를 직접 조작하는 방법도 알아봅니다. 패키지를 직접 제어하면 앞 절에서 설명한 판다스의 한계도 극복할 수 있습니다.

## CHAPTER 8

리더와 라이터 패키지를 이용한
엑셀 파일 조작

이 장에서는 OpenPyXL, XlsxWriter, pyxlsb, xlrd, xlwt 패키지를 소개합니다. 이들은 엑셀 파일을 읽고 쓸 수 있는 패키지이며, `read_excel`, `to_excel` 함수를 호출할 때 판다스가 내부적으로 사용하는 패키지입니다. 리더와 패키지 라이터를 직접 제어하면 더 복잡하고 세련된 엑셀 보고서를 만들 수 있고, 읽기 프로세스를 더 세밀하게 제어할 수 있습니다. 또한, 프로젝트에서 오직 엑셀 파일을 읽고 쓸 수만 있으면 되고 나머지 판다스 기능은 필요 없다면, 이런 프로젝트에 군이 넘파이와 판다스를 설치할 필요는 없을 겁니다. 이 장에서는 우선 언제 어떤 패키지를 사용하고 그 문법은 어떤지 짚어 본 다음, 아주 큰 엑셀 파일을 다루는 방법이나 판다스와 리더/라이터 패키지를 조합해 데이터프레임 스타일을 개선하는 고급 주제에 대해 알아봅니다. 마지막으로, 7장 처음에 설명했던 케이스 스터디의 테이블 형식을 다듬고 차트를 추가해서 개선해 보겠습니다. 7장과 마찬가지로 이 장 역시 엑셀을 설치할 필요는 없으므로 예제는 윈도우, macOS, 리눅스에서 모두 실행됩니다.

8.1 리더와 라이터 패키지

리더와 라이터 패키지 숫자는 좀 부담스러울 만큼 많습니다. 거의 모든 엑셀 파일 타입에 서로 다른 패키지가 필요하기 때문에, 최소 여섯 가지 패키지를 설명하지 않고서는 이 장을 진행할 수 없습니다. 각 패키지마다 문법이 서로 다른데, 이는 대체로 원래 엑셀의 객체 모델이 복잡한 탓이 큽니다. 엑셀의 객체 모델에 대해서는 다음 장에서 다시 언급할 겁니다. 아무튼 그런 이유로, 설령 경험 많은 VBA 개발자라 하더라도 작업을 할 때마다 여러 가지 명령어를 찾아봐야할 때가 많습니다. 이 절은 우선 언제 어떤 패키지가 필요한지 간단히 살펴보고, 이들 패키지를 좀 더 쉽게 사용할 수 있는 헬퍼 모듈을 소개합니다. 그 다음에는 각 패키지를 쿡북 스타일로 소개하면서 가장 널리 쓰이는 명령어가 어떻게 동작하는지 설명합니다.

8.1.1 언제 어떤 패키지를 사용할지 선택하기

이 절에서는 엑셀 파일을 읽고 쓰는 다음 여섯 가지 패키지를 소개합니다.

- OpenPyXL(*https://oreil.ly/3jHQM*)
- XlsxWriter(*https://oreil.ly/7jI3T*)
- pyxlsb(*https://oreil.ly/sEHXS*)
- xlrd(*https://oreil.ly/tSam7*)
- xlwt(*https://oreil.ly/wPSLe*)
- 엑셀유틸(*https://oreil.ly/MTFOL*)

[표 8–1]에 어떤 패키지가 어떤 일을 하는지 간추렸습니다. 예를 들어 xlsx 파일을 읽을 때는 OpenPyXL 패키지를 사용해야 합니다.

표 8-1 언제 어떤 패키지를 사용할지

엑셀 파일 형식	읽기	쓰기	편집
xlsx	OpenPyXL	OpenPyXL, XlsxWriter	OpenPyXL
xlsm	OpenPyXL	OpenPyXL, XlsxWriter	OpenPyXL
xltx, xltm	OpenPyXL	OpenPyXL	OpenPyXL
xlsb	pyxlsb	–	–
xls, xlt	xlrd	xlwt	엑셀유틸

xlsx나 xlsm 파일에 기록할 때는 OpenPyXL과 XlsxWriter 중에서 하나를 선택해야 합니다. 두 패키지의 기능은 비슷하지만 각 패키지에는 다른 패키지에 없는 몇 가지 고유 기능이 있습니다. 두 라이브러리 모두 활발히 업데이트되고 있으므로 시간에 따라 상황은 계속 변할 겁니

다. 두 패키지의 차이를 간단히 요약했습니다.

- OpenPyXL은 읽기, 쓰기, 편집이 모두 가능하지만 XlsxWriter는 쓰기만 가능합니다.

- OpenPyXL은 VBA 매크로를 포함한 엑셀 파일을 더 쉽게 만들 수 있습니다.

- XlsxWriter는 문서화가 더 잘 되어 있습니다.

- XlsxWriter는 OpenPyXL에 비해 더 빠른 편이지만, 작성하는 워크북의 크기에 따라 이 장점이 그리 중요하지 않을 수 있습니다.

> **NOTE_ 그렇다면 엑셀윙스는?**
> [표 8-1]에 엑셀윙스가 없는 걸 보고 의아한 독자도 있을 겁니다. 답은 '경우에 따라 어디서도 쓸 수 있거나, 어디서도 쓸 수 없다'입니다. 이 장에서 설명하는 패키지와 달리 엑셀윙스는 엑셀 애플리케이션이 필요하고, 스크립트를 리눅스에서 실행하는 상황이라면 사용할 수 없습니다. 반면 엑셀이 설치된 윈도우나 macOS에서 스크립트를 실행한다면 이 장에서 설명하는 패키지 전체를 엑셀윙스가 대체할 수 있습니다. 엑셀에 의존한다는 사실이 엑셀윙스와 기타 엑셀 패키지를 나누는 중요한 차이이므로, 엑셀윙스는 다음 장에서 소개하도록 하겠습니다.

판다스는 자신이 찾을 수 있는 라이터 패키지를 사용하도록 만들어져 있으며, OpenPyXL과 XlsxWriter가 모두 설치돼 있다면 XlsxWriter를 기본으로 사용합니다. 판다스가 사용할 패키지를 선택하고 싶다면 read_excel이나 to_excel 함수, 또는 ExcelFile이나 ExcelWriter 클래스에서 engine 인자를 지정하십시오. 엔진은 패키지 이름을 소문자로 쓴 형태입니다. 따라서 XlsxWriter 대신 OpenPyXL을 사용하고 싶다면 다음과 같이 명령합니다.

```
df.to_excel("filename.xlsx", engine="openpyxl")
```

어떤 패키지를 쓸 지 확인됐다면, 두 번째 과제가 있습니다. 이들 패키지 대부분은 셀 범위를 읽거나 쓸 때 상당한 양의 코드가 필요한데, 각 패키지의 문법이 다릅니다. 여러분의 퇴근 시간을 보장하기 위해 필자가 헬퍼 모듈을 만들었습니다.

8.1.2 excel.py 모듈

excel.py 모듈은 다음과 같은 부분에서 여러분을 도울 겁니다.

패키지 전환

리더나 라이터 패키지를 바꿔가며 사용하는 건 흔히 있는 일입니다. 예를 들어 엑셀 파일은 점점 커지기 마련인데, 파일 형식을 xlsx에서 xlsb로 바꾸면 파일 크기가 상당히 줄어들므로 대부분의 사용자들이 이런 방식으로 이 문제를 해결하려 합니다. 이런 경우 OpenPyXL에서 pyxlsb로 패키지를 바꿔야 하고, 따라서 OpenPyXL 코드를 pyxlsb 문법으로 고쳐 써야 합니다.

데이터 타입 변환

앞 문제와 연관된 문제입니다. 패키지를 바꾸면 단순히 문법만 신경 쓴다고 모든 일이 해결되지는 않습니다. 셀 콘텐츠가 같더라도 패키지가 다르면 반환하는 데이터 타입 역시 다를 때가 많습니다. 예를 들어 OpenPyXL은 빈 셀을 None으로 변환하지만 xlrd는 빈 문자열을 반환합니다.

셀 루프

리더와 라이터 패키지는 **저수준** 패키지입니다. 여기서 저수준이라는 말은 자주 하는 작업을 쉽게 만드는 보조 함수가 거의 없다는 의미입니다. 예를 들어 대부분의 패키지에서 읽거나 쓸 셀 전체에 대해 루프를 만들어야 합니다.

excel.py 모듈은 책의 저장소에 포함되 있고 다음 섹션부터 사용하겠지만, 우선 값을 읽고 쓰는 문법은 다음과 같습니다.

```
import excel
values = excel.read(sheet_object, first_cell="A1", last_cell=None)
excel.write(sheet_object, values, first_cell="A1")
```

read 함수는 xlrd, OpenPyXL, pyxlsb 패키지에서 반환하는 sheet 객체를 받습니다. 옵션인 first_cell, last_cell 인자도 받습니다. 두 인자는 A1처럼 써도 되고, (1, 1)처럼 1로 시작하는 엑셀 인덱스를 행-열 튜플로 써도 됩니다. first_cell의 기본값은 A1이고, last_cell의 기본값은 사용중인 범위의 우측 하단입니다. 즉, sheet 객체만 전달하면 시트 전체를 읽습니다. write 함수도 비슷합니다. 이 함수는 xlwt, OpenPyXL, XlsxWriter의 sheet 객체와 함께 중첩된 리스트 형태의 값을 받고, 이 중첩된 리스트를 기록할 좌측 상단 모서리인 first_cell을 옵션으로 받습니다. excel.py 모듈은 [표 8-2]에 정리한 데이터 타입 변환 역시 처리합니다.

표 8-2 데이터 타입 변환

엑셀 표현	파이썬 데이터 타입
빈 셀	None
날짜 형식의 셀	datetime.datetime (pyxlsb는 제외)
불리언인 셀	bool
오류가 있는 셀	str (오류 메시지)
문자열	str
부동소수점 숫자	float 또는 int

excel.py 모듈이 있으면 실제 패키지를 좀 더 쉽게 쓸 수 있습니다. 다음 네 섹션은 OpenPyXL, XlsxWriter, pyxlsb, xlrd/xlwt/엑셀유틸에 관한 내용입니다. 각 부분은 패키지를 쉽게 익힐 수 있도록 쿡북 스타일로 만들었습니다. 각 부분을 순서대로 읽기 보다는 [표 8-1]을 참고해 필요한 패키지를 선택해 읽길 권합니다.

> **NOTE_ with 문**
> 이 장에서는 다양한 상황에서 with 문을 사용할 겁니다. with 문이 잘 기억나지 않는다면 7장의 '콘텍스트 관리자와 with 문' 상자를 다시 읽어 보십시오.

8.1.3 OpenPyXL

OpenPyXL은 이 절에서 소개하는 패키지 중 유일하게 엑셀 파일을 읽고 쓸 수 있는 패키지입니다. 간단한 수정 정도가 한계이긴 하지만 엑셀 파일을 편집하는 것도 가능합니다. 그럼 우선 파일을 읽는 방법부터 시작합시다.

OpenPyXL로 읽기

다음 예제는 OpenPyXL로 엑셀 파일을 읽을 때 자주 하게 될 작업에 관한 예제입니다. 셀의 값을 읽으려면 워크북을 열 때 data_only=True를 사용해야 합니다. 기본값은 False이며 셀의 값이 아니라 공식을 반환합니다.

```python
In [1]: import pandas as pd
        import openpyxl
        import excel
        import datetime as dt
```

```python
In [2]: # 셀 값을 읽도록 워크북을 엽니다.
        # 데이터를 모두 읽으면 파일은 자동으로 다시 닫힙니다
        book = openpyxl.load_workbook("xl/stores.xlsx", data_only=True)
```

```python
In [3]: # 이름 또는 0으로 시작하는 인덱스로 워크시트 객체를 가져옵니다
        sheet = book["2019"]
        sheet = book.worksheets[0]
```

```python
In [4]: # 시트 이름 리스트를 가져옵니다
        book.sheetnames
```

```
Out[4]: ['2019', '2020', '2019-2020']
```

```python
In [5]: # 시트 객체를 순회합니다
        # OpenPyXL은 "name" 대신 "title"을 사용합니다
        for i in book.worksheets:
            print(i.title)
2019
2020
2019-2020
```

```python
In [6]: # 크기, 즉 시트의 '사용된 영역'을 가져옵니다
        sheet.max_row, sheet.max_column
```

```
Out[6]: (8, 6)
```

```python
In [7]: # A1 표기법과 셀 인덱스(1에서 시작)를 써서 셀 값을 읽습니다
        sheet["B6"].value
        sheet.cell(row=6, column=2).value
```

```
Out[7]: 'Boston'
```

```
In [8]: # excel 모듈을 써서 셀 값 범위를 읽습니다
        data = excel.read(book["2019"], (2, 2), (8, 6))
        data[:2]  # 첫 번째와 두 번째 행을 출력합니다

Out[8]: [['Store', 'Employees', 'Manager', 'Since', 'Flagship'],
         ['New York', 10, 'Sarah', datetime.datetime(2018, 7, 20, 0, 0), False]]
```

OpenPyXL로 쓰기

OpenPyXL은 메모리에서 엑셀 파일을 만든 다음 **save** 메서드를 호출할 때 파일을 저장합니다. 다음 코드는 [그림 8-1]과 같은 파일을 생성합니다.

```
In [9]: import openpyxl
        from openpyxl.drawing.image import Image
        from openpyxl.chart import BarChart, Reference
        from openpyxl.styles import Font, colors
        from openpyxl.styles.borders import Border, Side
        from openpyxl.styles.alignment import Alignment
        from openpyxl.styles.fills import PatternFill
        import excel

In [10]: # 워크북 인스턴스를 만듭니다
         book = openpyxl.Workbook()

         # 첫 번째 시트를 가져와 이름을 붙입니다
         sheet = book.active
         sheet.title = "Sheet1"

         # A1 표기법과 셀 인덱스(1에서 시작)를 사용해
         # 각 셀에 기록합니다
         sheet["A1"].value = "Hello 1"
         sheet.cell(row=2, column=1, value="Hello 2")

         # 스타일: 채우기 색깔, 정렬, 보더, 폰트
         font_format = Font(color="FF0000", bold=True)
         thin = Side(border_style="thin", color="FF0000")
         sheet["A3"].value = "Hello 3"
         sheet["A3"].font = font_format
         sheet["A3"].border = Border(top=thin, left=thin,
                                     right=thin, bottom=thin)
         sheet["A3"].alignment = Alignment(horizontal="center")
```

```
sheet["A3"].fill = PatternFill(fgColor="FFFF00", fill_type="solid")

# 숫자 형식 지정(엑셀의 형식 문자열을 사용합니다)
sheet["A4"].value = 3.3333
sheet["A4"].number_format = "0.00"

# 날짜 형식(엑셀의 형식 문자열을 사용합니다)
sheet["A5"].value = dt.date(2016, 10, 13)
sheet["A5"].number_format = "mm/dd/yy"

# 공식을 쓸 때는 반드시 공식의 영어 이름을
# 콤마로 구분해서 써야 합니다
sheet["A6"].value = "=SUM(A4, 2)"

# 이미지
sheet.add_image(Image("images/python.png"), "C1")

# 2차원 리스트 (excel 모듈을 쓰고 있습니다)
data = [[None, "North", "South"],
        ["Last Year", 2, 5],
        ["This Year", 3, 6]]
excel.write(sheet, data, "A10")

# 차트
chart = BarChart()
chart.type = "col"
chart.title = "Sales Per Region"
chart.x_axis.title = "Regions"
chart.y_axis.title = "Sales"
chart_data = Reference(sheet, min_row=11, min_col=1,
                       max_row=12, max_col=3)
chart_categories = Reference(sheet, min_row=10, min_col=2,
                             max_row=10, max_col=3)
# from_rows는 엑셀에서 차트를 직접 추가하는 것과
# 마찬가지 방법으로 데이터를 해석합니다
chart.add_data(chart_data, titles_from_data=True, from_rows=True)
chart.set_categories(chart_categories)
sheet.add_chart(chart, "A15")

# 워크북을 저장하면 디스크에 파일이 생성됩니다
book.save("openpyxl.xlsx")
```

엑셀 템플릿 파일을 만들고 싶다면 저장하기 전에 template 속성을 True로 설정해야 합니다.

```
In [11]: book = openpyxl.Workbook()
         sheet = book.active
         sheet["A1"].value = "This is a template"
         book.template = True
         book.save("template.xltx")
```

이 코드에서 본 것처럼 OpenPyXL은 **FF0000** 같은 문자열을 사용해 색깔을 설정합니다. 이 값은 원하는 색깔에서 각각 빨간색, 녹색, 파란색 부분에 해당하는**FF, 00, 00**를 조합한 값입니다. 이런 방식을 **16진수** 표기법이라고 부르며, 일반적인 10진법이 아니라 16진법인 숫자를 가리킵니다.

TIP **색깔의 16진수 값 찾기**

원하는 색깔의 16진수 값을 찾고 싶다면 사이트(*https://htmlcolorcodes.com/*)에 방문해 보십시오.

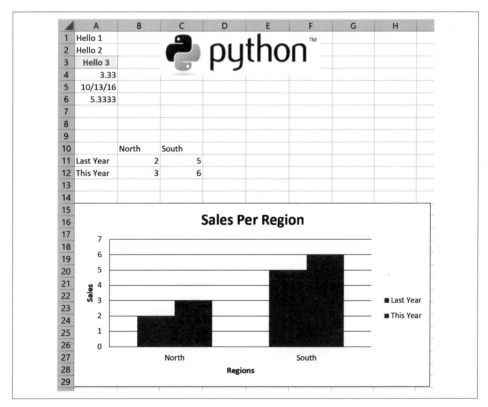

그림 8-1 OpenPyXL로 작성한 파일 (openpyxl.xlsx)

OpenPyXL로 편집하기

진정한 의미에서 엑셀 파일을 '편집'할 수 있는 리더/라이터 패키지는 존재하지 않습니다. 사실 OpenPyXL도 자기가 이해할 수 있는 부분을 전부 읽은 다음, 코드에서 지시하는 대로 변경해서 파일을 처음부터 다시 작성하는 방식으로 동작합니다. 서식이 적용된 셀에 데이터와 공식이 포함된 정도의 단순한 엑셀 파일은 이 정도로도 충분하겠지만, 차트를 포함해 기타 고급 콘텐츠가 스프레드시트에 포함되면 OpenPyXL은 이를 제대로 표현하지 못하거나, 아예 누락시킬 수도 있습니다. 예를 들어 OpenPyXL 버전 3.0.5에는 차트 이름을 바꾸고 제목을 누락하는 현상이 있습니다.

다음은 단순한 편집 예제입니다.

```
In [12]: # stores.xlsx 파일을 읽고 셀 하나의 값을 바꾼 다음
         # 다른 이름으로 저장합니다
         book = openpyxl.load_workbook("xl/stores.xlsx")
         book["2019"]["A1"].value = "modified"
         book.save("stores_edited.xlsx")
```

OpenPyXL로 `xlsm` 파일을 만들 때는 파일을 열 때 `keep_vba` 인자를 True로 설정해야 합니다.

```
In [13]: book = openpyxl.load_workbook("xl/macro.xlsm", keep_vba=True)
         book["Sheet1"]["A1"].value = "Click the button!"
         book.save("macro_openpyxl.xlsm")
```

예제 파일에 있는 버튼은 메시지 박스를 표시하는 매크로를 호출합니다. OpenPyXL에는 이 절에서 다루지 못한 기능이 훨씬 많으므로 공식 문서(*https://oreil.ly/7qfYL*)를 꼭 읽어 보길 바랍니다. 7장의 케이스 스터디를 다시 살펴보는 이 장 마지막 예제에서 OpenPyXL의 기능을 좀 더 살펴볼 겁니다.

8.1.4 XlsxWriter

이름을 보면 짐작할 수 있듯 XlsxWriter에는 엑셀 파일을 만드는 기능만 있습니다. 다음 코드는 OpenPyXL로 만든 [그림 8-1]과 같은 워크북을 생성합니다. XlsxWriter는 0으로 시작하는 셀 인덱스를 사용하고 OpenPyXL은 1로 시작하는 셀 인덱스를 사용하므로 패키지 사이를 전환할 때는 이 점을 꼭 염두에 두십시오.

```
In [14]: import datetime as dt
         import xlsxwriter
         import excel

In [15]: # 워크북 인스턴스를 만듭니다
         book = xlsxwriter.Workbook("xlxswriter.xlsx")

         # 시트를 추가하고 이름을 붙입니다
         sheet = book.add_worksheet("Sheet1")

         # A1 표기법과 셀 인덱스(0으로 시작)를 써서 셀에 기록합니다
         sheet.write("A1", "Hello 1")
         sheet.write(1, 0, "Hello 2")

         # 스타일: 채우기 색깔, 정렬, 보더, 폰트
         formatting = book.add_format({"font_color": "#FF0000",
                                       "bg_color": "#FFFF00",
                                       "bold": True, "align": "center",
                                       "border": 1, "border_color": "#FF0000"})
         sheet.write("A3", "Hello 3", formatting)

         # 숫자 형식 지정(엑셀의 형식 문자열을 사용합니다)
         number_format = book.add_format({"num_format": "0.00"})
         sheet.write("A4", 3.3333, number_format)

         # 날짜 형식(엑셀의 형식 문자열을 사용합니다)
         date_format = book.add_format({"num_format": "mm/dd/yy"})
         sheet.write("A5", dt.date(2016, 10, 13), date_format)

         # 공식을 쓸 때는 반드시 공식의 영어 이름을
         # 콤마로 구분해서 써야 합니다
         sheet.write("A6", "=SUM(A4, 2)")

         # 이미지
         sheet.insert_image(0, 2, "images/python.png")

         # 2차원 리스트 (excel 모듈을 쓰고 있습니다)
         data = [[None, "North", "South"],
                 ["Last Year", 2, 5],
                 ["This Year", 3, 6]]
         excel.write(sheet, data, "A10")

         # 차트: 저장소에 있는 sales_report_xlsxwriter.py 파일을 보고
```

```
# 셀 주소 대신 인덱스를 사용하는 방법을 알아보십시오
chart = book.add_chart({"type": "column"})
chart.set_title({"name": "Sales per Region"})
chart.add_series({"name": "=Sheet1!A11",
                  "categories": "=Sheet1!B10:C10",
                  "values": "=Sheet1!B11:C11"})
chart.add_series({"name": "=Sheet1!A12",
                  "categories": "=Sheet1!B10:C10",
                  "values": "=Sheet1!B12:C12"})
chart.set_x_axis({"name": "Regions"})
chart.set_y_axis({"name": "Sales"})
sheet.insert_chart("A15", chart)

# 워크북을 닫으면 디스크에 파일이 생성됩니다
book.close()
```

XlsxWriter는 순수한 라이터 패키지이므로 xlsm 파일을 만드는 과정이 OpenPyXL에 비해
좀 더 복잡합니다. 먼저 아나콘다 프롬프트에서 기존의 엑셀 파일에서 매크로 코드를 추출해야
합니다(예제에 사용한 macro.xlsm 파일은 저장소의 xl 폴더에 있습니다).

| 윈도우 |

다음과 같이 xl 디렉터리로 이동한 후, XlsxWriter와 함께 설치되는 vba_extract.py 파일
의 경로를 찾습니다.

```
(base)> cd C:\Users\username\python-for-excel\xl
(base)> where vba_extract.py
C:\Users\username\Anaconda3\Scripts\vba_extract.py
```

찾은 경로를 다음과 같은 명령어로 사용합니다.

```
(base)> python C:\...\Anaconda3\Scripts\vba_extract.py macro.xlsm
```

| macOS |

macOS에서는 다음과 같이 하면 됩니다.

```
(base)> cd /Users/username/python-for-excel/xl
(base)> vba_extract.py macro.xlsm
```

위 명령어는 명령어를 실행한 디렉터리에 vbaProject.bin 파일을 만듭니다. 저장소의 xl 폴더에 추출된 파일 역시 넣어 두었습니다. 다음 예제는 그 파일을 사용해 매크로 버튼이 있는 워크북을 만듭니다.

```
In [16]: book = xlsxwriter.Workbook("macro_xlsxwriter.xlsm")
         sheet = book.add_worksheet("Sheet1")
         sheet.write("A1", "Click the button!")
         book.add_vba_project("xl/vbaProject.bin")
         sheet.insert_button("A3", {"macro": "Hello", "caption": "Button 1",
                                    "width": 130, "height": 35})
         book.close()
```

8.1.5 pyxlsb

pyxlsb는 다른 리더 라이브러리에 비해 제공하는 기능은 적은 편이지만, 이진 엑셀 파일인 xlsb를 읽어야 한다면 선택의 여지가 없습니다. pyxlsb는 아나콘다에 포함되지 않으므로 직접 설치해야 합니다. 현재까지는 콘다에서 설치할 수도 없으므로 pip를 사용하십시오.[1]

```
(base)> pip install pyxlsb
```

시트와 셀 값은 다음과 같이 읽습니다.

```
In [17]: import pyxlsb
         import excel

In [18]: # 시트를 순회합니다. pyxlsb에서는 워크북과
```

---

1 옮긴이_ 이 책을 번역하는 시점 기준으로 콘다에서 pyxlsb를 설치할 수 있습니다(*https://anaconda.org/conda-forge/pyxlsb*).

```
        # 시트 객체를 콘텍스트 관리자로 사용할 수 있습니다
        # book.sheets는 객체가 아니라 시트 이름 리스트를 반환합니다
        # 시트 객체를 얻으려면 get_sheet()를 사용하십시오
        with pyxlsb.open_workbook("xl/stores.xlsb") as book:
            for sheet_name in book.sheets:
                with book.get_sheet(sheet_name) as sheet:
                    dim = sheet.dimension
                    print(f'Sheet "{sheet_name}" has '
                          f'{dim.h} rows and {dim.w} cols')
Sheet "2019" has 7 rows and 5 cols
Sheet "2020" has 7 rows and 5 cols
Sheet "2019-2020" has 20 rows and 5 cols


In [19]: # excel 모듈을 써서 셀 범위의 값을 읽습니다
         # "2019" 대신 1에서 시작하는 인덱스를 써도 됩니다
         with pyxlsb.open_workbook("xl/stores.xlsb") as book:
             with book.get_sheet("2019") as sheet:
                 data = excel.read(sheet, "B2")
         data[:2]  # 첫 번째와 두 번째 행을 출력합니다

Out[19]: [['Store', 'Employees', 'Manager', 'Since', 'Flagship'],
          ['New York', 10.0, 'Sarah', 43301.0, False]]
```

현재 pyxlsb는 날짜 형식의 셀을 인식하지 못하므로 다음과 같이 직접 **datetime** 객체로 바꿔야 합니다.

```
In [20]: from pyxlsb import convert_date
         convert_date(data[1][3])

Out[20]: datetime.datetime(2018, 7, 20, 0, 0)
```

이미 두 번 언급했지만 판다스 1.3 미만에서 **xlsb** 파일을 읽을 때는 엔진을 명시적으로 지정해야 합니다.

```
In [21]: df = pd.read_excel("xl/stores.xlsb", engine="pyxlsb")
```

8.1.6 xlrd, xlwt, 엑셀유틸

xlrd, xlwt, 엑셀유틸을 조합하면 OpenPyXL이 xlsx 형식을 다루는 것과 거의 비슷하게 구형 xls 형식을 다룰 수 있습니다. xlrd는 읽기, xlwt는 쓰기, 엑셀유틸은 편집을 각각 담당합니다. 이 패키지들은 더는 활발히 업데이트되지 않지만, xls 파일이 사용되는 한 계속 사용되리라 봅니다. 엑셀유틸은 아나콘다에 포함되지 않았으므로 직접 설치해야 합니다.

```
(base)> conda install xlutils
```

이번에도 읽기부터 시작합시다.

xlrd로 읽기

다음은 xlrd로 엑셀 워크북을 읽는 예제입니다.

```
In [22]: import xlrd
         import xlwt
         from xlwt.Utils import cell_to_rowcol2
         import xlutils
         import excel

In [23]: # 셀 값을 읽을 워크북을 엽니다
         # 데이터를 다 읽으면 파일은 자동으로 다시 닫힙니다
         book = xlrd.open_workbook("xl/stores.xls")

In [24]: # 시트 이름 리스트를 가져옵니다
         book.sheet_names()

Out[24]: ['2019', '2020', '2019-2020']

In [25]: # 시트 객체를 순회합니다
         for sheet in book.sheets():
             print(sheet.name)
2019
2020
2019-2020

In [26]: # 이름이나 인덱스(0으로 시작)로 시트 객체를 가져옵니다
         sheet = book.sheet_by_index(0)
         sheet = book.sheet_by_name("2019")
```

```
In [27]: # 크기
         sheet.nrows, sheet.ncols
```

```
Out[27]: (8, 6)
```

```
In [28]: # A1 표기법과 셀 인덱스(0으로 시작)로 셀 값을 읽습니다
         # *는 cell_to_rowcol2가 반환하는 튜플을 개별 인자로 분해합니다
         sheet.cell(*cell_to_rowcol2("B3")).value
         sheet.cell(2, 1).value
```

```
Out[28]: 'New York'
```

```
In [29]: # excel 모듈을 써서 셀 값 범위를 읽습니다
         data = excel.read(sheet, "B2")
         data[:2]  # 첫 번째와 두 번째 행을 출력합니다
```

```
Out[29]: [['Store', 'Employees', 'Manager', 'Since', 'Flagship'],
          ['New York', 10.0, 'Sarah', datetime.datetime(2018, 7, 20, 0, 0),
           False]]
```

TIP **사용된 영역**

OpenPyXL이나 pyxlsb와는 달리 xlrd는 sheet.nrows와 sheet.ncols를 사용할 때 시트의 **사용된 영역**이 아니라 값이 있는 셀들의 크기를 반환합니다. 엑셀이 '사용된 영역'으로 반환하는 영역에는 범위의 아래쪽과 오른쪽 경계에 빈 행과 열이 포함되는 경우가 많습니다. 행을 오른쪽 클릭하고 삭제를 선택해서 행 자체를 삭제한게 아니라, Delete 키를 눌러 행 콘텐츠를 삭제했을 때 같은 경우 이런 일이 발생합니다.

xlwt로 쓰기

다음 코드는 OpenPyXL과 XlsxWriter로 만들었던 [그림 8-1]의 엑셀 파일을 생성합니다. 하지만 xlwt는 차트를 만들 수 없고, 그림에는 bmp 형식만 지원합니다.

```
In [30]: import xlwt
         from xlwt.Utils import cell_to_rowcol2
         import datetime as dt
         import excel
```

```
In [31]: # 워크북 인스턴스를 만듭니다
         book = xlwt.Workbook()
```

```python
# 시트를 추가하고 이름을 붙입니다
sheet = book.add_sheet("Sheet1")

# A1 표기법과 셀 인덱스(0으로 시작)를 써서 셀에 기록합니다
sheet.write(*cell_to_rowcol2("A1"), "Hello 1")
sheet.write(r=1, c=0, label="Hello 2")

# 스타일: 채우기 색깔, 정렬, 보더, 폰트
formatting = xlwt.easyxf("font: bold on, color red;"
                         "align: horiz center;"
                         "borders: top_color red, bottom_color red,"
                                  "right_color red, left_color red,"
                         "left thin, right thin,"
                         "top thin, bottom thin;"
                         "pattern: pattern solid, fore_color yellow;")
sheet.write(r=2, c=0, label="Hello 3", style=formatting)

# 숫자 형식 지정(엑셀의 형식 문자열을 사용합니다)
number_format = xlwt.easyxf(num_format_str="0.00")
sheet.write(3, 0, 3.3333, number_format)

# 날짜 형식(엑셀의 형식 문자열을 사용합니다)
date_format = xlwt.easyxf(num_format_str="mm/dd/yyyy")
sheet.write(4, 0, dt.datetime(2012, 2, 3), date_format)

# 공식을 쓸 때는 반드시 공식의 영어 이름을
# 콤마로 구분해서 써야 합니다
sheet.write(5, 0, xlwt.Formula("SUM(A4, 2)"))

# 2차원 리스트 (excel 모듈을 쓰고 있습니다)
data = [[None, "North", "South"],
        ["Last Year", 2, 5],
        ["This Year", 3, 6]]
excel.write(sheet, data, "A10")

# 그림 (bmp 형식만 사용 가능)
sheet.insert_bitmap("images/python.bmp", 0, 2)

# 파일을 디스크에 씁니다
book.save("xlwt.xls")
```

엑셀유틸로 편집하기

엑셀유틸은 xlwt와 xlrd 사이에서 동작하는 일종의 브릿지입니다. 즉 엑셀유틸은 엄밀히 말해 편집 동작을 하지 않습니다. xlrd로 서식을 포함해(`formatting_info=True`) 스프레드시트를 읽고, 다시 xlwt로 파일을 기록하면서 그 사이에 일어난 변화를 반영할 뿐입니다.

```
In [32]: import xlutils.copy

In [33]: book = xlrd.open_workbook("xl/stores.xls", formatting_info=True)
         book = xlutils.copy.copy(book)
         book.get_sheet(0).write(0, 0, "changed!")
         book.save("stores_edited.xls")
```

이제 여러 가지 형식의 엑셀 워크북을 읽고 쓰는 방법을 배웠습니다. 다음 절에서는 아주 큰 엑셀 파일을 다루는 방법, 판다스와 리더/라이터 패키지를 함께 사용하는 법 같은 고급 주제를 설명합니다.

8.2 고급 주제

지금까지 사용한 단순한 엑셀 파일보다 크고 복잡한 파일을 다루게 되면 기본 옵션만으로는 만족스럽지 않을 일이 생깁니다. 따라서 이 절은 더 큰 파일을 다루는 방법부터 설명합니다. 그런 다음에는 판다스를 리더/라이터 패키지와 함께 사용하는 법을 배웁니다. 이 과정에서 판다스 데이터프레임에 스타일을 적용하는 법도 함께 설명합니다. 그리고 이 장에서 배운 내용을 조합해, 7장의 케이스 스터디에서 만든 엑셀 보고서를 프로가 작업한 것처럼 보이게 만들겠습니다.

8.2.1 큰 엑셀 파일 다루기

아주 큰 파일을 다루다 보면 두 가지 문제가 생깁니다. 파일을 읽고 쓰는 작업이 느려지거나, 컴퓨터의 메모리가 부족해질 수 있습니다. 메모리 문제는 프로그램이 충돌하게 만들 수 있으므로 더 심각한 문제입니다. 파일이 **크**다는 기준은 항상 시스템의 가용 자원과, 여러분이 **느리**다고 말하는 기준에 따라 다릅니다. 이 절에서는 각 패키지가 제공하는 최적화 테크닉을 통해 그 한계를 어느 정도 완화하는 방법을 알아봅니다. 먼저 라이터 패키지에서 쓸 수 있는 옵션을 알아본 다음 리더 패키지에서 쓸 수 있는 옵션으로 넘어갑니다. 이 절의 마지막에서 워크북 시트를 병렬로 읽어 속도를 올리는 방법도 선보입니다.

OpenPyXL로 쓰기

OpenPyXL로 큰 파일을 다룰 때는 쓰기 프로세스의 성능을 올리는 lxml 패키지가 있는지 확인하십시오. 이 패키지는 아나콘다에 포함돼 있으므로 독자 여러분이 당장 해야 할 일은 없습니다. 하지만 성능 향상의 진짜 공신은 메모리 소모량을 줄이는 write_only=True 플래그입니다. 하지만 이 플래그는 **append** 메서드를 써서 한 행 한 행 써나가는 방식을 강요하며, 개별 셀에 쓸 수 없게 됩니다.

```
In [34]: book = openpyxl.Workbook(write_only=True)
         # write_only=True를 사용하면 book.active는 동작하지 않습니다
         sheet = book.create_sheet()
         # 1000 * 200 셀로 구성된 시트를 만듭니다
         for row in range(1000):
             sheet.append(list(range(200)))
         book.save("openpyxl_optimized.xlsx")
```

XlsxWriter로 쓰기

XlsxWriter에는 비슷한 옵션인 constant_memory가 있습니다. 행을 순차적으로 기록해야만 한다는 점도 똑같습니다. 이 옵션은 다음과 같이 options 딕셔너리를 사용해 지정합니다.

```
In [35]: book = xlsxwriter.Workbook("xlsxwriter_optimized.xlsx",
                                     options={"constant_memory": True})
         sheet = book.add_worksheet()
         # 1000 * 200 셀로 구성된 시트를 만듭니다
         for row in range(1000):
             sheet.write_row(row , 0, list(range(200)))
         book.close()
```

xlrd로 읽기

xlrd는 아주 큰 xls 파일을 읽을 때 다음과 같이 필요한 시트만 읽을 수 있습니다.

```
In [36]: with xlrd.open_workbook("xl/stores.xls", on_demand=True) as book:
             sheet = book.sheet_by_index(0)  # 첫 번째 시트만 불러옵니다
```

워크북을 콘텍스트 관리자로 사용하지 않는다면 book.release_resources()를 직접 호출해야 워크북을 정상적으로 닫을 수 있습니다. 판다스와 함께 xlrd를 이 모드로 사용하는 방법은 다음과 같습니다.

```
In [37]: with xlrd.open_workbook("xl/stores.xls", on_demand=True) as book:
             with pd.ExcelFile(book, engine="xlrd") as f:
                 df = pd.read_excel(f, sheet_name=0)
```

OpenPyXL로 읽기

메모리를 절약하면서 OpenPyXL로 큰 엑셀 파일을 읽으려면 read_only=True를 사용해야 합니다. OpenPyXL은 with 문을 지원하지 않으므로 이 경우 작업이 끝나면 파일을 직접 닫아야 합니다. 파일에 다른 워크북에 대한 참조가 들어 있다면 keep_links=False를 써서 속도를 더 올릴 수 있습니다. keep_links는 다른 워크북에 대한 참조가 유지되는지 확인하려 하기 때문에, 현재 워크북의 값만 필요한 상황에는 이유 없이 속도만 떨어뜨립니다.

```
In [38]: book = openpyxl.load_workbook("xl/big.xlsx",
                                       data_only=True, read_only=True,
                                       keep_links=False)
         # 필요한 읽기 작업을 여기서 수행합니다
         book.close()  # read_only=True를 사용했다면 꼭 필요합니다
```

병렬로 시트 읽기

곧 예제를 보겠지만, 아주 큰 워크북에 있는 여러 개의 시트를 판다스의 read_excel 함수로 읽으면 시간이 상당히 오래 걸립니다. 이유는 판다스가 시트를 순차적으로, 즉 한 번에 하나씩 읽기 때문입니다. 시트를 병렬로 읽으면 읽는 시간이 줄어들 수 있습니다. 파일의 내부 구조 때

문에 워크북 생성은 병렬화가 아주 어렵지만, 시트 여러 개를 병렬로 읽는 건 아주 단순합니다. 하지만 병렬화 자체는 고급 주제이므로 파이썬을 소개하는 부분에서는 일부러 언급하지 않았으며, 여기서도 자세히 설명하지는 않을 겁니다.

최신 컴퓨터는 모두 CPU 코어가 여러 개 있습니다. 이를 활용하려면 표준 라이브러리에 포함된 멀티프로세싱 패키지를 사용해야 합니다. 이 패키지는 파이썬 인터프리터 여러 개를(보통 코어 하나에 하나씩) 구동해 작업을 병렬로 수행합니다. 인터프리터가 여러 개 구동되면 시트 하나를 처리하고 다음 시트를 처리하는 방식이 아니라, 파이썬 인터프리터 하나가 첫 번째 시트를 처리하는 동시에 두 번째 파이썬 인터프리터가 두 번째 시트를 처리하는 방식을 쓸 수 있습니다. 하지만 파이썬 인터프리터가 구동될 때마다 시간이 필요하며 사용하는 메모리도 그만큼 늘어나므로, 파일이 작다면 읽기를 병렬화할 경우 빨라지는게 아니라 오히려 느려지는 경우가 더 많습니다. 큰 시트가 여러 개 포함된 아주 큰 파일이라면 멀티프로세싱을 통해 처리 속도가 상당히 올라갈 수 있지만, 어디까지나 시스템에 이 작업을 동시에 처리할 수 있는 충분한 메모리가 있다는 가정 하에서 그렇습니다. 2장에서 소개한 바인더로 주피터 노트북을 실행한다면 메모리가 충분치 않을 테고, 따라서 병렬화가 오히려 더 느릴 겁니다. 책의 저장소에 있는 parallel_pandas.py는 OpenPyXL을 엔진으로 사용해서 시트를 병렬로 읽는 작업을 단순하게 구현한 스크립트입니다. 멀티프로세싱에 대해 전혀 모르더라도 사용하기 쉽게 만들었습니다.

```
import parallel_pandas
parallel_pandas.read_excel(filename, sheet_name=None)
```

이 스크립트는 기본적으로 모든 시트를 읽지만 읽을 시트 이름을 리스트로 지정할 수도 있습니다. 이 함수는 판다스와 마찬가지로 {"sheetname": df} 형태의 딕셔너리, 즉 시트 이름을 키로 쓰고 데이터프레임을 값으로 쓴 딕셔너리를 반환합니다.

이제 저장소의 xl 폴더에 있는 **big.xlsx** 파일을 병렬화 버전으로 읽으면 얼마나 빨라지는지 봅시다.

```
In [39]: %%time
         data = pd.read_excel("xl/big.xlsx",
                              sheet_name=None, engine="openpyxl")

Wall time: 49.5 s

In [40]: %%time
         import parallel_pandas
         data = parallel_pandas.read_excel("xl/big.xlsx", sheet_name=None)

Wall time: 12.1 s
```

시트 1을 나타내는 데이터프레임은 **data["Sheet1"]**으로 가져올 수 있습니다. 두 예제의 경과 시간을 보면 병렬화 버전이 **pd.read_excel**보다 몇 배 더 빠른 걸 볼 수 있습니다.

---

2 옮긴이_ wall time은 wall clock time의 약자이며 사람이 인지하는 시간이란 뜻으로 쓰고, 그런 의미에서 CPU 시간과는 다릅니다.

이 결과는 6코어 CPU가 설치된 필자의 랩탑에서 잰 결과입니다. 더 빠른 속도를 원한다면 OpenPyXL 자체를 병렬화할 수도 있습니다. 책의 저장소에 있는 parallel_openpyxl.py를 참고하십시오. xlrd에서 구형 xls 형식을 병렬로 읽도록 만든 parallel_xlrd.py도 있습니다. 판다스가 내부적으로 사용하는 패키지를 직접 제어하면 데이터프레임으로 변환하는 과정을 생략하거나, 꼭 필요한 정리 단계만 실행함으로써 더 빠른 속도를 얻을 수도 있습니다. 속도가 정말 중요한 상황이라면 말입니다.

모딘으로 시트 하나를 병렬로 읽기

거대한 시트 하나만 읽어야 한다면 모딘(*https://oreil.ly/wQszH*)에 관심을 가져볼 만 합니다. 모딘은 판다스의 애드온처럼 동작하는 프로젝트입니다. 모딘은 시트 하나를 읽는 작업을 병렬화하여 인상적인 속도 향상을 일으킵니다. 하지만 모딘은 판다스 특정 버전을 요구하므로 모딘을 설치한다면 아나콘다를 다운그레이드해야 할 수도 있습니다. 따라서 모딘을 테스트하고 싶다면 별도의 콘다 환경을 만들어서 기존에 사용하던 베이스 환경을 망치지 않게 하길 권합니다. 콘다 환경을 만드는 자세한 방법은 부록 A를 보십시오.

```
(base)> conda create --name modin python=3.8 -y
(base)> conda activate modin
(modin)> conda install -c conda-forge modin -y
```

필자의 컴퓨터에서 다음 코드로 big.xlsx 파일을 여는데 약 5초가 걸렸습니다(판다스로는 20초가 필요했습니다).

```
import modin.pandas
data = modin.pandas.read_excel("xl/big.xlsx",
                               sheet_name=0, engine="openpyxl")
```

큰 파일을 효율적으로 다루는 방법에 대해서도 알아봤으니, 이제 판다스와 저수준 패키지를 조합해 데이터프레임을 엑셀 파일로 만들 때 서식을 더 개선하는 방법에 대해 알아봅시다!

8.2.2 데이터프레임 서식 개선

OpenPyXL이나 XlsxWriter를 판다스와 함께 사용해 데이터프레임이 엑셀에 표시되는 형식을 개선할 수 있습니다. 가장 먼저 제목을 추가하는 방법을 알아보고, 데이터프레임 헤더와 인덱스에 서식을 적용해 본 다음, 데이터 부분에도 서식을 적용하며 이 절을 마치겠습니다. 판다스와 OpenPyXL을 조합하면 파일을 읽는 작업이 개선될 때도 있으니 먼저 이것부터 알아봅시다.

```
In [41]: with pd.ExcelFile("xl/stores.xlsx", engine="openpyxl") as xlfile:
             # 데이터프레임 읽기
             df = pd.read_excel(xlfile, sheet_name="2020")

             # OpenPyXL 워크북 객체를 가져옵니다
             book = xlfile.book

             # 여기서부터는 OpenPyXL 코드입니다
             sheet = book["2019"]
             value = sheet["B3"].value  # 값 하나를 읽습니다
```

워크북에 기록할 때도 비슷하게 동작하므로 데이터프레임 보고서에 제목을 쉽게 추가할 수 있습니다.

```
In [42]: with pd.ExcelWriter("pandas_and_openpyxl.xlsx",
                             engine="openpyxl") as writer:
             df = pd.DataFrame({"col1": [1, 2, 3, 4], "col2": [5, 6, 7, 8]})
             # 데이터프레임을 씁니다
             df.to_excel(writer, "Sheet1", startrow=4, startcol=2)

             # OpenPyXL 워크북과 시트 객체를 가져옵니다
             book = writer.book
             sheet = writer.sheets["Sheet1"]

             # 여기서부터는 OpenPyXL 코드입니다
             sheet["A1"].value = "This is a Title"  # 셀 하나에 값을 씁니다
```

이 예제에서는 OpenPyXL을 사용했지만 다른 패키지에서도 개념은 같습니다. 이제 데이터프레임의 인덱스와 헤더에 서식을 적용해 봅시다.

데이터프레임의 인덱스와 헤더에 서식 적용

인덱스와 열 헤더 서식을 완전히 제어하는 가장 쉬운 방법은 바로 직접 작성합니다. 다음 예제는 OpenPyXL과 XlsxWriter에서 이 작업을 하는 방법입니다. 결과는 [그림 8-2]와 같습니다. 먼저 다음과 같이 데이터프레임을 만듭시다.

```
In [43]: df = pd.DataFrame({"col1": [1, -2], "col2": [-3, 4]},
                           index=["row1", "row2"])
         df.index.name = "ix"
         df

Out[43]:       col1  col2
         ix
         row1     1    -3
         row2    -2     4
```

OpenPyXL에서는 다음과 같이 인덱스와 헤더에 서식을 지정할 수 있습니다.

```
In [44]: from openpyxl.styles import PatternFill
In [45]: with pd.ExcelWriter("formatting_openpyxl.xlsx",
                            engine="openpyxl") as writer:
             # 데이터프레임을 기본 서식으로 A1에 씁니다
             df.to_excel(writer, startrow=0, startcol=0)

             # 데이터프레임의 인덱스와 헤더에 커스텀 서식을 적용해 A6에 씁니다
             startrow, startcol = 0, 5

             # 1. 데이터프레임의 데이터 부분을 씁니다
             df.to_excel(writer, header=False, index=False,
                        startrow=startrow + 1, startcol=startcol + 1)
             # 시트 객체를 가져오고 스타일 객체를 생성합니다
             sheet = writer.sheets["Sheet1"]
             style = PatternFill(fgColor="D9D9D9", fill_type="solid")

             # 2. 스타일이 적용된 열 헤더를 씁니다
             for i, col in enumerate(df.columns):
                 sheet.cell(row=startrow + 1, column=i + startcol + 2,
                           value=col).fill = style

             # 3. 스타일이 적용된 인덱스를 씁니다
             index = [df.index.name if df.index.name else None] + list(df.index)
```

```
        for i, row in enumerate(index):
            sheet.cell(row=i + startrow + 1, column=startcol + 1,
                       value=row).fill = style
```

XlsxWriter를 사용할 때는 다음과 같이 코드를 조금 조정합니다

```
In [46]: # XlsxWriter를 사용한 인덱스/헤더 서식 적용
         with pd.ExcelWriter("formatting_xlsxwriter.xlsx",
                             engine="xlsxwriter") as writer:
             # 데이터프레임을 기본 서식으로 A1에 씁니다
             df.to_excel(writer, startrow=0, startcol=0)

             # 데이터프레임의 인덱스와 헤더에 커스텀 서식을 적용해 A6에 씁니다
             startrow, startcol = 0, 5

             # 1. 데이터프레임의 데이터 부분을 씁니다
             df.to_excel(writer, header=False, index=False,
                     startrow=startrow + 1, startcol=startcol + 1)
             # 워크북과 시트 객체를 가져오고 스타일 객체를 생성합니다
             book = writer.book
             sheet = writer.sheets["Sheet1"]
             style = book.add_format({"bg_color": "#D9D9D9"})

             # 2. 스타일이 적용된 열 헤더를 씁니다
             for i, col in enumerate(df.columns):
                 sheet.write(startrow, startcol + i + 1, col, style)

             # 3. 스타일이 적용된 인덱스를 씁니다
             index = [df.index.name if df.index.name else None] + list(df.index)
             for i, row in enumerate(index):
                 sheet.write(startrow + i, startcol, row, style)
```

인덱스와 헤더에 서식을 적용할 수 있게 됐으니 이제 데이터 부분에 스타일을 적용하는 방법을
알아봅시다.

	A	B	C	D	E	F	G	H
1	ix	col1	col2			ix	col1	col2
2	row1	1	3			row1	1	3
3	row2	2	4			row2	2	4

그림 8-2 기본 서식(왼쪽)과 커스텀 서식(오른쪽)

데이터프레임의 데이터 부분에 서식 적용

선택한 패키지에 따라 데이터 부분에 적용할 수 있는 서식 종류가 조금 달라집니다. 판다스의 **to_excel** 메서드를 사용한다면 OpenPyXL은 각 셀마다 서식을 적용할 수 있지만 XlsxWriter는 행과 열 단위로만 서식을 적용할 수 있습니다. 예를 들어 [그림 8-3]처럼 숫자 형식을 소수점 아래 세 자리로 고정하고 셀 콘텐츠는 중앙에 정렬하고 싶다면, OpenPyXL에서는 다음과 같은 코드를 사용합니다.

```
In [47]: from openpyxl.styles import Alignment

In [48]: with pd.ExcelWriter("data_format_openpyxl.xlsx",
                             engine="openpyxl") as writer:
            # 데이터프레임을 씁니다
            df.to_excel(writer)

            # 워크북과 시트 객체를 가져옵니다
            book = writer.book
            sheet = writer.sheets["Sheet1"]

            # 각 셀에 서식을 적용합니다
            nrows, ncols = df.shape
            for row in range(nrows):
                for col in range(ncols):
                    # 1을 더하는 이유는 헤더/인덱스 때문입니다
                    # OpenPyXL 인덱스는 1에서 시작하므로 1을 한번 더 더합니다
                    cell = sheet.cell(row=row + 2,
                                      column=col + 2)
                    cell.number_format = "0.000"
                    cell.alignment = Alignment(horizontal="center")
```

XlsxWriter에서는 코드를 다음과 같이 수정합니다

```
In [49]: with pd.ExcelWriter("data_format_xlsxwriter.xlsx",
                             engine="xlsxwriter") as writer:
        # 데이터프레임을 씁니다
        df.to_excel(writer)

        # 워크북과 시트 객체를 가져옵니다
        book = writer.book
        sheet = writer.sheets["Sheet1"]

        # 열에 서식 적용(개별 셀에 적용은 불가능합니다)
        number_format = book.add_format({"num_format": "0.000",
                                         "align": "center"})
        sheet.set_column(first_col=1, last_col=2,
                         cell_format=number_format)
```

	A	B	C
1		**col1**	**col2**
2	**row1**	1.000	-3.000
3	**row2**	-2.000	4.000

그림 8-3 데이터 부분에 서식 적용

아직 **실험중**인 기능이지만, 판다스는 데이터프레임에 style 프로퍼티를 제공합니다. 여기서 실험중이라는 말은 문법이 언제든지 바뀔 수 있다는 의미입니다. 스타일은 원래 데이터프레임에 HTML 형식을 적용할 의도로 도입했으므로 CSS 문법을 사용합니다. CSS는 캐스케이드 스타일시트의 약어이며, HTML 요소에 스타일을 정의할 때 사용합니다. 앞서 적용한 소수점 아래 세 자리의 숫자 형식과 중앙 정렬을 적용하려면 applymap을 써서 Styler 객체의 모든 요소에서 함수를 호출해야 합니다. Styler 객체는 df.style 속성을 통해 접근합니다.

```
In [50]: df.style.applymap(lambda x: "number-format: 0.000;"
                           "text-align: center")\
        .to_excel("styled.xlsx")
```

이번에도 결과는 [그림 8-3]과 같습니다. 데이터프레임 스타일에 대해 더 알고 싶다면 스타일 문서(*https://oreil.ly/_JzfP*)를 참조하십시오.

날짜, 날짜와 시간 객체는 스타일 속성을 사용하지 않아도 [그림 8-4]와 같이 서식을 지정할 수 있습니다.

```
In [51]: df = pd.DataFrame({"Date": [dt.date(2020, 1, 1)],
                            "Datetime": [dt.datetime(2020, 1, 1, 10)]})
         with pd.ExcelWriter("date.xlsx",
                             date_format="yyyy-mm-dd",
                             datetime_format="yyyy-mm-dd hh:mm:ss") as writer:
             df.to_excel(writer)
```

	A	B	C
1		**Date**	**Datetime**
2	**0**	2020-01-01	2020-01-01 10:00:00

그림 8-4 서식이 지정된 날짜

기타 리더와 라이터 패키지

이 장에서 살펴본 패키지 외에도 특정 상황에 사용해볼만 한 몇 가지 패키지가 있습니다.

- **파이엑셀**

  파이엑셀pyexcel(*http://pyexcel.org*)은 여러 가지 엑셀 패키지를 종합한 문법을 사용하며, CSV 파일이나 오픈오피스 파일도 지원합니다.

- **파이엑셀러레이트**

  파이엑셀러레이트PyExcelerate(*https://oreil.ly/yJax7*)는 엑셀 파일을 가장 빠르게 만드는 걸 목표로 하는 프로젝트입니다.

- **파이라이트엑셀**

  파이라이트엑셀pylightxl(*https://oreil.ly/efjt4*)은 xlsx와 xlsm 파일을 읽을 수 있고 xlsx 파일을 만들 수 있습니다.

- **스타일프레임**

  스타일프레임styleframe(*https://oreil.ly/nQUg9*)은 판다스와 OpenPyXL을 조합해 멋진 서식의 엑셀 파일을 만듭니다.

- **oletools**

  oletools(*https://oreil.ly/SG-Jy*)는 일반적인 의미의 리더나 라이터 패키지는 아니지만, 멀웨어 분석 등을 위해 마이크로소프트 오피스 문서를 분석하는 용도로 사용할 수 있습니다. 엑셀 워크북에서 VBA 코드를 추출하는 편리한 방법을 제공하기도 합니다.

엑셀에 서식을 지정하는 방법을 알게 됐으니, 이 장에서 배운 것들을 활용해 7장에서 만들었던 엑셀 보고서를 더 보기 좋게 만들어 봅시다!

8.2.3 다시 살펴보는 케이스 스터디: 엑셀 보고서

지금까지 배운 내용을 충분히 이해했다면, 7장의 케이스 스터디에서 만들었던 엑셀 보고서로 돌아가 더 보기 좋게 꾸밀 수 있을 겁니다. 관심이 생긴다면 책의 저장소에서 sales_report_pandas.py를 찾아, [그림 8-5]의 보고서와 비슷하게 만들어 보십시오.

빨간색 글자는 20,000 미만의 숫자가 눈에 잘 띄게 표시한 겁니다. 이런 조건부 서식을 포함해, [그림 8-5]에 필요한 서식 관련 내용을 이 장에서 모두 설명하지는 않았습니다. 따라서 선택한 패키지의 문서를 읽어보고 방법을 스스로 생각해 보십시오. 필자가 이 보고서를 만들 때 사용한 스크립트의 두 가지 버전이 저장소에 있으니 직접 만든 스크립트와 비교해 보는 것도 좋습니다. sales_report_openpyxl.py는 OpenPyXL 버전이고 sales_report_xlsx-writer.py는 XlsxWriter 버전입니다. 두 스크립트를 나란히 놓고 비교하면 여러분이 다음에 직접 라이터 패키지를 선택해야 할 때 참고할 만한 기준이 보일 수도 있습니다. 다음 장에서 이 케이스 스터디를 다시 한 번 살펴볼 겁니다. 9장에서는 보고서 템플릿을 사용하므로 마이크로소프트 엑셀이 설치돼 있어야 합니다.

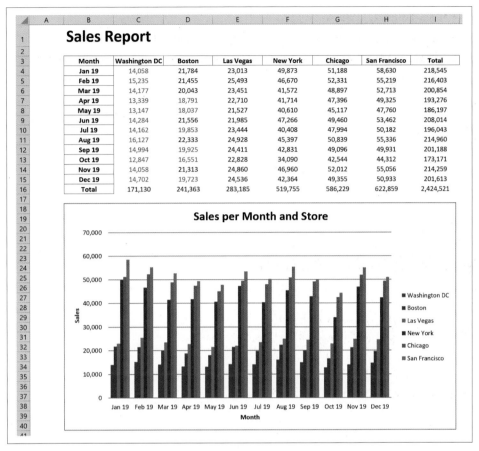

그림 8-5 sales_report_openpyxl.py로 다시 만든 보고서

8.3 요약

이 장에서는 판다스가 내부적으로 사용하는 리더와 라이터 패키지를 소개했습니다. 이들을 직접 사용하면 판다스가 없어도 엑셀 워크북을 읽고 쓸 수 있습니다. 또한 이들을 판다스와 함께 사용하면 제목과 차트를 추가하고, 서식을 지정해서 엑셀 보고서를 더 개선할 수 있습니다. 물론 현재로서도 리더와 라이터 패키지들이 강력한 기능을 제공하기는 하지만, 필자는 언젠가 이들이 하나의 프로젝트로 합쳐질 때가 오기를 바라고 있습니다. 어떤 패키지를 써야 할 지 확인

하기 위해 매번 요약 테이블을 찾아보거나, 엑셀 파일 타입에 따라 다른 문법을 사용할 필요가 없어지면 정말 편리할 겁니다. 그런 의미에서, 개별 패키지에 너무 집중하기보다는 우선 판다스로 할 수 있는 만큼은 해 보고 판다스가 지원하지 않는 기능이 필요할 때에만 개별 패키지를 사용하는 방식이 합리적일 겁니다.

하지만 엑셀을 단순히 데이터 파일이나 보고서라고만 생각할 수는 없습니다. 엑셀은 사용자가 몇 개의 숫자를 입력하는 것 만으로 원하는 정보를 표시할 수 있는 가장 직관적인 사용자 인터페이스 중 하나입니다. 엑셀 파일을 읽고 쓰는 것에서 멈추지 않고 엑셀 애플리케이션 자체를 자동화할 수 있다면 완전히 새로운 가능성이 열립니다. 4부에서 이에 대해 살펴볼 겁니다. 다음 장은 우선 파이썬으로 엑셀을 제어하는 내용으로 시작하겠습니다.

Part **IV**

엑셀윙스를 통한
엑셀 애플리케이션
프로그래밍

4부에서는 디스크에 저장된 엑셀 파일을 읽고 쓰는 것이 아니라, 파이썬과 엑셀윙스 패키지를 사용해 엑셀 애플리케이션 자체를 자동화하는 방법을 설명합니다. 따라서 4부를 읽기 위해서는 엑셀이 설치되어 있어야 합니다. 엑셀 워크북을 열고 조작하는 광경을 직접 보게 될 겁니다. 또한 대화형 엑셀 도구도 만들어 봅시다. 버튼을 누르면, 예전에 VBA 매크로를 사용했던 계산 집중적인 작업을 파이썬이 대신합니다. 또한 VBA 대신 파이썬을 사용해 사용자 정의 함수(UDF)1를 만드는 방법도 알아봅니다.

Part IV

엑셀윙스를 통한
엑셀 애플리케이션 프로그래밍

9장 엑셀 자동화

10장 파이썬으로 강화된 엑셀 도구

11장 파이썬 패키지 추적기

12장 사용자 정의 함수

엑셀 자동화

2부에서는 일반적인 엑셀 작업을 판다스로 대신하는 법을 배웠고, 3부에서는 엑셀 파일을 보고서의 데이터 소스로, 파일 형식으로 사용하는 법을 배웠습니다. 4부에서는 리더와 라이터 패키지로 엑셀 **파일**을 조작하는데서 벗어나 엑셀윙스로 엑셀 **애플리케이션**을 자동화하는 법을 배웁니다.

엑셀윙스의 주된 사용법은 엑셀 스프레드시트를 일종의 사용자 인터페이스로 사용하는 대화형 애플리케이션을 만드는 겁니다. 이 애플리케이션에서는 버튼을 클릭하거나 사용자 정의 함수를 호출해 파이썬을 호출합니다. 이런 기능은 리더/라이터 패키지로는 구현할 수 없는 기능입니다. 하지만 이 말이 엑셀윙스로 엑셀 파일을 읽고 쓸 수 없다는 의미는 아닙니다. macOS나 윈도우를 사용 중이고 엑셀이 설치돼 있다면 엑셀 파일을 읽고 쓰는 것도 가능합니다. 엑셀윙스의 주요 장점 중 하나는 형식을 가리지 않고 엑셀 파일을 실제로 편집할 수 있으며, 그 과정에서 어떤 콘텐츠나 서식도 바뀌거나 사라지지 않는다는 점입니다. 심지어 엑셀 워크북을 저장하지 않은 상태에서 셀 값을 읽을 수도 있습니다. 물론 엑셀 리더/라이터 패키지와 엑셀윙스를 함께 사용하는 것도 가능합니다. 7장의 케이스 스터디를 다시 한 번 가공하는 과정에서 이를 살펴볼 겁니다.

이 장은 먼저 엑셀 객체 모델과 엑셀윙스의 소개로 시작합니다. 먼저 워크북에 연결하고 셀 값을 읽고 쓰는 것 같은 기본에서 시작해, 변환기와 옵션을 통해 판다스 데이터프레임과 넘파이 배열을 다루는 좀 더 심화된 내용으로 넘어갈 겁니다. 차트, 그림, 정의된 이름을 사용하는 법도 배우고, 마지막 절에서는 엑셀윙스가 내부적으로 동작하는 방식을 설명할 겁니다. 이 내용을 배우면 효율적인 스크립트를 만들 수 있고, 제공되지 않는 기능을 직접 구현할 수도 있게 될 겁니다. 이 장부터는 마이크로소프트 엑셀이 설치돼 있어야 하기 때문에 예제는 윈도우나 macOS에서만 실행할 수 있습니다.[1]

9.1 엑셀윙스 시작하기

엑셀윙스의 목표 중 하나는 VBA를 대신해 윈도우나 macOS에 설치된 엑셀과 파이썬을 연동합니다. 엑셀의 그리드는 중첩된 리스트 같은 파이썬 데이터 구조, 넘파이 배열, 판다스 데이터프레임을 표시하기에 안성맞춤인 레이아웃이므로, 이들을 엑셀에서 읽고 쓰도록 하는게 엑셀윙스의 핵심 기능 중 하나입니다. 이 절은 우선 엑셀을 일종의 데이터 뷰어로 사용하는 방법을 제안합니다. 주피터 노트북에서 데이터프레임을 다룰 때 이 방법이 유용할 때가 있을 겁니다. 그리고 엑셀 객체 모델에 대해 설명한 다음 이를 엑셀윙스와 연동하는 방법에 대해 설명합니다. 그리고 구형 워크북에서 여전히 사용할 만한 VBA 코드를 호출하는 방법을 설명합니다. 엑셀윙스는 아나콘다에 포함돼 있으므로 직접 설치할 필요는 없습니다.

9.1.1 엑셀을 데이터 뷰어로 사용하기

그동안 책을 따라오면서 주피터 노트북이 기본적으로 큰 데이터프레임의 데이터 대부분을 숨기고 맨 위와 아래 몇 행, 처음과 마지막 몇 열만 보여주는 걸 눈치챘을 겁니다. 데이터를 더 잘 이해하는 방법 중에는 그래프를 그려 보는 방법이 있습니다. 그래프를 바라보면 이상치나 기타 불규칙성을 쉽게 찾을 수 있습니다. 하지만 그저 데이터 테이블을 스크롤해보기만 해도 여러 가지를 알 수 있을 때도 있습니다. 7장에서 데이터프레임에 to_excel 메서드를 사용하는 법을 배웠습니다. 잘 동작하긴 하지만 약간 성가신 방법이기도 합니다. 엑셀 파일의 이름을 지정해야 하고, 탐색기나 파인더에서 파일을 찾아 열어야 합니다. 그리고 데이터프레임을 수정하면 열어뒀던 엑셀 파일을 닫은 다음 전체 과정을 반복해야 합니다. df 데이터프레임을 클립보드에 복사하는 df.to_clipboard()를 사용해 엑셀에 붙여넣는 방법도 있지만, 엑셀윙스에서 제공

....

1 옮긴이_ 윈도우에서는 최소 엑셀 2007이 필요하고, macOS에서는 최소 엑셀 2016이 필요합니다. 또는 마이크로소프트 365 구독에 포함되는 엑셀 데스크탑 버전을 설치해도 됩니다. 자세한 방법은 구독에 포함된 설명서를 참고하십시오.

하는 view 함수를 쓰는게 더 좋습니다.[2]

```
In [1]: # 먼저 이 장에서 사용할 패키지를 임포트합니다
        import datetime as dt
        import xlwings as xw
        import pandas as pd
        import numpy as np

In [2]: # 의사 난수로 데이터프레임을 만듭니다
        # 맨 위와 맨 아래만 보이도록 행 수는 충분히 많게 합니다
        df = pd.DataFrame(data=np.random.randn(100, 5),
                          columns=[f"Trial {i}" for i in range(1, 6)])
        df

Out[2]:      Trial 1   Trial 2   Trial 3   Trial 4   Trial 5
        0  -1.313877  1.164258 -1.306419 -0.529533 -0.524978
        1  -0.854415  0.022859 -0.246443 -0.229146 -0.005493
        2  -0.327510 -0.492201 -1.353566 -1.229236  0.024385
        3  -0.728083 -0.080525  0.628288 -0.382586 -0.590157
        4  -1.227684  0.498541 -0.266466  0.297261 -1.297985
        ..       ...       ...       ...       ...       ...
        95 -0.903446  1.103650  0.033915  0.336871  0.345999
        96 -1.354898 -1.290954 -0.738396 -1.102659  0.115076
        97 -0.070092 -0.416991 -0.203445 -0.686915 -1.163205
        98 -1.201963  0.471854 -0.458501 -0.357171  1.954585
        99  1.863610  0.214047 -1.426806  0.751906 -2.338352
        [100 rows x 5 columns]

In [3]: # 데이터프레임을 엑셀에서 봅니다
        xw.view(df)
```

---

view 함수는 숫자, 문자열, 리스트, 딕셔너리, 튜플, 넘파이 배열, 판다스 데이터프레임 등 널리 쓰이는 파이썬 객체는 모두 인자로 받습니다. 이 함수는 기본적으로 새로운 워크북을 연 다음 첫 번째 시트의 A1 셀에 객체를 붙여 넣고, 엑셀의 자동 맞춤 기능을 사용해 열 너비도 맞춥니다. xw.view(df, mysheet) 처럼 엑셀윙스 sheet 객체를 두 번째 인자로 사용해 view 함수를 호출하면 이미 열려있는 워크북을 재사용합니다. 이제 sheet 객체의 참조를 어떻게 얻는

---

2 옮긴이_ 역자가 macOS에서 테스트한 환경은 macOS 몬터레이 12.0.1, 아나콘다 2021.11 버전인데 간헐적으로 오류가 발생했습니다. 3번 셀을 실행하면 통합 문서 1이 빈 창으로 열리고, 다시 통합 문서 2가 열리면서 데이터프레임이 표시되는데, 이따금 통합 문서 2가 열리지 않으면서 오류가 발생하는 현상이 있었습니다.

지, 이 객체가 엑셀 객체 모델과 어떻게 상호작용하는지 알아봅시다.[3]

9.1.2 엑셀 객체 모델

엑셀을 프로그램으로 제어할 때는 워크북이나 시트 같은 구성 요소를 조작합니다. 이들 구성
요소는 엑셀의 그래픽 사용자 인터페이스를 나타내는 계층 구조인 **엑셀 객체 모델**에 속합니다
(그림 9-1). 마이크로소프트는 VBA, 오피스 스크립트(웹용 엑셀의 자바스크립트 인터페이
스), C# 등 자신들이 공식적으로 지원하는 프로그래밍 언어에서 거의 같은 객체 모델을 사용
합니다. 8장에서 설명한 리더/라이터 패키지와는 반대로 엑셀윙스는 application 대신 app,
workbook 대신 book 같은 이름을 사용하는 걸 제외하면 엑셀 객체 모델을 따릅니다.

- books 컬렉션을 포함하는 app
- sheets 컬렉션을 포함하는 book
- range 객체와 charts 같은 컬렉션에 접근할 수 있는 sheet
- 하나 이상의 연속적인 셀을 요소로 포함하는 range

파선으로 표시한 박스는 같은 타입의 객체를 하나 이상 포함하는 **컬렉션**입니다. app은 엑셀 인
스턴스, 즉 별도의 프로세스로 실행된 엑셀 애플리케이션 하나에 대응합니다. 고급 사용자들은
이따금 입력만 다르게 하면서 워크북을 계산하는 용도 등으로 엑셀 인스턴스 여러 개를 실행
할 때도 있습니다. 마이크로소프트는 엑셀의 최근 버전에서 직접 엑셀 인스턴스 여러 개를 구

---

3 엑셀윙스 0.22.0은 xw.view와 비슷하지만 반대 방향으로 동작하는 xw.load 함수를 추가했습니다. 이 함수는 엑셀의 범위를 주피터 노
트북에 판다스 데이터프레임으로 쉽게 불러올 수 있습니다. 자세한 내용은 문서(*https://oreil.ly/x7sTR*)를 보십시오.

동하는 방법을 복잡하게 바꿨습니다. 엑셀을 시작하고, 윈도우 작업 표시줄에서 아이콘을 오른쪽 클릭합니다. 메뉴가 나타나면 Alt 키를 누른 상태에서 엑셀을 클릭하면(왼쪽 버튼에서 손을 뗄 때까지 Alt 키를 누르고 있어야 합니다) 새로운 엑셀 인스턴스를 열겠냐는 팝업이 나타납니다. macOS에서는 같은 프로그램의 인스턴스를 하나 이상 직접 실행할 방법을 제공하지 않지만, 엑셀윙스를 통해 엑셀 인스턴스를 여러 개 실행하는 건 가능합니다. 엑셀 인스턴스는 한 인스턴스와 다른 인스턴스가 통신할 수 없는 **샌드박스** 환경입니다.[4] sheet 객체는 차트, 그림, 정의된 이름 같은 컬렉션에 접근할 수 있게 하며, 이는 다음 절의 주제입니다.

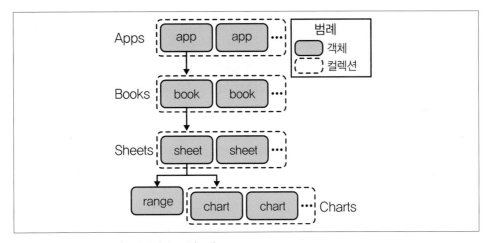

그림 9-1 엑셀윙스가 구현한 엑셀 객체 모델 (요약)

항상 그렇지만 엑셀 객체 모델이 어떤 것인지 느껴보려면 직접 사용해 보는게 최선입니다. Book 클래스부터 시작해보죠. 이 클래스에서 새로운 워크북을 만들거나 기존 워크북에 연결할 수 있습니다. [표 9-1]에 명령어를 요약했습니다.

---

4 별도의 엑셀 인스턴스에 대해 더 자세히 알고 싶으면 '엑셀 인스턴스가 무엇이고 왜 중요한가?'(*https://oreil.ly/L2FDT*)를 읽어봅시다.

표 9-1 엑셀 워크북 명령어

명령어	설명
xw.Book()	활성된 엑셀 인스턴스의 새로운 엑셀 워크북을 나타내는 book 객체를 반환합니다. 활성화된 인스턴스가 없으면 엑셀을 시작합니다.
xw.Book("Book1")	파일 확장자가 없는, Book1이라는 이름의 저장되지 않은 워크북을 나타내는 book 객체를 반환합니다.
xw.Book("Book1.xlsx")	파일 확장자가 포함된, Book1.xlsx라는 이름으로 저장된 워크북을 나타내는 book 객체를 반환합니다. 이 파일은 열려 있거나 현재 작업 디렉터리에 있어야 합니다.
xw.Book(r"C:\path\Book1.xlsx")	이전에 저장한 워크북(전체 경로)의 book 객체를 반환합니다. 파일이 열려 있는지는 중요하지 않습니다. 맨 앞에 있는 r은 경로에 있는 역슬래시를 윈도우에서 있는 그대로 해석하도록 5장에서 소개한 문자열 원형으로 바꿉니다. macOS에서는 파일 경로에 슬래시를 사용하므로 r은 필요하지 않습니다.
xw.books.active	활성 엑셀 인스턴스의 활성 워크북을 나타내는 book 객체를 반환합니다.

book 객체에서 range 객체로 내려가면서 객체 모델의 계층 구조를 이동하는 방법을 알아봅시다.

```
In [4]: # 빈 워크북을 새로 만들고 이름을 출력합니다
        # 이 워크북은 이 장의 예제 대부분에서 사용할 겁니다
        book = xw.Book()
        book.name

Out[4]: 'Book2'

In [5]: # sheets 컬렉션에 접근합니다
        book.sheets

Out[5]: Sheets([<Sheet [Book2]Sheet1>])

In [6]: # 인덱스나 이름으로 sheet 객체를 가져옵니다
        # 이름이 다를 경우 "Sheet1"을 바꿔야 할 수도 있습니다
        sheet1 = book.sheets[0]
        sheet1 = book.sheets["Sheet1"]

In [7]: sheet1.range("A1")

Out[7]: <Range [Book2]Sheet1!$A$1>
```

range 객체는 계층 구조의 맨 아래에 있습니다. 꺾쇠(<>) 사이의 문자열에 유용한 정보가 있을 때도 있지만, 우리가 할 일은 보통 객체의 속성을 사용합니다.

```
In [8]: # 가장 자주 하는 작업 - 값을 씁니다
        sheet1.range("A1").value = [[1, 2],
                                    [3, 4]]
        sheet1.range("A4").value = "Hello!"

In [9]: # 그리고 값을 읽습니다
        sheet1.range("A1:B2").value

Out[9]: [[1.0, 2.0], [3.0, 4.0]]

In [10]: sheet1.range("A4").value

Out[10]: 'Hello!'
```

엑셀윙스 range 객체의 value 속성은 기본적으로 2차원 범위는 중첩된 리스트 형태로, 셀 하나는 스칼라 형태로 읽고 씁니다. 지금까지 한 일은 VBA와 거의 같습니다. book이 VBA나 엑셀윙스 워크북 객체라면 다음과 같이 VBA와 엑셀윙스에서 A1:B2 셀의 value 속성에 접근합니다.

```
book.Sheets(1).Range("A1:B2").Value  # VBA
book.sheets[0].range("A1:B2").value  # 엑셀윙스
```

차이는 다음과 같습니다.

| 속성 |

3장에서 소개한 파이썬 스타일 가이드 PEP 8에 따라 파이썬에서는 소문자를 사용하고, 경우에 따라 밑줄을 쓸 수 있습니다.

| 인덱스 |

파이썬은 sheets 컬렉션의 요소에 접근할 때 0에서 시작하는 인덱스를 대괄호 안에 씁니다.

엑셀윙스 range가 받는 문자열을 [표 9-2]에 요약했습니다.

표 9-2 A1 표기법에서 범위의 정의하는 문자열

참조	설명
"A1"	셀 하나
"A1:B2"	A1에서 B2까지
"A:A"	열 A
"A:B"	열 A에서 B까지
"1:1"	행 1
"1:2"	행 1에서 2까지

엑셀윙스 range 객체도 인덱스와 슬라이스를 지원합니다. Out 셀에 표시된 셀 범위를 보십시오.

```
In [11]: # 인덱스
         sheet1.range("A1:B2")[0, 0]

Out[11]: <Range [Book2]Sheet1!$A$1>

In [12]: # 슬라이스
         sheet1.range("A1:B2")[:, 1]

Out[12]: <Range [Book2]Sheet1!$B$1:$B$2>
```

인덱스는 VBA에서 Cells 프로퍼티와 같습니다.

```
book.Sheets(1).Range("A1:B2").Cells(1, 1)  # VBA
book.sheets[0].range("A1:B2")[0, 0]  # 엑셀윙스
```

범위를 지정할 때 명시적으로 sheet 객체의 속성으로 지정하지 않고 sheet 객체에 인덱스와 슬라이스를 적용해 range 객체를 얻을 수도 있습니다. A1 표기법을 사용하면 타이핑이 줄어들고, 정수 인덱스를 사용하면 엑셀 시트가 넘파이 배열과 비슷해 보입니다.

```
In [13]: # 셀 하나: A1 표기법
         sheet1["A1"]

Out[13]: <Range [Book2]Sheet1!$A$1>

In [14]: # 셀 여러 개: A1 표기법
```

```
          sheet1["A1:B2"]

Out[14]: <Range [Book2]Sheet1!$A$1:$B$2>

In [15]: # 셀 하나: 인덱스
          sheet1[0, 0]

Out[15]: <Range [Book2]Sheet1!$A$1>

In [16]: # 셀 여러 개: 슬라이스
          sheet1[:2, :2]

Out[16]: <Range [Book2]Sheet1!$A$1:$B$2>
```

하지만 범위의 왼쪽 상단과 오른쪽 하단 셀을 참조해서 범위의 정의하는게 더 직관적일 때도 있습니다. 다음 예제는 각각 D10과 D10:F11 셀 범위를 참조합니다. 시트 객체에 인덱스와 슬라이스를 적용하는 것과 range 객체를 사용하는 것의 차이를 살펴보십시오.

```
In [17]: # D10: 시트 인덱스로 접근
          sheet1[9, 3]

Out[17]: <Range [Book2]Sheet1!$D$10>

In [18]: # D10: range 객체로 접근
          sheet1.range((10, 4))

Out[18]: <Range [Book2]Sheet1!$D$10>

In [19]: # D10:F11 - 시트 슬라이스를 통해 접근
          sheet1[9:11, 3:6]

Out[19]: <Range [Book2]Sheet1!$D$10:$F$11>

In [20]: # D10:F11 - range 객체를 통해 접근
          sheet1.range((10, 4), (11, 6))

Out[20]: <Range [Book2]Sheet1!$D$10:$F$11>
```

튜플을 통해 range 객체를 정의하는 건 VBA에서 Cells 프로퍼티가 동작하는 방식과 아주 비슷합니다. 다음 두 예제를 비교해 보십시오. 이번에도 book은 VBA 워크북 객체 또는 엑셀윙스의 book 객체입니다. 먼저 VBA 버전을 보십시오.

```
With book.Sheets(1)
    myrange = .Range(.Cells(10, 4), .Cells(11, 6))
End With
```

이는 다음 엑셀윙스 표현식과 동등합니다.

```
myrange = book.sheets[0].range((10, 4), (11, 6))
```

> **WARNING_ 1에서 시작하는 인덱스와 0에서 시작하는 인덱스**
> 엑셀윙스는 파이썬 패키지이므로 파이썬의 인덱스/슬라이스 문법, 즉 대괄호로 요소에 접근할 때마다 0에서 시작하는 인덱스를 사용합니다. 하지만 엑셀윙스 range 객체는 행이나 열에 대해 엑셀과 마찬가지로 1로 시작하는 인덱스를 사용합니다. 엑셀의 사용자 인터페이스와 마찬가지 규칙을 쓰는게 혼란이 적을 때가 있기 때문입니다. 하지만 파이썬 식으로 0에서 시작하는 인덱스만 사용하고 싶다면 sheet[row_selection, column_selection] 문법을 쓰면 됩니다.

다음 예제는 range 객체(sheet1["A1"])에서 다시 app 객체로 올라가는 방법입니다. app 객체는 엑셀 인스턴스를 나타냅니다. 꺾쇠 안에 있는 숫자는 엑셀의 프로세스 ID이므로 컴퓨터마다 다르게 표시됩니다.

```
In [21]: sheet1["A1"].sheet.book.app

Out[21]: <Excel App 9092>
```

엑셀 객체 모델의 맨 위까지 올라왔으니 엑셀 인스턴스 여러 개를 다루는 법에 대해 알아둘 때가 됐습니다. 같은 워크북을 여러 개의 엑셀 인스턴스에서 열 때, 또는 성능을 위해 워크북을 여러 개의 인스턴스로 분산할 때 app 객체를 명시적으로 사용해야 합니다. 그 외에도 app 객체는 워크북을 숨은 엑셀 인스턴스에서 열 때도 사용합니다. 이렇게 하면 엑셀윙스 스크립트를

백그라운드에서 실행하므로 포어그라운드에 있는 엑셀에서 다른 일을 할 수 있습니다.[5]

```
In [22]: # 열려 있는 워크북에서 app 객체를 가져옵니다
         # 보이지 않는 app 인스턴스를 추가로 생성합니다
         visible_app = sheet1.book.app
         invisible_app = xw.App(visible=False)

In [23]: # 리스트 내포를 사용해 각 인스턴스마다 이름을 나열합니다
         [book.name for book in visible_app.books]

Out[23]: ['Book1', 'Book2']

In [24]: [book.name for book in invisible_app.books]

Out[24]: ['Book3']

In [25]: # 프로세스 ID(PID)를 나타내는 애플리케이션 키
         xw.apps.keys()

Out[25]: [5996, 9092]

In [26]: # pid 속성으로 접근할 수도 있습니다
         xw.apps.active.pid

Out[26]: 5996

In [27]: # 보이지 않는 엑셀 인스턴스 워크북을 조작합니다
         invisible_book = invisible_app.books[0]
         invisible_book.sheets[0]["A1"].value = "Created by an invisible app."

In [28]: # 엑셀 워크북을 xl 디렉터리에 저장합니다
         invisible_book.save("xl/invisible.xlsx")

In [29]: # 보이지 않는 엑셀 인스턴스를 종료합니다
         invisible_app.quit()
```

----

5 옮긴이_ macOS에서는 invisible_book이 독립된 인스턴스로 실행되긴 하지만 화면에는 보입니다.

같은 워크북을 두 개의 엑셀 인스턴스에서 열었거나, 또는 워크북을 열 엑셀 인스턴스를 지정하고 싶다면 xw.Book은 사용할 수 없습니다. 대신 [표 9-3]을 참고해 books 컬렉션을 사용해야 합니다. 이 표에서 myapp은 엑셀윙스 app 객체입니다. myapp.books 대신 xw.books를 사용하면 엑셀윙스는 활성인 app을 사용합니다.

표 9-3 books 컬렉션 사용

명령어	설명
myapp.books.add()	myapp이 참조하는 엑셀 인스턴스에 새로운 엑셀 워크북을 생성하고 그 book 객체를 반환합니다.
myapp.books.open (r"C:\path\Book.xlsx")	book이 이미 열려 있다면 반환하고, 그렇지 않다면 myapp이 참조하는 엑셀 인스턴스에서 엽니다. 맨 앞에 있는 r은 역슬래시를 있는 그대로 해석하는 문자열 원형으로 바꿉니다.
myapp.books["Book1.xlsx"]	book 객체가 열려 있다면 반환하고, 열려 있지 않다면 KeyError를 일으킵니다. 전체 경로가 아니라 이름을 사용한다는 걸 잊지 마십시오. 워크북이 이미 엑셀에서 열려 있는지 알아야 할 때 이 문법을 사용하십시오.

엑셀윙스로 VBA 매크로를 **교체**하는 방법을 알아보기 전에, 엑셀윙스와 기존 VBA 코드가 **상호작용**하는 방법을 먼저 알아봅시다. 구형 VBA 코드가 아주 많고 이를 모두 파이썬으로 이동할 시간이 없을 때 이 지식이 유용할 겁니다.

9.1.3 VBA 코드 실행

VBA 코드가 아주 많이 포함된 프로젝트를 진행 중이라면 이를 모두 파이썬으로 이전하기가 어려울 수 있습니다. 이럴 때는 파이썬으로 VBA 매크로를 실행하게 할 수 있습니다. 다음 예제는 저장소 xl 폴더의 vba.xlsm 파일을 사용합니다. vba.xlsm 파일의 Module1에는 다음과 같은 코드가 있습니다.

```
Function MySum(x As Double, y As Double) As Double
    MySum = x + y
End Function
Sub ShowMsgBox(msg As String)
    MsgBox msg
End Sub
```

이 함수를 파이썬에서 호출하려면 먼저 엑셀윙스 macro 객체 인스턴스를 만들어 호출합니다. 이렇게 하면 마치 네이티브 파이썬 함수인 것처럼 사용할 수 있습니다.

```
In [30]: vba_book = xw.Book("xl/vba.xlsm")

In [31]: # VBA 함수로 매크로 객체 인스턴스를 만듭니다
         mysum = vba_book.macro("Module1.MySum")
         # VBA 함수를 호출합니다
         mysum(5, 4)

Out[31]: 9.0

In [32]: # 이 함수는 VBA 서브프로시저와 똑같이 동작합니다
         show_msgbox = vba_book.macro("Module1.ShowMsgBox")
         show_msgbox("Hello xlwings!")

In [33]: # 다시 워크북을 닫습니다(MessageBox를 먼저 닫아야 합니다)
         vba_book.close()
```

WARNING_ VBA 함수를 Sheet나 ThisWorkbook 모듈에 저장하지 마십시오
VBA 함수 MySum을 워크북 모듈 ThisWorkbook이나 Sheet1 같은 시트 모듈에 저장하면 ThisWorkbook.MySum이나 Sheet1.MySum 처럼 참조해야 합니다. 하지만 이렇게 저장할 경우 파이썬에서 함수의 반환값에 접근할 수 없으므로, VBA 에디터에서 Modules 폴더를 오른쪽 클릭에 삽입하는 표준 VBA 코드 모듈에 VBA 함수를 저장해야 합니다.

기존 VBA 코드를 사용하는 방법을 배웠으니 엑셀윙스를 데이터프레임, 넘파이 배열, 차트, 그림, 정의된 이름 같은 컬렉션과 함께 사용하는 방법에 대해 알아봅시다.

9.2 변환기, 옵션, 컬렉션

이 장 초반의 소개용 예제에서 이미 엑셀윙스 range 객체의 value 속성을 사용해 문자열과 중첩된 리스트를 엑셀에서 읽고 써 봤습니다. 이 절에서는 먼저 같은 동작을 판다스 데이터프레임에서 해 본 다음, 엑셀윙스가 값을 읽고 쓰는 방식을 바꾸는 options 메서드에 대해 알아봅니다. 그런 다음에는 보통 sheet 객체에서 접근하는 차트, 그림, 정의된 이름 같은 컬렉션에 대해 알아봅니다. 이렇게 엑셀윙스 기본에 대해 배운 다음 7장의 케이스 스터디 보고서를 다시 살펴볼 겁니다.

9.2.1 데이터프레임 사용

데이터프레임을 엑셀에 쓰는 작업은 스칼라나 중첩된 리스트를 엑셀에 쓰는 것과 다르게 없습니다. 그냥 데이터프레임을 엑셀 범위의 왼쪽 상단 셀에 할당하기만 하면 됩니다.

```
In [34]: data=[["Mark", 55, "Italy", 4.5, "Europe"],
               ["John", 33, "USA", 6.7, "America"]]
         df = pd.DataFrame(data=data,
                           columns=["name", "age", "country",
                                    "score", "continent"],
                           index=[1001, 1000])
         df.index.name = "user_id"
         df

Out[34]:          name age country  score continent
         user_id
         1001     Mark  55   Italy    4.5    Europe
         1000     John  33     USA    6.7   America

In [35]: sheet1["A6"].value = df
```

열 헤더나 인덱스를 생략하고 싶다면 다음과 같이 options 메서드를 사용합니다.

```
In [36]: sheet1["B10"].options(header=False, index=False).value = df
```

엑셀 범위를 데이터프레임으로 읽으려면 options 메서드의 convert 인자에 DataFrame 클래스를 전달해야 합니다. options 메서드는 기본적으로 데이터에 헤더와 인덱스가 모두 있다고 예상하지만, index와 header 인자를 써서 동작 방식을 바꿀 수 있습니다. 또한 변환기를 쓰지 않고 값을 중첩된 리스트로 읽은 다음 직접 데이터프레임으로 만들 수도 있긴 하지만, 변환기를 쓰면 인덱스와 헤더를 더 쉽게 처리할 수 있습니다.

> **TIP** **expand 메서드**
>
> 다음 예제의 expand 메서드는 엑셀에서 Shift+Ctrl을 누른 상태에서 아래쪽 화살표, 오른쪽 화살표를 누른 것과 같은 범위로 선택을 확장하는 편의 메서드입니다. 단, expand는 왼쪽 상단 모서리의 빈 셀은 건너뜁니다.

```
In [37]: df2 = sheet1["A6"].expand().options(pd.DataFrame).value
         df2

Out[37]:          name   age country  score continent
         user_id
         1001.0   Mark  55.0   Italy    4.5    Europe
         1000.0   John  33.0     USA    6.7   America

In [38]: # 정수 인덱스를 사용하고 싶다면 데이터 타입을 바꾸면 됩니다
         df2.index = df2.index.astype(int)
         df2

Out[38]:       name   age country  score continent
         1001  Mark  55.0   Italy    4.5    Europe
         1000  John  33.0     USA    6.7   America

In [39]: # index=False를 사용하면 엑셀에서 가져온 값 전체를
         # 데이터프레임의 데이터 부분에 입력하고 기본 인덱스를 사용합니다
         sheet1["A6"].expand().options(pd.DataFrame, index=False).value

Out[39]:    user_id  name   age country  score continent
         0   1001.0  Mark  55.0   Italy    4.5    Europe
         1   1000.0  John  33.0     USA    6.7   America
```

데이터프레임 읽고 쓰기는 변환기와 옵션이 어떻게 동작하는지 알아보는 첫 번째 예제였습니다. 이제 이들이 어떻게 정의됐는지, 다른 데이터 구조를 사용할 때는 어떻게 하는지 알아봅시다.

9.2.2 변환기와 옵션

엑셀윙스 range 객체의 options 메서드는 엑셀에 값을 읽고 쓰는 방법을 조정합니다. 즉 options는 range 객체의 value 속성을 호출할 때만 평가됩니다. 문법은 다음과 같습니다(myrange는 엑셀윙스 range 객체입니다).

```
myrange.options(convert=None, option1=value1, option2=value2, ...).value
```

[표 9-4]는 내장된 변환기, 즉 convert 인자가 받는 값입니다. 이들을 **내장**이라고 한 이유는 엑셀윙스 변환기를 직접 만들 수 있기 때문입니다. 변환기를 직접 만들면 값을 읽고 쓰면서 원하는 규칙을 반복적으로 적용할 수 있습니다. 자세한 내용은 엑셀윙스 문서(*https://oreil.ly/Ruw8v*)를 보십시오.

표 9-4 내장 변환기

변환기	설명
dict	{key1: value1, key2: value2,...} 형태인 중첩 없는 딕셔너리
np.array	넘파이 배열. import numpy as np가 필요합니다.
pd.Series	판다스 시리즈. import pandas as pd가 필요합니다.
pd.DataFrame	판다스 데이터프레임. import pandas as pd가 필요합니다.

데이터프레임 예제에서 index와 header 옵션은 이미 사용했지만 그 외에도 사용할 수 있는 옵션들이 있습니다. 이들을 [표 9-5]에 정리했습니다.

표 9-5 내장 옵션

옵션	설명
empty	빈 셀은 기본적으로 None으로 읽습니다. empty에 값을 지정해 이를 바꿀 수 있습니다.
date	날짜 형식의 셀에서 값을 읽을 때 적용할 함수를 지정합니다.
number	숫자에 적용할 함수를 지정합니다.
ndim	**차원 수**Number of dimensions. ndim은 범위의 값을 지정된 차원으로 변환합니다. 값은 반드시 None, 1, 2 중 하나여야 합니다. 값을 리스트나 넘파이 배열로 읽을 때 사용합니다.
transpose	열과 행을 서로 전환합니다.

index	판다스 데이터프레임과 시리즈에 사용합니다. 데이터를 읽을 때는 이 옵션을 써서 엑셀 범위에 인덱스가 포함돼 있는지 지정합니다. 이 경우 값은 True, False, 정수가 될 수 있습니다. 정수는 몇 개의 열을 MultiIndex로 변환할 지 지정합니다. 예를 들어 2는 가장 왼쪽 두 열을 인덱스로 사용합니다. 데이터를 쓸 때는 True 또는 False로 인덱스를 쓸 지 지정합니다.
header	index와 마찬가지이며 열 헤더에 적용된다는 점이 다릅니다

ndim에 대해 더 자세히 알아봅시다. 기본적으로 엑셀에서 셀 하나를 읽으면 부동소수점 숫자나 문자열 같은 스칼라를 가져오고, 열 하나나 행 하나를 읽으면 리스트를 가져옵니다. 그리고 2차원 범위를 읽으면 중첩된, 즉 2차원 리스트를 가져옵니다. 이 방식은 자체적으로 일관될 뿐만 아니라 넘파이 배열에서 슬라이스가 동작하는 방식과도 일치합니다. 하지만 열 하나는 2차원 범위의 특이 케이스라고 볼 수도 있습니다. 그런 관점에서 ndim=2를 써서 범위를 항상 2차원 리스트로 가져올 수 있습니다.

```
In [40]: # 가로 범위 (1차원)
         sheet1["A1:B1"].value

Out[40]: [1.0, 2.0]

In [41]: # 세로 범위 (1차원)
         sheet1["A1:A2"].value

Out[41]: [1.0, 3.0]

In [42]: # 가로 범위 (2차원)
         sheet1["A1:B1"].options(ndim=2).value

Out[42]: [[1.0, 2.0]]

In [43]: # 세로 범위 (2차원)
         sheet1["A1:A2"].options(ndim=2).value

Out[43]: [[1.0], [3.0]]

In [44]: # 넘파이 배열 변환기도 똑같이 동작합니다
         # 세로 범위는 1차원 배열이 됩니다
         sheet1["A1:A2"].options(np.array).value

Out[44]: array([1., 3.])
```

```
In [45]: # 열 방향 보존
         sheet1["A1:A2"].options(np.array, ndim=2).value

Out[45]: array([[1.],
                [3.]])

In [46]: # 세로 방향 리스트가 필요하다면
         # transpose 옵션이 유용합니다
         sheet1["D1"].options(transpose=True).value = [100, 200]
```

마찬가지로, ndim=1은 셀을 스칼라가 아니라 리스트로 읽습니다. 데이터프레임은 항상 2차원이고 시리즈는 항상 1차원이므로 판다스에서는 ndim이 필요 없습니다. 다음은 empty, date, number 옵션 예제입니다.

```
In [47]: # 예제 데이터를 기록합니다
         sheet1["A13"].value = [dt.datetime(2020, 1, 1), None, 1.0]

In [48]: # 기본 옵션을 써서 다시 읽습니다
         sheet1["A13:C13"].value

Out[48]: [datetime.datetime(2020, 1, 1, 0, 0), None, 1.0]

In [49]: # 옵션을 바꿔서 읽습니다
         sheet1["A13:C13"].options(empty="NA",
                                   dates=dt.date,
                                   numbers=int).value

Out[49]: [datetime.date(2020, 1, 1), 'NA', 1]
```

지금까지는 book, sheet, range 객체만 살펴봤습니다. 이제 sheet 객체를 통해 접근하는 컬렉션에 대해 알아봅시다!

9.2.3 차트, 그림, 정의된 이름

이 절에서는 sheet, book 객체를 통해 접근하는 세 가지 컬렉션인 차트, 그림, 정의된 이름을 사용하는 법을 설명합니다.[6] 엑셀윙스는 가장 기본적인 차트 기능만 지원하지만, 템플릿이 있

---

[6] 테이블 역시 자주 쓰이는 컬렉션입니다. 테이블을 사용하려면 최소한 엑셀윙스 0.21.0 이상을 써야 합니다. 엑셀윙스 문서(https://oreil.ly/H2Imd)를 참고하십시오.

으므로 큰 문제는 없습니다. 또한 엑셀윙스는 맷플롯립 그래프를 그림으로 가져올 수 있습니다. 5장에서 맷플롯립이 판다스의 기본 그래프 서버라고 했던 걸 기억할 겁니다. 먼저 엑셀 차트를 만들면서 시작해 봅시다.

엑셀 차트

차트를 추가할 때는 charts 컬렉션의 add 메서드를 사용한 다음 차트 타입과 소스 데이터를 지정합니다.

```
In [50]: sheet1["A15"].value = [[None, "North", "South"],
                                ["Last Year", 2, 5],
                                ["This Year", 3, 6]]

In [51]: chart = sheet1.charts.add(top=sheet1["A19"].top,
                                   left=sheet1["A19"].left)
         chart.chart_type = "column_clustered"
         chart.set_source_data(sheet1["A15"].expand())
```

이 코드는 [그림 9–2] 왼쪽의 그래프를 그립니다. 사용할 수 있는 그래프 타입은 엑셀윙스 문서(https://oreil.ly/2B58q)에서 볼 수 있습니다. 엑셀 차트보다 판다스 그래프를 더 선호하거나, 엑셀에서 사용할 수 없는 차트 타입을 원한다면 엑셀윙스가 도움이 될 수 있습니다.

그림: 맷플롯립 그래프

판다스의 기본 그래프 서버를 사용한다면 맷플롯립 그래프를 그리는 겁니다. 이런 그래프를 엑셀에서 사용하려면 먼저 figure 객체를 가져온 다음, 이를 pictures.add의 인자로 전달해 그래프를 그림으로 변환하고 엑셀로 전달합니다.

```
In [52]: # 차트 데이터를 데이터프레임으로 읽습니다
         df = sheet1["A15"].expand().options(pd.DataFrame).value
         df

Out[52]:           North  South
         Last Year   2.0    5.0
         This Year   3.0    6.0
```

```
In [53]: # 노트북의 매직 커맨드를 사용해 맷플롯립을 활성화하고
         # "seaborn" 스타일을 사용합니다
         %matplotlib inline
         import matplotlib.pyplot as plt
         plt.style.use("seaborn")
```

```
In [54]: # 판다스 그래프 메서드가 반환하는 '축' 객체에서
         # 그림을 가져올 수 있습니다. "T"는 데이터프레임을 변환해
         # 원하는 방향으로 그래프를 그립니다
         ax = df.T.plot.bar()
         fig = ax.get_figure()
```

```
In [55]: # 그래프를 엑셀에 보냅니다
         plot = sheet1.pictures.add(fig, name="SalesPlot",
                                    top=sheet1["H19"].top,
                                    left=sheet1["H19"].left)

         # 그래프를 70%로 축소합니다
         plot.width, plot.height = plot.width * 0.7, plot.height * 0.7
```

그림을 새로운 그래프로 업데이트하려면 다른 figure 객체에서 update 메서드를 호출하기만
하면 됩니다. update 메서드를 호출하면 엑셀에 삽입된 그림은 교체하지만 위치, 크기, 이름
같은 속성은 보존됩니다.

```
In [56]: ax = (df + 1).T.plot.bar()
         plot = plot.update(ax.get_figure())
```

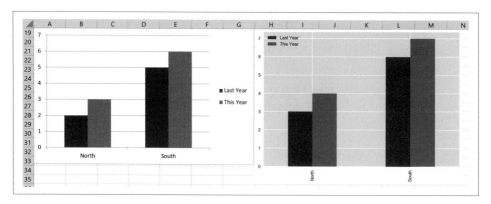

그림 9-2 엑셀 차트(왼쪽)와 맷플롯립 그래프(오른쪽)

[그림 9-2]는 update를 호출한 맷플롯립 그래프와 엑셀 차트를 비교한 모습입니다.

> **NOTE_ 필로우를 꼭 설치하십시오**
> 그림을 사용할 때는 파이썬의 그림 라이브러리인 필로우Pillow(*https://oreil.ly/3HYkf*)를 꼭 설치하십시오. 필로우를 사용하면 그림이 엑셀에 정확한 크기와 비율로 삽입되게 할 수 있습니다. 필로우는 아나콘다의 일부분이므로 아나콘다를 사용하지 않는다면 `pip install pillow`로 설치해야 합니다. `pictures.add`는 인자로 맷플롯립 그래프뿐만 아니라 디스크에 저장된 그림의 경로도 받습니다.

차트와 그림은 sheet 객체를 통해 접근하는 컬렉션입니다. 지금부터 알아볼 정의된 이름은 sheet 또는 book 객체에서 접근하는 컬렉션입니다. 어떤 차이가 있는지 살펴봅시다.

정의된 이름

엑셀에서 **정의된 이름**은 범위, 공식, 상수에 이름을 할당해 만듭니다.[7] 가장 흔한 예는 범위에 이름을 붙이는 것이고, 이를 **이름 붙은 범위**라고 부릅니다. 범위에 이름을 붙이면 공식과 코드에서 A1:B2 같은 추상적인 형태가 아니라 뜻이 분명한 이름으로 엑셀 범위를 참조할 수 있습니다. 엑셀윙스에서 이름 붙은 범위를 사용하면 코드가 더 유연하고 정확해집니다. 이름 붙은 범위에서 값을 읽거나 쓰도록 코드를 작성하면 워크북을 수정하더라도 파이썬 코드를 수정할 필요가 없어집니다. 예를 들어 새로운 행을 삽입하더라도 범위가 자동으로 조정되기 때문입니다. 정의된 이름은 전역인 워크북 스코프에 설정할 수도 있고 로컬인 시트 스코프에 설정할 수도 있습니다. 시트 스코프에 이름을 저장하면 시트를 복사하더라도 이름 붙은 범위가 중복되는 일이 없다는 장점이 있습니다. 이름을 정의할 때는 수식 〉 이름 정의 메뉴에서 직접 추가하거나, 범위를 선택한 다음 수식 바 왼쪽에 있는 이름 상자에 원하는 이름을 입력해도 됩니다. 엑셀윙스에서는 정의된 이름을 다음과 같이 사용합니다.

```
In [57]: # 기본 스코프는 워크북입니다
         sheet1["A1:B2"].name = "matrix1"

In [58]: # 시트 스코프를 사용할 때는 시트 이름과 느낌표를 앞에 붙입니다
         sheet1["B10:E11"].name = "Sheet1!matrix2"
```

---

7 수식에 정의된 이름은 람다 함수에서도 사용할 수 있습니다. 이는 마이크로소프트가 2020년 12월에 마이크로소프트 365 구독자용으로 공개한 새로운 기능이며 VBA나 자바스크립트를 사용하지 않고도 사용자 정의 함수를 정의하는 새로운 방법입니다.

```
In [59]: # 이제 이름으로 범위에 접근합니다
         sheet1["matrix1"]

Out[59]: <Range [Book2]Sheet1!$A$1:$B$2>

In [60]: # sheet1 객체를 통해 names 컬렉션에 접근하면
         # 해당 시트의 스코프에 존재하는 이름만 들어 있습니다
         sheet1.names

Out[60]: [<Name 'Sheet1!matrix2': =Sheet1!$B$10:$E$11>]

In [61]: # book 객체를 통해 names 컬렉션에 접근하면
         # 워크북과 시트 스코프에 정의된 이름이 모두 포함됩니다
         book.names

Out[61]: [<Name 'matrix1': =Sheet1!$A$1:$B$2>, <Name 'Sheet1!matrix2':
          =Sheet1!$B$10:$E$11>]

In [62]: # names 컬렉션에는 다양한 메서드와 속성이 있습니다
         # 예를 들어 각각의 범위 객체를 가져올 수도 있습니다
         book.names["matrix1"].refers_to_range

Out[62]: <Range [Book2]Sheet1!$A$1:$B$2>

In [63]: # 상수나 수식에 이름을 할당하려면
         # add 메서드를 사용하십시오
         book.names.add("EURUSD", "=1.1151")

Out[63]: <Name 'EURUSD': =1.1151>
```

정의된 이름을 살펴보려면 수식 〉 이름 관리자 메뉴에서 이름 관리자를 여십시오(그림 9-3).
macOS용 엑셀에는 이름 관리자가 없고, 수식 〉 이름 정의 메뉴에서 기존 이름을 볼 수 있습니다.

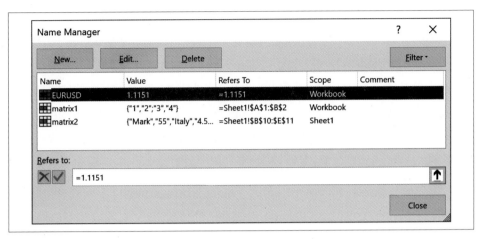

그림 9-3 엑셀윙스에서 몇 가지 이름을 정의한 후 열어본 엑셀 이름 관리자

엑셀 워크북에서 가장 자주 사용하는 구성 요소를 다루는 방법을 모두 배웠습니다. 이제 7장에서 만들었던 보고서 케이스 스터디를 다시 살펴보면서 엑셀윙스를 통해 어떻게 개선할 수 있는지 확인해 봅시다.

9.2.4 또 다시 살펴보는 케이스 스터디: 엑셀 보고서

엑셀윙스에서 엑셀 파일을 직접 '편집'할 수 있다는 건, 템플릿 파일이 아무리 복잡하거나 어떤 형식으로 저장되어 있더라도 그 내용을 아무 문제 없이 100% 보존할 수 있다는 뜻입니다. 예를 들어 엑셀윙스는 xlsb 파일도 쉽게 편집할 수 있는데, 이는 8장에서 소개한 라이터 패키지 중 어떤 패키지에서도 불가능한 일입니다. 저장소의 sales_report_openpxyl.py 파일을 보면, summary 데이터프레임을 준비한 다음 OpenPyXL로 차트 하나를 만들고 데이터프레임 하나에 스타일을 지정하는데 거의 40줄 가까운 코드를 작성해야 했습니다. 반면 [예제 9-1]에서 볼 수 있듯 엑셀윙스는 딱 여섯 줄의 코드로 같은 일을 할 수 있습니다. 엑셀 템플릿의 서식을 다룰 수 있으므로 여러분이 직접 할 일이 아주 많이 줄어듭니다. 하지만 이런 기능에는 대가가 필요합니다. 엑셀윙스는 엑셀이 설치돼 있어야만 작동합니다. 직접 사용하는 컴퓨터에서 이따금 보고서를 만드는 경우라면 별 문제가 되지 않지만, 웹 애플리케이션을 사용해 서버에서 보고서를 만들어야 한다면 이상적인 해결책이라고 할 수는 없습니다.

먼저 엑셀을 서버에도 설치할 수 있는 마이크로소프트 오피스 라이선스가 필요하고, 라이선스가 있더라도 한 가지 문제가 더 있습니다. 엑셀은 원래 자동화를 염두에 두고 만들어진 프로그램이 아니므로 안정성 문제가 생길 수 있고, 짧은 시간에 보고서 여러 개를 만든다면 안정성 문제가 더 심해질 수 있습니다. 그렇긴 하지만 필자의 클라이언트 중에도 이를 성공적으로 수행하고 있는 클라이언트가 있으니, 어떤 이유든 라이터 패키지를 사용할 수 없다면 서버에서 엑셀윙스를 실행하는 것도 고려해볼 만한 옵션 중 하나입니다. app = xw.App()을 통해 각 스크립트를 새로운 엑셀 인스턴스에서 실행하기만 해도 일반적인 안정성 문제는 피할 수 있습니다.

전체 엑셀윙스 스크립트는 책의 저장소 sales_report_xlwings.py입니다. 이 스크립트의 처음 절반은 OpenPyXL이나 XlsxWriter와 같습니다. 이 스크립트는 리더 패키지와 엑셀윙스 조합의 완벽한 예제이기도 합니다.

판다스와 OpenPyXL, xlrd를 조합하면 디스크에서 여러 파일을 읽을 때 더 빠르지만, 엑셀윙스는 미리 만들어둔 템플릿을 더 쉽게 활용할 수 있습니다.

예제 9-1 sales_report_xlwings.py (두 번째 부분만)

```
# 템플릿을 열고 데이터를 붙여넣은 다음 열 너비를 자동 조정하고
# 차트 소스를 지정한 다음 다른 이름으로 저장합니다
template = xw.Book(this_dir / "xl" / "sales_report_template.xlsx")
sheet = template.sheets["Sheet1"]
sheet["B3"].value = summary
sheet["B3"].expand().columns.autofit()
sheet.charts["Chart 1"].set_source_data(sheet["B3"].expand()[:-1, :-1])
template.save(this_dir / "sales_report_xlwings.xlsx")
```

이 스크립트를 macOS에서 처음 실행하면 이 장 초반에서 설명한 것처럼 파일 시스템 접근을 구한다는 팝업이 다시 나타나며, 이를 승인해야 합니다.

서식이 지정된 엑셀 템플릿을 사용하면 보기 좋은 엑셀 보고서를 아주 빨리 만들 수 있습니다. 또한 셀 콘텐츠에 따라 너비와 높이를 맞추는 autofit 같은 메서드도 사용할 수 있습니다. 콘텐츠는 엑셀에서 계산하는 결과에 따라 달라지기 때문에, 라이터 패키지로는 불가능한 일입니다. [그림 9-4]는 엑셀윙스로 만든 매출 보고서의 앞 부분입니다. 테이블 헤더에 서식을 지정했고, 열에는 autofit 메서드가 적용된 상태입니다.

템플릿의 셀 몇 개를 채우는 정도로 엑셀윙스 사용을 멈출 게 아니라면 좀 더 자세한 내용을 알아야 합니다. 다음 절은 엑셀윙스가 내부적으로 어떻게 동작하는지 설명합니다.

Month	Washington DC	Boston	Las Vegas	New York	Chicago	San Francisco	Total
Jan 19	14,058	21,784	23,013	49,873	51,188	58,630	218,545
Feb 19	15,235	21,455	25,493	46,670	52,331	55,219	216,403
Mar 19	14,177	20,043	23,451	41,572	48,897	52,713	200,854
Apr 19	13,339	18,791	22,710	41,714	47,396	49,325	193,276
May 19	13,147	18,037	21,527	40,610	45,117	47,760	186,197
Jun 19	14,284	21,556	21,985	47,266	49,460	53,462	208,014
Jul 19	14,162	19,853	23,444	40,408	47,994	50,182	196,043
Aug 19	16,127	22,333	24,928	45,397	50,839	55,336	214,960
Sep 19	14,994	19,925	24,411	42,831	49,096	49,931	201,188
Oct 19	12,847	16,551	22,828	34,090	42,544	44,312	173,171
Nov 19	14,058	21,313	24,860	46,960	52,012	55,056	214,259
Dec 19	14,702	19,723	24,536	42,364	49,355	50,933	201,613
Total	171,130	241,363	283,185	519,755	586,229	622,859	2,424,521

그림 9-4 미리 서식을 지정한 템플릿에 작성한 매출 보고서

9.3 엑셀윙스 고급 주제

이 절에서는 엑셀윙스 코드를 더 효율적으로 만드는 법, 필요한 기능이 없을 때 대처하는 법을 설명합니다. 하지만 이런 주제를 이해하려면 먼저 엑셀윙스가 엑셀과 통신하는 방법에 대해 이해해야 합니다.

9.3.1 엑셀윙스 기초

엑셀윙스는 다른 파이썬 패키지를 통해 각 운영 체제의 자동화 메커니즘과 통신합니다.

| 윈도우 |

윈도우에서는 COM 기술에 의존합니다. COM은 두 프로세스가 서로 통신하는 표준입니다. 이 경우에는 엑셀과 파이썬의 통신입니다. 엑셀윙스는 파이썬 패키지 pywin32(*https:// oreil.ly/tm7sK*)를 통해 COM 호출을 처리합니다.

| macOS |

macOS에서는 **애플스크립트**에 의존합니다. 애플스크립트는 스크립트를 사용할 수 있는 애플리케이션을 자동화할 때 사용하는 애플의 스크립트 언어입니다. 다행히 엑셀은 스크립트를 사용할 수 있는 애플리케이션에 속합니다. 엑셀윙스는 파이썬 패키지 appscript(*https:// oreil.ly/tIsDd*)를 통해 애플스크립트 명령어를 실행합니다.

윈도우에서 좀비 프로세스를 방지하는 방법

윈도우에서 엑셀윙스를 사용하다 보면 이따금 엑셀을 완전히 닫은 것처럼 보이지만 작업 관리자의 프로세스 탭에는 마이크로소프트 엑셀이 백그라운드 프로세스로 남아있을 때가 있습니다. (윈도우 작업 표시줄을 오른쪽 클릭하면 작업 관리자를 실행할 수 있습니다.) 탭이 보이지 않는다면 '자세히'를 누르십시오. 또는 세부 정보 탭을 클릭하면 엑셀이 "EXCEL.EXE"로 나타나 있을 겁니다. 좀비 프로세스를 종료하려면 종료할 행을 오른쪽 클릭하고 '작업 끝내기'를 눌러 강제 종료합니다.

이들은 정상적으로 종료되지 않았으므로, '죽지 않았다'는 의미에서 좀비 프로세스라고 부릅니다. 좀비 프로세스를 그대로 두면 자원을 소모할 뿐만 아니라, 파일 작업이 차단되거나 새로운 엑셀 인스턴스에서 애드인을 정상적으로 불러오지 못하는 등 문제가 생길 수 있습니다. 때때로 엑셀 정상적으로 종료되지 않는 이유는, 프로세스를 종료하기 위해서는 COM 참조가 남아있지 않아야 하기 때문입니다. 이런 참조에는 엑셀윙스 **app** 객체도 포함됩니다. 엑셀 좀비 프로세스가 남는 가장 흔한 경우는 파이썬 인터프리터를 강제로 종료한 다음입니다. 이렇게 강제로 종료하면 COM 참조를 정상적으로 해제할 수 없습니다. 다음 예제를 보십시오.

```
 (base)> python
>>> import xlwings as xw
>>> app = xw.App()
```

엑셀 인스턴스가 실행된 다음 엑셀 사용자 인터페이스에서 엑셀을 닫으면, 엑셀 창은 닫히지만 작업 관리자에는 엑셀 프로세스가 남아 있습니다. 이 상태에서 quit()을 실행하거나 Ctrl+Z 단축키를 눌러 파이썬 세션을 정상적으로 종료하면 엑셀 프로세스 역시 곧 종료됩니다. 하지만 아나콘다 프롬프트의 오른쪽 위에 있는 x 표시를 눌러 창을 닫으면 좀비 프로세스가 남는걸 볼 수 있습니다. 엑셀을 닫기 전에 아나콘다 프롬프트를 닫거나, 주피터 서버가 실행 중이고 주피터 노트북 셀 중 하나에 엑셀윙스 **app** 객체를 참조하는 셀이 있는 상태에서 엑셀을 닫아도 비슷한 일이 일어납니다. 다음 제안을 염두에 두면 엑셀 좀비 프로세스가 생기는 일을 줄일 수 있습니다.

- 엑셀을 직접 종료하지 말고 파이썬에서 app.quit()을 실행하십시오. 이렇게 하면 COM 참조가 정상적으로 해제됩니다.
- 엑셀윙스를 사용중일 때 대화형 파이썬 세션을 강제 종료하지 마십시오. 즉, quit()을 실행하거나 Ctrl+Z 단축키를 눌러 파이썬 인터프리터를 정상적으로 종료하십시오. 주피터 노트북을 사용 중이었다면 웹 인터페이스에서 Quit을 클릭해 서버를 정상적으로 종료하십시오.
- 대화형 파이썬 세션에서는 가급적 app 객체를 직접적으로 사용하는 일을 피하십시오. 예를 들어 myapp.books.add() 대신 xw.Book()을 사용하면 설령 파이썬 프로세스를 강제로 종료하더라도 엑셀은 정상적으로 닫을 수 있습니다.

엑셀윙스의 기반이 되는 기술에 대해 이해했으니 이제 느린 스크립트를 빠르게 하는 방법에 대해 알아봅시다!

9.3.2 성능 향상

엑셀윙스 스크립트의 성능을 올리는 방법은 몇 가지가 있는데, 그 중 가장 중요한 건 애플리케이션 간 호출을 최소한으로 줄이는 겁니다. 값 원형을 사용해서 성능이 좋아질 수도 있고, 적합한 app 프로퍼티를 설정하는 것도 한 가지 방법입니다. 그럼 하나씩 살펴봅시다.

애플리케이션 간 호출을 최소화하십시오

아주 중요하니 밑줄을 치세요. 애플리케이션 간 호출은 항상 느립니다. 따라서 이런 호출은 가능한 줄여야 합니다. 애플리케이션 간 호출을 줄이는 가장 쉬운 방법은 개별 셀을 순회하지 말고 엑셀 범위를 읽고 쓰는 겁니다. 다음 예제는 150개의 셀을 읽고 쓰는데, 첫 번째는 모든 셀을 순회하는 방법을 쓰고 두 번째는 호출 한 번으로 전체 범위를 읽고 씁니다.

```
In [64]: # 시트를 추가하고 테스트에 사용할 150개의 값을 기록합니다
         sheet2 = book.sheets.add()
         sheet2["A1"].value = np.arange(150).reshape(30, 5)

In [65]: %%time
         # 애플리케이션 간 호출이 150번 일어납니다
         for cell in sheet2["A1:E30"]:
             cell.value += 1

Wall time: 909 ms

In [66]: %%time
         # 애플리케이션 간 호출이 단 두 번 일어납니다
         values = sheet2["A1:E30"].options(np.array).value
         sheet2["A1"].value = values + 1

Wall time: 97.2 ms
```

이 차이는 macOS에서 훨씬 두드러집니다. 필자의 컴퓨터를 기준으로 두 번째 방법이 첫 번째보다 거의 50배 가까이 빠릅니다.

값 원형

엑셀윙스는 속도보다는 편리함을 염두에 두고 설계됐습니다. 하지만 아주 큰 셀 범위를 작업한다면 엑셀윙스의 데이터 정리 단계를 건너뛰어서 시간을 절약할 수 있을 때가 있습니다. 예를 들어, 엑셀윙스는 데이터를 읽고 쓸 때 윈도우와 macOS의 데이터 타입을 맞추기 위해 값 전체를 순회하며 작업합니다. options 메서드에서 변환기로 문자열 raw를 지정하면 이런 과정을 건너뛸 수 있습니다. 이를 통해 모든 작업이 빨라지는 건 분명하지만, 윈도우에서 아주 큰 배열을 기록하는게 아닌 이상은 성능 향상이 그리 크게 느껴지지는 않을 겁니다. 반면 데이터프레임을 직접 다룰 수 없게 된다는 점이 더 크게 느껴질 수 있습니다. 데이터프레임을 직접 사

용할 수 없으니 중첩된 리스트나 튜플을 통해 값을 제공해야 합니다. 또한 왼쪽 상단 셀만 지정해서는 값을 기록할 수 없고, 기록할 범위의 주소 전체를 제공해야 합니다.

```
In [67]: # 값 원형을 쓰면 반드시 대상 범위 전체를 명시해야 하며
         # sheet["A35"] 같은 편리한 방법은 쓸 수 없습니다
         sheet1["A35:B36"].options("raw").value = [[1, 2], [3, 4]]
```

앱 프로퍼티

워크북 콘텐츠에 따라서는 app 객체의 프로퍼티를 바꿔서 코드가 더 빨리 실행될 수도 있습니다. 보통 다음 프로퍼티에 주목하면 됩니다(myapp은 엑셀윙스 app 객체입니다).

- myapp.screen_updating = False
- myapp.calculation = "manual"
- myapp.display_alerts = False

스크립트 마지막에서 이들 프로퍼티를 원래대로 돌려놓는걸 잊지 마십시오. 윈도우라면 xw.App(visible=False)를 써서 스크립트를 숨은 엑셀 인스턴스에서 실행하면 조금 더 빨라질 수 있습니다.

성능을 올리는 방법을 알아봤으니 이번에는 엑셀윙스의 기능을 확장하는 방법에 대해 알아봅시다.

9.3.3 필요한 기능이 없을 때 대처하는 방법

엑셀윙스는 가장 널리 쓰이는 엑셀 명령어를 파이썬에서 사용할 수 있는 인터페이스를 제공하며 이들을 윈도우와 macOS에서 모두 사용할 수 있도록 개발됐습니다. 아직 엑셀윙스가 네이티브로 구현하지 못한 엑셀 객체 모델의 메서드와 속성이 남아 있지만, 이들을 사용할 수 없는 건 아닙니다. 엑셀윙스는 모든 엑셀윙스 객체에서 api 속성을 통해 윈도우에서는 pywin32 객체, macOS에서는 애플스크립트 객체에 접근할 수 있습니다. 이를 사용하면 엑셀 객체 모델이 제공하는 기능을 모두 사용할 수 있지만, 대신 운영 체제 호환성을 잃게 됩니다. 예를 들어 셀 서식을 모두 없애고 싶다고 합시다. 대략 다음과 같은 과정을 따르게 됩니다.

- 먼저 엑셀윙스 range 객체에 그런 기능을 하는 메서드가 있는지 체크합니다. 주피터 노트북에서 range 객체 뒤에 점을 찍은 다음 탭 키를 누르거나, dir(sheet["A1"])을 실행하거나, 엑셀윙스 API 문서(*https://oreil.ly/EiXBc*)를 검색해볼 수 있습니다. 비주얼 스튜디오 코드에서는 사용할 수 있는 메서드가 자동으로 툴팁에 표시됩니다.

- 원하는 기능이 없다면 api 속성을 통해 기반이 되는 객체에 접근합니다. sheet["A1"].api는 윈도우에서는 pywin32 객체에, macOS에서는 애플스크립트 객체에 접근합니다.

- 엑셀 VBA 문서(*https://oreil.ly/UILPo*)에서 엑셀 객체 모델의 관련 기능을 검색합니다. 범위의 서식을 제거할 때는 Range.ClearFormats를 사용합니다(*https://oreil.ly/kcEsw*).

- 윈도우에서는 대부분의 경우 api 객체에서 VBA 메서드나 프로퍼티를 직접 사용할 수 있습니다. 메서드 라면 sheet["A1"].api.ClearFormats() 처럼 괄호를 붙이기만 하면 됩니다. 하지만 macOS의 경우 애플스크립트의 문법이 짐작하기 어려운 형태라서 윈도우만큼 쉽지는 않습니다. 엑셀윙스 소스 코드의 일부분인 개발자 가이드(*https://oreil.ly/YSS0Y*)를 살펴보길 권합니다. 다행히 셀 서식 제거는 짐작하기 쉬운 형태입니다. 메서드 이름을 지을 때 사용하는 파이썬의 규칙 그대로 소문자와 밑줄을 쓴 sheet["A1"].api.clear_formats()입니다.

ClearFormats가 모든 운영 체제에서 동작하게 만들고 싶다면 다음 예제를 보십시오. darwin 은 macOS의 코드네임이며 sys.platform이 반환하는 문자열입니다.

```python
import sys
if sys.platform.startswith("darwin"):
    sheet["A10"].api.clear_formats()
elif sys.platform.startswith("win"):
    sheet["A10"].api.ClearFormats()
```

엑셀윙스가 발전하면서 기능을 추가할 수 있도록 엑셀윙스 깃허브 저장소(*https://oreil.ly/kFkD0*)에 제안해 주면 감사하겠습니다.

9.4 요약

이 장에서는 엑셀 자동화를 소개했습니다. 엑셀윙스를 사용하면 그동안 VBA를 사용했던 일을 파이썬으로 할 수 있습니다. 엑셀 객체 모델에 대해 배웠고, 엑셀윙스가 sheet, range 객체 같은 구성 요소를 다루는 법을 배웠습니다. 이런 지식을 바탕으로 7장에서 만들었던 케이스 스터디를 다시 살펴보면서 서식이 미리 지정된 보고서 템플릿을 엑셀윙스로 채우는 예제를 봤고, 리더 패키지와 엑셀윙스를 함께 사용하는 법도 배웠습니다. 또 엑셀윙스가 내부적으로 사용하는 라이브러리에 대해 알아보면서 이를 이용해 성능을 올리거나 빠진 기능을 채우는 방법도 알아봤습니다. 필자가 엑셀윙스에서 가장 좋아하는 기능은 macOS와 윈도우에서 똑같이 동작한다는 겁니다. 이는 macOS용 파워 쿼리가 아직 윈도우 버전의 기능을 따라잡지 못한 상황에서 더 빛을 발합니다. 빠진 기능이 무엇이든, 판다스와 엑셀윙스를 조합하면 쉽게 대응할 수 있습니다.

엑셀윙스의 기본을 배웠으니 다음 장으로 넘어갈 준비가 됐습니다. 다음 장에서는 엑셀에서 엑셀윙스 스크립트를 호출하는 방법을 배웁니다. 본격적으로 파이썬을 통해 엑셀을 강화할 수 있습니다.

## CHAPTER 10

파이썬으로 강화된 엑셀 도구

9장에서는 파이썬 스크립트를 만들어 엑셀을 자동화하는 법을 배웠습니다. 아주 강력한 방법이긴 하지만, 이 방법은 사용자가 아나콘다 프롬프트나 비주얼 스튜디오 코드 같은 에디터에 익숙하고 이를 통해 스크립트를 실행하는데 거부감이 없어야 한다는 전제가 있습니다. 여러분이 제작한 도구의 최종 사용자가 비즈니스 경험만 있는 사용자라면 이럴 가능성은 별로 없습니다. 이런 사용자들을 위해서는 파이썬 부분을 숨기고 일반적인 매크로 활성화 워크북처럼 느껴지게 만들어야 합니다. 이 장의 주제는 엑셀윙스로 파이썬을 엑셀의 일부처럼 만드는 겁니다. 이 장에서는 먼저 엑셀에서 파이썬 코드를 실행하는 가장 빠른 방법에 대해 설명하고, 다음에는 엑셀윙스 도구를 배포하는 과정에 대해 설명합니다. 이 과정을 통해 엑셀윙스의 설정을 더 자세히 알아보기도 합니다. 9장과 마찬가지로, 이 장 역시 엑셀이 설치된 윈도우나 macOS가 필요합니다.

10.1 엑셀을 프런트엔드로 사용하기

프런트엔드는 애플리케이션에서 사용자가 보고 조작하는 부분입니다. 프런트엔드를 **그래픽 사용자 인터페이스**(GUI), 또는 **사용자 인터페이스**(UI) 라 부르기도 합니다. 필자가 엑셀윙스 사용자에게 왜 최신 웹 애플리케이션을 만들지 않고 엑셀을 써서 도구를 만드냐고 물어보면, 보통은 "우리 사용자에게 익숙한 인터페이스가 엑셀이기 때문에 그렇다."는 답을 받습니다. 스프레드시트 셀은 빠르고 직관적으로 입력할 수 있으므로 완성도가 높지 않은 웹 인터페이스보다 더 생산적일 때가 많습니다. 이 절에서는 우선 엑셀윙스 엑셀 애드인과 엑셀윙스 CLI (명령행 인터페이스)를 소개하고, quickstart 명령어로 첫 번째 프로젝트를 만들겠습니다. 마지막으로 엑셀에서 파이썬 코드를 호출하는 두 가지 방법을 보이면서 이 절을 마무리하겠습니다. 그럼 엑셀윙스 엑셀 애드인을 설치해 봅시다.

10.1.1 엑셀 애드인

엑셀윙스는 아나콘다에 포함되어 있으므로 9장에서는 파이썬에서 바로 엑셀윙스 명령어를 실행할 수 있었습니다. 하지만 엑셀에서 파이썬 스크립트를 호출하려면 엑셀 애드인을 설치하거나 워크북을 독립 모드로 설정해야 합니다. 이미 독립 모드에 대해 소개하긴 하겠지만, 이 절은 주로 애드인을 사용하는 방법을 설명합니다. 애드인을 설치하려면 아나콘다 프롬프트에서 다음 명령을 실행합니다.

```
(base)> xlwings addin install
```

엑셀윙스를 업데이트할 때마다 파이썬 패키지 버전과 애드인 버전을 맞춰야 합니다. 따라서 엑셀윙스를 업데이트할 때는 항상 명령어를 두 개 실행해야 합니다. 하나는 파이썬 패키지 업데이트를 위해, 다른 하나는 엑셀 애드인 업데이트를 위해서입니다. 사용하는 패키지 매니저에 따라 엑셀윙스 업데이트는 다음 두 명령어를 사용합니다.

콘다(아나콘다를 사용하는 경우)

```
(base)> conda update xlwings
(base)> xlwings addin install
```

pip(아나콘다를 사용하지 않는 경우)

```
(base)> pip install --upgrade xlwings
(base)> xlwings addin install
```

아나콘다 프롬프트에서 `xlwings`를 입력하면 엑셀윙스 CLI가 동작합니다. CLI를 사용하면 애드인을 쉽게 설치할 수 있고, 그 외에도 몇 가지 명령어가 제공됩니다. 이런 명령어가 필요할 때마다 소개하겠지만, 아나콘다 프롬프트에서 `xlwings`를 입력하고 엔터를 누르면 사용할 수 있는 옵션이 표시된다는 걸 기억하십시오. 이제 `xlwings addin install` 명령에 대해 좀 더 세히 알아봅시다.

설치

애드인의 실제 설치는 파이썬 패키지 디렉터리에서 엑셀의 특별한 폴더인 **XLSTART** 폴더로 `xlwings.xlam` 파일을 복사하는 과정입니다. 엑셀은 시작할 때마다 이 폴더에 있는 파일을 모두 엽니다. 아나콘다 프롬프트에서 `xlwings addin status`를 실행하면 **XLSTART** 디렉터리가 어디 있는지, 애드인이 설치됐는지를 출력합니다.

설정

애드인을 처음 설치하면 `install` 명령어를 어디에서 실행했는지에 따라 파이썬 인터프리터를 사용할 지, 콘다 환경을 사용할 지 스스로 판단해서 설정합니다. [그림 10-1]은 엑셀윙스 CLI가 Conda Path와 Conda Env의 값을 자동으로 채운 모습입니다.[1] 이 값은 홈 디렉터리의 .xlwings 폴더 안에 xlwings.conf 파일에 저장됩니다. 윈도우에서는 보통 C:\Users\<username>\.xlwings\xlwings.conf 파일이고 macOS에서는 보통 /Users/<username>/.xlwings/xlwings.conf 파일입니다. macOS는 기본적으로 점으로 시작하는 폴더나 파일을 숨깁니다. 파인더에서 단축키 Command + Shift + .을 누르면 숨긴 파일 표시를 켜거나 끌 수 있습니다.

---

1 macOS를 사용하거나 아나콘다 이외의 파이썬 배포판을 사용한다면 콘다 세팅이 아니라 파이썬 인터프리터를 사용하도록 설정합니다.

설치 명령어를 실행한 다음에는 엑셀을 재시작해야 [그림 10-1]처럼 엑셀윙스가 메뉴에 나타납니다.

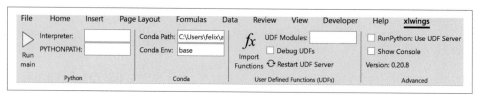

그림 10-1 설치 명령어를 실행한 후 엑셀윙스가 메뉴에 나타난 모습

> **NOTE_ macOS의 리본**
> macOS에서는 리본에 사용자 정의 함수와 콘다 환경이 나타나지 않아서 조금 다르게 보입니다. macOS는
> 사용자 정의 함수를 지원하지 않으며, 콘다 환경은 파이썬 그룹 안에서 인터프리터의 하위 항목으로 취급하
> 기 때문입니다.

엑셀윙스 애드인을 설치했으니 이를 테스트해볼 워크북과 파이썬 코드가 필요합니다. 가장 빠른 방법은 지금부터 설명할 quickstart 명령어입니다.

10.1.2 quickstart 명령어

엑셀윙스 도구를 가장 쉽게 만드는 방법은 엑셀윙스 CLI의 quickstart 명령어입니다. 아나콘다 프롬프트에서 cd 명령어를 사용해 첫 번째 프로젝트를 시작할 디렉터리로 이동하고, 다음 명령으로 first_project 프로젝트를 생성합니다.

```
(base)> xlwings quickstart first_project
```

프로젝트 이름은 유효한 파이썬 모듈 이름이어야 합니다. 문자와 숫자, 밑줄을 사용할 수 있지만 공백이나 하이픈은 쓸 수 없고, 숫자로 시작할 수 없습니다. 282쪽의 'RunPython 함수'에서 이 규칙에 얽매이지 않는 엑셀 파일 이름을 쓰는 방법을 설명할 겁니다. quickstart 명령어를 실행하면 현재 디렉터리에 first_project 폴더가 생깁니다. 윈도우 탐색기나 macOS 파인더로 폴더를 확인하면 first_project.xlsm, first_project.py 파일이 보일 겁니다.

엑셀에서 first_project.xlsm을 열고 비주얼 스튜디오 코드에서 first_project.py를 여십시오. 엑셀에서 파이썬 코드를 실행하는 가장 쉬운 방법은 애드인의 Run main 버튼입니다.

10.1.3 Run main

first_project.py 파일을 자세히 살펴보기 전에, first_project.xlsm을 연 상태에서 엑셀윙스 애드인의 맨 왼쪽에 있는 Run main 버튼을 클릭해 보십시오. 첫 번째 시트의 A1 셀에 "Hello xlwings!"가 표시될 겁니다. 한번 더 클릭하면 "Bye xlwings!"로 바뀝니다. 자, 이제 엑셀에서 파이썬 함수를 처음으로 실행한 겁니다! 물론 VBA 매크로와 별로 다를 건 없지만요. 이제 [예제 10-1]의 first_project.py를 살펴봅시다.

예제 10-1 first_project.py

```
import xlwings as xw


def main():
    wb = xw.Book.caller()    ❶
    sheet = wb.sheets[0]
    if sheet["A1"].value == "Hello xlwings!":
        sheet["A1"].value = "Bye xlwings!"
    else:
        sheet["A1"].value = "Hello xlwings!"


@xw.func    ❷
def hello(name):
    return f"Hello {name}!"
if __name__ == "__main__":    ❸
    xw.Book("first_project.xlsm").set_mock_caller()
    main()
```

❶ xw.Book.caller()는 Run main 버튼을 클릭한 시점에서 활성화된 엑셀 워크북을 참조하는 엑셀윙스 book 객체입니다. 여기서는 xw.Book("first_project.xlsm")에 해당합니다. xw.Book. caller()를 사용하면 참조를 깨지 않고 엑셀 파일의 이름을 바꾸거나 다른 디렉터리로 이동할 수 있습니다. 또한 여러 개의 엑셀 인스턴스에서 열더라도 정확한 워크북을 조작할 수 있습니다.

❷ 이 장에서는 hello 함수는 무시합니다. 이 함수는 12장에서 설명할 겁니다. 사용자 정의 함수는 윈도우에서만 지원되므로 macOS에서는 quickstart 명령어를 실행하더라도 hello 함수가 보이지 않습니다.

❸ 마지막 세 행은 다음 장에서 디버깅을 설명하면서 함께 설명할 겁니다. 이 장에서는 첫 번째 함수 아래의 모든 내용을 무시해도 되고, 심지어 삭제해도 상관 없습니다.

엑셀 애드인의 Run main 버튼은 일종의 편의 기능입니다. 이 버튼은 워크북에 버튼을 추가하지 않더라도 엑셀 파일과 같은 이름의 파이썬 모듈에 있는 main 함수를 호출합니다. 워크북을 매크로가 없는 xlsx 형식으로 저장하더라도 동작합니다. 하지만 워크북과 이름이 같은 모듈에서 이름이 main인 파이썬 함수를 호출하는 경우가 아니라면 VBA에서 RunPython 함수를 사용해야 합니다.

10.1.4 RunPython 함수

파이썬 코드를 호출하는 방법을 더 세밀히 지정하려면 VBA의 RunPython 함수를 사용해야 합니다. 따라서 RunPython을 사용하려면 워크북을 저장할 때 매크로가 가능한 형식을 써야 합니다.

> **NOTE_ 매크로 활성화**
> quickstart 명령어가 생성한 것 같은, xlsm 확장자를 쓰는 매크로가 활성화된 워크북을 열 때는 콘텐츠 사용(윈도우) 또는 매크로 사용(macOS)을 허가해야 합니다.

RunPython은 파이썬 코드로 이루어진 문자열을 받습니다. 파이썬 모듈을 임포트하고 함수를 실행하는 경우가 대부분일 겁니다. Alt+F11(윈도우)이나 Option+F11(macOS)을 눌러 VBA 에디터를 열면 quickstart 명령어가 VBA 모듈 안에 Module1이라는 이름으로 SampleCall 매크로를 만든게 보일 겁니다(그림 10-2). SampleCall이 보이지 않으면 왼쪽의 VBA 프로젝트 트리에서 Module1을 더블 클릭하십시오.

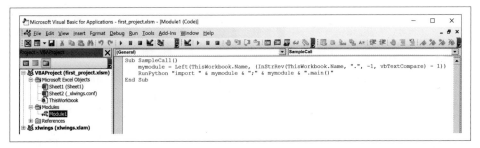

그림 10-2 Module1이 표시된 VBA 에디터

코드가 좀 복잡해 보이긴 하지만, 상당 부분은 **quickstart** 명령어를 사용할 때 어떤 프로젝트 이름을 썼든 관계 없이 동작하게 만들기 위한 코드입니다. 우리가 만든 파이썬 모듈은 **first_ project**이므로 다음과 같이 이해하기 쉬운 코드로 바꿔도 무방합니다.

```
Sub SampleCall()
    RunPython "import first_project; first_project.main()"
End Sub
```

VBA에서 여러 행 문자열을 작성하는 건 좀 귀찮은 일이므로 파이썬에서 줄바꿈으로 인식하는 세미콜론을 썼습니다. 이 코드를 실행하는 방법은 몇 가지가 있습니다. VBA 에디터 안에서는 **SampleCall** 매크로의 어느 곳에든 커서가 위치한 상태에서 **F5**를 누릅니다. 하지만 보통은 엑셀 시트에서 매크로를 실행하지 VBA 에디터에서 실행하는 경우는 별로 없습니다. 따라서 VBA 에디터를 닫고 워크북으로 돌아오십시오. **Alt + F8**(윈도우)이나 **Option + F8**(macOS)을 누르면 매크로 메뉴가 열립니다. **SampleCall**을 선택하고 실행 버튼을 누르십시오. 좀 더 사용자 친화적으로 만들고 싶다면 엑셀 워크북에 버튼을 추가하고 이 버튼을 **SampleCall**과 연결할 수도 있습니다. 먼저 리본 메뉴에 개발 도구 탭이 있는지 확인해 보십시오. 개발 도구 탭이 없다면 '파일' 〉 '옵션' 〉 '리본 사용자 지정'으로 이동해 '개발 도구'를 활성화하십시오. macOS에서는 '엑셀' 〉 '기본 설정' 〉 '리본 및 도구 모음'에 있습니다. 버튼을 추가하려면 개발 도구 탭에서 '컨트롤' 그룹의 '삽입'을 누른 다음 '양식 컨트롤' 첫 번째에 있는 '단추'를 누릅니다. macOS에서는 개발 도구 탭을 누르면 '단추'가 바로 보입니다. 아이콘을 클릭하면 마우스 커서가 조그만 십자 형태로 바뀝니다. 시트를 클릭하고 사각형으로 드래그합니다. 마우스 버튼에서 손을 떼면 매크로 지정 메뉴가 나타납니다. **SampleCall**을 선택하고 확인을 클릭하십시오. 새로 만든 버튼을 클릭하면 **main** 함수가 다시 실행됩니다(그림 10-3).

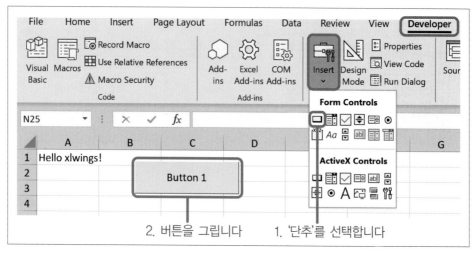

그림 10-3 시트에 버튼 그리기

이제 quickstart 명령어에서 할당한 기본 이름을 바꾸는 법을 알아봅시다. first_project.py를 hello.py로 이름을 바꾸고, main 함수도 hello_world로 이름을 바꾸십시오. 파일을 저장한 다음, Alt+F11(윈도우)이나 Option+F11(macOS)을 눌러 다시 VBA 에디터를 열고 SampleCall을 다음과 같이 수정하십시오.

```
Sub SampleCall()
    RunPython "import hello; hello.hello_world()"
End Sub
```

시트로 돌아가 Button 1을 클릭해서 잘 동작하는지 확인하십시오. 마지막으로, 파이썬 스크립트와 엑셀 파일을 서로 다른 디렉터리에 저장하는 경우에 대해 설명하겠습니다. 이를 이해하기 위해서는 먼저 파이썬의 모듈 검색 순서를 알아야 합니다. 코드에서 모듈을 임포트하면 파이썬은 해당 모듈을 일정한 순서에 따라 검색합니다. 가장 먼저 그런 이름의 내장 모듈이 있는지 체크하고, 없다면 현재 작업 디렉터리를 확인한 후 역시 없다면 PYTHONPATH에서 지정한 디렉터리를 검색합니다. 엑셀윙스는 워크북 디렉터리를 자동으로 PYTHONPATH에 추가하며, 애드인을 통해 다른 경로를 추가할 수도 있습니다. 시험해 보려면 홈 디렉터리에 pyscripts 폴더를 만들고 hello.py를 그 폴더로 이동하십시오. 필자의 경우 윈도우에서는 C:\Users\felix\pyscripts이고 macOS에서는 /Users/felix/pyscripts입니다. 이제 버튼을 다시 클릭하면 다음과 같은 오류가 표시될 겁니다.

```
Traceback (most recent call last):
  File "<string>", line 1, in <module>
ModuleNotFoundError: No module named 'first_project'
```

[그림 10-4]와 같이 pyscripts 디렉터리의 경로를 엑셀윙스 리본의 PYTHONPATH에 추가하면 됩니다. 버튼을 다시 클릭하면 이번에는 정상적으로 동작할 겁니다.

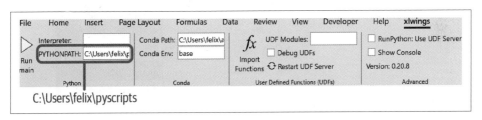

그림 10-4 PYTHONPATH

아직 엑셀 워크북의 이름은 바꾸지 않았습니다. RunPython 함수가 quickstart에서 추가한 코드 대신 first_project 같은 명시적인 모듈 이름을 사용하도록 바꾸면, 엑셀 워크북의 이름도 마음대로 수정할 수 있습니다.

새로운 엑셀윙스 프로젝트를 시작하는 가장 쉬운 방법은 quickstart 명령어지만, 기존 워크북이 있다면 프로젝트를 직접 설정하는게 더 나을 수도 있습니다. 어떻게 하는지 알아볼까요?

quickstart 명령어를 쓰지 않는 RunPython

quickstart 명령어가 생성하지 않은 기존 워크북에서 RunPython 함수를 사용하려면 quick-start 명령어가 자동으로 수행하는 작업을 직접 해야 합니다. 다음 단계는 RunPython에만 필요하며, Run main 버튼을 사용할 때는 필요하지 않습니다.

1 가장 먼저, 워크북을 xlsm이나 xlsb 확장자를 쓰는 매크로 활성화 워크북으로 저장하십시오.

2 VBA 모듈을 추가합니다. Alt+F11(윈도우)이나 Option+F11(macOS)을 눌러 VBA 에디터를 열고, [그림 10-5]처럼 왼쪽의 트리 뷰에서 워크북의 VBAProject를 오른쪽 클릭하고 '삽입' 〉 '모듈'을 선택합니다. 이렇게 하면 RunPython에서 호출할 VBA 매크로를 작성할 수 있는 빈 VBA 모듈이 삽입됩니다.

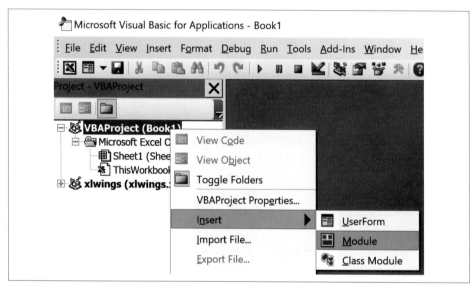

그림 10-5 VBA 모듈 추가

1 엑셀윙스 참조를 추가합니다. RunPython은 엑셀윙스 애드인에 속한 함수이며 이를 사용하기 위해서는 VBA 프로젝트에 xlwings를 가리키는 참조가 있어야 합니다. VBA 에디터의 왼쪽 트리에서 워크북을 선택한 다음 '도구' 〉 '참조'로 이동해 [그림 10-6]과 마찬가지로 엑셀윙스 옆의 체크박스를 활성화하십시오.

이제 워크북에서 다시 RunPython을 호출할 수 있습니다. 여러분의 컴퓨터에서 작업을 마쳤으면 다음 단계로 동료의 컴퓨터에서도 동작하도록 설정해야 할 때가 많습니다. 이 작업을 더 쉽게 할 수 있는 방법을 알아봅시다.

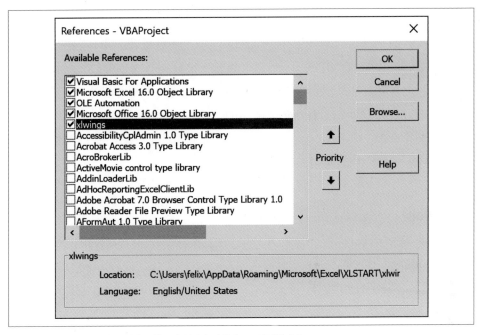

그림 10-6 RunPython은 엑셀윙스 참조가 있어야 정상적으로 동작합니다

10.2 배포

소프트웨어 개발에서 **배포**란 용어는 최종 사용자가 소프트웨어를 사용할 수 있게끔 설치하는 작업을 말합니다. 엑셀윙스의 경우에는 의존하는 패키지가 어떤 것인지, 설정을 어떻게 하면 더 쉽게 배포할 수 있는지 알아두면 도움이 됩니다. 우선 가장 중요한 파이썬에 대해 설명하고, 엑셀윙스 애드인을 사용하지 않는 독립 모드 워크북에 대해 설명합니다. 마지막으로 설정에 대해 알아보면서 이 절을 마칩니다.

10.2.1 파이썬

엑셀윙스를 실행하려면 반드시 파이썬이 설치돼 있어야 합니다. 하지만 최종 사용자의 컴퓨터에 파이썬이 설치되지 않았더라도 좀 더 쉬운 방법을 제공할 수는 있습니다.

아나콘다 또는 윈파이썬

사용자들이 아나콘다를 내려 받아 설치하게 합니다. 가장 안전한 방법을 택하고 싶다면 여러분이 사용하는 패키지와 같은 버전이 포함된 특정 버전의 아나콘다를 사용하게 하는 것도 좋습니다. 여러분이 아나콘다에 포함된 패키지만 사용했다면 가장 좋은 방법이 될 수 있습니다. 윈파이썬WinPython (*https://oreil.ly/A66KN*)은 MIT 오픈 소스 라이선스로 제공되고 엑셀윙스 역시 포함돼 있으므로 아나콘다 대신 사용할 수 있습니다. 하지만 이름을 보면 짐작할 수 있듯 윈도우에서만 사용할 수 있습니다.

공유 드라이브

충분히 빠른 공유 드라이브에 파이썬을 설치한다면 최종 사용자들이 파이썬을 로컬로 설치하지 않아도 됩니다.

고정된 실행 파일

윈도우에서는 파이썬을 포함해 의존하는 패키지 전체가 포함된, **고정된 실행 파일**frozen executable 을 사용할 수 있습니다. 고정된 실행 파일을 만들 때 널리 사용하는 패키지는 파이인스톨러 PyInstaller (*https://oreil.ly/AnYlV*)입니다. 고정된 실행 파일을 만들면 프로그램에 필요한 패키지만 골라서 파일 하나로 묶기 때문에 배포가 더 쉽다는 장점도 있습니다. 고정된 실행 파일에 대해 더 자세히 알고 싶다면 엑셀윙스 문서(*https://oreil.ly/QWz7i*)를 참고하십시오. 단, 12장에서 소개할 사용자 정의 함수는 고정된 실행 파일과 함께 사용할 수 없습니다.

파이썬은 반드시 필요하지만, 엑셀윙스 애드인은 필수가 아닙니다.

10.2.2 독립 워크북: 엑셀윙스 애드인 제거

이 장에서 Run main 버튼을 클릭하거나 RunPython 함수를 사용해 파이썬 코드를 호출할 때는 항상 엑셀윙스 애드인을 사용했습니다. 엑셀윙스 CLI를 통해 애드인을 쉽게 설치할 수 있긴 하지만, 명령행 사용에 익숙하지 않은 사용자에게는 역시 부담스럽게 느껴질 수 있습니다. 또한, 엑셀윙스 애드인과 엑셀윙스 파이썬 패키지의 버전이 같아야 하는데 사용자의 컴퓨터에 이미 엑셀윙스 애드인이 설치돼 있지만 여러분과 다른 버전인 경우에는 충돌이 생길 수 있습니다. 해결책은 의외로 단순합니다. 엑셀윙스에 엑셀 애드인이 꼭 필요한 건 아니므로 **독립 워크북**으로 만들면 됩니다. 독립 워크북은 애드인의 VBA 코드를 포함한 워크북을 말합니다. 독립 워크북을 만들 때도 가장 쉬운 방법은 역시 quickstart 명령어이며, 이번에는 --standalone 플래그를 사용합니다.

```
(base)> xlwings quickstart second_project --standalone
```

엑셀에서 second_project.xlsm 워크북을 열고 Alt+F11(윈도우)이나 Option+F11 (macOS)을 누르면 애드인 대신 xlwings 모듈과 Dictionary 클래스 모듈이 필수 조건으로 지정된게 보일 겁니다. 가장 중요한 건, 독립 워크북에서는 엑셀윙스를 참조하게 만들면 안된다는 겁니다. --standalone 플래그를 사용하면 자동으로 진행되지만, 기존 워크북을 사용하는 경우라면 엑셀윙스 참조를 제거하는 걸 잊지 마십시오. VBA 에디터의 '도구' 〉 '참조'에서 xlwings 옆의 체크박스를 해제하면 됩니다.

> **TIP 커스텀 애드인 만들기**
>
> 엑셀윙스 애드인에 대한 의존을 제거하는 방법을 설명하다가 갑자기 애드인을 만든다는 이야기를 하면 엉뚱하게 들릴 수 있겠지만, 같은 매크로를 여러 가지 워크북에서 사용하고 싶다면 배포용 애드인을 만드는 것도 한 가지 방법입니다. 애드인을 직접 만드는 방법은 엑셀윙스 문서(*https://oreil.ly/hFvlj*)를 참고하십시오.

파이썬과 애드인에 대해 설명했으니 이제 엑셀윙스 설정에 대해 좀 더 자세히 알아봅시다.

10.2.3 설정 계층 구조

이 장 처음에 언급했듯 엑셀윙스는 사용자의 홈 디렉터리 내 .xlwings\xlwings.conf에 설정을 저장합니다. **설정**은 이 장 초반에 본 PYTHONPATH 같은 **세팅**으로 이루어집니다. 엑셀윙스는 다음의 위치와 순서에 따라 설정을 검색하므로 애드인에서 지정한 세팅을 디렉터리 또는 워크북 레벨에서 덮어 쓸 수 있습니다.

워크북 설정

엑셀윙스는 가장 먼저 xlwings.conf 시트를 찾습니다. 이 방법을 쓰면 설정 파일을 따로 처리할 필요가 없으므로 배포 목적으로 워크북을 설정할 때는 이 방법을 추천합니다. quickstart

명령어를 실행하면 자동으로 _xlwings.conf 시트가 만들어집니다. 이 시트를 사용해 워크북 설정을 저장하려면 맨 앞의 밑줄을 제거하십시오. 이 시트를 사용하지 않을 거라면 삭제해도 무방합니다.

디렉터리 설정

엑셀윙스는 다음으로 엑셀 워크북과 같은 디렉터리에서 xlwings.conf 파일을 찾습니다.

사용자 설정

엑셀윙스는 마지막으로 사용자의 홈 디렉터리 .xlwings 폴더에서 xlwings.conf 파일을 찾습니다. 일반적으로 여러분이 이 파일을 직접 수정할 일은 없을 겁니다. 이 파일은 설정을 바꿀 때마다 애드인에서 자동으로 생성하고 수정합니다.

엑셀윙스는 이 세 위치에서 설정을 발견하지 못하면 기본값을 사용합니다.

엑셀 애드인에서 세팅을 수정할 때마다 자동으로 xlwings.conf 파일이 수정됩니다. 이 파일을 직접 수정하고 싶다면 정확한 형식과 사용할 수 있는 세팅 목록을 엑셀윙스 문서(*https://oreil.ly/U9JTY*)에서 확인할 수 있습니다. 하지만 배포에 사용할 만한 설정 몇 가지는 여기서 설명하겠습니다.

10.2.4 세팅

가장 중요한 세팅은 당연히 파이썬 인터프리터입니다. 엑셀윙스가 파이썬 인터프리터의 정확한 위치를 알지 못하면 아무 것도 동작하지 않습니다. PYTHONPATH 세팅은 파이썬 소스 파일의 위치를 지정할 수 있고 UDF 서버 사용 세팅은 윈도우에서 파이썬 인터프리터를 계속 실행시켜 성능을 크게 올릴 수 있습니다.

파이썬 인터프리터

엑셀윙스는 로컬에 설치된 파이썬을 필요로 합니다. 하지만 이 말이 엑셀윙스의 최종 사용자가 설정을 직접 수정해야 한다는 말은 아닙니다. 이미 언급했듯 아나콘다를 기본 세팅으로 설치하라고 말하면, 아나콘다는 사용자의 홈 디렉터리에서 설치됩니다. 설정에서 **환경 변수**를 사용하면 엑셀윙스가 파이썬 인터프리터의 정확한 경로를 찾습니다. 환경 변수란 사용자의 컴퓨터에 따라 다른 변수로, 프로그램들은 이를 이용해 현재 사용자의 홈 폴더 이름 같은 정보를 검색할 수 있습니다. 예를 들어 윈도우에서는 `Conda Path`를 `%USERPROFILE%\anaconda3`로 설정하고 macOS에서는 `Interpreter_Mac`을 `$HOME/opt/anaconda3/bin/python`로 설정합니다. 이 경로는 아나콘다의 기본 설치 경로로 해석됩니다.

PYTHONPATH

엑셀윙스는 기본적으로 엑셀 파일과 같은 디렉터리에서 파이썬 소스 파일을 찾습니다. 파이썬에 익숙하지 않은 사용자라면 엑셀 파일을 옮길 때 파이썬 파일도 함께 옮겨야 한다는 걸 잊을 수 있으므로 문제가 생길 가능성이 있습니다. 대신 파이썬 소스 파일을 전용 폴더(공유 드라이브에 있는 폴더도 가능합니다)에 저장하고 이 폴더를 PYTHONPATH 세팅에 추가할 수 있습니다. 또는 이미 파이썬 모듈 검색 순서에 포함된 경로에 소스 파일을 저장해도 됩니다. 이를 위한 한 가지 방법은 소스 코드를 파이썬 패키지로 만들어 배포합니다. 이 패키지를 설치하면 파이썬이 코드를 검색하는 `site-packages` 디렉터리에 설치됩니다. 파이썬 패키지를 만드는 방법은 파이썬 패키지 사용자 가이드(*https://oreil.ly/_kJoj*)를 보십시오.

RunPython: UDF 서버 사용 (윈도우 전용)

RunPython이 다소 느리게 느껴지는 독자도 있을 겁니다. 이는 주로 엑셀윙스가 코드 실행을 위해 파이썬 인터프리터를 시작하고, 코드를 실행한 뒤, 마지막으로 인터프리터를 다시 닫기 때문입니다. 개발 단계에서는 RunPython 명령어를 호출할 때마다 모든 모듈을 처음부터 불러오는게 더 확실하므로 큰 흠은 아닙니다. 하지만 일단 코드가 안정화되면 윈도우에서만 사용할 수 있는 RunPython: Use UDF Server 체크박스를 활성화하는 것도 좋은 방법입니다. 이 체크박스를 활성화하면 사용자 정의 함수를 같은 파이썬 세션에서 계속 실행하므로 속도가 훨씬 빠릅니다. 단, 코드를 바꾼 뒤에는 리본에 있는 Restart UDF Server 버튼을 누르는 걸 잊지 말아야 합니다.

엑셀윙스 프로

이 책에서는 엑셀윙스의 무료, 오픈 소스 기능만 사용했지만 엑셀윙스에는 유료 패키지도 있습니다. 이 수익은 오픈 소스 패키지를 계속 개발하고 유지 보수하기 위한 비용으로 사용됩니다. 엑셀윙스 프로는 다음과 같은 기능을 더 제공합니다.

- 파이썬 코드를 엑셀 자체에 포함할 수 있으므로 외부 소스 파일이 필요없어집니다.

- reports 패키지는 워크북을 템플릿으로 바꾸는 기능을 제공합니다. 기술 지식이 별로 없는 사용자라도 파이썬 코드를 손대지 않고 템플릿을 수정할 수 있게 됩니다.

- 배포에 수반되는 골칫거리들을 모두 해결하는 설치 파일이 제공됩니다. 최종 사용자는 클릭 한 번으로 의존하는 패키지를 모두 설치할 수 있고, 아무 것도 직접 설정할 필요 없이 일반적인 엑셀 워크북과 똑같이 작업할 수 있습니다.

엑셀윙스 프로에 대해 더 자세히 알아보고 싶거나 체험판 라이선스를 받고 싶다면 엑셀윙스 홈페이지(*https://oreil.ly/QEuoo*)에 방문하십시오.

10.3 요약

이 장에서는 엑셀에서 파이썬 코드를 정말 쉽게 실행하는 방법을 알아봤습니다. xlwings addin install 다음에 xlwings quickstart myproject를 실행하기만 하면 엑셀윙스 애드인의 Run main 버튼을 클릭하거나 VBA 함수 RunPython을 사용할 수 있습니다. 다음에는 최종 사용자에게 엑셀윙스 도구를 더 쉽게 배포하는 몇 가지 설정에 대해 알아봤습니다. 엑셀윙스는 아나콘다에 포함되어 있기 때문에 기술 부분에 익숙하지 않은 사용자에게도 진입장벽이 높지 않습니다.

이 장에서는 간단한 Hello World 예제만 테스트했습니다. 다음 장에서는 본격적인 비즈니스 애플리케이션에 가까운 파이썬 패키지 추적기를 만들어 보겠습니다.

## CHAPTER 11

파이썬 패키지 추적기

이 장에서는 인터넷에서 데이터를 내려 받고 이를 데이터베이스에 저장한 다음 시각화하는 일반적인 비즈니스 애플리케이션을 만들어 보겠습니다. 이를 따라하다 보면 이런 애플리케이션에서 엑셀윙스가 어떤 역할을 하는지 알 수 있고, 파이썬에서 외부 시스템에 쉽게 연결하는 방법에 대해서도 알게 됩니다. 필자는 실무 애플리케이션과 비슷하면서도 비교적 쉽게 따라할 수 있는 프로젝트를 고민하다가, 파이썬 패키지가 1년에 몇 번이나 판올림을 하는지 보여주는 **파이썬 패키지 추적기**를 만들기로 결정했습니다. 이 프로젝트는 케이스 스터디이긴 하지만 파이썬 패키지가 활발히 개발 중인지 알아보는 도구로 사용할 수도 있습니다.

애플리케이션을 만들고 나면 그 코드를 이해하기 위해 필요한 몇 가지 주제에 대해 설명합니다. 인터넷에서 데이터를 내려 받는 방법, 데이터베이스에 연결하는 방법, 파이썬에서 예외를 처리하는 방법 등을 알아볼텐데 이들은 모두 애플리케이션 개발에서 중요한 개념입니다. 이런 기본 개념들에 익숙해지면 파이썬 패키지 추적기의 구성 요소들을 하나씩 살펴보면서 이들이 어떻게 서로 어울리는지 알아봅니다. 그리고 마지막으로 엑셀윙스 코드는 어떻게 디버그하는지 알아보면서 이 장을 마칩니다. 9장, 10장과 마찬가지로 이 장 역시 마이크로소프트 엑셀이 설치되어 있어야 하므로 윈도우나 macOS에서만 따라할 수 있습니다. 우선 파이썬 패키지 추적기를 테스트해볼까요?

11.1 우리가 만들 프로그램

책의 저장소에 `packagetracker`라는 폴더가 있습니다. 이 폴더에는 몇 가지 파일이 있지만, 일단 지금은 `packagetracker.xlsm` 파일을 열고 Database 시트를 보십시오. 이 프로그램이 동작하려면 우선 데이터베이스에 데이터를 조금 입력해야 합니다. [그림 11-1]을 참고해 패키지 이름을 입력하고 Add Package를 클릭하십시오. 필자는 xlwings를 입력했지만 파이썬 패키지 인덱스(*https://pypi.org*)에 존재하는 어떤 패키지 이름을 써도 상관없습니다.

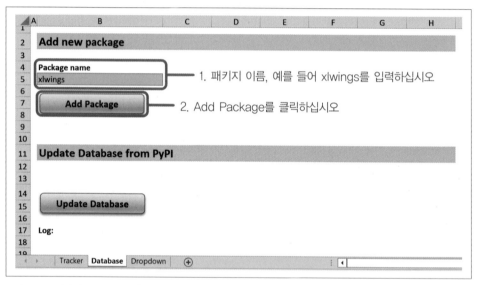

그림 11-1 파이썬 패키지 추적기(Database 시트)

정상적으로 진행했다면 패키지 이름을 입력한 셀 오른쪽에 Added xlwings successfully라는 메시지가 나타납니다. 또한 Update Database 섹션 아래를 보면 마지막 업데이트 날짜와 시간이 보이고, 로그 섹션 아래에는 엑셀윙스를 성공적으로 내려 받아 데이터베이스에 저장했다는 메시지도 보입니다. 데이터가 좀 더 필요하니 같은 방법으로 판다스 패키지도 추가하십시오. 이제 Tracker 시트로 가서 B5 셀의 드롭다운에서 엑셀윙스를 선택한 다음 Show History를 클릭하십시오. [그림 11-2]처럼 패키지의 최신 버전이 보이고, 매년 몇 번씩 판올림을 했는지 나타내는 차트도 보입니다.

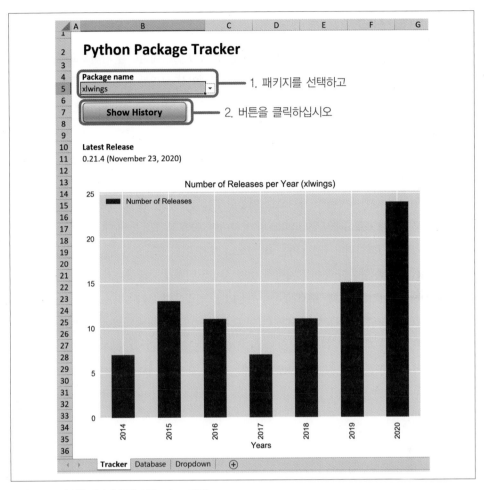

그림 11-2 파이썬 패키지 추적기 (Tracker 시트)

Database 시트로 돌아가서 다른 패키지를 추가해도 됩니다. PyPI의 최신 정보로 데이터베이스를 업데이트할 때마다 Update Database 버튼을 클릭하면 데이터베이스를 PyPI의 최신 데이터와 동기화합니다.

사용자의 관점에서 파이썬 패키지 추적기가 어떻게 동작하는지 살펴봤으니 이제 핵심 기능에 대해 알아볼 차례입니다.

11.2 핵심 기능

이 절에서는 파이썬 패키지 추적기의 핵심 기능인 웹 API에서 데이터를 가져오고 데이터베이스에 쿼리하는 기능에 대해 설명합니다. 또한 애플리케이션 코드를 작성할 때 발생할 수밖에 없는 예외를 처리하는 방법에 대해서도 알아봅니다. 우선 웹 API부터 시작합시다.

11.2.1 웹 API

웹 API는 인터넷에서 데이터를 가져오는 애플리케이션이 가장 많이 사용하는 기능입니다. API는 **애플리케이션 프로그래밍 인터페이스**의 약자이며, 프로그램을 통해 애플리케이션과 상호 작용하는 방법을 정의합니다. 웹 API는 네트워크, 보통 인터넷을 통해 접근하는 API입니다. 한 걸음 물러나서 좀 단순한 용어를 사용하며 웹 API가 어떻게 동작하는지 이해해 봅시다. 브라우저에서 웹 페이지를 열 때, 주소 표시줄에 URL을 입력하면 브라우저는 서버에 해당 웹 페이지를 요청하는 **GET 요청**을 보냅니다. GET 요청은 브라우저가 서버와 통신할 때 사용하는 HTTP 프로토콜 중 하나입니다. 요청을 받은 서버는 해당하는 HTML 문서를 보내고, 브라우저가 그 문서를 표시합니다. HTTP 프로토콜에는 GET 요청 외에도 다양한 메서드가 있는데, 가장 널리 쓰이는 건 웹 페이지에 연락처 정보를 입력하는 등 서버에 데이터를 보낼 때 쓰는 **POST 요청**입니다.

서버는 사람에게 보일 목적으로 보기 좋게 디자인한 HTML 페이지를 전송하기도 하지만, 애플리케이션은 디자인에는 관심이 없으며 오직 데이터에만 관심이 있습니다. 따라서 웹 API에 보내는 GET 요청은 웹 페이지 요청과 비슷하긴 하지만, HTML이 아니라 **JSON** 형식의 데이터를 받습니다. JSON은 '자바스크립트 객체 표기법'의 약자이며, 거의 모든 프로그래밍 언어에서 지원하는 데이터 구조이므로 서로 다른 시스템에서 데이터를 주고받기에 이상적입니다. 이 표기법은 원래 자바스크립트 문법을 바탕으로 만들어지긴 했지만 파이썬에서 (중첩된) 딕셔너리와 리스트를 사용하는 방법과 거의 비슷합니다. 차이는 다음과 같습니다.

- JSON은 문자열에 오직 큰따옴표만 허용합니다.
- JSON은 파이썬의 None 대신 null을 사용합니다.
- JSON은 true, false를 파이썬과 달리 소문자로 씁니다.

- 파이썬에서는 딕셔너리 키로 여러 가지 객체를 쓸 수 있지만 JSON에서는 오직 문자열만 사용할 수 있습니다.

표준 라이브러리의 json 모듈은 파이썬 딕셔너리를 JSON 문자열로 바꿀 수 있으며 그 반대도 가능합니다.

```
In [1]: import json

In [2]: # 파이썬 딕셔너리
        user_dict = {"name": "Jane Doe",
                     "age": 23,
                     "married": False,
                     "children": None,
                     "hobbies": ["hiking", "reading"]}

In [3]: # JSON 문자열로 변환할 때는
        # json.dumps를 사용합니다. "indent" 인자는
        # 옵션이며 알아보기 쉽게 서식을 지정합니다
        user_json = json.dumps(user_dict, indent=4)
        print(user_json)
{
    "name": "Jane Doe",
    "age": 23,
    "married": false,
    "children": null,
    "hobbies": [
        "hiking",
        "reading"
    ]
}

In [4]: # JSON 문자열을 다시 파이썬 데이터 구조로 변환합니다
        json.loads(user_json)

Out[4]: {'name': 'Jane Doe',
         'age': 23,
         'married': False,
         'children': None,
         'hobbies': ['hiking', 'reading']}
```

웹 API는 사용하기 쉬운 편이며, 거의 모든 서비스에서 한 가지 이상의 웹 API를 제공합니다. 예를 들어 스포티파이에서 좋아하는 플레이리스트를 받을 때는 다음과 같은 GET 요청을 보냅니다(자세한 내용은 스포티파이 웹 API 문서(*https://oreil.ly/zcyUh*)를 참조하십시오).

```
GET https://api.spotify.com/v1/playlists/playlist_id
```

또는 다음 GET 요청으로 우버의 마지막 이용 기록을 검색할 수도 있습니다(자세한 내용은 우버 REST API(*https://oreil.ly/FTp-Y*)를 보십시오).

```
GET https://api.uber.com/v1.2/history
```

웹 API를 사용하려면 인증이 필요한데, 보통 요청을 보낼 때 계정과 토큰을 함께 보내는 형태로 인증합니다. 파이썬 패키지 추적기는 PyPI에서 원하는 패키지 정보를 가져옵니다. 다행히 PyPI의 웹 API는 인증을 요구하지 않으므로 이 부분에 대해서는 신경쓸게 없습니다. PyPI의 JSON API 문서(*https://oreil.ly/yTVjL*)를 보면 **엔드포인트**, 즉 **베이스 URL**인 https://pypi.org/pypi 뒤에 붙이는 URL 프래그먼트가 두 개뿐입니다.

```
GET /project_name/json
GET /project_name/version/json
```

---

2 옮긴이_ 서버에 "엑셀이 편해지는 파이썬의 258쪽을 그림은 빼고 텍스트만 보내 달라"라고 요청했다고 합시다. 요청을 받는 게 사람이라면, 그 뒤에 "다음 페이지를 보내 달라"라는 요청을 받으면 259쪽의 텍스트만 보낼 겁니다. 하지만 서버는 '엑셀이 편해지는 파이썬'과 '그림은 빼고'라는 정보(상태)를 저장하지 않으므로 대체 무슨 책의 다음 페이지를 말하는 것인지 이해할 수 없습니다. 따라서 "엑셀이 편해지는 파이썬의 259쪽을 그림은 빼고 텍스트만 보내 달라"라고 요청해야만 정상적인 응답을 받을 수 있습니다. 정보가 항상 독립적이라는 말은 대략 이런 뜻입니다.

두 번째 엔드포인트는 첫 번째 엔드포인트와 같은 정보를 제공하지만 특정 버전에만 국한됩니다. 파이썬 패키지 추적기는 과거에 배포됐던 버전들에 대한 정보도 필요하므로 첫 번째 엔드포인트만 사용할 겁니다. 파이썬에서 웹 API를 사용할 때는 아나콘다에 포함된 Request 패키지를 사용하는게 편리합니다. PyPI에서 판다스에 관한 데이터를 가져올 때는 다음 명령어를 사용합니다.

```
In [5]: import requests

In [6]: response = requests.get("https://pypi.org/pypi/pandas/json")
        response.status_code

Out[6]: 200
```

응답에는 항상 HTTP 상태 코드가 들어 있습니다. 응답 코드 200은 'OK', 404는 '찾을 수 없음'을 각각 의미합니다. HTTP 응답의 상태 코드를 모두 보고 싶으면 모질라 웹 문서 (*https://oreil.ly/HySVq*)를 참고하십시오. 상태 코드 404는 주소 표시줄에 존재하지 않는 주소를 입력하거나 그런 링크를 클릭했을 때 브라우저가 표시하는 경우도 있으므로 익숙한 독자도 있을 겁니다. PyPI에 존재하지 않는 패키지 이름으로 GET 요청을 실행했을 때도 마찬가지로 상태 코드 404가 반환됩니다. 응답 콘텐츠를 확인할 때는 응답 객체의 json 메서드를 호출하는게 가장 쉽습니다. 이 메서드는 JSON 문자열을 파이썬 딕셔너리로 변환합니다.

```
In [7]: response.json()
```

원래 응답은 아주 길기 때문에 여기에는 구조를 이해할 수 있도록 일부만 표시합니다.

```
Out[7]: {
            'info': {
                'bugtrack_url': None,
                'license': 'BSD',
                'maintainer': 'The PyData Development Team',
                'maintainer_email': 'pydata@googlegroups.com',
                'name': 'pandas'
            },
            'releases': {
                '0.1': [
                    {
```

```
                    'filename': 'pandas-0.1.tar.gz',
                    'size': 238458,
                    'upload_time': '2009-12-25T23:58:31'
                },
                {
                    'filename': 'pandas-0.1.win32-py2.5.exe',
                    'size': 313639,
                    'upload_time': '2009-12-26T17:14:35'
                }
            ]
        }
    }
```

파이썬 패키지 추적기에서 필요한 정보는 배포판 전체와 그 날짜 리스트입니다. 이를 위해 다음 코드로 releases 딕셔너리를 순회합니다.

```
In [8]: releases = []
        for version, files in response.json()['releases'].items():
            releases.append(f"{version}: {files[0]['upload_time']}")
        releases[:3]  # 리스트의 처음 세 요소만 표시합니다

Out[8]: ['0.1: 2009-12-25T23:58:31',
         '0.10.0: 2012-12-17T16:52:06',
         '0.10.1: 2013-01-22T05:22:09']
```

앞의 코드는 리스트에 처음 나타나는 패키지의 타임스탬프만 가져왔지만, 실제 배포판은 여러 가지 파이썬 버전과 운영 체제에 대응하기 위해 같은 버전의 패키지도 여러 가지로 나뉠 때가 많습니다. 5장에서 배웠던, JSON 문자열에서 직접 데이터프레임을 반환하는 판다스 read_json 메서드를 사용하면 코드가 더 간결하지 않을까 생각하는 독자도 있을 겁니다. 하지만 PyPI의 응답은 바로 데이터프레임으로 변환할 수 있는 구조가 아니기 때문에 read_json 메서드로 해결할 수는 없습니다.

지금까지 웹 API를 짧게 소개하면서 파이썬 패키지 추적기의 코드에 어떻게 사용하는지 간단히 알아봤습니다. 이제 데이터베이스와 통신하는 방법에 대해 알아봅시다.

11.2.2 데이터베이스

PyPI에서 가져온 데이터를 저장해 두면 인터넷에 연결되지 않은 상태에서도 사용할 수 있습니다. JSON 응답을 텍스트 파일 형태로 디스크에 저장할 수도 있지만, 데이터베이스를 사용하는 편이 더 낫습니다. 데이터베이스를 사용하면 데이터를 쉽게 검색할 수 있습니다. 파이썬 패키지 추적기에서는 **관계형 데이터베이스**인 SQLite(*https://sqlite.org*)를 사용합니다. 관계형 데이터베이스라는 이름은 데이터베이스 테이블 자체의 키와 값 사이에 존재하는 **관계**에서 유래했습니다. (테이블 사이의 관계에서 관계형이라는 이름이 유래했다고 생각하는 사람이 많은데 이는 오해입니다.) 관계형 데이터베이스의 궁극적인 목표는 데이터의 무결성^{integrity}입니다. 관계형 데이터베이스는 데이터를 여러 개의 테이블에 분산하고(이를 **정규화**라 부릅니다), 데이터가 중복되거나 모순이 생기지 않게 하는 제약을 적용합니다. 관계형 데이터베이스는 SQL(구조화된 쿼리 언어)를 사용해 데이터베이스 쿼리를 수행합니다. 서버에서 가장 널리 사용하는 관계형 데이터베이스 시스템은 SQL 서버(*https://oreil.ly/XZOI9*), 오라클(*https://oreil.ly/VKWE0*), PostgreSQL(*https://oreil.ly/VAEqY*), MySQL(*https://mysql.com*) 입니다. 독자 여러분은 엑셀 사용자일 테니 파일 기반 데이터베이스인 마이크로소프트 액세스(*https://oreil.ly/bRh6Q*)에 익숙할 수도 있습니다.

NoSQL 데이터베이스

최근에는 NoSQL 데이터베이스가 관계형 데이터베이스의 강력한 경쟁자로 부상하고 있습니다. NoSQL 데이터베이스는 데이터가 중복되긴 하지만 다음과 같은 장점이 있습니다.

- **테이블 조인을 사용하지 않음**

  관계형 데이터베이스는 데이터를 여러 개의 테이블에 분산해 저장하므로, 필요한 정보를 얻을 때 두 개 이상의 테이블을 **조인**할 때가 많은데, 제대로 최적화되지 않은 조인은 경우에 따라 상당히 느립니다. NoSQL 데이터베이스는 조인을 사용할 필요가 없으므로 특정 쿼리에서는 성능이 더 좋을 수 있습니다.

- **데이터베이스 마이그레이션이 필요하지 않음**

  관계형 데이터베이스에서는 테이블에 새로운 열을 추가하는 등 테이블의 구조를 바꿀 때마다 반드시 데이터베이스 **마이그레이션**을 실행해야 합니다. 마이그레이션이란 데이터베이스를 새로운 구조로 바꾸는 스크립트입니다. 마이그레이션 때문에 애플리케이션의 새로운 버전을 배포하기가 까다로워질 수 있고, 일정 시간 서비스가 다운될 수도 있습니다. NoSQL 데이터베이스에서는 이런 문제를 더 쉽게 해결할 수 있습니다.

- **더 쉬운 확장**

  NoSQL 데이터베이스의 테이블은 서로 독립적이므로 여러 개의 서버로 확장하기 쉽습니다. NoSQL 데이터베이스를 사용하는 애플리케이션은 사용자가 급격히 늘어날 때도 빠르게 대응할 수 있다는 의미입니다.

NoSQL 데이터베이스는 다양한 형태로 개발됩니다. 레디스(*https://redis.io*) 같은 데이터베이스는 파이썬의 딕셔너리와 마찬가지로 단순한 키-값만 저장합니다. 반면 몽고 DB(*https://mongodb.com*) 같은 데이터베이스는 JSON 형식의 문서를 저장하기도 합니다. 관계형 데이터베이스와 NoSQL을 조합하는 데이터베이스도 있습니다. 파이썬 커뮤니티에서 가장 널리 쓰이는 데이터베이스 중 하나인 PostgreSQL을 전통적인 관계형 데이터베이스 중 하나이지만, 데이터를 JSON 형식으로 저장하면서도 이를 SQL로 쿼리하는 기능 역시 제공합니다.

이 책에서 사용할 SQLite는 마이크로소프트 액세스와 마찬가지로 파일 기반 데이터베이스입니다. 마이크로소프트 액세스는 윈도우에서만 사용할 수 있지만, SQLite는 파이썬이 지원하는 운영 체제 모두에서 사용할 수 있습니다. SQLite는 마이크로소프트 액세스 같은 친근한 사용자 인터페이스를 제공하지는 않지만 우리는 엑셀을 인터페이스로 사용하기 때문에 문제는 없습니다.

먼저 패키지 추적기의 데이터베이스 구조부터 살펴본 다음, 파이썬을 써서 데이터베이스에 연결하고 SQL 쿼리를 만드는 방법을 알아봅니다. 그리고 마지막으로 데이터베이스를 사용하는 애플리케이션에서 일어나기 쉬운 취약점인 SQL 주입에 대해 알아보면서 데이터베이스에 대한 소개를 마치겠습니다.

패키지 추적기 데이터베이스

파이썬 패키지 추적기의 데이터베이스는 단 두 개의 테이블만 사용하는, 정말 단순한 데이터베이스입니다. packages 테이블에는 패키지 이름을 저장하고, package_versions 테이블에는 버전 문자열과 업로드 날짜를 저장합니다. 두 테이블은 package_id를 사용해 조인합니다. package_versions 테이블의 모든 행에 package_name을 저장하는게 아니라 packages 테이블에서 package_id로 정규화합니다. 이런 방식을 취하면 이름 변경 같은 작업을 전체 데이터베이스 중 단 하나의 필드에서만 수행하므로 데이터 중복이나 모순 같은 문제가 발생하지 않습니다. 엑셀윙스와 판다스가 데이터베이스에 어떻게 저장되는지 [표 11-1]과 [표 11-2]에서 확인해 보십시오.

표 11-1 packages 테이블

package_id	package_name
1	xlwings
2	pandas

표 11-2 package_versions 테이블 (package_id마다 처음 세 행만 가져왔습니다)

package_id	version_string	uploaded_at
1	0.1.0	2014-03-19 18:18:49.000000
1	0.1.1	2014-06-27 16:26:36.000000
1	0.2.0	2014-07-29 17:14:22.000000
...	...	...
2	0.1	2009-12-25 23:58:31.000000
2	0.2beta	2010-05-18 15:05:11.000000
2	0.2b1	2010-05-18 15:09:05.000000
...	...	...

[그림 11-3]은 두 테이블의 스키마를 위주로 본 데이터베이스 다이어그램입니다. 테이블과 열의 이름, 기본 키와 외래 키에 관한 정보가 나타나 있습니다.

| 기본 키 |

관계형 데이터베이스에서는 모든 테이블에 **기본 키**를 만들어야 합니다. 기본 키는 **레코드**(행)을 유일하게 식별할 수 있는 하나 이상의 열입니다. packages 테이블의 기본 키는 package_ id이며, package_versions 테이블의 기본 키는 package_id와 version_string의 조합입니다. 이렇게 두 열을 조합한 키를 **합성 키**라 부릅니다.

| 외래 키 |

package_versions 테이블의 package_id 열은 **외래 키**입니다. 두 테이블을 이은 직선을 보십시오. 외래 키는 데이터 무결성을 보장하기 위한 제약이며, 이 두 테이블에서는 package_versions 테이블에 존재하는 package_id는 반드시 packages 테이블에도 존재해야 한다는 제약을 겁니다. 두 테이블을 이은 직선 오른쪽이 셋으로 갈라진 것은 package가 하나여도 package_versions은 여럿이 존재할 수 있다는, **일대다** 관계를 나타냅니다.

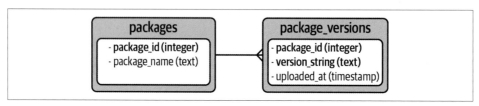

그림 11-3 데이터베이스 다이어그램 (기본 키는 볼드체로 표시했습니다)

비주얼 스튜디오 코드에 SQLite 확장을 설치하면 비주얼 스튜디오 코드 안에서 데이터베이스 테이블의 콘텐츠를 보고 SQL 쿼리를 실행할 수 있습니다(자세한 내용은 SQLite 확장 문서 (*https://oreil.ly/nP4mC*)를 보십시오). 또는 다양한 SQLite 관리 소프트웨어를 사용해도 됩니다. 하지만 이 책에서는 파이썬을 사용해 SQL 쿼리를 실행할 겁니다. 그럼 이제, 데이터베이스에 연결하는 방법을 알아볼까요?

데이터베이스 연결

파이썬에서 데이터베이스에 연결하려면 데이터베이스 통신을 담당하는 패키지인 **드라이버**가 필요합니다. 데이터베이스마다 드라이버가 다르고 드라이버마다 문법이 다르지만, 다행히 이런 차이를 대부분 추상화해서 신경쓸 필요 없게 만들어주는 강력한 패키지 SQLAlchemy(*https://sqlalchemy.org*)가 있습니다. SQLAlchemy는 데이터베이스 레코드를 파이썬 객체로 번역하는 ORM(관계형 객체 매퍼)으로 사용하는 경우가 대부분이지만, 이 책에서는 단순함을 위해 ORM 기능은 무시하고 SQL 쿼리를 더 쉽게 실행하는 도구로만 사용할 겁니다. SQLAlchemy는 판다스가 데이터베이스 테이블을 데이터프레임 형태로 읽고 쓸 때 내부적으로 사용하는 드라이버이기도 합니다. 판다스에서 데이터베이스 쿼리를 실행할 때는 [그림 11-4]와 같이 판다스, SQLAlchemy, 데이터베이스 드라이버의 세 가지 레벨이 존재합니다. 이 세 가지 레벨 중 어디에서도 데이터베이스 쿼리를 실행할 수 있습니다.

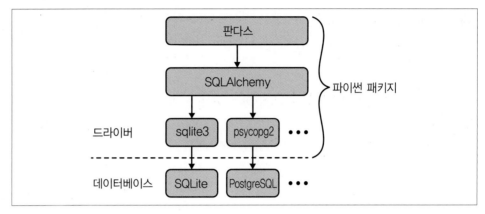

그림 11-4 파이썬에서 데이터베이스에 접근

SQLAlchemy가 기본적으로 사용하는 드라이버를 [표 11-3]에 요약했습니다(일부 데이터베이스는 하나 이상의 드라이버를 사용할 수도 있습니다). 또한 잠시 후 실제 SQL 쿼리를 실행할 때 사용할 연결 문자열도 참고하십시오.

표 11-3 SQLAlchemy 기본 드라이버와 연결 문자열

데이터베이스	기본 드라이버	연결 문자열
SQLite	sqlite3	sqlite:///filepath
PostgreSQL	psycopg2	postgresql://username:password@host:port/database
MySQL	mysql-python	mysql://username:password@host:port/database
오라클	cx_oracle	oracle://username:password@host:port/database
SQL 서버	pyodbc	mssql+pyodbc://username:password@host:port/database

SQLite는 예외지만, 보통 데이터베이스에 연결할 때는 비밀번호가 필요합니다. 또한 연결 문자열은 URL이므로 비밀번호에 특수문자가 포함된다면 URL 인코드를 사용해야 합니다. 비밀번호의 URL 인코드 버전은 다음과 같이 확인할 수 있습니다.

```
In [9]: import urllib.parse

In [10]: urllib.parse.quote_plus("pa$word")

Out[10]: 'pa%24%24word'
```

데이터베이스에 연결할 때의 세 가지 레벨인 판다스와 SQLAlchemy, 데이터베이스 드라이버를 개념적으로 소개했으니, 이제 몇 가지 SQL 쿼리를 실행하면서 이들이 실제로는 어떻게 다른지 알아봅시다.

SQL 쿼리

SQL을 전혀 사용해본 적이 없더라도 필자가 다음 예제에서 사용하거나 파이썬 패키지 추적기에서 사용하는 SQL 쿼리는 문제 없이 이해할 수 있을 겁니다. SQL은 '이렇게 해라'라고 지시하는게 아니라 '이게 필요하다'라고 주문하는, **선언적 언어**입니다. 일부 쿼리는 우리가 말하는 영어와 거의 비슷한 것도 있습니다.

```
SELECT * FROM packages
```

이 쿼리는 **package 테이블의 모든 열을 선택하겠다**는 뜻입니다. 실무 코드에서 와일드카드 *를 사용하면 오류가 일어나기 쉬우므로 다음과 같이 각 열을 직접 지정하는 코드를 더 많이 사용합니다.

```
SELECT package_id, package_name FROM packages
```

> **TIP** 데이터베이스 쿼리와 판다스 데이터프레임
>
> SQL은 집합 기반의 언어입니다. 이는 SQL이 개별 행을 순회하면서 동작하는게 아니라 행 집합을 대상으로 동작한다는 뜻입니다. 이런 사고방식은 판다스 데이터프레임과 아주 비슷합니다.
>
> ```
> SELECT package_id, package_name FROM packages
> ```
>
> 예를 들어 위 SQL 쿼리는 다음 판다스 표현식과 마찬가지입니다.
>
> ```
> packages.loc[:, ["package_id", "package_name"]]
> ```

다음 예제는 저장소의 **packagetracker** 폴더에 있는 **packagetracker.db** 파일을 사용합니다. 이 예제는 또한 이 장 처음에 한 것처럼 파이썬 패키지 추적기의 엑셀 인터페이스를 통해 엑셀윙스와 판다스를 데이터베이스에 추가했다고 가정합니다. 추가하지 않았다면 빈 결과가 나타날 겁니다. 다음 코드는 [그림 11-4]의 아래쪽에서 위쪽으로 거슬러 올라갑니다. 우선 드라이버에서 SQL 쿼리를 직접 만들고, SQLAlchemy와 판다스 순서로 사용합니다.

```
In [11]: # 우선 패키지를 임포트합니다
         import sqlite3
         from sqlalchemy import create_engine
         import pandas as pd
```

```
In [12]: # 'packages 테이블의 열을 모두 선택한다'는 SQL 쿼리
         sql = "SELECT * FROM packages"
```

```
In [13]: # 옵션 1: 데이터베이스 드라이버 (sqlite3는 표준 라이브러리의 일부분입니다)
         # 연결을 콘텍스트 관리자로 사용하면 자동으로
         # 트랜잭션을 커밋하고 오류가 있으면 롤백합니다
         with sqlite3.connect("packagetracker/packagetracker.db") as con:
             cursor = con.cursor()  # SQL 쿼리를 실행하려면 커서가 필요합니다
             result = cursor.execute(sql).fetchall()  # 레코드 전체를 반환합니다
         result
```

```
Out[13]: [(1, 'xlwings'), (2, 'pandas')]
```

```
In [14]: # 옵션 2: SQLAlchemy
         # create_engine은 데이터베이스 연결 문자열을 받습니다.
         # 쿼리를 연결 객체의 메서드로 실행합니다
         engine = create_engine("sqlite:///packagetracker/packagetracker.db")
         with engine.connect() as con:
             result = con.execute(sql).fetchall()
         result
```

```
Out[14]: [(1, 'xlwings'), (2, 'pandas')]
```

```
In [15]: # 옵션 3: 판다스
         # read_sql의 인자에 테이블 이름을 쓰면 테이블 전체를 읽습니다
         # 판다스는 SQLAlchemy 엔진을 요구합니다. 앞에서 쓴 engine을 재사용합니다
         df = pd.read_sql("packages", engine, index_col="package_id")
         df
```

```
Out[15]:            package_name
```

```
            package_id
            1                xlwings
            2                pandas
```

In [16]: # read_sql은 인자로 SQL 쿼리도 받습니다
         pd.read_sql(sql, engine, index_col="package_id")

Out[16]:   package_name
         package_id
         1   xlwings
         2   pandas

In [17]: # 데이터프레임 메서드 to_sql은 데이터프레임을 테이블에 기록합니다
         # "if_exists" has to be either "fail", "append" or "replace"
         # if_exists는 테이블이 이미 존재할 때 어떻게 할 지 지정합니다.
         # 값은 fail, append, replace 중 하나여야 합니다.
         df.to_sql("packages2", con=engine, if_exists="append")

In [18]: # 위 명령은 새로운 테이블 packages2를 생성하고,
         # 데이터프레임 df의 레코드를 삽입했습니다
         # 다음 명령으로 확인할 수 있습니다
         pd.read_sql("packages2", engine, index_col="package_id")

Out[18]:   package_name
         package_id
         1   xlwings
         2   pandas

In [19]: # 다음 명령은 SQLAlchemy를 통해 테이블을 제거합니다
         with engine.connect() as con:
             con.execute("DROP TABLE packages2")

쿼리를 실행할 때 데이터베이스 드라이버를 사용할 지, 아니면 SQLAlchemy나 판다스를 사용할 지는 취향대로 선택해도 됩니다. 필자는 개인적으로 SQLAlchemy를 선호하는데, 이는 명령을 세밀하게 제어할 수 있으며 여러 가지 데이터베이스에서 같은 문법을 지원하기 때문입니다. 반면 판다스의 **read_sql**은 쿼리 결과를 데이터프레임 형태로 반환하므로 편리합니다.

이제 간단한 SQL 쿼리를 실행하는 방법을 배웠으니, 애플리케이션에 보안 위험을 일으킬 수 있는 SQL 주입에 대해 알아보면서 이 절을 마칩니다.

SQL 주입

SQL 쿼리를 제대로 보호하지 않는다면 악의적인 사용자가 데이터 입력 필드에 SQL 문을 주입해 자신이 원하는 쿼리를 실행할 수 있습니다. 예를 들어 파이썬 패키지 추적기의 드롭다운에서 엑셀윙스 같은 패키지 이름을 선택하는게 아니라, SQL 문을 대신 전송해 의도된 쿼리를 망가뜨리는 겁니다. 이를 통해 민감한 정보를 탈취하거나, 테이블을 삭제하는 것 같은 파괴적인 공격을 가할 수도 있습니다. 이를 어떻게 방지할 수 있을까요? 먼저 다음 데이터베이스 쿼리를 보십시오. 이 쿼리는 엑셀윙스를 선택하고 Show History를 누를 때 패키지 추적기가 실행하는 쿼리입니다.[3]

```
SELECT v.uploaded_at, v.version_string
FROM packages p
INNER JOIN package_versions v ON p.package_id = v.package_id
WHERE p.package_id = 1
```

이 쿼리는 테이블 두 개를 조인하고 `package_id`가 1인 행만 반환합니다. 쿼리가 잘 이해되지 않는다면, `packages`와 `package_versions`가 판다스 데이터프레임이라고 가정하고 5장에서 배웠던 내용을 떠올려 보십시오.

```
df = packages.merge(package_versions, how="inner", on="package_id")
df.loc[df["package_id"] == 1, ["uploaded_at", "version_string"]]
```

---

3 실제 코드에서는 단순함을 위해 package_id 대신 package_name을 사용합니다.

package_id가 변수여야 한다는 건 명백하며, 여기서는 아예 1을 명기해서 선택된 패키지에 해당하는 행을 반환하게 만들었습니다. 3장에서 배운 f–문자열을 써서 SQL 쿼리를 다음과 같이 고쳐 쓰면 더 좋겠다고 생각하는 독자도 있을 겁니다.

```
f"WHERE p.package_id = {package_id}"
```

동작하기는 하지만, 이는 SQL 주입에 문을 활짝 열어 주는 것이나 마찬가지이므로 절대 해서는 안됩니다. 예를 들어, 악의적인 사용자가 package_id에 해당하는 정수가 아니라 '1 OR TRUE'를 사용할 수도 있습니다. 이 쿼리는 package_id가 1인 행만 반환하는게 아니라 테이블 전체를 반환합니다. 따라서 항상 다음과 같이 SQLAlchemy의 플레이스홀더 문법을 사용하십시오(콜론으로 시작합니다).

```
In [20]: # 먼저 SQLAlchemy의 text 함수를 임포트합니다
         from sqlalchemy.sql import text

In [21]: # :package_id가 플레이스홀더입니다
         sql = """
         SELECT v.uploaded_at, v.version_string
         FROM packages p
         INNER JOIN package_versions v ON p.package_id = v.package_id
         WHERE p.package_id = :package_id
         ORDER BY v.uploaded_at
         """

In [22]: # SQLAlchemy를 쓰는 경우
         with engine.connect() as con:
             result = con.execute(text(sql), package_id=1).fetchall()
         result[:3]  # 처음 세 레코드를 출력합니다

Out[22]: [('2014-03-19 18:18:49.000000', '0.1.0'),
          ('2014-06-27 16:26:36.000000', '0.1.1'),
          ('2014-07-29 17:14:22.000000', '0.2.0')]

In [23]: # 판다스를 사용하는 경우
         pd.read_sql(text(sql), engine, parse_dates=["uploaded_at"],
                 params={"package_id": 1},
                 index_col=["uploaded_at"]).head(3)

Out[23]:                         version_string
```

```
uploaded_at
2014-03-19 18:18:49          0.1.0
2014-06-27 16:26:36          0.1.1
2014-07-29 17:14:22          0.2.0
```

SQL 쿼리를 작성할 때 SQLAlchemy의 **text** 함수를 쓰면 다른 데이터베이스에서도 같은 플레이스홀더 문법을 사용할 수 있다는 장점이 있습니다. SQLAlchemy의 **text** 함수를 쓰지 않으면 sqlite3에서는 **?**, psycopg2에서는 **%s** 처럼 데이터베이스 드라이버마다 서로 다른 플레이스홀더를 사용해야 합니다.

사용자가 직접 파이썬에 접근할 수 있고 데이터베이스 코드도 마음대로 실행할 수 있는 상황인데 SQL 주입이 무슨 문제가 되냐고 생각하는 독자가 있을 수도 있습니다. 하지만 언제라도 엑셀윙스 프로토타입을 웹 애플리케이션으로 발전시킨다면 이로 인해 아주 큰 문제가 생길 수 있으니 처음부터 예방하는게 최선입니다.

웹 API와 데이터베이스 외에도 안정된 애플리케이션을 개발하기 위해서는 예외 처리에 대해 꼭 알아야 합니다.

11.2.3 예외

1장에서 예외 처리에 대해 간단히 언급한 적이 있습니다. 이 절에서는 파이썬의 **try/except** 메커니즘을 사용해 프로그램의 오류를 처리하는 방법을 설명합니다. 프로그래머의 예상을 벗어나는 일이 발생할 때마다 오류가 발생할 수 있습니다. 이메일을 보내려고 했는데 이메일 서버가 다운된 상태라거나, 프로그램이 꼭 필요로 하는 파일이 누락됐을 수도 있습니다. 또한 사용자의 입력을 받을 때는 항상 비 상식적인 입력을 염두에 두고 있어야 합니다. 예제를 보면서 생각해 봅시다. 다음 함수는 0으로 나누려고 하면 **ZeroDivisionError**를 일으킵니다.

```
In [24]: def print_reciprocal(number):
             result = 1 / number
             print(f"The reciprocal is: {result}")
In [25]: print_reciprocal(0)  # 여기서 오류가 발생합니다
-------------------------------------------------------------------------
ZeroDivisionError                     Traceback (most recent call last)
<ipython-input-25-095f19ebb9e9> in <module>
----> 1 print_reciprocal(0)
```

```
<ipython-input-24-88fdfd8a4711> in print_reciprocal(number)
      1 def print_reciprocal(number):
----> 2     result = 1 / number
      3     print(f"The reciprocal is: {result}")
ZeroDivisionError: division by zero
```

이런 오류가 일어나더라도 우아하게[4] 대처하려면 다음과 같이 try/except 문을 사용하십시오
(1장의 VBA 예제와 동등합니다).

```
In [26]: def print_reciprocal(number):
             try:
                 result = 1 / number
             except Exception as e:
                 # "as e" makes the Exception object available as variable "e"
                 # "as e"는 예외 객체를 변수 e에 저장한다는 뜻입니다. "repr"은 객체를
사람이 읽기 쉬운 형태로 표현하는 걸 뜻합니다.
                 # 오류 메시지 문자열이 포함됩니다
                 print(f"There was an error: {repr(e)}")
                 result = "N/A"
             else:
                 print("There was no error!")
             finally:
                 print(f"The reciprocal is: {result}")
```

try 블록에서 오류가 일어나면 코드 실행을 멈추고 except 블록으로 이동합니다. 이 블록에서
오류를 처리할 수 있습니다. 이런 방식으로 사용자에게 상황을 설명하거나 오류를 로그 파일에
남길 수 있습니다. else 절은 try 블록에서 오류가 일어나지 않았을 때만 실행되며, finally
블록은 오류 여부와 무관하게 항상 실행됩니다. finally 블록은 사용하지 않고 try와 except
블록만 사용할 때도 많습니다. 이제 다시 함수를 호출해 봅시다.

```
In [27]: print_reciprocal(10)

There was no error!
The reciprocal is: 0.1

In [28]: print_reciprocal("a")
```

---

4 옮긴이_ 여기서 '우아하다'는 말은 프로그램이 동작을 멈춘다거나 복잡한 오류 메시지를 표시하는 등 '보기 흉한' 상태가 되지 않고 이해
하기 쉬운 메시지로 오류의 원인 등을 설명해서, 사용자가 당황하는 일이 없도록 한다는 뜻입니다.

```
There was an error: TypeError("unsupported operand type(s) for /: 'int'
 and 'str'")
The reciprocal is: N/A

In [29]: print_reciprocal(0)

There was an error: ZeroDivisionError('division by zero')
The reciprocal is: N/A
```

앞의 함수는 try 블록에서 어떤 예외가 일어났든 전부 except 블록에서 처리하게 만들었습니다. 보통은 이런 식으로 처리하지 않습니다. 오류는 가능한 구체적으로 체크하고, 예상할 수 있는 범위 안에서 일어난 오류만 처리해야 합니다. 위 함수처럼 모든 오류를 뭉뚱그려 처리한다면 전혀 예상하지 못한 일이 일어났을 때 프로그램이 멈추고 디버그하기 어렵습니다. 오류를 더 구체적으로 체크하려면 다음과 같이 두 가지 오류를 예상하고 그에 대응하는 방식으로 만들어야 합니다(코드에서는 else와 finally 문을 생략했습니다).[5]

```
In [30]: def print_reciprocal(number):
             try:
                 result = 1 / number
                 print(f"The reciprocal is: {result}")
             except (TypeError, ZeroDivisionError):
                 print("Please type in any number except 0.")
```

다시 실행해 봅시다.

```
In [31]: print_reciprocal("a")

Please type in any number except 0.
```

다음과 같이 오류를 나눠서 처리할 수도 있습니다.

```
In [32]: def print_reciprocal(number):
             try:
```

---

5 옮긴이_ TypeError는 숫자가 아닌 경우, ZeroDivisionError는 0인 경우입니다. 따라서 오류 메시지도 0이 아닌 '숫자'를 입력하라고 작성했습니다.

```
        result = 1 / number
        print(f"The reciprocal is: {result}")
    except TypeError:
        print("Please type in a number.")
    except ZeroDivisionError:
        print("The reciprocal of 0 is not defined.")

In [33]: print_reciprocal("a")

Please type in a number.

In [34]: print_reciprocal(0)

The reciprocal of 0 is not defined.
```

이제 오류 처리, 웹 API, 데이터베이스에 대해 배웠으니 다음 절로 넘어가서 파이썬 패키지 추적기의 각 구성 요소에 대해 살펴봅시다.

11.3 애플리케이션 구조

이 절에서는 파이썬 패키지 추적기의 내부를 살펴보면서 각 구성 요소가 어떻게 동작하는지 알아볼 겁니다. 먼저 애플리케이션의 프런트엔드, 즉 엑셀 파일을 살펴보고 그 다음에 백엔드인 파이썬 코드를 살펴봅니다. 그리고 엑셀윙스 프로젝트는 어떻게 디버그하는지 알아보면서 이 절을 마칩니다. 패키지 추적기 정도 되는 규모의 프로젝트에는 디버그가 필요합니다.

저장소의 `packagetracker` 디렉터리에는 파일이 네 개 있습니다. 1장에서 '관심의 분리'에 대해 설명한 걸 기억하나요? 이들 파일은 [표 11-4]와 같이 서로 다른 레이어로 구분할 수 있습니다.

표 11-4 관심의 분리

레이어	파일	설명
표현 계층	packagetracker.xlsm	프런트엔드이며 최종 사용자가 사용하는 유일한 파일입니다.
비즈니스 계층	packagetracker.py	웹 API를 통해 내려 받은 데이터를 처리하고 판다스를 사용해 숫자를 계산하는 모듈입니다.
데이터 계층	database.py	데이터베이스 쿼리를 담당하는 모듈입니다.
데이터베이스	packagetracker.db	SQLite 데이터베이스 파일입니다.

표현 계층, 즉 엑셀 파일에는 셀 수식이 하나도 없으므로 디버그하고 관리하기 훨씬 쉽습니다.

모델–뷰–컨트롤러(MVC)

관심의 분리는 여러 형태로 이루어지며, [표 11-4]는 하나의 가능성일 뿐입니다. 여러분이 이미 들어봤거나, 개발을 시작하면 곧 듣게 될 디자인 패턴 중에는 **모델–뷰–컨트롤러**(MVC)라는 패턴이 있습니다. MVC 패턴에서 애플리케이션의 핵심은 데이터 전체, 그리고 비즈니스 로직 대부분을 처리하는 **모델**입니다. **뷰**는 표현 계층과 흡사하고, **컨트롤러**는 모델과 뷰 사이에 존재하면서 두 요소가 항상 동기화된 상태로 존재하도록 관리하는 작은 레이어입니다. 단순함을 위해 이 책에서는 MVC 패턴을 사용하지 않았습니다.

각 파일이 하는 일을 알았으니 이제 엑셀 프런트엔드로 넘어가 더 자세히 알아봅시다.

11.3.1 프런트엔드

웹 애플리케이션을 만들 때는 브라우저에서 실행되는 애플리케이션 부분인 **프런트엔드**와 서버에서 실행되는 코드인 **백엔드**를 구분합니다. 엑셀윙스 도구에도 같은 용어를 적용할 수 있습니다. 프런트엔드는 엑셀 파일이며 백엔드는 RunPython으로 호출하는 파이썬 코드입니다. 프런트엔드를 처음부터 만들 때는 먼저 원하는 디렉터리로 이동한 다음 아나콘다 프롬프트에서 다음 명령어를 실행하십시오.

```
(base)> xlwings quickstart packagetracker
```

packagetracker 디렉터리로 이동해서 엑셀에서 packagetracker.xlsm을 여십시오. [그림 11-5]와 같이 Tracker, Database, Dropdown 탭을 추가합니다.

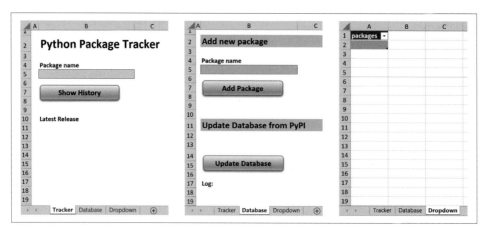

그림 11-5 사용자 인터페이스 만들기

[그림 11-5]의 텍스트와 서식만 봐도 어느 정도 이해할 수 있겠지만, 그림에 나타나지 않은 부분에 대해 설명하겠습니다.

버튼

10장에서 사용했던 매크로 버튼은 너무 오래되 보이니 사용하지 않았습니다. 필자가 사용한 버튼은 '삽입' 〉 '도형'으로 이동한 후 모서리가 둥근 사각형을 택해서 만들 수 있습니다. 그냥 매크로 버튼을 사용해도 상관 없지만, 아직 매크로를 할당하지는 마십시오.

이름 붙은 범위

파이썬 코드에서 셀 주소보다는 이름 붙은 범위를 사용해야 더 쉽게 관리할 수 있습니다. [표 11-5]를 참고해서 이름 붙은 범위를 만드십시오.

표 11-5 이름 붙은 범위

시트	셀	이름
Tracker	B5	package_selection
Tracker	B11	latest_release
데이터베이스	B5	new_package
데이터베이스	B13	updated_at
데이터베이스	B18	log

[그림 11-6]과 같이 셀을 선택한 다음 이름 상자에 이름을 입력하고 엔터를 누르면 이름 붙은 범위가 추가됩니다.

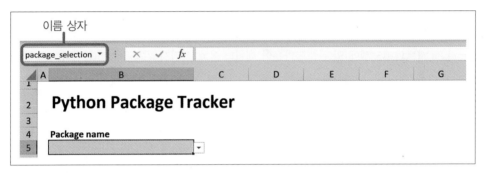

그림 11-6 이름 상자

테이블

Dropdown 시트에서 A1 셀에 "packages"라고 입력한 다음, A1을 선택한 상태에서 '삽입' 〉 '표' 메뉴로 이동합니다. 이 때 '머리글 포함'에 체크하는걸 잊지 마십시오. 테이블을 선택한 상태에서, [그림 11-7]을 참고해 리본 탭의 테이블 디자인(윈도우) 또는 테이블(macOS) 메뉴에서 테이블 이름을 Table1에서 dropdown_content로 바꾸십시오.

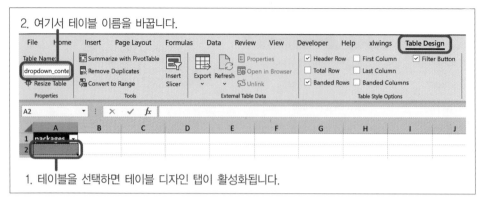

그림 11-7 엑셀 테이블 이름 바꾸기

데이터 유효성 검사

Tracker 시트의 B5 셀에 있는 드롭다운이 데이터 유효성 검사 기능을 겸비합니다. B5 셀을 선택한 다음 '데이터' 〉 '데이터 유효성 검사'로 이동해 '제한 대상'에서 '목록'을 선택하십시오. '원본'에 다음 수식을 입력하십시오.

```
=INDIRECT("dropdown_content[packages]")
```

그리고 확인을 누릅니다. 이 수식은 사실 테이블 바디의 참조일 뿐이지만, 엑셀이 직접적인 테이블 참조를 허용하지 않으므로 테이블의 주소로 해석되는 INDIRECT 함수를 사용했을 뿐입니다. 테이블을 사용한다는 사실은 변하지 않으므로 추적할 패키지를 추가하면 그에 따라 범위도 자동적으로 늘어납니다.

조건부 서식

패키지를 추가할 때도 여러 가지 오류가 일어날 수 있고, 사용자가 이를 인지해 수정할 수 있게 해야 합니다. 대표적인 오류는 필드를 비운 채 추가를 클릭하는 것, 데이터베이스에 이미 존재하는 패키지를 추가하는 것, PyPI에 존재하지 않는 패키지를 추가하는 것 등이 있습니다. 조건부 서식을 사용하면 오류를 빨간색으로 표시하기 쉽습니다. 즉, 메시지에 'error'라는 단어가 포함될 때마다 빨간색 폰트를 사용하게 하면 됩니다. Database 시트에서 C5 셀을 선택하십시오. 이 셀에 메시지를 표시할 겁니다. 그리고 '홈' 〉 '조건부 서식' 〉 '셀 강조 규칙' 〉 '텍스트 포함'으로 이동합니다. [그림 11-8]처럼 error를 입력하고, 드롭다운에서 '빨강 텍스트'를 선택한 다음 확인을 클릭합니다. Tracker 시트의 C5 셀에도 마찬가지 조건부 서식을 적용합니다.

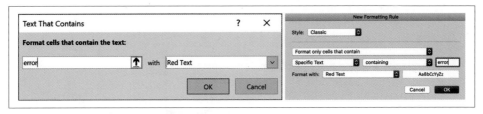

그림 11-8 윈도우(왼쪽)와 macOS(오른쪽)의 조건부 서식

눈금선

Tracker와 Database 시트는 '페이지 레이아웃' 〉 '눈금선' 옆의 '보기' 체크박스를 해제해서 눈금선을 숨겼습니다.

이제 사용자 인터페이스를 완성했으므로 [그림 11-5]와 같은 모습일 겁니다. 이제 VBA 에디터에서 RunPython을 추가하고 버튼과 연결해야 합니다. Alt+F11(윈도우) 또는 Option+F11(macOS)을 눌러 VBA 에디터를 열고, packagetracker.xlsm의 VBAProject 〉 모듈에서 Module1을 더블 클릭하십시오. 기존의 SampleCall 코드를 삭제하고 다음과 같은 매크로로 교체합니다.

```
Sub AddPackage()
    RunPython "import packagetracker; packagetracker.add_package()"
End Sub

Sub ShowHistory()
    RunPython "import packagetracker; packagetracker.show_history()"
End Sub

Sub UpdateDatabase()
    RunPython "import packagetracker; packagetracker.update_database()"
End Sub
```

다음으로 각 버튼을 오른쪽 클릭하고 '매크로 지정'을 선택한 다음 버튼에 해당하는 매크로를 선택하십시오. [그림 11-9]는 Show History 버튼에 해당하는 화면이지만 Add Package, Update Database 버튼도 마찬가지입니다.

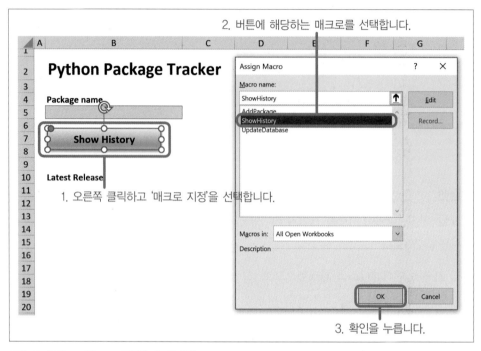

그림 11-9 Show History 버튼에 매크로 할당

프런트엔드는 끝났으니 이제 파이썬 백엔드를 살펴봅시다.

11.3.2 백엔드

packagetracker.py와 database.py 파일의 코드는 책에 수록하기에는 너무 깁니다. 따라서 비주얼 스튜디오 코드에서 책의 저장소 파일을 여십시오. 설명을 이어 나가면서 몇 가지 핵심 개념이 등장할 때는 코드 예제 일부를 수록할 겁니다. 먼저 Database 시트에서 Add Package 버튼을 클릭할 때 어떤 일이 일어나는지 봅시다. 이 버튼에 할당된 VBA 매크로는 다음과 같습니다.

```
Sub AddPackage()
    RunPython "import packagetracker; packagetracker.add_package()"
End Sub
```

RunPython 함수는 packagetracker 모듈의 add_package 함수를 호출합니다(예제 11-1).

> **NOTE_ 실무 코드가 아닙니다**
>
> 이 예제는 이해하기 쉽도록 가능한 단순하게 만들었고, 오류가 일어날 수 있는 가능성에 모두 대비하지는 않
> 았습니다. 실무 환경에는 더 빈틈없는 코드를 사용해야 합니다. 예를 들어 데이터베이스 파일이 누락됐을 때
> 도 사용자가 알기 쉬운 오류를 표시하도록 다듬어야 합니다.

예제 11-1 packagetracker.py의 add_package 함수(주석 제거)

```
def add_package():
    db_sheet = xw.Book.caller().sheets["Database"]
    package_name = db_sheet["new_package"].value
    feedback_cell = db_sheet["new_package"].offset(column_offset=1)

    feedback_cell.clear_contents()

    if not package_name:
        feedback_cell.value = "Error: Please provide a name!"    ❶
        return
    if requests.get(f"{BASE_URL}/{package_name}/json",
                    timeout=6).status_code != 200:    ❷
        feedback_cell.value = "Error: Package not found!"
        return

    error = database.store_package(package_name)    ❸
    db_sheet["new_package"].clear_contents()

    if error:
        feedback_cell.value = f"Error: {error}"
    else:
        feedback_cell.value = f"Added {package_name} successfully."
        update_database()    ❹
        refresh_dropdown()    ❺
```

❶ 피드백 메시지의 'error'는 엑셀의 조건부 서식을 발동시켜 빨간색으로 표시됩니다.

❷ Requests 패키지는 기본적으로 응답이 올 때까지 무한히 기다리므로, PyPI에 어떤 문제가 발생했거나 연결이 아주 느릴 경우 애플리케이션이 응답 없음 상태에 빠질 수 있습니다. 실무 코드에는 항상 명시적인 timeout 인자를 써서 이런 일을 방지해야 합니다.

❸ store_package 함수는 작업이 성공적일 경우 None을 반환하고, 그렇지 않으면 오류 메시지가 포함된 문자열을 반환합니다.

❹ 단순함을 위해 여기서는 데이터베이스 전체를 업데이트했습니다. 실무 환경에서는 새로운 패키지의 레코드만 추가해야 합니다.

❺ 이 함수는 packages 테이블의 콘텐츠로 Dropdown 시트의 테이블을 업데이트합니다. 엑셀에 데이터 유효성 검사를 설정했으므로 Tracker 시트의 드롭다운에 모든 패키지가 표시될 겁니다. 데이터베이스를 엑셀 파일 외부에 만든다면 사용자가 직접 이 함수를 호출할 방법을 제공해야 합니다. 여러 사용자가 서로 다른 엑셀 파일에서 같은 데이터베이스를 공유하는 경우 이런 방법이 필요합니다.

packagetracker.py 파일의 다른 함수는 코드에 포함된 주석을 보면서 이해할 수 있을 겁니다. 이제 database.py 파일을 봅시다. [예제 11-2]는 database.py 파일의 처음 일부입니다.

예제 11-2 database.py(관련 임포트 포함 요약)

```
from pathlib import Path

import sqlalchemy
import pandas as pd

...

# 데이터베이스 파일은 이 파일과 같은 디렉터리에 있어야 합니다
# 경로를 절대 경로로 바꿉니다
this_dir = Path(__file__).resolve().parent      ❶
db_path = this_dir / "packagetracker.db"

# 데이터베이스 엔진
engine = sqlalchemy.create_engine(f"sqlite:///{db_path}")
```

❶ 이 행이 잘 이해되지 않는다면 7장을 다시 보십시오. 매출 보고서의 코드 근처에 설명이 있습니다.

이 코드는 주로 데이터베이스 파일의 경로를 생성하는데 초점을 맞추고 있긴 하지만, 그림, CSV 파일, 또는 이 예제의 데이터베이스 파일 등 다양한 파일을 다룰 때 자주 일어나는 오류의 해결 방법에 대한 힌트가 될 겁니다. 파이썬 스크립트를 하나하나 만들다가 조립하는 식으로 개발할 때는 필자가 대부분의 주피터 노트북 예제에서 한 것처럼 상대 경로를 사용할 수도 있습니다.

```
engine = sqlalchemy.create_engine("sqlite:///packagetracker.db")
```

파일이 작업 디렉터리에 있는 한 이 코드는 문제 없이 동작합니다. 하지만 이 코드를 엑셀에서 RunPython을 통해 실행한다면 작업 디렉터리가 달라질 수 있으므로 파이썬이 잘못된 폴더에서 파일을 찾게 되고, 따라서 File not found 오류가 일어납니다. 절대 경로를 제공하거나, [예제 11-2]와 같은 방법으로 경로를 생성해 이 문제를 피할 수 있습니다. [예제 11-2]에서 사용한 방법은 엑셀에서 RunPython을 통해 코드를 실행하더라도 파이썬이 소스 파일과 같은 디렉터리에서 파일을 찾게 만듭니다.

파이썬 패키지 추적기를 처음부터 만든다면 데이터베이스도 직접 생성해야 합니다. database.py 파일을 스크립트로 실행하면 테이블 두 개가 포함된 packagetracker.db 파일이 생성됩니다. 데이터베이스를 생성하는 코드는 database.py의 맨 아래쪽에 있습니다.

```
if __name__ == "__main__":
    create_db()
```

마지막 행은 create_db 함수를 호출합니다. 이 호출의 조건인 if 문의 의미는 다음 팁을 보십시오.

> **TIP** if __name__ == "__main__"
>
> 파이썬 파일 중에는 이런 if 문이 포함된 파일이 많습니다. 이 if 문은 파일을 **스크립트로**, 즉 아나콘다 프롬프트에서 python database.py 명령을 실행하거나 비주얼 스튜디오 코드에서 파일 실행 버튼을 클릭했을 때에만 동작합니다. 반대로 이 파일을 **모듈로 임포트했을 때**, 즉 import database를 사용했을 때는 실행되지 않습니다. 파이썬은 직접 스크립트로 실행하는 파일에 __main__이라는 이름을 할당하며, import 문을 통해 실행할 때는 모듈 이름(database)을 할당합니다. 파이썬은 __name__ 변수에 파일 이름을 저장하므로, 이 if 문은 스크립트로 실행할 때만 True로 평가되고 packagetracker.py 파일에서 임포트할 때는 그렇지 않습니다.

데이터베이스 모듈의 나머지 코드는 SQLAlchemy와 판다스의 **to_sql**, **read_sql** 메서드를 통해 SQL 문을 실행하므로 두 방법을 모두 확인할 수 있습니다.

PostgreSQL로 이동

SQLite를 서버 기반 데이터베이스인 PostgreSQL로 교체하려면 몇 가지 준비가 필요합니다. 가장 먼저, **conda install psycopg2**(아나콘다를 사용하지 않는다면 **pip install psycopg2-binary**) 명령을 실행해 PostgreSQL 드라이버를 설치해야 합니다. 그리고 [표 11-3]을 참고해 **database.py**에서 **create_engine** 함수의 연결 문자열을 PostgreSQL 버전으로 바꿔야 합니다. 마지막으로, 테이블을 생성할 때는 **packages.package_id**의 데이터 타입을 **INTEGER**에서 PostgreSQL 전용 표기법인 **SERIAL**로 바꿔야 합니다. 자동 증가하는 기본 키를 만드는 명령 같은 부분은 데이터베이스마다 조금씩 다릅니다.

파이썬 패키지 추적기 정도 되는 규모의 도구를 만들다 보면 아마 몇 가지 문제가 생길 겁니다. 예를 들어 엑셀에서 이름 붙은 범위의 이름을 바꾼 다음, 이를 파이썬 코드에 반영하는 걸 잊는 것 같은 실수 말입니다. 이런 실수를 짚어 주는 디버깅에 대해 알아봅시다.

11.3.3 디버깅

엑셀윙스 스크립트를 디버그할 때는 엑셀에서 버튼을 클릭하는 것 보다는 비주얼 스튜디오 코드에서 함수를 직접 실행하는게 더 쉽습니다. 다음 행은 packagetracker.py 파일의 맨 아래쪽에 있는 코드인데, add_package 함수의 디버깅을 도울 수 있습니다(quickstart 프로젝트의 맨 아래쪽에도 같은 코드가 있습니다).

```
if __name__ == "__main__":     ❶
    xw.Book("packagetracker.xlsm").set_mock_caller()     ❷
    add_package()
```

❶ 이 if 문의 역할에 대해서는 조금 전에 설명했습니다.

❷ 이 코드는 파일을 파이썬에서 직접 스크립트로 실행했을 때만 실행되므로, set_mock_caller() 명령어는 오직 디버깅 목적으로만 사용합니다. 이 파일을 비주얼 스튜디오 코드나 아나콘다 프롬프트에서 실행하면 xw.Book.caller()가 xw.Book("packagetracker.xlsm")로 설정됩니다. 이렇게 하는 유

일한 목적은 add_package 함수 안에서 book 객체를 xw.Book("packagetracker.xlsm")(비주얼 스튜디오 코드에서 실행할 때)과 xw.Book.caller()(엑셀에서 실행할 때)로 바꿀 필요 없이 스크립트를 파이썬과 엑셀 양쪽에서 실행할 수 있게 하려는 겁니다.

비주얼 스튜디오 코드에서 packagetracker.py를 열고, add_package 함수의 아무 행에서나 행 번호의 왼쪽을 클릭해 중단점을 설정하십시오. 그런 다음 F5를 누르고 대화상자에서 "Python File"을 선택해 디버거를 시작하고, 코드가 중단점에서 멈추게 하십시오. 파일 실행 버튼이 아니라 F5를 눌러야 합니다. 파일 실행 버튼은 중단점을 무시하기 때문입니다.

> **WARNING_ 비주얼 스튜디오 코드와 아나콘다의 디버깅**
>
> 윈도우에서 판다스를 사용하는 코드에서 비주얼 스튜디오 코드 디버거를 처음으로 실행할 때 "Exception has occurred: ImportError, Unable to import required dependencies: numpy" (ImportError가 발생했습니다: 의존하는 패키지 넘파이를 임포트할 수 없습니다)라는 오류가 일어날 수 있습니다. 이는 콘다 환경이 정상적으로 활성화되기 전에 디버거가 너무 빨리 실행돼서 생기는 문제입니다. 중지 아이콘을 클릭해서 디버거를 멈추고 다시 F5를 누르면 두 번째부터는 잘 동작할 겁니다.

비주얼 스튜디오 코드 디버거에 익숙하지 않다면 관련 기능과 버튼을 설명한 부록 B를 읽어보십시오. 다음 장에서도 관련된 절에서 다시 언급할 겁니다. 다른 함수를 디버그하려면 현재 디버그 세션을 멈추고 파일 아래쪽에서 함수 이름을 수정합니다. 예를 들어 show_history 함수를 디버그하려면 F5를 다시 누르기 전에 packagetracker.py의 마지막 행을 다음과 같이 수정하십시오.

```python
if __name__ == "__main__":
    xw.Book("packagetracker.xlsm").set_mock_caller()
    show_history()
```

윈도우에서는 엑셀윙스 애드인의 Show Console 체크박스를 활성화해 RunPython이 실행되는 동안 명령 프롬프트를 표시할 수 있습니다.[6] 문제를 디버그할 때 유용한 추가 정보를 명령 프롬프트에 출력할 수 있습니다. 예를 들어 추적해야 할 변수의 값을 명령 프롬프트에 출력할 수 있습니다. 하지만 문제는 코드를 실행하는 즉시 명령 프롬프트가 종료된다는 겁니다. 명령 프롬프트를 좀 더 열어두고 싶다면 어렵지 않습니다. 함수의 마지막 행에 input()을 추가하면

----

6 이 글을 쓰는 시점을 기준으로 macOS에서는 이 옵션을 사용할 수 없습니다.

됩니다. 이렇게 하면 파이썬이 명령 프롬프트를 바로 닫지 않고 사용자의 입력을 기다립니다. 결과를 다 살펴본 뒤에는 엔터 키를 누르면 명령 프롬프트가 닫힙니다. Show Console 옵션을 해제하기 전에 input() 행을 제거하는 걸 잊지 마십시오.

11.4 요약

이 장에서는 비교적 복잡한 애플리케이션을 최소한의 노력으로 만드는 방법을 소개했습니다. Requests나 SQLAlchemy 같은 강력한 파이썬 패키지를 쉽게 연결하는 건 외부 시스템과의 통신이 아주 어려운 VBA와 비교할 때 크나큰 장점입니다. 파이썬 패키지 추적기와 비슷한 애플리케이션을 만들 일이 있다면 Requests와 SQLAlchemy를 더 연구해 보길 권합니다. 외부 데이터 소스를 이렇게 효율적으로 연동할 수 있게 되면 복사해서 붙여넣는 일이 원시 시대의 유산으로 느껴질 수도 있습니다.

사용자 중에는 버튼을 클릭하기보다는 셀 수식을 더 선호하는 사람도 있습니다. 다음 장에서는 엑셀윙스를 통해 파이썬에서 사용자 정의 함수를 만들어, 지금까지 배운 엑셀윙스 개념 대부분을 재사용하는 방법을 알아봅니다.

## CHAPTER 12

사용자 정의 함수

이전 3개 장에서는 파이썬 스크립트로 엑셀을 자동화하고 엑셀에서 버튼을 클릭해 그런 스크립트를 실행하는 방법을 배웠습니다. 이 장에서는 엑셀에서 파이썬 코드를 호출하는 또 다른 옵션인 사용자 정의 함수user-defined function(UDF)에 대해 설명합니다. UDF는 **SUM**이나 **AVERAGE** 같은 내장 함수와 같은 방법으로 엑셀 셀에서 사용하는 파이썬 함수입니다. 11장과 마찬가지로 quickstart 명령어로 시작하면 UDF를 금방 테스트할 수 있습니다. 다음에는 구글 트렌드에서 데이터를 내려받아 처리하는 케이스 스터디를 진행하면서 더 복잡한 UDF를 사용해 봅니다. 판다스 데이터프레임과 그래프를 다루는 법을 알아보고, UDF를 디버그하는 방법도 알아봅니다. 그리고 성능에 초점을 둔 몇 가지 고급 주제를 살펴보면서 이 장을 마칩니다. 엑셀윙스는 아직 macOS에서 UDF를 지원하지 못하므로 이 장의 예제는 윈도우에서만 실행할 수 있습니다.[1]

> **NOTE_ macOS와 리눅스 사용자를 위한 노트**
> 윈도우를 사용하지 않는다 해도 구글 트렌드 케이스 스터디를 살펴보면서 macOS에서 **RunPython**을 호출할 때 참고할 수 있는 부분이 많습니다. 8장에서 설명한 라이터 라이브러리를 사용하면 리눅스에서도 보고서를 만들 수 있습니다.

---

1 윈도우는 9장에서 간단히 소개한 COM 서버를 사용합니다. macOS에는 COM이 존재하지 않으므로 UDF를 바닥부터 만들어야 하고, 작업량이 많아서 아직 완성하지 못했습니다.

12.1 UDF 시작하기

이 절은 quickstart 명령어를 사용해 첫 번째 UDF를 실행하기에 앞서, UDF를 작성할 때 필요한 내용부터 설명합니다. 이 장의 예제를 따라하기 위해서는 엑셀윙스 애드인이 설치되어 있어야 하고, 엑셀에서 'VBA 프로젝트 개체 모델에 안전하게 액세스할 수 있음' 옵션이 활성화되어 있어야 합니다.

애드인

필자는 여러분이 10장에서 설명한대로 엑셀윙스 애드인을 설치했다고 가정합니다. 하지만 엑셀윙스 애드인을 반드시 설치해야만 하는 건 아닙니다. 엑셀윙스 애드인을 설치하면 개발이 쉬워지는 건 사실이지만 배포에 꼭 필요한 건 아니며, 10장에서 설명한대로 워크북을 독립 모드로 설정해도 예제는 진행할 수 있습니다.

VBA 프로젝트 개체 모델에 안전하게 액세스할 수 있음

UDF를 작성하기 전에 먼저 엑셀 설정을 하나 바꿔야 합니다. '파일' 〉 '옵션' 〉 '보안 센터' 〉 '보안 센터 설정' 〉 '매크로 설정'으로 이동해 [그림 12-1]과 같이 'VBA 프로젝트 개체 모델에 안전하게 액세스할 수 있음'의 체크박스를 활성화하십시오. 이렇게 하면 애드인에서 Import Functions 버튼을 클릭할 때 엑셀윙스가 자동으로 VBA 모듈을 워크북에 삽입합니다. 이 세팅은 임포트 과정에서만 사용하므로, 일종의 개발자 세팅으로 생각해야 하며 최종 사용자는 이 세팅에 신경쓸 필요가 없어야 합니다.

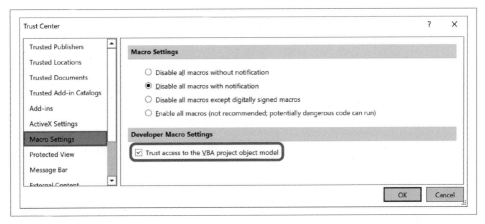

그림 12-1 VBA 프로젝트 개체 모델에 안전하게 액세스할 수 있음

두 가지 조건을 모두 만족했으니 이제 UDF를 만들 수 있습니다.

12.1.1 UDF 빠른 시작

항상 그렇지만 가장 쉬운 출발점은 `quickstart` 명령어입니다. 아나콘다 프롬프트에서 다음 명령을 실행하기 전에 먼저 원하는 디렉터리로 이동하십시오. 예를 들어 홈 디렉터리에서 데스크탑으로 이동하려면 먼저 `cd Desktop` 명령을 실행합니다.

```
(base)> xlwings quickstart first_udf
```

탐색기에서 `first_udf` 폴더로 이동한 다음 엑셀에서 `first_udf.xlsm`을 열과 비주얼 스튜디오 코드에서 `first_udf.py`를 여십시오. 그런 다음 엑셀윙스 리본에서 Import Functions 버튼을 누릅니다. 이 작업은 기본적으로 조용히 진행됩니다. 즉, 오류가 없으면 아무 것도 나타나지 않습니다. 하지만 엑셀 애드인에서 Show Console 체크박스를 활성화하고 Import Functions 버튼을 클릭하면 명령 프롬프트가 열리고 다음과 같은 메시지가 나타납니다.

```
xlwings server running [...]
Imported functions from the following modules: first_udf
```

첫 번째 행에는 무시해도 별 문제 없는 몇 가지 세부 사항이 포함됩니다. 이 행에서 중요한 부분은 파이썬이 실행되고 있다는 사실뿐입니다. 두 번째 행은 `first_udf` 모듈에서 함수를 임포트했다는 메시지입니다. 이제 A1 셀에 `first_udf.xlsm`의 활성화된 시트에서 `=hello("xlwings")`를 입력하고 엔터를 누르면 [그림 12-2] 같은 모습을 볼 수 있습니다.

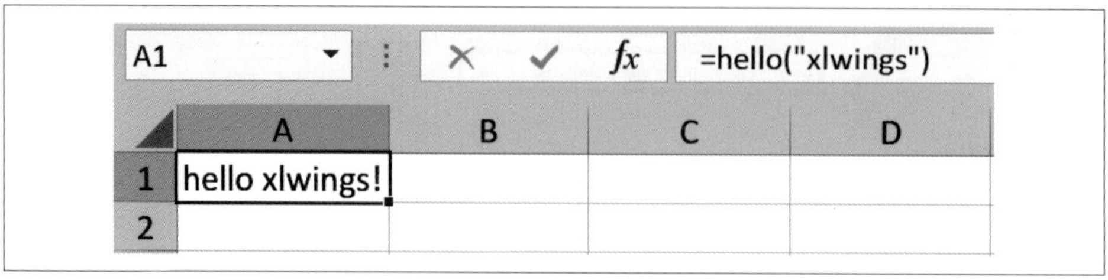

그림 12-2 `first_udf.xlsm`

하나씩 알아봅시다. 먼저 `first_udf.py`의 `hello` 함수(예제 12-1)부터 시작합니다. 이 함수는 quickstart 코드의 일부분이지만 아직 설명하지 않았습니다.

예제 12-1 `first_udf.py`(요약)

```python
import xlwings as xw


@xw.func
def hello(name):
    return f"Hello {name}!"
```

엑셀윙스 애드인에서 Import Functions를 클릭하면 `@xw.func`로 표시한 함수는 모두 엑셀로 임포트됩니다. 함수를 임포트하면 엑셀에서 셀 수식에 사용할 수 있습니다. `@xw.func`는 함수 정의의 바로 위에 쓰는 **데코레이터**입니다. 다음 사이드바에 데코레이터의 동작 방식에 대해 조금 설명합니다.

함수 데코레이터

데코레이터란 함수 정의 위쪽에 표시하는 함수 이름이며 @ 기호로 시작합니다. 데코레이터는 간단히 함수의 동작 방법을 바꿀 수 있고, 엑셀윙스는 이를 사용해 엑셀로 임포트할 함수를 지정합니다. 다음 예제의 verbose 데코레이터는 print_hello 함수의 실행 전후에 텍스트를 출력합니다. 기술적으로 말한다면, 데코레이터는 함수(print_hello)를 받고 이를 verbose 함수에 func 인자로 전달합니다. 내부 함수인 wrapper에는 특별히 눈여겨 볼 점은 없습니다. 이 예제에서는 그저 print_hello 함수 호출 전후에 값을 하나 출력할 뿐입니다. 내부 함수의 이름은 중요하지 않습니다.

```
In [1]: # 함수 데코레이터의 정의
        def verbose(func):
            def wrapper():
                print("Before calling the function.")
                func()
                print("After calling the function.")
            return wrapper

In [2]: # 함수 데코레이터 사용
        @verbose
        def print_hello():
            print("hello!")

In [3]: # 데코레이터가 적용된 함수를 호출
        print_hello()

Before calling the function.
hello!
After calling the function.
```

이 장 마지막의 [표 12-1]에 엑셀윙스가 제공하는 데코레이터를 요약했습니다.

엑셀윙스는 함수 인자가 셀 범위일 때 기본적으로 엑셀윙스 range 객체가 아니라 셀 범위의 값을 사용합니다. 이렇게 하면 셀을 인자로 삼아 hello 함수를 호출할 수 있으므로 대개의 경우 이 방식이 훨씬 편리합니다. 예를 들어 A2 셀에 xlwings라고 입력한 다음 A1의 수식을 다음과 같이 고칠 수 있습니다.

```
=hello(A2)
```

결과는 [그림 12-2]와 같습니다. 이 장의 마지막 절에서 엑셀윙스의 기본적인 동작 방식을 바꿔서 range 객체를 인자로 사용하게 만드는 방법도 설명합니다. 그때 알게 되겠지만, 이런 방식이 필요할 때도 있습니다. VBA에서 hello 함수를 만든다면 다음과 같은 형태일 겁니다.

```
Function hello(name As String) As String
    hello = "Hello " & name & "!"
End Function
```

Import Function 버튼을 클릭하면 엑셀윙스는 xlwings_udfs라는 이름의 VBA 모듈을 엑셀 워크북에 삽입합니다. 이 모듈에는 임포트하는 파이썬 함수에 대응하는 VBA 함수가 들어 있습니다. 이 VBA 함수들은 대응하는 파이썬 함수의 실행을 관리하는 래퍼 함수입니다. Alt+F11을 눌러 VBA 에디터를 열고 xlwings_udfs VBA 모듈을 살펴봐도 상관 없지만, 이 코드는 자동으로 생성되는 코드이며 Import Function 버튼을 다시 클릭하면 여러분이 변경한 사항은 모두 사라집니다. 이번에는 first_udf.py의 hello 함수에서 반환값의 Hello를 Bye로 바꿔 봅시다.

```
@xw.func
def hello(name):
    return f"Bye {name}!"
```

엑셀에서 함수를 다시 계산하려면 A1 셀을 더블 클릭하거나 셀을 선택하고 F2를 눌러 편집 모드를 활성화한 뒤 엔터 키를 누르십시오. 또는 단축키 Ctrl+Alt+F9를 눌러도 됩니다. 이 단축키는 hello 수식을 포함해 열려 있는 모든 워크북의 모든 워크시트를 **강제로** 다시 계산하는 단축키입니다. 열려 있는 모든 워크북의 모든 워크시트를 다시 계산하는 F9, 활성화된 워크시트를 다시 계산하는 Shift+F9는 연결된 셀이 변경된 UDF만 다시 계산하므로 이 경우에는 동작하지 않습니다. 다음과 같이 func 데코레이터에 관련 인자를 추가해 함수를 '휘발성volatile'으로 만들 수 있습니다.

```
@xw.func(volatile=True)
def hello(name):
    return f"Bye {name}!"
```

휘발성 함수는 함수가 참조하는 셀이 바뀌지 않았더라도 엑셀이 재계산을 수행할 때마다 다시 평가합니다. =RAND()나 =NOW() 같은 엑셀의 내장 함수에도 휘발성 함수가 들어 있는데, 이런 함수를 많이 사용하면 워크북이 느려질 수 있으므로 남용하지는 마십시오. 함수의 이름이나 인자를 바꾸거나, 지금 한 것처럼 func 데코레이터를 수정한 다음에는 Import Function 버튼을 다시 클릭해 함수를 다시 임포트해야 합니다. 이렇게 하면 먼저 파이썬 인터프리터를 재시작한 후 업데이트된 함수를 임포트합니다. 이제 함수가 휘발성으로 바뀌었으니 Bye를 다시 Hello로 바꿔도 Shift+F9나 F9만 눌러도 수식이 다시 계산됩니다.

> **WARNING_ 파이썬 파일을 수정하면 항상 저장하십시오**
> 파이썬 소스 파일을 수정한 후 저장하는걸 잊는 때가 많습니다. Import Function 버튼을 누르거나 엑셀에서 UDF를 다시 계산하기 전에 파이썬 파일이 저장됐는지 항상 확인하십시오.

엑셀윙스는 기본적으로 엑셀 파일과 같은 디렉터리에 있는 같은 이름의 파이썬 파일에서 함수를 임포트합니다. 따라서 파이썬 소스 파일의 이름을 바꾸거나 다른 디렉터리로 이동하면 10장에서 RunPython을 수정했던 것과 비슷한 일을 해야 합니다. first_udf.py 파일의 이름을 hello.py로 바꿔 보십시오. 엑셀윙스가 이에 대응하게 하려면 [그림 12-3]처럼 엑셀윙스 애드인의 UDF 모듈에 모듈 이름인 hello를 .py 확장자 없이 입력해야 합니다.

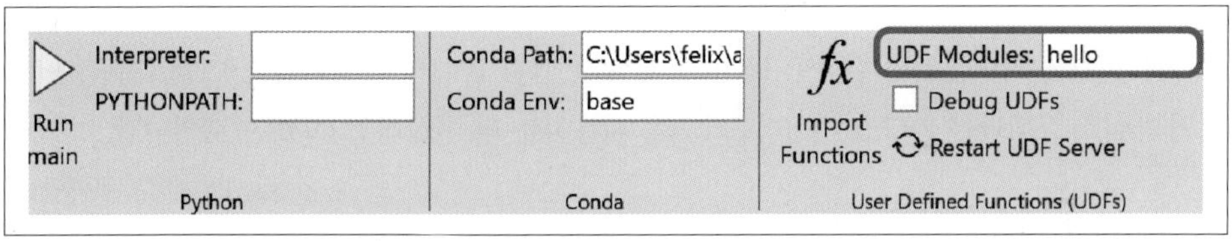

그림 12-3 UDF 모듈 세팅

Import Function 버튼을 클릭하면 함수를 다시 임포트합니다. 엑셀에서 수식을 다시 계산하는 걸 잊지 마십시오.

TIP 여러 가지 파이썬 모듈에서 함수 임포트
모듈 여러 개에서 함수를 임포트하려면 hello;another_module처럼 모듈 이름을 세미콜론으로 구분해 UDF 세팅에 입력하십시오.

이번에는 hello.py를 데스크탑으로 이동해 보십시오. 이렇게 하면 엑셀윙스 애드인의 PY-THONPATH에 데스크탑 경로를 추가해야 합니다. 10장에서 본 것처럼 애드인의 PYTHONPATH 세팅에 %USERPROFILE%\Desktop을 입력하면 됩니다. 10장에서 설정한 pyscripts 폴더 경로가 아직 남아 있다면 %USERPROFILE%\Desktop으로 덮어 쓰거나 세미콜론으로 구분해서 추가해도 됩니다. 이번에도 역시 Import Function 버튼을 클릭하고 엑셀에서 함수를 다시 계산해야 합니다.

> **NOTE_ 설정과 배포**
>
> 이 장에서 필자는 계속 애드인의 세팅을 바꾸는 내용을 설명하고 있지만, 10장에서 설정과 배포에 대해 설명한 내용 역시 이 장에 적용할 수 있습니다. 즉 **xlwings.conf** 시트나 엑셀 파일과 같은 디렉터리에 있는 설정 파일을 수정해도 된다는 뜻입니다. 또한 독립 모드로 설정된 워크북도 사용할 수 있습니다. UDF를 사용하면 여러분이 직접 커스텀 애드인을 만드는 것도 좋은 방법입니다. 이렇게 하면 각 워크북에서 일일이 UDF를 임포트하지 않아도 모든 워크북에서 공유할 수 있습니다. 애드인을 직접 만드는 방법이 궁금하면 엑셀윙스 문서(*https://oreil.ly/uNo0g*)를 보십시오.

UDF의 파이썬 코드 부분을 수정하면 파이썬 파일을 저장할 때마다 엑셀윙스가 자동으로 바뀐 부분을 반영합니다. 함수의 이름이나 인자, 데코레이터 같은 부분을 바꿨을 때만 UDF를 다시 임포트하면 됩니다. 만약 소스 파일이 코드를 임포트하는 다른 모듈을 수정한다면, 엑셀에서 이를 반영하는 가장 쉬운 방법은 Restart UDF Server 버튼을 클릭합니다.

여러분은 이제 파이썬에서 간단한 UDF를 만들고 엑셀에서 사용하는 법을 배웠습니다. 다음 절의 케이스 스터디는 판다스 데이터프레임을 사용하는 더 현실적인 UDF 예제입니다.

12.2 케이스 스터디: 구글 트렌드

이 케이스 스터디에서는 구글 트렌드의 데이터를 사용해, 마이크로소프트가 2020년에 엑셀에 공식적으로 발표한 새로운 기능인 판다스 데이터프레임과 동적 배열을 함께 사용하는 방법을 알아봅니다. 다음에는 구글 트렌드에 직접 연결하는 UDF, 데이터프레임의 그래프 메서드를 사용하는 UDF를 만듭니다. 마지막으로 UDF에서 디버깅하는 방법을 설명하며 이 절을 마칩니다. 먼저 구글 트렌드가 어떤 프로그램인지 알아봅시다!

12.2.1 구글 트렌드 소개

구글 트렌드(*https://oreil.ly/G6TpC*)는 구글 검색 결과의 인기도를 시간과 지역에 따라 분석해서 보여주는 서비스입니다. [그림 12-4]는 지역으로 전세계를 선택하고 시간 범위는 2016년 1월 1일부터 2020년 12월 26일까지를 지정해 몇 가지 프로그래밍 언어를 조사한 구글 트렌드 결과입니다. 각 검색어는 검색어에 **프로그래밍 언어**를 입력한 뒤 나타나는 드롭 다운에서 선택했으므로 뱀 이름인 파이썬과 섬 이름인 자바는 제외됩니다. 구글은 선택된 시계열과 위치에 포함되는 데이터를 인덱스로 만들고, 최대 인기도는 100입니다. 우리가 지정한 기간과 지역에서 가장 인기있는 검색어는 2016년 2월의 '자바'였습니다. 구글 트렌드에 대해 더 자세히 알고 싶으면 공식 블로그 포스트(*https://oreil.ly/_aw8f*)를 읽어보세요.

그림 12-4 시간에 따른 인기도. 데이터 소스는 구글 트렌드(*https://oreil.ly/SR8zD*)

WARNING_ 랜덤 샘플

구글 트렌드의 숫자는 랜덤한 샘플을 기반으로 하므로, 여러분은 스크린샷과 같은 지역, 기간, 검색어를 사용하더라도 [그림 12-4]와는 조금 다른 결과를 얻을 겁니다.

필자는 [그림 12-4]의 내려받기 버튼을 눌러 CSV 파일을 받았고 그 데이터를 quickstart 프로젝트의 엑셀 워크북에 복사했습니다. 다음 절에서는 이 워크북을 사용해 엑셀에서 바로 UDF로 데이터를 분석하는 방법을 알아봅니다.

12.2.2 데이터프레임과 동적 배열

지금까지 책을 읽었으면 판다스 데이터프레임이 UDF와 잘 어울린다는게 그리 놀랍지는 않을 겁니다. 책의 저장소에 있는 udfs 디렉터리 아래의 describe 폴더에 있는 describe.xlsm을 엑셀에서 열고, describe.py를 비주얼 스튜디오 코드에서 열어서 데이터프레임과 UDF를 함께 사용하는 법, 동적 배열에 대해 알아보십시오. 엑셀 파일에는 구글 트렌드에서 가져온 데이터가 들어 있고 파이썬 파일에는 [예제 12-2]의 함수가 들어 있습니다.

예제 12-2 describe.py

```
import xlwings as xw
import pandas as pd


@xw.func
@xw.arg("df", pd.DataFrame, index=True, header=True)
def describe(df):
    return df.describe()
```

quickstart 프로젝트의 hello 함수와 달리 여기에는 두 번째 데코레이터가 있습니다.

```
@xw.arg("df", pd.DataFrame, index=True, header=True)
```

arg는 **인자**argument의 약자이며, 9장에서 엑셀윙스 문법을 소개할 때 사용했던 변환기와 옵션을 똑같이 사용할 수 있습니다. 달리 말하자면, 이 데코레이터는 options 메서드가 엑셀윙스 range 객체에 제공하는 것과 같은 기능을 UDF에 제공합니다. arg 데코레이터의 정식 문법은 다음과 같습니다.

```
@xw.arg("argument_name", convert=None, option1=value1, option2=value2, ...)
```

9장에서 설명한 내용을 쉽게 떠올릴 수 있도록 describe 함수와 동등한 스크립트를 만들었습니다(이 코드는 엑셀에서 describe.xlsm을 열었고 함수를 A3:F263 범위에 적용한다고 가정합니다).

```python
import xlwings as xw
import pandas as pd


data_range = xw.Book("describe.xlsm").sheets[0]["A3:F263"]
df = data_range.options(pd.DataFrame, index=True, header=True).value
df.describe()
```

기본 인자를 사용하므로 index와 header 옵션은 필요하지 않지만, 이들을 UDF에 적용하는 방법을 보이기 위해 포함시켰습니다. describe.xlsm을 활성화한 상태에서 Import Function 버튼을 클릭한 다음, 빈 셀(여기서는 H3)에 =describe(A3:F263)을 입력해 보십시오. 엔터 키를 눌렀을 때 일어나는 일은 엑셀의 버전에 따라 다른데, 좀 더 구체적으로 말하자면 엑셀이 동적 배열을 지원하는지에 따라 다릅니다. 동적 배열을 지원한다면 [그림 12-5]와 같은 결과가 나타납니다. 즉, describe 함수의 결과가 H3:M11 셀에 나타나며 얇은 파란색 보더로 둘러싸입니다. 파란색 보더는 마우스 커서가 배열 안에 있을 때만 나타나며, 아주 얇기 때문에 인쇄된 책에서는 잘 보이지 않을 수도 있습니다. 동적 배열이 어떻게 동작하는지는 곧 설명합니다. 341쪽의 '동적 배열' 상자에도 설명이 있습니다.

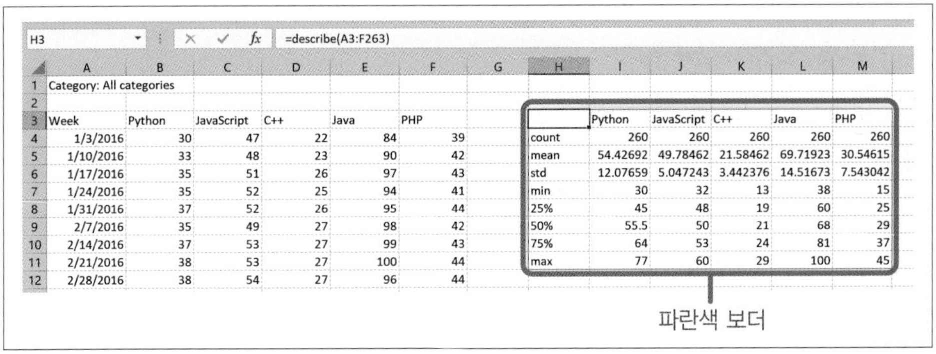

그림 12-5 동적 배열과 describe 함수

하지만 엑셀에서 동적 배열을 지원하지 않는다면, 마치 아무 일도 일어나지 않은 것처럼 보입니다. 이를 수정하기 위해서는 마이크로소프트에서 '구형 CSE 배열'이라 부르는 기능을 써야합니다. CSE 배열은 단순히 엔터만 누르면 되는게 아니라 Ctrl+Shift+Enter를 눌러야 하며, 따라서 CSE라는 이름이 붙었습니다. 좀 더 구체적으로 알아봅시다.

- H3를 선택하고 Delete 키를 눌러 빈 셀로 만듭니다.
- H3 셀에서 시작해 M11 셀까지의 범위를 선택합니다.
- H3:M11 범위가 선택된 상태에서 수식 =describe(A3:F263)을 입력하고 Ctrl+Shift+Enter를 누릅니다.

이렇게 하면 [그림 12-5]와 거의 같은 결과를 얻을 수 있지만 다음과 같은 차이가 있습니다.

- H3:M11 범위에 파란색 보더가 없습니다.
- CSE 배열임을 표시하기 위해 수식에 {=describe(A3:F263)} 같은 중괄호가 생깁니다.
- 동적 배열은 범위의 왼쪽 상단 셀만 선택하고 Delete 키를 눌러 삭제할 수 있지만 CSE 배열을 삭제하려면 항상 배열 전체를 선택해야 합니다.

이제 결과에 어떤 열을 포함할 지 지정하는 옵션 매개변수 selection을 추가해 함수를 좀 더 유용하게 만들어 봅시다. 데이터에 열이 아주 많다면 이 중 일부만 describe 함수에서 사용하는 기능이 필요할 겁니다. 함수를 다음과 같이 수정합니다.

```
@xw.func
@xw.arg("df", pd.DataFrame)        ❶
def describe(df, selection=None):        ❷
    if selection is not None:
        return df.loc[:, selection].describe()        ❸
    else:
        return df.describe()
```

❶ index와 header 인자는 기본값을 사용하므로 제외했지만 지정해도 무방합니다.

❷ selection 매개변수를 추가하고 기본값에 None을 할당해 옵션으로 만듭니다.

❸ selection 인자를 전달했다면 이에 따라 데이터프레임 열을 걸러냅니다.

함수를 수정했으면 반드시 저장한 다음, 엑셀윙스 애드인에서 Import Function 버튼을 누르십시오. 새 매개변수를 추가했으니 이 버튼을 눌러서 반영해야 합니다. A2 셀에 Selection이라고 입력하고 B2:F2 셀에 **TRUE**라고 입력하십시오. 마지막으로, 엑셀에서 동적 배열을 지원하는지에 따라 H3 셀의 수식을 수정하십시오.

동적 배열을 지원하는 경우

H3을 선택하고 수식을 =describe(A3:F263, B2:F2)로 수정한 다음 엔터를 누르십시오.

동적 배열을 지원하지 않는 경우

H3 셀에서 시작해 H3:M11 범위를 선택한 다음, F2를 눌러 H3 셀의 편집 모드를 활성화하고 수식을 =describe(A3:F263, B2:F2)로 수정합니다. 마지막으로 Ctrl+Shift+Enter를 누르십시오.

개선한 함수를 시험해 봅시다. 자바에 해당하는 E2 셀의 **TRUE**를 **FALSE**로 바꿔 보십시오. 엑셀에서 동적 배열을 지원한다면 자동적으로 결과 열 하나가 사라집니다. 하지만 구형 CSE 배열을 사용했다면 [그림 12-6]처럼 보기 싫은 #N/A 값으로 열이 채워질 겁니다.

엑셀윙스는 반환 데코레이터를 사용해 구형 CSE 배열의 크기를 조절하는 방식으로 이 문제를 해결합니다. 함수를 다음과 같이 수정하십시오.

```
@xw.func
@xw.arg("df", pd.DataFrame)
@xw.ret(expand="table")    ❶
def describe(df, selection=None):
    if selection is not None:
        return df.loc[:, selection].describe()
    else:
        return df.describe()
```

❶ expand="table" 옵션을 사용하는 반환 데코레이터를 추가하면 엑셀윙스는 반환된 데이터프레임의 크기에 맞게 CSE 배열의 크기를 조절합니다.

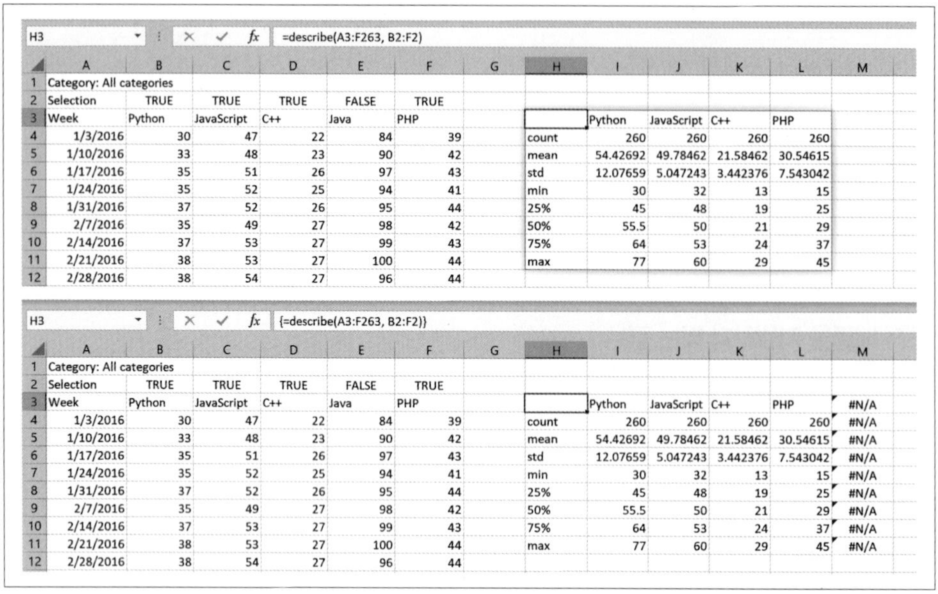
H3 =describe(A3:F263, B2:F2)

	A	B	C	D	E	F	G	H	I	J	K	L	M
1	Category: All categories												
2	Selection	TRUE	TRUE	TRUE	FALSE	TRUE							
3	Week	Python	JavaScript	C++	Java	PHP			Python	JavaScript	C++	PHP	
4	1/3/2016	30	47	22	84	39		count	260	260	260	260	
5	1/10/2016	33	48	23	90	42		mean	54.42692	49.78462	21.58462	30.54615	
6	1/17/2016	35	51	26	97	43		std	12.07659	5.047243	3.442376	7.543042	
7	1/24/2016	35	52	25	94	41		min	30	32	13	15	
8	1/31/2016	37	52	26	95	44		25%	45	48	19	25	
9	2/7/2016	35	49	27	98	42		50%	55.5	50	21	29	
10	2/14/2016	37	53	27	99	43		75%	64	53	24	37	
11	2/21/2016	38	53	27	100	44		max	77	60	29	45	
12	2/28/2016	38	54	27	96	44							

H3 {=describe(A3:F263, B2:F2)}

	A	B	C	D	E	F	G	H	I	J	K	L	M
1	Category: All categories												
2	Selection	TRUE	TRUE	TRUE	FALSE	TRUE							
3	Week	Python	JavaScript	C++	Java	PHP			Python	JavaScript	C++	PHP	#N/A
4	1/3/2016	30	47	22	84	39		count	260	260	260	260	#N/A
5	1/10/2016	33	48	23	90	42		mean	54.42692	49.78462	21.58462	30.54615	#N/A
6	1/17/2016	35	51	26	97	43		std	12.07659	5.047243	3.442376	7.543042	#N/A
7	1/24/2016	35	52	25	94	41		min	30	32	13	15	#N/A
8	1/31/2016	37	52	26	95	44		25%	45	48	19	25	#N/A
9	2/7/2016	35	49	27	98	42		50%	55.5	50	21	29	#N/A
10	2/14/2016	37	53	27	99	43		75%	64	53	24	37	#N/A
11	2/21/2016	38	53	27	100	44		max	77	60	29	45	#N/A
12	2/28/2016	38	54	27	96	44							

그림 12-6 열 하나를 제외한 동적 배열(위쪽)과 CSE 배열(아래쪽)

반환 데코레이터를 추가했으면 파이썬 소스 파일을 저장한 다음 엑셀에서 `Ctrl`+`Alt`+`F9`를 눌러 다시 계산하십시오. 이렇게 하면 CSE 배열의 크기가 바뀌고 `#N/A` 열이 사라집니다. 하지만 이는 보완책일 뿐이므로, 필자는 여러분이 동적 배열을 지원하는 엑셀을 사용하길 더 권합니다.

> **NOTE_ 함수 데코레이터 순서**
> `xw.func` 데코레이터는 반드시 `xw.arg`와 `xw.ret` 데코레이터보다 위에 있어야 합니다. `xw.arg`와 `xw.ret`의 순서는 중요하지 않습니다.

반환 데코레이터는 개념적으로 인자 데코레이터와 동일하며, 인자의 이름을 지정할 필요가 없다는 점만 다릅니다. 반환 데코레이터의 공식 문법은 다음과 같습니다.

```
@xw.ret(convert=None, option1=value1, option2=value2, ...)
```

엑셀윙스는 자동으로 반환값의 타입을 인식하므로 보통 `convert` 인자를 명시적으로 제공할 필요는 없습니다. 9장에서 엑셀에 값을 기록할 때 `options` 메서드도 비슷하게 동작했습니다.

예를 들어 데이터프레임의 인덱스를 제거할 때는 다음과 같은 데코레이터를 사용합니다.

```
@xw.ret(index=False)
```

동적 배열

`describe` 함수와 함께 동적 배열을 사용해 봤다면 마이크로소프트가 마침내 엑셀에 정말 기본적이면서도 중요한 기능을 추가했다고 느낄 겁니다. 동적 배열은 2020년에 공식적으로 도입됐으며 이 혜택은 엑셀의 가장 최근 버전을 사용하는 마이크로소프트 365 구독자에게 제공됐습니다. 엑셀에서 이 기능을 지원하는지 확인하려면 `UNIQUE` 함수가 지원되는지 확인하면 됩니다. 빈 셀에서 `=UNIQUE`를 입력해 보십시오. 엑셀에서 함수 이름을 자동완성으로 제시한다면 동적 배열을 지원합니다. 마이크로소프트 365를 구독하지 않고 엑셀의 영구 라이선스를 구입해서 사용한다면, 아마 오피스 2021이라 불릴 2021년 버전에 이 기능이 도입될 겁니다. 다음은 동적 배열의 기술 명세 중 일부입니다.

- 동적 배열이 값이 있는 셀을 덮어 쓴다면 #SPILL! 오류가 일어납니다. 자리를 차지한 셀을 삭제하거나 다른 곳으로 옮겨야만 동적 배열을 만들 수 있습니다. 엑셀윙스에서 CSE 배열을 보완하기 위해 사용하는 반환 데코레이터에는 이처럼 기존 셀 값을 보호하는 기능이 없으므로 경고 없이 기존 셀을 덮어씁니다. 주의하십시오.
- 동적 배열의 왼쪽 상단 셀에 # 기호를 붙여 범위를 참조할 수 있습니다. 예를 들어 동적 배열이 A1:B2 범위이고 이 범위의 셀 전체의 합을 구하고 싶다면 =SUM(A1#)을 사용합니다.
- 만약 동적 배열이 구형 CSE 배열처럼 동작하길 원한다면 @ 기호를 붙입니다. 예를 들어 행렬 곱셈에서 구형 CSE 배열을 반환하게 하려면 =@MMULT() 수식을 사용합니다.

데이터프레임 예제를 소개하는 정도의 목적이라면 CSV 파일을 내려 받고 엑셀 파일에 복사/붙여넣기를 해도 괜찮지만, 복사/붙여넣기를 하다 보면 오류가 일어나기 쉬우므로 가능하면 다른 방법을 써야 합니다. 물론 구글 트렌드에서 '다른 방법'을 사용할 수 있습니다. 다음 절에서 어떻게 하는지 알아보겠습니다.

12.2.3 구글 트렌드에서 데이터 가져오기

앞 예제는 그저 판다스 함수를 래퍼로 감싼 정도의 아주 단순한 예제였습니다. 좀 더 현실적인 문제들을 해결할 수 있도록 구글 트렌드에서 직접 데이터를 가져오는 UDF를 만들어 봅시다. 이렇게 하면 직접 온라인에서 CSV 파일을 내려 받을 필요가 없어집니다. 구글 트렌드는 공식 API를 제공하지 않고 있지만, 필요한 기능을 제공하는 파이트렌드(*https://oreil.ly/SvnLl*) 패키지가 있습니다. 파이트렌드는 공식 API가 아니므로, 구글에서 데이터 제공 방식을 바꾸면 이 절의 예제가 동작하지 않게 될 수도 있습니다. 하지만 이 글을 쓰는 시점을 기준으로 파이트렌드는 이미 5년 이상 사용되고 있으므로, 구글에서 방식을 바꾸더라도 파이트렌드가 이를 반영하도록 업데이트해서 예제가 다시 동작할 가능성도 높습니다. 아무튼, 필자가 1장에서 말한 '하고 싶은 일이 있다면, 그 일을 하는 파이썬 패키지가 틀림없이 존재한다'는 말을 증명하는 좋은 사례이기도 합니다. 만약 파워 쿼리만 사용해서 같은 일을 해야 했다면, 훨씬 많은 시간을 투자해야 했을 겁니다. 최소한 필자는 간단하게 사용할 수 있으면서도 무료로 제공되는 해결책은 찾지 못했습니다. 파이트렌드는 아나콘다에 포함되지 않고 공식 콘다 패키지도 없으므로 다음과 같이 pip로 설치해야 합니다.

```
(base)> pip install pytrends
```

[그림 12-4]의 구글 트렌드 온라인 버전과 똑같은 결과를 얻으려면 '프로그래밍 언어'의 검색어에 해당하는 정확한 식별자를 찾아야 합니다. 파이트렌드는 이를 위해 구글 트렌드가 드롭다운에 제시하는 검색 **타입**을 읽는 기능을 제공합니다. 다음 예제에서 mid는 우리가 찾아야 할 ID인 'Machine ID'를 뜻합니다.

```
In [4]: from pytrends.request import TrendReq

In [5]: # 먼저 TrendRequest 인스턴스를 만듭니다.
        trend = TrendReq()

In [6]: # 이제 'Python'을 타이핑한 후 구글 트렌드의 드롭다운에 나타나는
        # 검색 제안을 출력할 수 있습니다
        trend.suggestions("Python")

Out[6]: [{'mid': '/m/05z1_', 'title': 'Python', 'type': 'Programming language'},
         {'mid': '/m/05tb5', 'title': 'Python family', 'type': 'Snake'},
         {'mid': '/m/0cv6_m', 'title': 'Pythons', 'type': 'Snake'},
         {'mid': '/m/06bxxb', 'title': 'CPython', 'type': 'Topic'},
         {'mid': '/g/1q6j3gsvm', 'title': 'python', 'type': 'Topic'}]
```

다른 프로그래밍 언어에서도 이를 반복해서 정확한 mid를 가져오면 [예제 12-3]과 같은 UDF를 만들 수 있습니다. 소스 코드는 책의 저장소에서 udfs 폴더 아래에 있는 google_trends 디렉터리에 있습니다.

예제 12-3 google_trends.py의 get_interest_over_time 함수(요약)

```python
import pandas as pd
from pytrends.request import TrendReq
import xlwings as xw


@xw.func(call_in_wizard=False)      ❶
@xw.arg("mids", doc="Machine IDs: A range of max 5 cells")     ❷
@xw.arg("start_date", doc="A date-formatted cell")
@xw.arg("end_date", doc="A date-formatted cell")
def get_interest_over_time(mids, start_date, end_date):
    """      ❸
    구글 트렌드를 검색합니다. 반환값에 들어 있는 널리 쓰이는 프로그래밍 언어의 머신
    ID(mid)를 사람이 읽기 쉬운 단어로 대체합니다. 예를 들어 "/m/05z1_" 대신 "Python"을 반
    환합니다
    """
    # 매개변수를 체크하고 변환합니다
    assert len(mids) <= 5, "Too many mids (max: 5)"     ❹
    start_date = start_date.date().isoformat()      ❺
    end_date = end_date.date().isoformat()

    # 구글 트렌드 요청을 만들고 데이터프레임을 반환합니다
    trend = TrendReq(timeout=10)      ❻
    trend.build_payload(kw_list=mids,
                        timeframe=f"{start_date} {end_date}")      ❼
    df = trend.interest_over_time()      ❽

    # 구글의 'mid'를 사람이 읽기 쉬운 단어로 교체합니다
    mids = {"/m/05z1_": "Python", "/m/02p97": "JavaScript",
            "/m/0jgqg": "C++", "/m/07sbkfb": "Java", "/m/060kv": "PHP"}
    df = df.rename(columns=mids)      ❾

    # isPartial 열은 제외합니다
    return df.drop(columns="isPartial")      ❿
```

❶ 엑셀은 기본적으로 함수 마법사에서 함수를 열 때 그 함수를 호출합니다. 이런 방식은 작업을 느리게 하고, 특히 API 요청과 관련된 작업이 느려지기에 이 동작 방식을 끕니다.

❷ 꼭 할 필요는 없지만, 함수 인자에 독스트링을 추가할 수 있습니다. 이 인자는 [그림 12-8]처럼 함수 마법사에서 관련 인자를 수정할 때 표시됩니다.

❸ 함수의 독스트링은 [그림 12-8]과 같이 함수 마법사에 표시됩니다.

❹ 사용자가 mids를 너무 많이 제공했을 때 assert 문을 써서 쉽게 오류를 일으킬 수 있습니다. 구글 트렌드는 쿼리 하나에 mids를 최대 다섯 개까지 허용합니다.

❺ 파이트렌드는 시작과 끝 날짜를 YYYY-MM-DD YYYY-MM-DD 형태의 문자열 하나로 받습니다. 시작과 끝 날짜를 날짜 형식의 셀에 담았으므로 이들은 datetime 객체 형식입니다. 여기에서 date.isoformat 메서드를 호출하면 정확한 형식으로 변환됩니다.

❻ 파이트렌드 요청 객체 인스턴스를 만듭니다. timeout을 10초로 설정한 건 구글 트렌드의 반응이 약간 지연될 때 발생하곤 하는 requests.exceptions.ReadTimeout 오류를 줄이기 위해서입니다. 이렇게 해도 오류가 일어난다면 함수를 다시 실행하거나 타임아웃을 늘리면 됩니다.

❼ kw_list, timeframe 인자를 요청 객체에 담습니다.

❽ interest_over_time을 호출해 실제 요청을 보냅니다. 이 요청은 판다스 데이터프레임을 반환합니다.

❾ mids를 사람이 읽기 쉬운 단어로 교체합니다.

❿ 마지막 열의 이름은 isPartial입니다. 이 열이 True라면 현재 인터벌, 예를 들어 3월의 마지막 주가 아직 끝나지 않았고, 따라서 데이터도 완전하지 않다는 뜻입니다. 작업을 단순하게 하고 구글 트렌드의 온라인 버전과 같은 결과를 표시하기 위해 데이터프레임을 반환할 때 이 열은 제외합니다.

이제 책의 저장소에서 google_trends.xlsm 파일을 열고, 엑셀윙스 애드인에서 Import Functions 버튼을 클릭한 다음 [그림 12-7]과 같이 A4 셀에서 get_interest_over_time 함수를 호출하십시오.

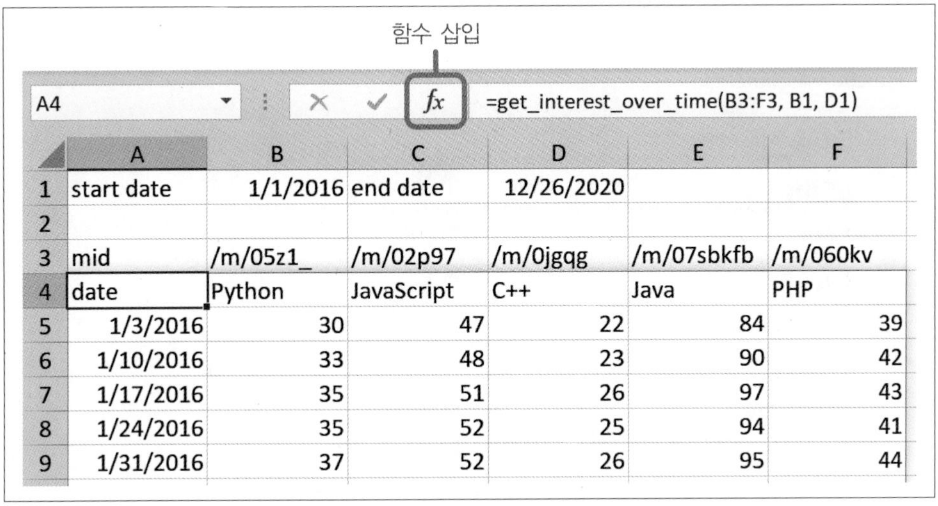

함수 삽입

| A4 | ▾ | ⋮ | ✕ | ✓ | *fx* | =get_interest_over_time(B3:F3, B1, D1) |

	A	B	C	D	E	F
1	start date	1/1/2016	end date	12/26/2020		
2						
3	mid	/m/05z1_	/m/02p97	/m/0jgqg	/m/07sbkfb	/m/060kv
4	date	Python	JavaScript	C++	Java	PHP
5	1/3/2016	30	47	22	84	39
6	1/10/2016	33	48	23	90	42
7	1/17/2016	35	51	26	97	43
8	1/24/2016	35	52	25	94	41
9	1/31/2016	37	52	26	95	44

그림 12-7 google_trends.xlsm

A4 셀을 선택한 상태에서 수식 바 왼쪽에 있는 Insert Function 버튼을 클릭하면 함수 마법사가 나타나고, 여기서 엑셀윙스 카테고리의 UDF를 찾을 수 있습니다. get_interest_over_time 함수를 선택하면 함수 인자와 함께 독스트링이 표시됩니다(단, 256글자로 제한됩니다). 또는 A4 셀에 =get_interest_over_time(까지, 괄호를 포함해서 타이핑한 다음 Insert Function 버튼을 클릭하면 바로 [그림 12-8]과 같은 화면이 나타납니다. UDF는 날짜를 형식 없이 반환하는데, 이를 수정하려면 날짜가 들어있는 열을 오른쪽 클릭한 다음 '셀 서식'을 클릭하고 날짜 카테고리에서 원하는 형식을 선택하면 됩니다.

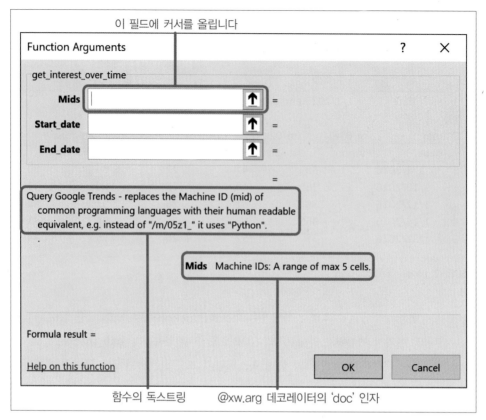

그림 12-8 함수 마법사

[그림 12-7]을 자세히 보면 동적 배열을 표시하는 파란색 보더를 볼 수 있습니다. 이 스크린샷은 아래쪽을 잘라냈고 동적 배열은 맨 왼쪽에서 시작하므로 A4 셀에서 시작하는 위쪽과 오른쪽 보더만 보일텐데, 인쇄된 책에서는 그리 뚜렷하게 보이지는 않을 겁니다. 사용하는 엑셀에서 동적 배열을 지원하지 않는다면 `get_interest_over_time` 함수의 기존 데코레이터 아래에 다음과 같은 반환 데코레이터를 추가하십시오.

```
@xw.ret(expand="table")
```

이제 더 복잡한 UDF를 사용하는 방법을 배웠으니, UDF를 써서 그래프를 그려 봅시다.

12.2.4 UDF와 그래프

5장에서 설명했었지만, 데이터프레임의 plot 메서드를 호출하면 기본적으로 맷플롯 그래프가 그려집니다. 9장과 11장에서는 그런 그래프를 엑셀에 그림으로 추가하는 방법을 설명했습니다. UDF를 사용하면 더 쉽게 그래프를 그릴 수 있습니다. [예제 12-4]에 요약한 google_trends.py의 두 번째 함수를 보십시오.

예제 12-4 google_trends.py의 plot 함수(요약)

```
import xlwings as xw
import pandas as pd
import matplotlib.pyplot as plt


@xw.func
@xw.arg("df", pd.DataFrame)
def plot(df, name, caller):            ❶
    plt.style.use("seaborn")           ❷
    if not df.empty:                   ❸
        caller.sheet.pictures.add(df.plot().get_figure(),       ❹
                                  top=caller.offset(row_offset=1).top,   ❺
                                  left=caller.left,
                                  name=name, update=True)       ❻
    return f"<Plot: {name}>"           ❼
```

❶ caller 인자는 엑셀윙스에서 예약한 특별한 인자입니다. 이 인자는 엑셀 셀에서 함수를 호출할 때는 노출되지 않습니다. caller는 내부적으로 함수를 호출한 셀을 엑셀윙스 range 객체 형식으로 엑셀윙스에 제공합니다. 호출하는 셀을 range 객체 형태로 참조하면 pictures.add의 top과 left 인자로써서 그래프의 위치를 정하기 쉽습니다. name 인자는 엑셀에서 사용하는 그림 이름입니다.

❷ 보기 좋은 그래프를 위해 seaborn 스타일을 적용합니다.

❸ plot 메서드는 데이터프레임이 비어있지 않을 때만 호출합니다. 빈 데이터프레임에서 plot 메서드를 호출하면 오류가 일어납니다.

❹ get_figure()는 데이터프레임 그래프에서 맷플롯 그림 객체를 반환합니다. 이 객체를 pictures.add에서 사용합니다.

❺ top과 left 인자는 그래프를 처음 삽입할 때만 사용합니다. 여기서 사용한 인자는 함수를 호출한 셀의 바로 아래 셀에 그래프를 배치합니다.

❻ update=True 인자는 함수를 반복해서 호출하더라도 그 위치나 크기를 바꾸지 않고 같은 이름의 그림을 업데이트하게 만듭니다. 이 인자를 사용하지 않으면 엑셀윙스는 이미 해당 이름의 그림이 엑셀에 존재한다는 메시지를 표시할 겁니다.

❼ 이 함수는 아무것도 반환하지 않아도 문제는 없지만, 문자열을 반환하게 만들면 훨씬 편합니다.

google_trends.xlsm의 H3 셀에서 다음과 같이 plot 함수를 호출합니다.

```
=plot(A4:F263, "History")
```

엑셀에서 동적 배열을 지원한다면 A4:F263 대신 **A4#**로 [그림 12-9]처럼 가변 소스를 사용할 수 있습니다.

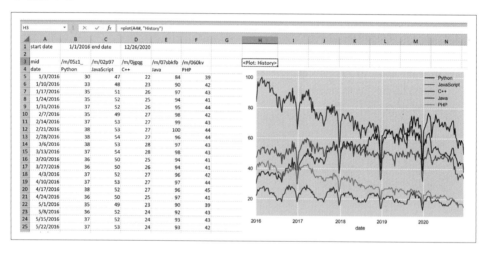

그림 12-9 plot 함수 사용 예제

get_interest_over_time 함수가 어떻게 동작하는지 정확히 모르더라도, 코드를 디버그해 보면 더 잘 이해할 수 있습니다. 다음 절에서는 UDF를 디버그하는 방법을 알아봅니다.

12.2.5 UDF 디버깅

UDF를 디버그하는 쉬운 방법은 print 함수입니다. 엑셀윙스 애드인에서 Show Console 옵션을 활성화했다면 UDF를 호출할 때 명령 프롬프트에 변수의 값이 출력됩니다. 비주얼 스튜디오 코드의 디버거를 사용하면 중단점에서 일시 중지하고 코드를 행 단위로 진행할 수 있어 더 편리합니다. 비주얼 스튜디오 코드 디버거나 기타 IDE의 디버거를 사용하려면 두 가지가 필요합니다.

1 애드인에서 디버그 UDF 체크박스를 활성화하십시오. 이렇게 하면 엑셀이 자동으로 파이썬을 시작하지 않으므로 다음에서 설명하는 내용을 직접 수행해야 합니다.

2 파이썬 UDF 서버를 직접 실행하는 가장 쉬운 방법은 디버그할 파일의 맨 아래쪽에 다음 행을 추가합니다. 책의 저장소에 있는 google_trends.py 파일의 맨 아래쪽에는 이미 다음 코드가 추가되어 있습니다.

```
if __name__ == "__main__":
    xw.serve()
```

11장에서 설명했지만, 이 if 문은 이 파일을 스크립트로 실행할 때만 실행되며 모듈로 임포트했을 때는 실행되지 않습니다. serve 명령어를 추가하고 비주얼 스튜디오 코드에서 F5를 누른 다음 '파이썬 파일'을 선택해서 google_trends.py를 디버그 모드로 실행하십시오. Run File 버튼을 클릭하면 중단점을 무시하므로 이렇게 하면 안 됩니다.

29행의 행 번호 왼쪽을 클릭해 중단점을 설정하십시오. 비주얼 스튜디오 코드의 디버거에 익숙하지 않다면 부록 B에서 더 자세히 설명할 테니 부록 B를 읽어 보십시오. 이제 A4 셀을 다시 계산하면 함수가 중단점에서 멈추며 변수를 살펴볼 수 있습니다. 디버깅을 할 때는 df.info() 가 아주 유용합니다. [그림 12-10]과 같이 디버그 콘솔 탭을 활성화하고 아래쪽 프롬프트에 df.info()를 입력하고 엔터를 누르십시오.

> **WARNING_ 비주얼 스튜디오 코드와 아나콘다의 디버깅**
>
> 11장에서 설명한 경고와 같은 내용입니다. 윈도우에서 판다스를 사용하는 코드를 비주얼 스튜디오 코드 디버거에서 처음으로 실행하면 의존하는 패키지인 넘파이를 임포트할 수 없다는 오류가 나타날 수 있습니다. 이는 콘다 환경이 정상적으로 활성화되기 전에 디버거가 너무 빨리 실행되서 생기는 문제입니다. 중지 아이콘을 클릭해서 디버거를 멈추고 다시 F5를 누르면 두 번째부터는 잘 동작할 겁니다.

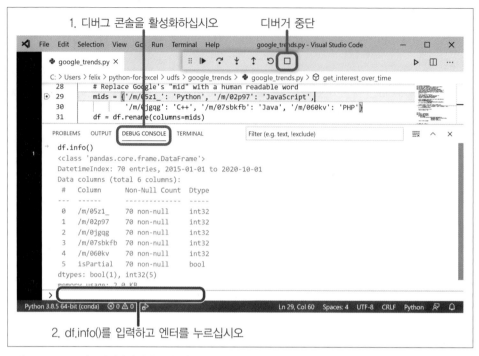

그림 12-10 코드가 중단점에서 일시 중지됐을 때 디버그 콘솔을 사용하는 법

중단점에서 90초 이상 프로그램을 멈추고 있으면 엑셀에서 '마이크로소프트 엑셀에서 다른 애플리케이션이 OLE 동작을 완료하길 기다리고 있습니다'라는 팝업이 나타날 겁니다. 확인을 눌러서 팝업을 닫아야 한다는 점을 제외하면 디버깅에는 아무 영향도 없습니다. 디버깅 세션을 끝내려면 비주얼 스튜디오 코드에서 중지 버튼을 클릭하고(그림 12-10) 엑셀윙스 애드인에서 디버그 UDF 옵션을 비활성화하는 걸 잊지 마십시오. 이 옵션을 비활성화하는 걸 잊으면 다음에 다시 계산할 때 함수에서 오류를 일으킬 겁니다.

이 절에서는 구글 트렌드 케이스 스터디를 진행하면서 가장 널리 쓰이는 UDF 기능에 대해 알아봤습니다. 다음 절에서는 UDF 성능과 `xw.sub` 데코레이터에 관한 몇 가지 고급 주제를 설명합니다.

12.3 고급 UDF 주제

워크북에서 여러 가지 UDF를 사용하다 보면 성능 문제가 일어날 수 있습니다. 이 절에서는 9장에서 언급한 기본적인 성능 최적화를 UDF에 적용하는 방법을 설명합니다. 두 번째는 UDF에서 사용할 수 있는 또 다른 성능 최적화 방법인 캐싱에 대해 설명합니다. 설명을 진행하면서 함수 인자를 값이 아니라 엑셀윙스 range 객체로 받는 방법에 대해서도 알아볼 겁니다. 마지막으로, 윈도우에서만 가능하지만 RunPython 대신 사용할 수 있는 xw.sub 데코레이터에 대해 설명하면서 이 절을 마칩니다.

12.3.1 기본적인 성능 최적화

여기서는 두 가지 성능 최적화 방법에 대해 알아봅니다. 하나는 애플리케이션 간 호출을 최소화하는 원칙이고 다른 하나는 값 변환기의 사용 방법입니다.

애플리케이션 간 호출을 최소화하십시오

9장에서 설명했었지만, 애플리케이션 간 호출, 즉 엑셀과 파이썬이 서로 호출하는 작업은 비교적 느리므로 UDF는 적게 사용할수록 좋습니다. 따라서 가능한 배열을 사용하는게 좋고, 동적 배열을 지원하는 엑셀을 사용하면 이 부분은 쉽게 적용할 수 있습니다. 판다스 데이터프레임에서는 따로 주의할 것이 별로 없지만, 일부 수식 중에는 자동으로 배열을 사용할 수 있는데 모르고 지나갈 수 있는 수식이 있습니다. [그림 12-11]의 예제를 보십시오. 이 예제는 기본 요금(Base Fee)에 사용자 수와 가격을 곱해 산출하는 가변 요금을 더해 총 수익을 계산하는 예제입니다.

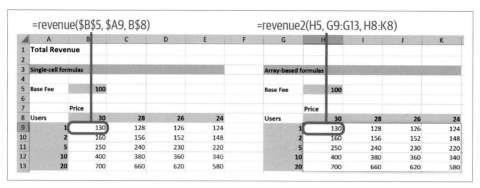

그림 12-11 단일 셀 수식(왼쪽)과 배열 기반 수식(오른쪽)

| 단일 셀 수식 |

[그림 12-11]의 왼쪽 테이블은 B9 셀에 =revenue($B$5, $A9, B$8) 수식을 사용합니다. 그리고 이 수식을 B9:E13 범위에 적용합니다. 즉, revenue 함수를 호출하는 단일 셀 수식을 20번 사용한다는 뜻입니다.

| 배열 기반 수식 |

[그림 12-11]의 오른쪽 테이블에서는 =revenue2(H5, G9:G13, H8:K8) 수식을 사용합니다. 엑셀에서 동적 배열을 지원하지 않는다면 xw.ret(expand="table") 데코레이터를 revenue2 함수에 추가하거나, H9:K13 범위를 선택하고 F2를 눌러 편집 모드로 들어간 다음 Ctrl+Shift+Enter를 눌러 구형 CSE 배열로 바꿔야 합니다. 아무튼 이 수식은 단일 셀 수식과 달리 revenue2 함수를 단 한 번만 호출합니다.

두 UDF의 파이썬 코드는 [예제 12-5]에 있습니다. 소스 파일은 책의 저장소 **udfs** 디렉터리 안의 **revenues** 폴더에 있습니다.

예제 12-5 revenues.py

```
import numpy as np
import xlwings as xw


@xw.func
def revenue(base_fee, users, price):
```

```
        return base_fee + users * price


@xw.func
@xw.arg("users", np.array, ndim=2)
@xw.arg("price", np.array)
def revenue2(base_fee, users, price):
        return base_fee + users * price
```

B5와 H5 셀의 기본 요금을 바꿔 보면 오른쪽 예제가 왼쪽 예제보다 훨씬 빨리 실행되는걸 느낄 수 있습니다. 파이썬 함수는 인자 데코레이터 외에는 거의 차이가 없습니다. 배열 기반 버전은 users와 prices를 넘파이 배열로 읽는데, 여기서 주의할 점은 인자 데코레이터에서 ndim=2를 사용해 users를 2차원 열 벡터로 읽는다는 것뿐입니다. 넘파이 배열은 데이터프레임과 거의 비슷하며 다만 인덱스와 헤더가 없고 데이터 타입이 한 가지 뿐이라는 점은 아마 기억하겠지만, 다른 부분이 궁금하다면 4장을 다시 읽어보십시오.

기본 타입의 값 사용

기본 타입의 값을 사용한다는 말은 엑셀윙스가 윈도우에서 의존하는 패키지인 pywin32를 바탕으로 수행하는 데이터 준비와 정리 단계를 생략한다는 뜻입니다. 따라서 데이터프레임을 직접 사용할 수는 없게 되지만, 리스트나 넘파이 배열에서는 문제가 되지 않습니다. UDF에서 기본 타입의 값을 사용하려면 인자나 반환 데코레이터에서 convert 인자에 문자열 raw를 쓰십시오. 이는 9장에서 엑셀윙스 range 객체의 options 메서드를 통해 raw 변환기를 사용했던 것과 동등합니다. 9장에서도 봤지만 이를 통해 쓰기 작업의 성능이 크게 향상됩니다. 예를 들어, 다음 함수를 반환 데코레이터 없이 호출하면 필자의 랩탑을 기준으로 약 세 배 정도 느리게 실행됩니다.

```
import numpy as np
import xlwings as xw


@xw.func
@xw.ret("raw")
def randn(i=1000, j=1000):
    """
    넘파이의 random.randn에서 반환하는 의사 난수를 (i, j) 크기의 배열로 반환합니다
```

```
"""
    return np.random.randn(i, j)
```

관련 예제는 책의 저장소 udfs 디렉터리 아래의 raw_values 폴더에 있습니다. UDF를 사용할 때는 성능을 올릴 수 있는 쉬운 방법이 하나 더 있습니다. 느린 함수의 결과를 캐싱함으로서 반복된 계산을 피합니다.

12.3.2 캐싱

결정적 함수, 즉 입력이 같으면 결과도 항상 같은 함수를 호출한다면 그 결과를 **캐시**에 저장합니다. 함수를 반복해서 호출하더라도 느린 계산 과정을 기다리지 않고 미리 계산된 결과를 캐시에서 가져올 수 있습니다. 아주 짧은 예제로 이를 잘 설명할 수 있습니다. 다음은 딕셔너리를 사용한 아주 기본적인 캐싱 메커니즘입니다.

```
In [7]: import time

In [8]: cache = {}

        def slow_sum(a, b):
            key = (a, b)
            if key in cache:
                return cache[key]
            else:
                time.sleep(2)  # 2초간 대기합니다
                result = a + b
                cache[key] = result
                return result
```

이 함수를 처음 호출할 때 cache는 비어 있습니다. 따라서 코드는 else 절을 실행하고, 느린 계산을 흉내내도록 2초 동안 대기합니다. 계산이 끝나면 결과를 반환하기 전에 cache 딕셔너리에 결과를 추가합니다. 같은 파이썬 세션에서 이 함수를 같은 인자로 두 번째 호출하면 cache에서 결과를 찾고, 느린 계산을 반복하지 않고 즉시 반환합니다. 인자에 따라 결과를 캐싱하는 작업을 **메모이제이션**이라 부르기도 합니다. 이 함수의 첫 번째 호출과 두 번째 호출 사이에는 다음과 같은 시간 차이가 생깁니다.

```
In [9]: %%time
        slow_sum(1, 2)

Wall time: 2.01 s

Out[9]: 3

In [10]: %%time
         slow_sum(1, 2)

Wall time: 0 ns

Out[10]: 3
```

파이썬에는 표준 라이브러리의 일부인 functools 모듈에서 임포트하는 lru_cache라는 내장 데코레이터가 있습니다. lru는 **가장 덜 사용된**least recently used 캐시의 약자이며, 기본적으로 128 개의 결과를 보관하면서 가장 오래된 결과를 제거합니다. lru_cache도 이전 절의 구글 트렌드 예제에서 사용할 수 있습니다. 이미 지나간 기간만 검색한다면 캐시된 결과를 사용해도 안전합니다. 캐시를 사용하면 반복된 호출이 빨라질 뿐만 아니라, 구글에 보내는 요청 갯수 자체를 줄일 수 있으므로 구글에서 프로그램을 차단하는 일도 막을 수 있습니다. 구글은 짧은 시간에 너무 많은 요청을 보내는 클라이언트를 차단하는 경우가 있습니다.

다음은 캐싱을 적용해 고쳐 쓴 get_interest_over_time 함수 일부입니다.

```
from functools import lru_cache      ❶

import pandas as pd
from pytrends.request import TrendReq
import matplotlib.pyplot as plt
import xlwings as xw

@lru_cache      ❷
@xw.func(call_in_wizard=False)
@xw.arg("mids", xw.Range, doc="Machine IDs: A range of max 5 cells")      ❸
@xw.arg("start_date", doc="A date-formatted cell")
@xw.arg("end_date", doc="A date-formatted cell")
def get_interest_over_time(mids, start_date, end_date):
    """
        구글 트렌드를 검색합니다. 반환값에 들어 있는 널리 쓰이는 프로그래밍 언어의 머신
```

ID(mid)를 사람이 읽기 쉬운 단어로 대체합니다. 예를 들어 "/m/05z1_" 대신 "Python"
을 반환합니다
"""
mids = mids.value   ❹

---

❶ lru_cache 데코레이터를 임포트합니다.

❷ 데코레이터를 사용합니다. 이 데코레이터는 xw.func 데코레이터보다 위에 있어야 합니다.

❸ mids는 기본적으로 리스트입니다. 리스트를 인자로 사용하는 함수는 캐시할 수 없기 때문에 문제가 생
  깁니다. 리스트는 가변 객체이며 딕셔너리 키로 사용할 수 없습니다. (가변 객체와 불변 객체에 대해
  서는 부록 C에서 더 설명합니다.) xw.Range 변환기를 사용하면 mids를 리스트가 아니라 엑셀윙스
  range 객체로 가져오므로 문제가 해결됩니다.

❹ 나머지 코드가 동작하게 하기 위해서는 이제 값을 range 객체의 value 프로퍼티로 가져와야 합니다.

> **TIP** **여러 가지 파이썬 버전의 캐싱**
>
> 파이썬 3.8 미만을 사용한다면 @lru_cache()처럼 데코레이터에 괄호를 붙여야 합니다. 파이썬 3.9 이상을
> 사용한다면 @lru_cache를 @cache로 교체하며, 이는 @lru_cache(maxsize=None)와 마찬가지로 오래된
> 값을 캐시에서 제거하지 않는다는 뜻입니다. 또한 functools에서 cache 데코레이터를 임포트해야 합니다.

xw.Range 변환기는 이 외에도 유용하게 쓸 수 있는 경우가 있습니다. 예를 들어 UDF에 있는
값 대신 셀 수식에 접근하는 경우입니다. 이전 예제에서는 mids.formula를 통해 셀의 수식에
접근할 수 있습니다. 완전한 예제는 책의 저장소 udfs 디렉터리 아래에 있는 google_trends_
cache 폴더에서 확인해 보십시오.

UDF의 성능을 올릴 방법을 알아봤으니 이제 xw.sub 데코레이터를 소개하며 이 절을 마치겠
습니다.

12.3.3 sub 데코레이터

10장에서 UDF 서버 세팅을 활성화해 RunPython 호출의 속도를 올리는 방법을 설명했습니
다. 윈도우만 사용한다면 RunPython과 Use UDF Server 조합을 xw.sub 데코레이터로 바꿀
수 있습니다. 이 방법은 엑셀에서 파이썬 함수를 서브프로시저로 임포트함으로써 RunPython
호출을 직접 작성할 필요가 없게 만듭니다. 엑셀에서는 버튼에 연결할 서브프로시저가 필요합
니다. xw.func 데코레이터로 얻는 엑셀 함수는 동작하지 않습니다. 시험해보려면 importsub

라는 quickstart 프로젝트를 새로 만드십시오. 항상 그랬듯 프로젝트를 생성할 디렉터리로 먼저 이동해야 합니다.

```
(base)> xlwings quickstart importsub
```

탐색기에서 importsub 폴더로 이동한 다음 엑셀에서 importsub.xlsm을 열고 비주얼 스튜디오 코드에서 importsub.py를 여십시오. 그리고 [예제 12-6]처럼 메인 함수에 @xw.sub 데코레이터를 적용합니다.

예제 12-6 importsub.py(요약)

```python
import xlwings as xw


@xw.sub
def main():
    wb = xw.Book.caller()
    sheet = wb.sheets[0]
    if sheet["A1"].value == "Hello xlwings!":
        sheet["A1"].value = "Bye xlwings!"
    else:
        sheet["A1"].value = "Hello xlwings!"
```

엑셀윙스 애드인에서 Import Functions 버튼을 클릭한 다음 Alt+F8을 눌러 사용할 수 있는 매크로 목록을 보십시오. RunPython을 사용하는 SampleCall 외에 main이라는 매크로가 있습니다. 이 매크로를 선택하고 실행 버튼을 클릭하면 A1 셀에 익숙한 환영 메시지가 보일 겁니다. 이제 10장에서 했던 것처럼 main 매크로를 버튼에 할당할 수 있습니다. xw.sub 데코레이터를 사용하면 윈도우에서는 상당히 편해지지만 다른 운영 체제와의 호환성은 없어진다는 점을 잊지 마십시오. xw.sub를 마지막으로 엑셀윙스 데코레이터는 모두 설명했습니다. [표 12-1]에 이들을 다시 요약했습니다.

표 12-1 엑셀윙스 데코레이터

데코레이터	설명
xw.func	엑셀에서 엑셀 함수로 임포트할 함수에는 모두 이 데코레이터를 사용합니다.
xw.sub	엑셀에서 서브프로시저로 임포트할 함수에는 모두 이 데코레이터를 사용합니다.
xw.arg	인자에 변환기와 옵션을 적용합니다. 예를 들어 doc 인자를 통해 독스트링을 추가하거나, 첫 번째 인자로 pd.DataFrame을 사용해 범위를 데이터프레임으로 받을 수도 있습니다.
xw.ret	반환값에 변환기와 옵션을 적용합니다. 예를 들어 index=False를 적용하면 데이터프레임의 인덱스를 제거할 수 있습니다.

데코레이터에 대한 설명이 더 필요하면 엑셀윙스 문서(*https://oreil.ly/h-sT_*)를 읽어 보십시오.

12.4 요약

이 장은 파이썬 함수를 만들고 이를 엑셀에서 UDF로 임포트해서 셀 수식으로 사용하는 방법을 설명했습니다. 구글 트렌드 케이스 스터디를 진행하면서 arg와 ret 데코레이터를 써서 함수 인자와 반환값의 동작 방식을 바꾸는 방법을 배웠습니다. 마지막 부분에서는 몇 가지 성능 향상 방법을 설명하고, 윈도우에 한정되긴 하지만 RunPython을 대체할 수 있는 xw.sub 데코레이터를 사용하는 방법을 설명했습니다. UDF의 핵심은 길고 복잡한 셀 수식을 더 쉽게 이해하고 관리할 수 있는 파이썬 코드로 교체한다는 겁니다. 필자는 UDF를 통해 판다스 데이터프레임과 엑셀의 동적 배열을 조합하는 방식으로 일하는 걸 좋아합니다. 이렇게 하면 구글 트렌드에서 가져오는 것 같은, 행 갯수가 고정되지 않은 데이터프레임도 쉽게 다룰 수 있습니다.

마침내 책의 마지막에 도달했습니다. 엑셀에 최신 자동화와 데이터 분석 환경을 접목하고자 한 필자의 노력에 관심을 기울여 준 여러분께 감사합니다. 필자의 목표는 독자에게 파이썬과 강력한 오픈 소스 패키지를 소개하고, 다음 프로젝트부터는 VBA나 파워 쿼리처럼 엑셀에 한정된 솔루션에 얽매이지 않고 파이썬 코드를 사용해 더 많은 가능성을 접할 수 있게 하는 것이었습니다. 이를 더 쉽게 시작할 수 있는 예제가 됐기를 바랍니다. 책을 다 읽은 독자는 다음과 같은 일을 할 수 있을 겁니다.

- 엑셀 워크북 대신 주피터 노트북과 판다스 코드 사용

- 엑셀 워크북을 OpenPyXL이나 xlrd, pyxlsb, 엑셀윙스로 읽고 판다스로 통합하는 일괄 작업

- OpenPyXL, XlsxWriter, xlwt, 엑셀윙스로 엑셀 보고서 작성

- 엑셀을 프런트엔드로 사용하고 엑셀윙스를 통해 훨씬 더 많은 일들과 연결하기

머지 않아 이 책에서 설명하지 않은 내용들이 필요하게 될 겁니다. 필자는 여러분이 책의 홈페이지(*https://xlwings.org/book*)에 이따금 방문해서 업데이트나 추가 정보를 읽어보길 권합니다. 그리고 다음과 같은 주제들을 직접 연구해 보길 권합니다.

- 윈도우의 작업 스케줄러, macOS나 리눅스의 cron을 써서 파이썬 스크립트를 주기적으로 실행하도록 예약해 보십시오. 성과를 거둔다면 REST API나 데이터베이스에서 데이터를 가져와 매주 금요일마다 엑셀 보고서를 만드는 것도 가능할 겁니다.

- 엑셀 파일의 값이 어떤 조건에 맞을 때마다 이메일을 전송하는 파이썬 스크립트를 만들어 보십시오. 여러 워크북에서 통합한 잔고가 일정 값 이하로 떨어지거나, 내부 데이터베이스를 기반으로 예측한 값과 다른 결과를 보일 때 알림을 받는 형태가 될 수 있을 겁니다.

- 엑셀 워크북에서 오류를 찾아내는 코드를 만들어 보십시오. #REF!, #VALUE! 같은 셀 오류를 찾거나, 또는 수식이 참조해야 할 셀을 모두 참조하고 있는지 확인하는 것도 좋습니다. 깃 같은 버전 관리 시스템에서 중요한 워크북을 관리하고 있다면, 새 버전을 커밋할 때마다 자동으로 이런 테스트를 진행하게 만들 수도 있습니다.

Appendix

부록에서는 이 책에 사용되는 패키지를 모두 설치하는 콘다 환경을 만드는 법을 설명합니다. 비주얼 스튜디오 코드에서 디버거를 사용하는 방법과 비주얼 스튜디오 코드에서 직접 주피터 노트북을 실행하는 방법도 설명합니다. 또한 클래스와 객체, 시간대를 인식하는 datetime 객체, 가변 객체와 불변 객체에 대해 더 자세히 알아봅니다.

Appendix

부록 A   콘다 환경

부록 B   고급 비주얼 스튜디오 코드 기능

부록 C   고급 파이썬 주제

콘다 환경

2장에서 콘다 환경을 설명하면서 아나콘다 프롬프트의 맨 앞에 있는 (base)는 현재 활성화된 콘다 환경의 이름이 base를 뜻한다고 설명했습니다. 아나콘다는 항상 환경을 활성화하길 요구하지만, 윈도우의 아나콘다 프롬프트를 시작하거나 macOS의 터미널을 시작할 때 자동으로 base 환경이 활성화됩니다. 콘다 환경을 사용하면 프로젝트에서 의존하는 패키지도 구별할 수 있습니다. base 환경을 바꾸지 않은 채 별도의 콘다 환경에서 판다스 같은 패키지의 새 버전을 시험해 볼 수 있습니다. 첫 번째 부록에서는 필자가 이 책을 쓰면서 사용한 패키지를 모두 설치하는 xl38이라는 콘다 환경을 만드는 법을 설명하겠습니다. 이렇게 하면 독자 여러분이 책을 읽는 동안 일부 패키지에서 새로운 버전이 나오더라도 책의 예제를 있는 그대로 실행할 수 있습니다. 그리고 base 환경을 자동으로 활성화하는 기본 동작을 막는 방법도 설명하겠습니다.

A.1 새로운 콘다 환경 생성하기

아나콘다 프롬프트에서 다음 명령어를 실행하면 파이썬 3.8을 사용하는 xl38이라는 환경이 새로 만들어집니다.

```
(base)> conda create --name xl38 python=3.8
```

엔터를 누르면 콘다는 새로운 환경을 설치하는게 확실한 지 다음과 같이 확인을 요청합니다.

```
Proceed ([y]/n)?
```

엔터를 눌러 확인하거나, 취소를 원한다면 n을 누르십시오. 설치가 끝나면 다음과 같이 새로운 환경을 활성화합니다.

```
(base)> conda activate xl38
(xl38)>
```

환경 이름이 base에서 xl38로 바뀝니다. 이제 콘다나 pip를 써서 이 새 환경에 패키지를 설치해도 다른 환경에는 아무 영향도 없습니다. (콘다에서 패키지를 설치할 수 없을 때만 pip를 사용하십시오.) 이제 필자가 책을 쓰면서 사용한 패키지 버전을 설치합시다. 먼저 아나콘다 프롬프트에 (xl38)이라고 표시됐는지 다시 한 번 확인한 다음, 다음 명령어로 패키지를 설치하십시오. 다음 명령어는 모두 한 행에 입력해야 합니다. 책에서 줄바꿈을 한 것은 칸을 맞추기 위함입니다.

```
(xl38)> conda install lxml=4.6.1 matplotlib=3.3.2 notebook=6.1.4 openpyxl=3.0.5
                      pandas=1.1.3 pillow=8.0.1 plotly=4.14.1 flake8=3.8.4
                      python-dateutil=2.8.1 requests=2.24.0 sqlalchemy=1.3.20
                      xlrd=1.2.0 xlsxwriter=1.3.7 xlutils=2.0.0 xlwings=0.20.8
                      xlwt=1.3.0
```

이 책을 쓰는 시점에서 다음 두 패키지는 pip로 설치해야 합니다.

```
(xl38)> pip install pyxlsb==1.0.7 pytrends==4.7.3
(xl38)>
```

> **NOTE_ xl38 환경을 사용하는 방법**
> 책의 예제를 따라 할 때 base가 아닌 xl38 환경을 사용하고 싶다면 항상 다음과 같이 xl38 환경을 활성화하십시오
>
> ```
> (base)> conda activate xl38
> ```

> 즉, 책에서 아나콘다 프롬프트를 (base)>라고 표시했다 하더라도 여러분의 컴퓨터에는 (xl38)>이 표시되
> 야 합니다.

base 환경으로 돌아가려면 다음 명령을 사용합니다.

```
(xl38)> conda deactivate
(base)>
```

환경을 완전히 삭제할 때는 다음 명령어를 사용합니다.

```
(base)> conda env remove --name xl38
```

xl38 환경을 직접 생성하지 않고 필자가 책의 저장소 conda 폴더에 만들어 둔 환경 파일
xl38.yml을 이용할 수도 있습니다. 다음 명령어를 실행하기만 하면 됩니다.

```
(base)> cd C:\Users\username\python-for-excel\conda
(base)> conda env create -f xl38.yml
(base)> conda activate xl38
(xl38)>
```

아나콘다는 macOS의 터미널을 열거나 윈도우의 아나콘다 프롬프트를 열 때 항상 base 환경
을 활성화합니다. 이런 동작 방식을 원하지 않는다면 다음과 같이 기본 활성화 방식을 바꿀 수
있습니다.

A.2 자동 활성화 끄기

아나콘다 프롬프트를 열 때마다 베이스 환경이 자동으로 활성화되지 않게 하고 싶다면 비활성
화할 수 있습니다. 단, 일단 비활성화하면 명령 프롬프트(윈도우)나 터미널(macOS)에서 직
접 conda activate base 명령을 입력해야 합니다.

윈도우

윈도우에서는 아나콘다 프롬프트가 아니라 일반적인 명령 프롬프트로 들어가야 합니다. 다음 명령어를 실행하되, 첫 번째 행의 경로는 여러분의 컴퓨터에 아나콘다가 설치된 경로로 바꿔야 합니다.

```
> cd C:\Users\username\Anaconda3\condabin
> conda init cmd.exe
```

이제 베이스 환경이 자동으로 활성화되지 않으므로 필요할 때마다 다음과 같이 직접 활성화해야 합니다.

```
> conda activate base
(base)>
```

macOS

macOS에서는 터미널에서 다음 명령어를 실행하기만 하면 자동 활성화를 끌 수 있습니다.

```
(base)> conda config --set auto_activate_base false
```

자동 활성화를 다시 켜고 싶다면 같은 명령어를 다시 실행하되 **false** 대신 **true**를 쓰면 됩니다. 효과는 터미널을 재시작한 다음부터 적용됩니다.

고급 비주얼 스튜디오 코드 기능

부록 B에서는 비주얼 스튜디오 코드에서 디버거를 사용하는 방법, 비주얼 스튜디오 코드에서 직접 주피터 노트북을 실행하는 방법을 설명합니다. 두 주제는 서로 독립적이므로 관심있는 쪽을 먼저 읽어도 됩니다.

B.1 디버거

엑셀에서 VBA 디버거를 사용해 본 경험이 있다면 비주얼 스튜디오 코드도 곧 익숙해질 겁니다. 두 디버거는 상당히 비슷하니까요. 먼저 책의 저장소에 있는 **debugging.py** 파일을 비주얼 스튜디오 코드에서 여십시오. 네번째 행의 행 번호 왼쪽 빈 공간을 클릭하면 빨간색 점이 나타나는데, 이 행이 코드 실행을 일시 중지할 중단점입니다. 이제 F5를 눌러 디버깅을 시작하면 디버그 설정이 포함된 명령어 패널이 나타납니다. '파이썬 파일'을 선택하면 파일 디버그가 시작되고 중단점을 만날 때까지 코드가 실행됩니다. 중단점을 만나면 해당 행이 밝게 표시되고 코드 실행이 멈춥니다. [그림 B-1]을 보십시오. 디버그 중일 때는 상태바가 오렌지색으로 변합니다.

만약 왼쪽에 자동으로 변수가 표시되지 않는다면, 탐색기나 검색 등의 메뉴를 표시한게 아닌지 확인해 보십시오. 또는 소스 코드의 변수 위에 마우스를 올려서 툴팁으로 값을 확인할 수도 있습니다. 화면 상단의 디버그 툴바에는 계속(Continue), 단위 실행(Step Over), 단계 정보

(Step Into), 단계 출력(Step Out), 다시 시작(Restart), 중지(Stop) 버튼이 있습니다.[1] 버튼 위에 마우스를 올리면 단축키가 나타납니다.

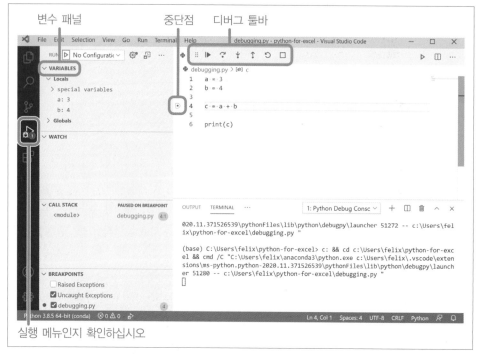

그림 B-1 비주얼 스튜디오 코드가 중단점에서 디버거를 일시 중지한 모습

각 버튼의 역할을 알아봅시다.

- **계속(Continue)**

  다음 중단점이나 프로그램의 끝에 도달할 때까지 프로그램 실행을 재개합니다. 프로그램의 끝에 도달하면 디버깅 프로세스도 끝납니다.

- **단위 실행(Step Over)**

  디버거가 한 행을 움직입니다. **Step Over**의 'over'는 현재 스코프에 속하지 않은 행을 있는 시각적으로 있는 그대로 따라가지 않는다는 뜻입니다. 다시 말해 함수는 분명 호출되지만, 호출하는 함수를 행 단위로 진행하지는 않는다는 뜻입니다.

---

1 옮긴이_ 책을 번역하는 시점에서 비주얼 스튜디오 코드에 단계 정보, 단계 출력 같은 이름으로 표시되는데, 오역인 것 같지만 프로그램에 그렇게 표기되어 있으니 일단 그대로 적었습니다. 기능의 의미는 영어를 보는게 더 이해하기 쉬우므로 설명 부분에서는 한글 표기를 생략합니다.

- **Step Into**

  함수나 클래스를 호출하는 코드가 있을 경우 디버거가 그 함수나 클래스 **안으로** 들어갑니다. 함수나 클래스가 다른 파일에 있을 경우 디버거가 자동으로 그 파일을 엽니다.

- **Step Out**

  Step Into가 함수 안으로 들어간다면, **Step Out**은 함수 **밖으로** 빠져나오며 최종적으로는 Step Into를 처음 실행한 단계까지 올라옵니다.

- **재시작**

  현재 디버그 프로세스를 중지하고 처음부터 다시 시작합니다.

- **중지**

  현재 디버그 프로세스를 멈춥니다.

이제 각 버튼의 역할을 알았으니 단위 실행을 눌러 한 행을 진행하고 변수 패널에서 c 변수의 값을 확인한 다음, 계속을 눌러 디버깅 연습문제를 끝내십시오.

디버그 설정을 저장하면 F5를 누를 때마다 확인하는 명령어 패널이 나타나지 않게 만들 수 있습니다. 'launch.json 파일 만들기'를 누르십시오. 명령어 패널이 다시 나타나고, 여기서 '파이썬 파일'을 선택하면 .vscode 디렉터리에 launch.json 파일이 만들어집니다. 이제 F5를 누르면 명령어 패널이 나타나지 않고 디버거가 즉시 시작됩니다. 설정을 바꾸고 싶거나 명령어 패널이 나타나길 원한다면 .vscode 디렉터리에 있는 launch.json 파일을 수정하거나 삭제하십시오.

B.2 비주얼 스튜디오 코드와 주피터 노트북

주피터 노트북을 웹 브라우저가 아니라 비주얼 스튜디오 코드에서 실행할 수도 있습니다. 비주얼 스튜디오 코드는 편리한 변수 탐색기와 더불어, 주피터 노트북의 셀 기능을 유지하면서 표준 파이썬 파일로 바꾸는 기능도 제공합니다. 이렇게 바꾸면 디버거를 사용하기도 편리하고, 다른 노트북에 셀을 복사하기도 쉽습니다. 먼저 비주얼 스튜디오 코드에서 노트북을 실행해 봅시다.

B.2.1 주피터 노트북 실행

비주얼 스튜디오 코드의 탐색기 아이콘을 클릭한 다음 책의 저장소에 있는 **ch05.ipynb** 파일을 여십시오. 경우에 따라 팝업이 나타날 수 있는데 작성자를 신뢰한다는 버튼을 누르면 됩니다. 노트북 형태는 비주얼 스튜디오 코드의 스타일을 따르므로 브라우저에서 보던 것과는 다르지만 단축키를 포함해 다른 부분은 모두 같습니다. **Shift+Enter**를 눌러 처음 세 셀을 실행해봅시다. 주피터 노트북 서버가 실행 중이 아니라면 서버가 실행됩니다(어떤 서버를 실행했는지는 노트북 오른쪽 상단에 표시됩니다). 처음 세 개의 셀을 실행한 다음 노트북 위쪽의 메뉴에서 Variables 버튼을 누르면 [그림 B-2]와 같은 변수 탐색기가 열리고, 현재 존재하는 변수의 값을 모두 볼 수 있습니다. 즉, 이미 실행한 셀에 포함된 변수만 확인할 수 있습니다.

> **WARNING_ 비주얼 스튜디오 코드에서 주피터 노트북 저장**
>
> 비주얼 스튜디오 코드에서 노트북을 저장할 때는 노트북 상단의 저장 버튼을 누르거나, 윈도우에서는 **Ctrl+S**, macOS에서는 **Command+S** 단축키를 사용하십시오. '파일' 〉 '저장'은 동작하지 않습니다.

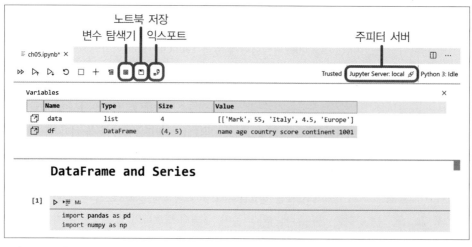

그림 B-2 주피터 노트북 변수 탐색기

중첩된 리스트나 넘파이 배열, 데이터프레임 같은 데이터 구조를 사용한다면 변수를 더블 클릭해 보십시오. 스프레드시트와 비슷한 익숙한 뷰가 나타납니다. [그림 B-3]은 **df** 변수를 더블클릭한 모습입니다.

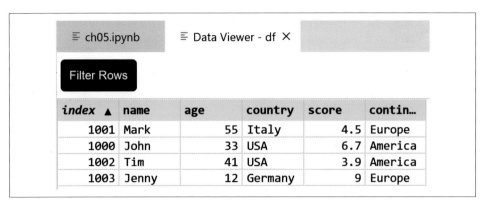

그림 B-3 주피터 노트북 데이터 뷰어

비주얼 스튜디오 코드는 주피터 노트북 파일을 실행할 수 있을 뿐만 아니라 노트북을 일반적인 파이썬 파일로 변환하는 기능도 제공합니다.

B.2.2 파이썬 스크립트와 코드 셀

표준 파이썬 파일에서 주피터 노트북 셀을 사용하기 위해 비주얼 스튜디오 코드는 특별한 주석 인 # %%을 사용합니다. 기존 주피터 노트북을 변환하려면 먼저 파일을 연 후 노트북 위쪽의 메뉴에 있는 익스포트 버튼을 누르십시오.[2] 이 버튼을 누르면 명령 팔레트에서 '파이썬 파일'을 선택할 수 있습니다. 하지만 여기서는 기존 파일을 변환하지 않고 다음과 같이 `cells.py` 파일을 새로 만들겠습니다.

```
# %%
3 + 4
# %% [markdown]
# # 제목입니다
#
# 마크다운 콘텐츠
```

---

2 옮긴이_ 비주얼 스튜디오 코드 1.64.0에서는 익스포트 버튼이 ... 버튼 속에 들어 있습니다.

마크다운 셀은 # %% [markdown]로 시작해야 하며, 모든 셀을 주석으로 표시해야 합니다. 이런 파일을 노트북으로 실행하려면 'Run Below' 링크를 클릭합니다. 클릭하면 [그림 B-4]와 같은 **파이썬 대화형 윈도우**가 오른쪽에 열립니다.

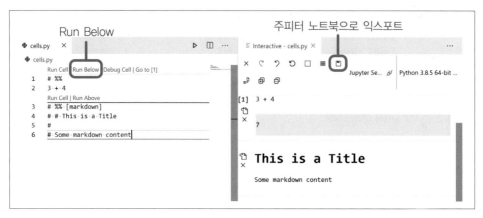

그림 B-4 파이썬 대화형 윈도우

파이썬 대화형 윈도우는 주피터 노트북으로 열립니다. 파일을 ipynb 형식으로 익스포트하려면 저장 아이콘(주피터 노트북으로 익스포트)을 클릭합니다. 파이썬 대화형 윈도우 아래에는 대화형으로 코드를 실행할 수 있는 셀이 있습니다. 파이썬 파일은 주피터 노트북에 비해 비주얼 스튜디오 코드 디버거를 사용할 수 있고, 버전 관리도 더 쉽습니다.

고급 파이썬 주제

이 부록에서는 클래스와 객체, 시간대를 인식하는 `datetime` 객체, 가변 객체와 불변 객체에 대해 더 자세히 설명합니다. 두 주제는 서로 독립적이므로 관심있는 쪽을 먼저 읽어도 됩니다.

C.1 클래스와 객체

이 절에서는 직접 클래스를 만들어 보면서 클래스와 객체의 관계에 대해 더 잘 이해해 보겠습니다. 클래스는 새로운 타입의 객체를 정의합니다. 클래스를 케이크를 구울 때 쓰는 일종의 틀이라고 생각해도 무방합니다. 어떤 재료를 쓰느냐에 따라 초콜릿 케이크를 구울 수도 있고, 치즈 케이크를 구울 수도 있습니다. 틀(클래스)에서 케이크(객체)를 얻는 과정을 **인스턴스화**라고 부르며, 이런 관점에서 객체를 **클래스 인스턴스**라고 부르기도 합니다. 초콜릿 케익이든 치즈 케익이든, 이들은 모두 케익의 **타입**입니다. 클래스를 사용하면 관련된 데이터(**속성**)과 함수(**메서드**)를 새로운 데이터 타입에 묶을 수 있으므로 코드를 더 쉽고 간결하게 정리할 수 있습니다. 3장의 자동차 경주 게임을 다시 떠올리며 클래스를 만들어 보겠습니다.

```
In [1]: class Car:
            def __init__(self, color, speed=0):
                self.color = color
```

```
        self.speed = speed

    def accelerate(self, mph):
        self.speed += mph
```

이 자동차 클래스에는 두 개의 메서드가 있습니다. 메서드는 클래스 정의의 일부분인 함수입니다. 이 클래스에는 일반적인 메서드인 accelerate가 있습니다. 이 메서드는 클래스 인스턴스의 데이터(speed)를 변경합니다. 또한 이 클래스에는 이중 밑줄로 둘러싸인 특별한 메서드 __init__가 있습니다. 파이썬이 객체에 초기 데이터를 결합해 객체을 **초기화**할 때 이 메서드를 자동으로 호출합니다. 모든 메서드의 첫 번째 인자는 해당 인스턴스를 뜻하며, 관습적으로 self라고 부릅니다. Car 클래스를 사용하는 방법을 보면 더 명확히 이해할 수 있습니다. 먼저 자동차 두 대의 인스턴스를 만듭니다. 인스턴스화는 함수 호출과 마찬가지로, 클래스 뒤에 괄호를 붙여 호출하면서 __init__ 메서드에 전달될 인자를 제공합니다. self는 파이썬이 처리하므로 이 값은 제공하지 않습니다. 다음 예제에서 self는 각각 car1과 car2입니다.

```
In [2]: # 자동차 객체 두 개를 만듭니다
        car1 = Car("red")
        car2 = Car(color="blue")
```

클래스를 호출하는 건 사실 __init__ 메서드를 호출하는 것이며, 제공한 인자는 모두 이 메서드에 전달됩니다. car1에는 위치 인자를 사용했고, car2에는 키워드 인자를 사용했습니다. Car 클래스에서 자동차 객체의 인스턴스를 두 개 만든 다음에는 속성을 살펴보고 메서드를 호출할 겁니다. 곧 확인하겠지만, car1의 accelerate를 호출하면 car1의 속도는 바뀌지만 car2의 속도는 그대로입니다. 이는 두 객체가 서로 독립적이기 때문입니다.

```
In [3]: # 기본적으로 객체는 자신의 메모리 위치를 출력합니다
        car1

Out[3]: <__main__.Car at 0x7fea812e3890>

In [4]: # 속성을 통해 객체의 데이터에 접근합니다
        car1.color

Out[4]: 'red'
```

```
In [5]: car1.speed

Out[5]: 0

In [6]: # car1의 accelerate 메서드를 호출합니다
        car1.accelerate(20)

In [7]: # car1의 speed 속성이 바뀌었습니다
        car1.speed

Out[7]: 20

In [8]: # car2의 speed 속성은 그대로입니다
        car2.speed

Out[8]: 0
```

다음과 같이 메서드를 사용하지 않고 객체의 속성을 직접 바꿀 수도 있습니다.

```
In [9]: car1.color = "green"

In [10]: car1.color

Out[10]: 'green'

In [11]: car2.color  # 변하지 않음

Out[11]: 'blue'
```

요약하면, 클래스는 객체의 속성과 메서드를 정의합니다. 클래스는 관련된 함수('메서드')와 데이터('속성')을 한데 모아, myobject.attribute나 myobject.method() 같은 점 표기법으로 접근할 수 있게 합니다.

C.2 시간대를 인지하는 datetime 객체

3장에서 시간대를 인지하지 않는 datetime 객체에 대해 간단히 설명했습니다. 시간대가 중요하다면 보통 UTC 시간대로 작업하고 표시할 때만 로컬 시간대를 사용할 겁니다. UTC는 협

정 세계시를 뜻하며 예전에는 GMT라는 표현을 썼습니다. 엑셀과 파이썬을 사용할 때는 엑셀에서 반환하는 타임스탬프를 시간대를 인지하는 datetime 객체로 바꿔야 할 때도 있습니다. 파이썬에서 시간대를 사용할 때는 표준 라이브러리에 속해있지는 않지만 아나콘다에 포함된 dateutil 패키지를 사용합니다. 다음 예제는 datetime 객체와 시간대를 사용할 때 흔히 하는 몇 가지 동작을 포함합니다.

```
In [12]: import datetime as dt
         from dateutil import tz

In [13]: # 시간대를 인지하지 않는 datetime 객체
         timestamp = dt.datetime(2020, 1, 31, 14, 30)
         timestamp.isoformat()

Out[13]: '2020-01-31T14:30:00'

In [14]: # 시간대를 인지하는 datetime 객체
         timestamp_eastern = dt.datetime(2020, 1, 31, 14, 30,
                                         tzinfo=tz.gettz("US/Eastern"))
         # isoformat으로 출력하면 UTC와의 차이를 쉽게 알 수 있습니다
         timestamp_eastern.isoformat()

Out[14]: '2020-01-31T14:30:00-05:00'

In [15]: # 시간대를 인지하지 않는 datetime 객체에 시간대를 할당합니다
         timestamp_eastern = timestamp.replace(tzinfo=tz.gettz("US/Eastern"))
         timestamp_eastern.isoformat()

Out[15]: '2020-01-31T14:30:00-05:00'

In [16]: # 시간대를 변환합니다
         # UTC 시간대는 워낙 널리 쓰이므로
         # tz.UTC라는 별칭이 있습니다
         timestamp_utc = timestamp_eastern.astimezone(tz.UTC)
         timestamp_utc.isoformat()

Out[16]: '2020-01-31T19:30:00+00:00'

In [17]: # 시간대를 인지하는 객체에서 인지하지 않는 객체로 변환
         timestamp_eastern.replace(tzinfo=None)

Out[17]: datetime.datetime(2020, 1, 31, 14, 30)
```

```
In [18]: # 시간대가 없는 현재 시간
         dt.datetime.now()

Out[18]: datetime.datetime(2021, 1, 3, 11, 18, 37, 172170)

In [19]: # UTC 시간대의 현재 시간
         dt.datetime.now(tz.UTC)

Out[19]: datetime.datetime(2021, 1, 3, 10, 18, 37, 176299, tzinfo=tzutc())
```

파이썬 3.9의 시간대

파이썬 3.9는 timezone 모듈을 통해 표준 라이브러리에 시간대 지원을 추가했습니다. 이를 사용하면 dateutil의 tz.gettz를 다음과 같이 바꿀 수 있습니다.

```
from zoneinfo import ZoneInfo
timestamp_eastern = dt.datetime(2020, 1, 31, 14, 30,
                                tzinfo=ZoneInfo("US/Eastern"))
```

C.3 파이썬의 가변과 불변 객체

값을 바꿀 수 있는 객체를 **가변**, 값을 바꿀 수 없는 객체를 **불변**이라 부릅니다. [표 C−1]에 데이터 타입의 가변성을 정리했습니다.

표 C-1 가변과 불변 데이터 타입

가변성	데이터 타입
가변	리스트, 딕셔너리, 세트
불변	정수, 부동소수점 숫자, 불리언, 문자열, 튜플

가변 객체는 VBA 같은 다른 언어와 다르게 동작할 수 있기에 이들의 차이를 아는 게 중요합니다. 먼저 다음 VBA 코드를 보십시오.

```
Dim a As Variant, b As Variant
a = Array(1, 2, 3)
b = a
a(1) = 22
Debug.Print a(0) & ", " & a(1) & ", " & a(2)
Debug.Print b(0) & ", " & b(1) & ", " & b(2)
```

출력 결과는 다음과 같습니다.

```
1, 22, 3
1, 2, 3
```

같은 예제를 파이썬 리스트로 만들어 봅시다.

```
In [20]: a = [1, 2, 3]
         b = a
         a[1] = 22
         print(a)
         print(b)
[1, 22, 3]
[1, 22, 3]
```

어떻게 된 걸까요? 파이썬에서 변수는 객체에 '붙이는' 이름입니다. b = a 라는 코드는 동일한 객체인 [1, 2, 3] 리스트에 두 가지 이름을 붙이는 것과 같습니다. 따라서 같은 리스트에 할당된 변수는 모두 해당 리스트의 변경점을 반영합니다. 하지만 이는 가변 객체에 한정됩니다. 튜플 같은 불변 객체에서는 a를 바꾸더라도 b에는 변화가 없습니다. b 같은 가변 객체를 a와 독립적으로 만들기 위해서는 명시적으로 리스트를 복사해야 합니다.

```
In [21]: a = [1, 2, 3]
         b = a.copy()

In [22]: a

Out[22]: [1, 2, 3]

In [23]: b
```

```
Out[23]: [1, 2, 3]

In [24]: a[1] = 22  # a를 바꿔도

In [25]: a

Out[25]: [1, 22, 3]

In [26]: b  # b에는 영향이 없습니다

Out[26]: [1, 2, 3]
```

리스트의 copy 메서드는 리스트의 **얕은 사본**을 만듭니다. 즉, 리스트를 복사하긴 하지만 리스트에 가변 요소가 포함되어 있다면 이들은 여전히 공유됩니다. 모든 요소를 재귀적으로 복사하려면 표준 라이브러리 copy 모듈을 사용해서 **깊은 사본**을 만들어야 합니다.

```
In [27]: import copy
         b = copy.deepcopy(a)
```

이번에는 가변 객체를 함수 인자로 사용했을 때 어떤 일이 일어나는지 알아봅시다.

C.3.1 가변 객체를 인자로 함수 호출하기

VBA 경험이 많다면 함수 인자를 참조로 전달(ByRef)하는 것과 값으로 전달(ByVal)하는 것의 차이를 알고 있을 겁니다. 변수를 함수에 전달하면 함수는 그 변수를 변경할 수도 있고(ByRef), 값의 사본만 사용해서(ByVal) 원래 변수는 그대로 유지되게 할 수도 있습니다. VBA의 기본값은 ByRef입니다. 다음 VBA 함수를 보십시오.

```
Function increment(ByRef x As Integer) As Integer
    x = x + 1
    increment = x
End Function
```

그리고 이 함수를 다음과 같이 호출합니다.

```
Sub call_increment()
    Dim a As Integer
    a = 1
    Debug.Print increment(a)
    Debug.Print a
End Sub
```

결과는 다음과 같습니다.

```
2
2
```

반면 increment 함수의 ByRef을 ByVal로 바꾸면 결과는 다음과 같습니다.

```
2
1
```

파이썬에서는 어떻게 동작할까요? 파이썬에서는 변수를 전달하면 그 객체를 가리키는 이름을 전달합니다. 따라서 해당 객체가 가변인지 아닌지에 따라 동작 방식이 달라집니다. 먼저 불변 객체의 예를 봅시다.

```
In [28]: def increment(x):
             x = x + 1
             return x

In [29]: a = 1
         print(increment(a))
         print(a)

2
1
```

이번에는 가변 객체 예제입니다.

```
In [30]: def increment(x):
             x[0] = x[0] + 1
             return x

In [31]: a = [1]
         print(increment(a))
         print(a)

[2]
[2]
```

가변 객체를 사용하지만 원래 객체는 그대로 유지하고 싶다면 다음과 같이 객체의 사본을 전달해야 합니다.

```
In [32]: a = [1]
         print(increment(a.copy()))
         print(a)

[2]
[1]
```

함수 정의에서 기본 인자로 가변 객체를 사용할 때는 주의해야 합니다. 이유를 알아보죠.

C.3.2 가변 객체를 기본 인자로 사용하는 함수

함수를 만들 때 일반적으로 가변 객체를 기본 인자로 사용하는 건 피해야 합니다. 이유는 기본 인자의 값을 함수 정의에서만 평가할 뿐, 함수를 호출할 때마다 평가하지는 않기 때문입니다. 따라서 가변 객체를 기본 인자로 사용하면 예상하지 못한 결과가 일어날 수 있습니다.

```
In [33]: # 이렇게 하지 마십시오
         def add_one(x=[]):
             x.append(1)
             return x

In [34]: add_one()
```

```
Out[34]: [1]

In [35]: add_one()

Out[35]: [1, 1]
```

빈 리스트를 기본 인자로 사용하려면 다음과 같이 해야 합니다.

```
In [36]: def add_one(x=None):
             if x is None:
                 x = []
             x.append(1)
             return x
In [37]: add_one()
Out[37]: [1]
In [38]: add_one()
Out[38]: [1]
```

INDEX

ㄱ

가독성 34
가변 377
가상 환경 52
값 원형 272
값으로 전달 379
값이 없음 78
객체 72
결정적 함수 354
관심의 분리 26
균질한 데이터 114
기본 키 303
기술 통계 158
깃 30
깊은 사본 379

ㄴ

내부 조인 155
내포 97
넘파이 배열 114
네임스페이스 103

ㄷ

다운샘플링 189
다중 인덱스 138
단위 테스트 29
대소문자를 구별 73
데이터 계층 27
데이터 정렬 147
데이터 타입 72
데이터프레임 124
데코레이터 331
독립 워크북 289
독스트링 106

ㄷ

동적 타입 72
디버거 61
딕셔너리 86
따옴표 78

ㄹ

람다 표현식 151
리스트 83
리스트 내포 97
리퀘스트 36
리터럴 89, 104
린터 108

ㅁ

마크다운 56
매직 커맨드 164
맷플롯립 163
메모이제이션 354
메서드 73
메서드 체인 128
명령어 모드 57
모듈 101
모듈성 26
문법 강조 61
문자열 78
문자열 원형 169

ㅂ

반환값 99
반환 데코레이터 340
버전 관리 30, 61
범용 함수 117
벡터화 116
변수 72

INDEX

별칭 103
부동소수점 숫자 74
부동소수점의 부정확성 75
분해 87
불리언 77
불리언 연산자 77
불변 88, 377
뷰 121
브로드캐스팅 116
비주얼 스튜디오 코드 43, 60
비즈니스 계층 27

사용된 영역 226
성능 271
세트 89
속성 73
속성과 메서드에 접근 73
스칼라 116
슬라이스 82
시계열 175
시리즈 124
실행 순서 58

아나콘다 43
아나콘다 프롬프트 43, 45
암시적인 줄바꿈 84
애플리케이션 간 호출 272
애플스크립트 270
얕은 사본 379
업샘플링 189
엑셀 객체 모델 248
오른쪽 조인 155
옵션 인자 99

외래 키 304
외부 조인 155
왼쪽 조인 155
웹 API 296
위치 인자 100
이동 통계 191
이동 평균 191
이름 붙은 범위 265
이상치 138
이스케이프 79
인덱스 80, 126
인덱스 체인 119
인스턴스화 73, 104, 373
임포트 101

자동 완성 61
작은따옴표 78
점 표기법 73
정규화 301
정수 74
정의된 이름 265
조건부 서식 318
조건 표현식 92
조인 155
좀비 프로세스 270
주석 76
주피터 노트북 43, 53

차원 수 260
참조로 전달 379

ㅋ

캐시 354
콘텍스트 관리자 205
코드 블록 90
코드 실행 61
코드 정리 98
콘다 50
콘다 환경 52
큰따옴표 78
클래스 73
클래스 인스턴스 104
키-값 쌍 86
키워드 인자 100

ㅌ

타입 메모 109
타입 힌트 109
테스트 29
테스트 프레임워크 30
튜플 88

ㅍ

파워 쿼리 32
파워 피벗 33
파워 BI 33
파이썬 코드 스타일 가이드 105
파이썬 패키지 인덱스 36
파이프 문자 87
파일 확장자 48
패키지 매니저 36
패키지 버전 52
편집 모드 57
표현 계층 27
프런트엔드 277

플레이스홀더 310
플로틀리 165
필로우 265
필수 인자 99

ㅎ

할당 72
함수 정의 99
합성 키 304
해시 76
호환성 39
확장 할당 97
환경 변수 290
환율 계산기 27
휘발성 함수 333

A

add 263
agg 160
aggfunc 161
app 248
applymap 150
arange 120
arg 데코레이터 336
as 103
asfreq 190
assert 344
astype 179
autofit 268
axis 148
axis 인자 118

B

book 248

INDEX

bool 생성자 78

break 95

C

capitalize 149

cd 47

cd .. 48

charts 248

COM 270

Command+Shift+P 64

concat 153

constant_memory 229

continue 95

convert 259

corr 188

CSE 배열 338

CSV 파일 169

Ctrl+ 67

Ctrl+/ 76

D

data_only 216

DateOffset 181

date_range 176

datetime 104

DatetimeIndex 176

def 99

del 85

dir 47

drop_duplicates 145

DRY 원칙 28

dt 속성 179

duplicated 146

E

elif 92

else 92, 312

engine 213

enumerate 93

ExcelFile 클래스 205

ExcelWriter 클래스 209

except 312

F

f-문자열 79

fillna 144

fill_value 147

finally 312

first_cell 214

flake8 108

float 74

float64 115

for 루프 93

func 데코레이터 333

G H

get 87

GET 요청 296

how 144

I

if 문 91

import 102

in 85

index 127

index_col 178

INDIRECT 318

int 74

isin **137**

isna **144**

is_unique 속성 **145**

items **95**

J **K**

join **154**

JSON **296**

keep **146**

keep_default_na **204**

keep_links **230**

L

last **189**

last_cell **214**

len **85**

loc 속성 **132**

log **184**

ls **47**

M

margins **161**

margins_name **161**

mean **159**

melt **162**

merge **157**

N

NaN **143**

na_values **204**

ndim **260**

None **78**

np.nan **143**

O

on **157**

options **258**

P

parse_dates **178**

pass 문 **91**

Path 클래스 **200**

pathlib 모듈 **200**

pct_change **184**

PEP 8 **106**

pip **36**

pivot_table **160**

plot **163**

pop **85**

POST 요청 **296**

PyPI **36**

PYTHONPATH **285**

Q

quickstart **280**

quit() **50**

R

range **93, 248**

read_csv **170**

read_excel **198**

reindex **128**

REPL **50**

replace **142**

Request 패키지 **299**

resample **189**

reset_index **127**

reshape **120**

rglob 200

rolling 191

Run all above 59

save 217

set 생성자 89

set_index 127

sheet 248

sheet_name 202

sheets 248

shift 183

Shift+Enter 55

skiprows 202

sort_index 128

sort_values 129

SQL 쿼리 306

SQLAlchemy 304

SQLite 301

start 82

step 82

stop 82

strftime 105

strip 149

strptime 105

style 238

Styler 객체 238

sub 데코레이터 356

sum 159

template 218

to_csv 169

to_datetime 178

to_excel 208

try 312

try/except 311

tz_convert 181

tz_localize 181

unique 145

update 264

usecols 202

value_vars 162

view 247

while 루프 96

with 문 205

write_only 229

xlsb 214

xlwings.conf 289

기 타

(base) 52

(base)〉 49

__init__ 374

__main__ 323

__name__ 323

—standalone 289

%%time 232

Numbers

3항 연산자 92

16진수 219

79개 107